Zur Sache 5/93

Bericht der Gemeinsamen Verfassungskommission

gemäß Beschluß des Deutschen Bundestages
— Drucksachen 12/1590, 12/1670 —

und Beschluß des Bundesrates
— Drucksache 741/91 (Beschluß) —

Die Deutsche Bibliothek — CIP-Einheitsaufnahme

Deutschland / Gemeinsame Verfassungskommission:
Bericht der Gemeinsamen Verfassungskommission gemäß Beschluß des Deutschen Bundestages, Drucksachen 12/1590, 12/1670 und Beschluß des Bundesrates, Drucksache 741/91 (Beschluß) / [Hrsg.: Deutscher Bundestag, Referat Öffentlichkeitsarbeit].
— Bonn: Dt. Bundestag, Referat Öffentlichkeitsarbeit, 1993
(Zur Sache; 93,5)
ISBN 3-924521-85-9
NE: GT

Herausgeber:

Deutscher Bundestag
Referat Öffentlichkeitsarbeit
Bonn 1993

Gesamtherstellung:

Bonner Universitäts-Buchdruckerei

Vorwort

Am 28. Oktober 1993 hat die Gemeinsame Verfassungskommission von Bundestag und Bundesrat ihren Bericht einstimmig beschlossen. Diesen haben wir zwischenzeitlich der Präsidentin des Deutschen Bundestages und dem Präsidenten des Bundesrates übergeben. Er ist als Drucksache des Bundestages 12/6000 und des Bundesrates 800/93 amtlich veröffentlicht. Seine Publikation in der parlamentseigenen Schriftenreihe „Zur Sache" entspricht dem Wunsch des Bundestages, wichtige Themen parlamentarischer Beratung einer interessierten breiteren Öffentlichkeit zur Verfügung zu stellen. Damit wird in dieser Veröffentlichung der Verfassungsdiskurs fortgesetzt, den die Gemeinsame Verfassungskommission seit ihrer Konstituierung am 16. Januar 1992 eingeleitet und gefördert hat.

Einsetzung, Auftrag und Ergebnisse der Gemeinsamen Verfassungskommission stehen im größeren politischen Zusammenhang der Einigung Deutschlands und der europäischen Integration. Artikel 5 des Einigungsvertrages empfiehlt den gesetzgebenden Organen des vereinten Deutschlands, sich mit den durch die deutsche Einigung aufgeworfenen Fragen einer Grundgesetznovellierung zu befassen. Zur Verwirklichung dieser Empfehlung setzten Bundestag und Bundesrat mit Beschlüssen vom 28. und 29. November 1991 die paritätisch aus je 32 Mitgliedern bestehende Gemeinsame Verfassungskommission ein. Die Einsetzungsbeschlüsse gaben dem Verfahren der Gemeinsamen Verfassungskommission die notwendige Grundlage. Diese sollte „sich insbesondere mit den in Artikel 5 des Einigungsvertrages genannten Grundgesetzänderungen befassen sowie mit Änderungen, die mit der Verwirklichung der Europäischen Union erforderlich werden". Darüber hinaus sah sie es auch als ihre Aufgabe an, in der politischen Diskussion aktuell gewordene verfassungsrechtliche Fragen im Hinblick auf die Notwendigkeit einer Änderung des Grundgesetzes zu untersuchen. Schließlich nahm sie das Recht in Anspruch, zu eingeleiteten Verfahren der Verfassungsänderung ihr Votum abzugeben. Zuvor hatte der Bundesrat mit Beschluß vom 1. März 1991 eine eigene Verfassungskommission eingesetzt, die ihre Arbeit mit ihrem Bericht „Stärkung des Föderalismus in Deutschland und Europa sowie weitere Vorschläge zur Änderung des Grundgesetzes" (Bundesrats-Drucksache 360/92) am 14. Mai 1992 abgeschlossen hatte.

Mit der Vorlage ihres Berichts hat die Gemeinsame Verfassungskommission ihren Auftrag nach knapp zweijähriger Tätigkeit erfüllt. In 26 Sitzungen und 9 Anhörungen — zum Teil gemeinsam mit dem Rechtsausschuß und dem Innenausschuß des Bundestages — hat sie etwa die Hälfte der Grundgesetzartikel auf ihre Reformbedürftigkeit überprüft. Hierzu wurden insgesamt 95 Änderungsanträge gestellt und 119 Arbeitsunterlagen in die Kommissionsberatungen eingebracht. Die Gemeinsame Verfassungskommission hat den gesetzgebenden Organen eine Reihe von Empfehlungen zur Änderung und Ergänzung des Grundgesetzes vorgelegt, die sich auf den Grundrechtsteil, die Staatsziele und auf das weite Feld der staatsorganisatorischen Vorschriften des Grundgesetzes beziehen. Andererseits hat sie nach eingehenden Beratungen auch von der Vorlage von Änderungsempfehlungen abgesehen, weil die zugrundeliegenden Anträge nicht die für eine Kommissionsempfehlung notwendige Zweidrittelmehrheit der Kommissions-Mitglieder erreicht hatten. In diesen Fällen hatte das geltende Grundgesetz nach inhaltlicher Überprüfung durch die Kommission Bestand.

Der Erfolg der Gemeinsamen Verfassungskommission liegt zunächst in der öffentlichen Verfassungsdebatte selbst und in den von ihr beschlossenen Änderungsempfehlungen. Das hierzu notwendige Erfordernis einer Zweidrittelmehrheit, die bei einigen Beratungsgegenständen zum Teil weit überschritten wurde, signalisiert die Einvernehmlichkeit zwischen den politischen Kräften in Bund und Ländern in grundlegenden Fragen der deutschen Verfassungsordnung. Hier rücken vor allem die von der Kommission beschlossenen verfassungsrechtlichen Ergänzungen auf die europäischen Herausforderungen in den Blick. Der von der Kommission empfohlene Europa-Artikel 23 GG und die Folge-Vorschriften sind seit Dezember 1992 Bestandteil des Grundgesetzes. In diesem wichtigen Verfassungsfeld sind die Gesetzgebungsorgane grundlegend den Empfehlungen der Gemeinsamen Verfassungskommission gefolgt. Erst das in Artikel 23 GG verankerte Staatsziel der europäischen Einigung ermöglichte die Ratifikation des Maastrichter Vertragswerks in der vom Bundesverfassungsgericht in seiner Maastricht-Entscheidung bestätigten Form.

Auch auf dem Gebiet der bundesstaatlichen Ordnung konnte die Kommission einvernehmliche Empfehlungen zur Inanspruchnahme und Verteilung der Gesetzgebungskompetenzen und zum Gesetzgebungsverfahren vorlegen. Diese stärken insgesamt den Bundesrat und die Länder und wirken damit dem steten Übergang von Länderkompetenzen auf den Bund entgegen. Weitere Empfehlungen der Gemeinsamen Verfassungskommission zur bundesstaatlichen Ordnung stärken die kommunale Selbstverwaltung im Bereich der Finanzhoheit und erleichtern die Länderneugliederung.

Ein parlamentarisches Reformanliegen aus früheren Wahlperioden ist die verfassungsrechtliche Verankerung eines Staatsziels Umweltschutz. Den schwierigen Weg zum Verfassungskompromiß in dieser zentralen Staatsaufgabe ist die Kommission — trotz mancher Erschwernisse — erfolgreich zu Ende gegangen. Weitere Staatsziele hat die Gemeinsame Verfassungskommission mit dem Ausbau der Gleichberechtigung zwischen Frauen und Männern und mit dem Schutz ethnischer Minderheiten empfohlen.

In den von der Gemeinsamen Verfassungskommission beschlossenen Empfehlungen kommt neben den gelösten Sachfragen auch der in der Kommission errungene politische Verfassungskonsens zwischen den Fraktionen sowie zwischen Bund und Ländern zum Ausdruck. Das mit den Kommissionsempfehlungen eingeleitete Verfahren zur Änderung und Ergänzung des Grundgesetzes wird zeigen, ob und inwieweit der in der Gemeinsamen Verfassungskommission erzielte Verfassungskonsens in einen Verfassungskonsens auch der Gesetzgebungsorgane einmündet.

Insgesamt hat sich die Kommission als Prüfstand dafür erwiesen, auf welchen Feldern von Anfang an durchgängig einvernehmliche Ausgangspositionen bestanden, welche Fragen nach Überwindung anfänglicher Kontroversen schließlich konsensual gelöst werden konnten und bei welchen Beratungsgegenständen — zum Teil trotz eingehender Beratungen — eine inhaltliche Einigung mit der Folge einer entsprechenden Kommissionsempfehlung nicht möglich war.

Zu den letzteren gehören insbesondere die beiden großen Komplexe der Ergänzung des repräsentativen Systems des Grundgesetzes um Elemente unmittelbarer Demokratie (Volksinitiative, Volksbegehren, Volksentscheid) sowie die Berücksichtigung sozialpolitischer Zielvorstellungen in der verfassungsrechtlichen Form sozialer Staatsziele. Auch zu verschiedenen Einzelfeldern des Parlamentsrechts und des Wahlrechts hat die Gemeinsame Verfassungskommission im Ergebnis keine Empfehlung beschlossen. Hier liegt der Wert der Kommissionsarbeit in einer kritischen Durchmusterung der Verfassung und in der Abwägung des Für und Wider mit der anschließenden Folgerung, daß eine Änderung nicht notwendig sei, weil sich das Grundgesetz bewährt hat.

Vor diesem Hintergrund ist die Feststellung durchaus gerechtfertigt, daß in den umfangreichen Beratungen der Gemeinsamen Verfassungskommission auch eine politisch legitimierende Kräftigung des Grundgesetzes mitenthalten ist. Dabei besteht die berechtigte Hoffnung, daß auch die künftige Diskussion über die Ergebnisse der Gemeinsamen Verfassungskommission im gleichen Sinne und Stil geführt wird.

Von Anfang an wurde die Tätigkeit der Gemeinsamen Verfassungskommission von Bürgereingaben begleitet. Personen, Institutionen und Organisationen haben sich überwiegend mit verfassungspolitischen Anliegen an die Kommission gewandt. In den Individualeingaben und gleichlautenden Masseneingaben, deren Zahl insgesamt bei etwa 800 000 liegt, kommt die Anteilnahme vieler Kreise der Bevölkerung an der deutschen Verfassungsreform zum Ausdruck. Hierfür dankt die Gemeinsame Verfassungskommission allen, die sich in entsprechender Weise engagiert haben; ihre Mitglieder haben sich hierüber gefreut.

Gerade auch diesem Bürgerinteresse am Grundgesetz und seiner Reform soll die nachfolgende Veröffentlichung des Berichts der Gemeinsamen Verfassungskommission Rechnung tragen.

Professor Dr. Rupert Scholz, MdB

Dr. Henning Voscherau
Erster Bürgermeister

Inhaltsübersicht

Die Gemeinsame Verfassungskommission
Auftrag, Verfahren, Durchführung

I. Einsetzung und Konstituierung der Gemeinsamen Verfassungskommission

1. Die Einsetzung

Der Deutsche Bundestag beschloß auf seiner 61. Sitzung der 12. Wahlperiode am 28. November 1991 die Einsetzung einer Gemeinsamen Verfassungskommission aus Mitgliedern des Bundestages und des Bundesrates. Grundlage der Beschlußfassung waren die Beschlußempfehlung des Ältestenrates vom 14. November 1991 (BT-Drucksache 12/1590) und der interfraktionelle Änderungsantrag vom 28. November 1991 (BT-Drucksache 12/1670). Auf seiner 637. Sitzung am 29. November 1991 stimmte der Bundesrat auf Antrag der Länder Hamburg und Mecklenburg-Vorpommern — BR-Drucksache 741/91 — dem Beschluß des Bundestages mit einem fast wortgleichen Beschluß — BR-Drucksache 741/91 (Beschluß) — zu. Der Wortlaut der Einsetzungsbeschlüsse ist im Anhang abgedruckt.

2. Die Konstituierung

Am 16. Januar 1992 wurde die Gemeinsame Verfassungskommission durch die Präsidentin des Deutschen Bundestages, Frau Professor Dr. Rita Süßmuth, und den Präsidenten des Bundesrates, Herrn Ministerpräsident Dr. Alfred Gomolka, konstituiert. Auf ihrer konstituierenden Sitzung wählte die Gemeinsame Verfassungskommission den Abgeordneten Professor Dr. Rupert Scholz (CDU/CSU) sowie den Präsidenten des Senats und Ersten Bürgermeister der Freien und Hansestadt Hamburg, Dr. Henning Voscherau (SPD), zu gleichberechtigten Vorsitzenden.

Einsetzung und Konstituierung der Gemeinsamen Verfassungskommission waren das Ergebnis einer verfassungspolitischen Entwicklung, die vor dem Einigungsvertrag vom 31. August 1990 begann und mit den kommenden Beratungen und Beschlußfassungen der gesetzgebenden Körperschaften über Änderungen und Ergänzungen des Grundgesetzes ihren Abschluß finden wird. Hierbei kommt den mit diesem Bericht vorgelegten Empfehlungen und Vorschlägen der Gemeinsamen Verfassungskommission wegweisende Bedeutung zu.

3. Der Einigungsvertrag

Der Einigungsvertrag befaßt sich mit Fragen der Verfassungsänderungen in den Artikeln 4 und 5. Während Artikel 4 konstitutiv das Grundgesetz an sechs

Stellen beitrittsbedingt änderte, hat Artikel 5 künftige Verfassungsänderungen im Blick:

„Artikel 5
Künftige Verfassungsänderungen

Die Regierungen der beiden Vertragsparteien empfehlen den gesetzgebenden Körperschaften des vereinten Deutschlands, sich innerhalb von zwei Jahren mit den im Zusammenhang mit der deutschen Einigung aufgeworfenen Fragen zur Änderung oder Ergänzung des Grundgesetzes zu befassen, insbesondere

— in bezug auf das Verhältnis zwischen Bund und Ländern entsprechend dem Gemeinsamen Beschluß der Ministerpräsidenten vom 5. Juli 1990 (veröffentlicht in Zeitschrift für Parlamentsfragen, Heft 3/1990, S. 461 ff.),
— in bezug auf die Möglichkeit einer Neugliederung für den Raum Berlin/Brandenburg abweichend von den Vorschriften des Artikels 29 des Grundgesetzes durch Vereinbarung der beteiligten Länder,
— mit den Überlegungen zur Aufnahme von Staatszielbestimmungen in das Grundgesetz sowie
— mit der Frage der Anwendung des Artikels 146 des Grundgesetzes und in deren Rahmen einer Volksabstimmung."

Diese Bestimmung war Auftrag und Ausgangspunkt für die Beratungen der Gemeinsamen Verfassungskommission. Die vier ausdrücklich erwähnten Felder möglicher Grundgesetzänderungen sind verfassungspolitisch aus den Verhandlungen um den Einigungsvertrag entstanden. Untereinander weisen sie kaum inhaltliche Verknüpfungen auf. Artikel 5 des Einigungsvertrages begrenzt nicht das ohnehin bestehende Ermessen der gesetzgebenden Körperschaften, sich auch mit anderen Verfassungsänderungen zu befassen. Die sprachliche Hervorhebung „insbesondere" bestätigt dies.

4. Politische Initiativen

Die Einsetzung der Gemeinsamen Verfassungskommission geht auf politische Initiativen im Frühjahr 1991 zurück. Dieser Kommission sollte die konzeptionelle Vorbereitung der Beratungen und Beschlußfassungen der gesetzgebenden Körperschaften obliegen. Bereits bei den parlamentarischen Beratungen zum Einigungsvertragsgesetz im September 1990 wurde im Rechtsausschuß und im Ausschuß Deutsche Einheit der Vorschlag geäußert, die Vorbereitung künftiger Verfassungsänderungen gemäß Artikel 5 des Einigungsvertrages einem gemeinsamen Gremium von Mitgliedern des Bundestages und des Bundesrates anzuvertrauen. In seiner Regierungserklärung vor dem Deutschen Bundestag am 30. Januar 1991 sprach der Bundeskanzler den Wunsch der Bundesregierung aus, Bundestag und Bundesrat sollten aus ihrer Mitte ein paritätisch zusammengesetztes Gremium berufen, das über Vorschläge zu Verfassungsänderungen beraten soll, die an die gesetzgebenden Körperschaften zu richten sind. Dieses gemeinsame Gremium sollte sich insbesondere mit den im Einigungsvertrag genannten Grundgesetzänderungen befassen, aber auch mit Änderungen, die für die Verwirklichung der Europäischen Union zweifellos notwendig werden. Mit diesen institutionellen und konzeptionellen Vorstellungen bestätigte der Bundeskanzler die inhaltsgleichen Postulate der Koalitionsvereinbarung vom 17. Januar 1991.

5. Die Kommission Verfassungsreform des Bundesrates

Zuvor hatte der Bundesrat nach Vorerörterungen in der Ministerpräsidentenkonferenz mit Beschluß vom 1. März 1991 — BR-Drucksache 103/91 (Beschluß) — eine eigene Kommission Verfassungsreform eingesetzt. Diese Kommission bestand aus 32 Mitgliedern. Jedes der 16 Länder wurde durch den Ministerpräsidenten und ein von der Landesregierung benanntes anderes Regierungsmitglied repräsentiert. Den Vorsitz führte der Präsident des Senats und Erste Bürgermeister der Freien und Hansestadt Hamburg, Dr. Henning Voscherau, als Präsident des Bundesrates im Bundesrats-Geschäftsjahr 1990/91 und als gewählter stellvertretender Vorsitzender im Geschäftsjahr 1991/92. Die Kommission Verfassungsreform hatte durch den Einsetzungsbeschluß den Auftrag, „sich entsprechend den in Artikel 5 des Einigungsvertrages enthaltenen Empfehlungen mit den im Zusammenhang mit der deutschen Einigung aufgeworfenen Fragen zur Änderung oder Ergänzung des Grundgesetzes zu befassen". Schwerpunkt der Arbeit waren „die verfassungsrechtlichen Fragen einer Stärkung des Föderalismus in Deutschland und Europa". Die Kommission Verfassungsreform hat ihren Bericht „Stärkung des Föderalismus in Deutschland und Europa sowie weitere Vorschläge zur Änderung des Grundgesetzes" am 14. Mai 1992 beschlossen (BR-Drucksache 360/92). Dieser Bericht mit seinen Vorschlägen und Empfehlungen floß in die Beratungen der Gemeinsamen Verfassungskommission ein.

Gleiches gilt für den Verfassungsentwurf des Kuratoriums für einen demokratisch verfaßten Bund deutscher Länder vom 29. Juni 1991 und für den Schlußbericht der Enquete-Kommission Verfassungsreform des Bundestages vom 2. Dezember 1976 (BT-Drucksache 7/5924).

6. Die Einsetzungsanträge

In den parlamentarischen Anträgen und Begründungen kamen unterschiedliche erkenntnisleitende Interessen und divergierende Zielvorstellungen über Zusammensetzung, inhaltliche Vorgaben, Auftrag und Verfahrensweise eines damals noch „Verfassungsrat" oder „Verfassungsausschuß" genannten Gremiums zum Ausdruck. So wollte die Fraktion der SPD mit ihrem Antrag vom 24. April 1991 „Weiterentwicklung des Grundgesetzes zur Verfassung für das geeinte Deutschland — Einsetzung eines Verfassungsrates —" (BT-Drucksache 12/415) die Beratung von Vorschlägen für Verfassungsänderungen an die gesetzgebenden Körperschaften einem Verfassungsrat zuweisen. Dieser sollte aus 120 Mitgliedern — je zur Hälfte aus Männern und Frauen — bestehen und von der Bundesversammlung mit qualifizierter Mehrheit gewählt werden, und zwar unter Berücksichtigung auch von Persönlichkeiten des öffentlichen Lebens außerhalb von Bundestag und Bundesrat. Auch die Gruppe BÜNDNIS 90/DIE GRÜNEN sprach sich mit ihrem Antrag vom 13. Mai 1991 „Vom Grundgesetz zur gesamtdeutschen Verfassung — Einrichtung und Aufgaben eines Verfassungsrates —“ (BT-Drucksache 12/563) für die Bestellung eines Verfassungsrates von 160 Mitgliedern aus. Dieser sollte je zur Hälfte aus Männern und Frauen bestehen und je zur Hälfte vom Bundestag und den Volksvertretungen der Länder gewählt werden. Der Koalitionsantrag der Fraktionen der CDU/CSU und F.D.P. vom 13. Mai 1991 „Einsetzung eines Gemeinsamen Verfassungsausschusses“ (BT-Drucksache 12/567) dagegen forderte ein Gremium von je 16 Mitgliedern des Bundestages und des Bundesrates und enthielt darüber hinaus wichtige Verfahrensregeln. Die Aufgaben der Gemeinsamen Verfassungskommission wurden in diesem Antrag dahin umrissen, daß sie sich insbesondere mit den in Artikel 5 des Einigungsvertrages genannten Grundgesetzänderungen sowie mit Änderungen, die mit der Verwirklichung der Europäischen Union erforderlich werden, befassen solle.

Die unterschiedlichen institutionellen und konzeptionellen Auffassungen zur Verfassungsreform wurden deutlich in der — ersten — Verfassungsdebatte des Bundestages auf seiner 26. Sitzung am 14. Mai 1991, an deren Schluß die Einsetzunganträge an den Ältestenrat überwiesen wurden. Auf einigen verfassungsrechtlichen Feldern — wie etwa denen der Aufnahme neuer Staatsziele, sozialer Grundrechte und Bürgerbeteiligung/Plebiszite in das Grundgesetz — zeichneten sich in dieser Debatte bereits die späteren Kontroversen in der Gemeinsamen Verfassungskommission ab.

In der Folgezeit wurden von den Fraktionen Kompromißlösungen für Auftrag und Zusammensetzung des neuen Gremiums entwickelt, wie sie sich schließlich in den Beschlußempfehlungen des Ältestenrates vom 17. Juni 1991 (BT-Drucksache 12/787) und vom 14. November 1991 (BT-Drucksache 12/1590) niederschlugen. Letztere war Gegenstand der parlamentarischen Beschlußfassung nach der — zweiten — Verfassungsdebatte auf der 61. Sitzung am 28. November 1991. In dieser Aussprache wurden die prozeduralen Fragen durchgängig konsensual, die materiellrechtlichen Themen häufig kontrovers diskutiert. In den Beschlußempfehlungen des Ältestenrates setzte sich die Vorstellung durch, die Beratungen und Beschlußfassungen zu Vorschlägen und Empfehlungen für eine Grundgesetzreform einem gemeinsamen Gremium von Bundestag und Bundesrat mit paritätischer Besetzung zuzuweisen. Der Bundesrat stimmte dem zu. Damit wurde die Gemeinsame Verfassungskommission auf der Grundlage dieser Beschlußfassungen für die Dauer ihrer Tätigkeit — neben dem Gemeinsamen Ausschuß und dem Vermittlungsausschuß — als drittes gemeinsames Organ von Bundestag und Bundesrat konzipiert und konstituiert.

Nach Auffassung der PDS/LL sei mit der Einsetzung der Gemeinsamen Verfassungskommission das politisch-historische und verfassungsmäßige Recht des deutschen Volkes zur Verfassungsgebung und Verfassungsneuschöpfung für den

Fall der staatlichen Vereinigung Deutschlands negiert worden. Die Ausarbeitung einer neuen Verfassung für das vereinte Deutschland bleibe aus dieser Sicht ein Gebot an die Politik. Mit der staatlichen Vereinigung Deutschlands sei nach dieser Auffassung jener Zeitpunkt gekommen, in dem nach Artikel 146 GG das deutsche Volk „in freier Entscheidung" über seine endgültige Verfassung entscheide. Die Bestimmungen des Einigungsvertrages in Artikel 5 seien in keiner Weise eine Realisierung dieses Verfassungsauftrags gewesen. Der Zweck des Grundgesetzes, dem „staatlichen Leben für eine Übergangszeit eine neue Ordnung zu geben" (Präambel) und die Festlegungen in Artikel 146 GG begrenzten die Geltung des Grundgesetzes auf die Zeit der Teilung Deutschlands. Ein anderes Subjekt als 1948/1949 — eben das ganze deutsche Volk — sei mit dem 3. Oktober 1990 zur Ausübung der pouvoir constituant berufen gewesen.

7. Die Zusammensetzung

Die Gemeinsame Verfassungskommission bestand aus 64 Mitgliedern und 64 Stellvertretern, die je zur Hälfte von Bundestag und Bundesrat entsandt wurden. Die vom Bundestag zu entsendenden Mitglieder der Gemeinsamen Verfassungskommission wurden vom Bundestag auf Grund entsprechender Wahlvorschläge gewählt. Dies galt sowohl für die erste Wahl auf der 67. Sitzung am 12. Dezember 1991 als auch für die Nachbesetzungen. Dabei entfielen — im Verhältnis der Stärke der Fraktionen — auf die Fraktion der CDU/CSU 15, die der SPD 11, die der F.D.P. 4 Mitglieder und Stellvertreter, auf die Gruppen PDS/LL und BÜNDNIS 90/DIE GRÜNEN je ein Mitglied und ein Stellvertreter.

Die Bestimmung der Bundesratsmitglieder in der Gemeinsamen Verfassungskommission erfolgte in der Weise, daß jede Landesregierung aus ihren Bundesrats- und stellvertretenden Bundesratsmitgliedern zwei zu Kommissionsmitgliedern und zwei zu stellvertretenden Kommissionsmitgliedern bestimmte. Letztere konnten auch aus dem Kreis der Bevollmächtigten beim Bund stammen. Dieses war gegen Ende der Kommissionstätigkeit bei vier stellvertretenden Kommissionsmitgliedern der Fall. Der Bundesrat war als Wahlorgan nicht eingeschaltet.

Die Kommissionsmitglieder haben mehrfach gewechselt. Drei parlamentarische Kommissionsmitglieder verstarben. Bei dem Vorschlag zur Nachbesetzung des verstorbenen Mitglieds der PDS/LL verzichtete diese Gruppe auf den ihr zustehenden Stellvertreter. In der 21. Sitzung am 6. Mai 1993 stellte Abgeordneter Dr. Ullmann vom BÜNDNIS 90/DIE GRÜNEN seine Arbeit in der Gemeinsamen Verfassungskommission ein, da er seine verfassungspolitischen Vorstellungen und Erwartungen in den Beratungen und Abstimmungen der Kommission nicht verwirklicht sah. Sein Stellvertreter schloß sich dem an. Die Gruppe BÜNDNIS 90/DIE GRÜNEN verzichtete auf den Vorschlag zur Nachbesetzung und damit auf Fortsetzung ihrer Mitarbeit in der Gemeinsamen Verfassungskommission. Somit bestand die Kommission am Ende ihrer Tätigkeit aus 63 ordentlichen und 62 stellvertretenden Mitgliedern. Andere Gründe für das Wechseln von Kommissionsmitgliedern waren die Berufung in ein Regierungsamt oder die Übernahme anderer parlamentarischer Verpflichtungen. Bei den personellen Veränderungen fanden auch Wechsel von stellvertretenden zu ordentlichen Kommissionsmitgliedern und umgekehrt statt.

Mitglieder des Bundesrates in der Gemeinsamen Verfassungskommission wurden abberufen und ersetzt, weil sich die parteipolitische Zusammensetzung der betreffenden Landesregierung geändert hatte oder weil die Wahrnehmung der Mitgliedschaftsrechte in der Gemeinsamen Verfassungskommission einem anderen Regierungsmitglied übertragen wurde.

Der Gemeinsamen Verfassungskommission gehörten zum Schluß als ordentliche Mitglieder auf beiden Bänken insgesamt 26 Mitglieder der CDU/CSU, 28 der SPD, 6 der F.D.P., 1 der PDS/LL und 2 vom BÜNDNIS 90/DIE GRÜNEN an.

Die parteipolitische Zuordnung der Stellvertreter gestaltete sich gegen Ende der Kommissionstätigkeit wie folgt: 25 gehörten der CDU/CSU, 23 der SPD, 10 der F.D.P. und 3 dem BÜNDNIS 90/DIE GRÜNEN an, 1 war parteilos.

Eine Auflistung der personellen Änderungen in der Gemeinsamen Verfassungskommission ist im Anhang beigefügt.

8. Rechtsfragen zur Stellung der Bundesratsmitglieder

Die Stellung der Bundesratsmitglieder in der Gemeinsamen Verfassungskommission zeichnete sich vor dem Hintergrund der grundgesetzlichen Stellung des Bundesrates durch zwei Besonderheiten aus. Zum einen hatte unabhängig von seiner Einwohnerzahl jedes Bundesland zwei ordentliche und zwei stellvertretende Mitglieder in der Gemeinsamen Verfassungskommission. Zum anderen brauchten die beiden Stimmen eines Landes nicht einheitlich abgegeben zu werden. Jedes ordentliche und stellvertretende Kommissionsmitglied aus dem Bundesrat gab seine Stimme für sich ab. Dies schloß nicht aus, daß die Stimmabgabe in der Gemeinsamen Verfassungskommission zum Gegenstand von Kabinettsberatungen gemacht wurde — häufig auch auf Grund parlamentarischer Initiativen aus den Landtagen mit konkreten Voten.

Neben der Stimmabgabe wirkten sich die Regierungskoalitionen in den Ländern auch auf die personelle Besetzung aus: Die am Ende der Kommissionstätigkeit bestehenden zehn Koalitionsregierungen in den Ländern spiegelten sich in der parteipolitischen Zuordnung der jeweils beiden ordentlichen und beiden stellvertretenden Kommissionsmitglieder wider. Dies hatte zur Folge, daß bei einigen Abstimmungsgegenständen unterschiedliche Stimmabgaben von zwei Mitgliedern einer Landesregierung zu beobachten waren.

9. Die Stellvertretung

Die Stellvertretung wurde auf Empfehlung der Obleute durch einvernehmlich gefaßten Kommissionsbeschluß in der Weise geregelt, daß es auf beiden Bänken keine persönlich zuzuordnende Stellvertretung gab. Diese erfolgte innerhalb der einer Fraktion oder der einer Landesregierung angehörenden Kommissionsmitglieder. Im Hinblick auf die Kontinuität der Beratungen wurde — unbeschadet der Einsetzungsbeschlüsse — den Stellvertretern auch ohne Vertretungsfall die Teilnahme an den Kommissionssitzungen ermöglicht — indes ohne Rederecht. Dieser Ausschluß spielte in der Verfahrenspraxis der Kommission freilich keine Rolle, da immer Vertretungsfälle gegeben waren und deshalb auch die Stellvertreter jederzeit von ihrem Rederecht Gebrauch machen konnten.

10. Die gemeinsame Ausübung des Vorsitzes

Eine sich aus den Einsetzungsbeschlüssen ergebende und die Gleichgewichtigkeit der beiden Bänke betonende Besonderheit der Kommission war die gemeinsame Ausübung des Vorsitzes durch je ein Mitglied des Bundestages und des Bundesrates, die von den auf der konstituierenden Sitzung gewählten beiden Vorsitzenden, Abgeordneter Professor Dr. Scholz und Erster Bürgermeister Dr. Voscherau, wahrgenommen wurde. Von der in den Einsetzungsbeschlüssen für die Kommission enthaltenen Ermächtigung zur Regelung des „Näheren“ für die gemeinsame Ausübung des Vorsitzes wurde kein Gebrauch gemacht. Der Vorsitzende Abgeordneter Professor Dr. Scholz ließ vom 11. Februar bis 4. März 1993, in einer sitzungsfreien Zeit, sein Amt als Vorsitzender ruhen. Anlaß war ein zu diesem Zeitpunkt noch bestehender Klärungsbedarf mit der Führung seiner Fraktion wegen der Abstimmung zum Beratungsgegenstand Staatsziel Umweltschutz.

11. Organisatorische und administrative Begleitung der Kommission

Zur Erledigung der organisatorischen und administrativen Kommissionsgeschäfte sowie zur wissenschaftlichen Zuarbeit stellte die Verwaltung des Deutschen Bundestages der Kommission ein Sekretariat zur Verfügung, in dem unter Leitung von Ministerialrat Dr. Busch, Regierungsrat z. A. Zapfe, Regierungsrat z. A. Meyer, Oberamtsrat Forst, die Verwaltungsangestellten Frau Schröder, Frau Mäfers und Frau Wiedemann, studentische Aushilfskräfte sowie die zur Ausbildung überwiesenen Rechtsreferendare und Rechtspraktikanten tätig waren.

Die Arbeit der Kommission wurde durch Beamte der Landesregierungen und Mitarbeiter der Fraktionen unterstützt und begleitet. An der Abfassung dieses Berichtes waren die Mitarbeiter des Sekretariates sowie Ministerialrat Fischer, Regierungsrat Dr. Hofmann, Professor Dr. Holtschneider, Ministerialdirigent Klotz und Ministerialrat Dr. Meyer-Teschendorf beteiligt.

II. Arbeitsweise und Verfahren der Gemeinsamen Verfassungskommission

1. Rechts- und Verfahrensgrundlagen

Neben der Zusammensetzung und den Aufgaben war vor allem das Verfahren der Gemeinsamen Verfassungskommission in den beiden eingangs erwähnten Einsetzungsbeschlüssen von Bundestag und Bundesrat geregelt. Ergänzend galt die Geschäftsordnung des Deutschen Bundestages. Weitere verfahrensrechtliche Beschlüsse wurden nach der Konstituierung auf Grund einvernehmlicher Empfehlungen der Obleute von der Gemeinsamen Verfassungskommission auf ihren ersten Sitzungen gefaßt.

2. Die Teilnahme an Kommissionssitzungen

In Konkretisierung der Einsetzungsbeschlüsse wurde nicht nur den Mitgliedern der Bundesregierung, sondern auch ihren fachkundigen Beamten das Recht zur Teilnahme an den Kommissionssitzungen zugestanden. Dies galt vor allem für Beamte aus den Bundesministerien des Innern und der Justiz. Darüber hinaus richtete sich die Präsenz der Bundesressorts in den Kommissionssitzungen nach den jeweiligen Beratungsgegenständen. Auch Beamte aus Landesministerien sowie Mitarbeiter der Fraktionen und Gruppen nahmen an den Kommissionssitzungen teil. Das Rederecht blieb indes den Bundesministern sowie den Parlamentarischen und beamteten Staatssekretären der Bundesregierung vorbehalten.

3. Die Öffentlichkeit der Beratungen

Nach § 69 Abs. 1 der Geschäftsordnung des Deutschen Bundestages (GO-BT) sind die Verhandlungen der Ausschüsse grundsätzlich nicht öffentlich. Dementsprechend wurde nach der öffentlichen Konstituierung und der Generalaussprache in der Gemeinsamen Verfassungskommission auch verfahren. Doch setzte sich nach anfänglichen Widerständen der Wunsch in der Kommission durch, die Öffentlichkeit an ihren Beratungen teilnehmen zu lassen. Hierin wurde das Bestreben deutlich, mit der Öffentlichkeit einen breit angelegten Verfassungsdiskurs zu führen. Nachdem hierüber unter den Obleuten Einvernehmen erzielt werden konnte, faßte die Kommission auf ihrer 4. Sitzung am 2. April 1992 den Beschluß, zunächst bis zur Sommerpause die Öffentlichkeit zu ihren Sitzungen zuzulassen. Auf ihrer 9. Sitzung am 9. Juli 1992 verständigte sich die Kommission darauf, daß Öffentlichkeit bis auf weiteres bestehen soll. So wurde bis zum Ende der Kommissionstätigkeit verfahren. Anfänglich geäußerte Befürchtungen, daß hierdurch der ungestörte Ablauf der Kommissionsberatungen beeinträchtigt werden könnte, haben sich nicht bestätigt. Die Öffentlichkeit der Anhörungssitzungen ergab sich bereits aus der Anwendung des § 70 GO-BT.

4. Das Erfordernis der Zweidrittelmehrheit

Nach den Einsetzungsbeschlüssen war für Entscheidungen der Kommission das Quorum einer Zweidrittelmehrheit erforderlich. In der Anwendung dieses für Verfassungsänderungen in Artikel 79 Abs. 2 GG vorgeschriebenen Mehrheitserfordernisses kam die zusätzliche Aufgabe der Gemeinsamen Verfassungskommission zum Ausdruck, die verfassungsrechtlichen Kompromiß- und Konsensmöglichkeiten im parlamentarischen Raum unter den Fraktionen und Gruppen sowie im föderativen System zwischen Bund und Ländern auszuloten. Empfehlungen der Gemeinsamen Verfassungskommission auf der Grundlage einer Zweidrittelmehrheit ihrer Mitglieder sind ein Indiz dafür, daß diese im anschließenden Gesetzgebungsverfahren der Verfassungsänderung von den Gesetzgebungsorganen aufgegriffen und verwirklicht werden. Beredtes Beispiel hierfür sind die Empfehlungen der Gemeinsamen Verfassungskommission zum Beratungsgegenstand Grundgesetz und Europa, die nahezu unverändert in das Grundgesetz aufgenommen wurden. Das Erfordernis einer Zweidrittelmehrheit für eine verfassungsändernde Kommissionsempfehlung bewirkt eine Verstärkung der politischen Vorgaben an die Gesetzgebungsorgane. Rechtlich sind diese indes hieran nicht gebunden.

Das Quorum der Zweidrittelmehrheit war mit 43 Stimmen erreicht. Dieses Mehrheitserfordernis ließ sich nur mit den Stimmen aus beiden Bänken verwirklichen. Die politische Zuordnung der Kommissionsmitglieder ergab, daß keine der beiden großen Parteien mit ihren Stimmen beider Bänke weder allein, noch mit den kleineren Parteien die Zweidrittelmehrheit erzielen konnte, sondern nur mit Mitgliedern der anderen großen Partei zusammen. Damit waren Kompromiß und Konsens als notwendige Elemente in der Tätigkeit der Gemeinsamen Verfassungskommission vorgegeben.

Im Hinblick auf die Sitzungspräsenz der Kommissionsmitglieder verständigte sich die Kommission darauf, daß dieses Mehrheitserfordernis nur für Sachfragen gelten sollte. Fragen der Geschäftsordnung und des Verfahrens sollten dagegen mit einer Zweidrittelmehrheit nur der Anwesenden — bei Widerspruchsmöglichkeit der Mehrheit einer Bank — entschieden werden können.

5. Termine für die Vorlage des Berichts

Die Einsetzungsbeschlüsse enden mit der Angabe des Termins für die Vorlage des Berichts der Kommission, die bis zum 31. März 1993 erfolgen sollte. Zu Beginn des Jahres 1993 zeichnete sich indes ab, daß dieser Termin nicht werde eingehalten werden können. Dies lag vor allem daran, daß die Vielzahl der Beratungsgegenstände zum Zeitpunkt der Einsetzungsbeschlüsse teilweise noch nicht absehbar war. Auf einvernehmliche Anregung der Obleute faßte die Gemeinsame Verfassungskommission deshalb auf ihrer 18. Sitzung am 4. März 1993 den Beschluß, die Beratungsphase bis zum Beginn der parlamentarischen Sommerpause 1993 zu verlängern und den Bericht im Herbst 1993 vorzulegen, zumal die Einsetzungsbeschlüsse den Termin für die Berichtsvorlage rechtlich nur als Sollvorschrift ausgestaltet hatten. Überdies war dieser Termin bereits in der der Einsetzung der Gemeinsamen Verfassungskommission zugrunde liegenden Beschlußempfehlung des Ältestenrates vom 14. November 1991 (BT-Drucksache 12/1590) als ein möglicher Zeitpunkt für den Abschluß der Kommissionstätigkeit genannt worden. Diese Alternative enthielt zugleich die angesichts kontroverser parlamentarischer Diskussionen erforderliche Klarstellung, daß die in Artikel 5 des Einigungsvertrages genannte Zweijahresfrist erst mit der Konstituierung der Gemeinsamen Verfassungskommission beginnt. In einem gemeinsamen Schreiben setzten die beiden Kommissionsvorsitzenden die Präsidentin des Deutschen Bundestages und den Präsidenten des Bundesrates von diesem Kommissionsbeschluß in Kenntnis. Letzterer sah davon ab, wegen der Verlängerung der Beratungszeit der Gemeinsamen Verfassungskommission auf eine förmliche Abänderung des Einsetzungsbeschlusses hinzuwirken, da im Bundesrat nicht erkennbar gewesen sei, daß diese Veränderung der Rahmendaten des Einsetzungsbeschlusses auf Widerstand stoße. Der Ältestenrat des Bundestages hat ebenfalls ohne Widerspruch von der Fristverlängerung Kenntnis genommen. Beide Gesetzgebungsorgane faßten deshalb keine eigenständigen Verlängerungsbeschlüsse.

6. Das Selbstverständnis der Gemeinsamen Verfassungskommission

Nach dem im Laufe ihrer Tätigkeit entwickelten Selbstverständnis sollte die Gemeinsame Verfassungskommission sich nicht nur mit den Materien des Artikel 5 des Einigungsvertrages und der Einsetzungsbeschlüsse befassen. Sie sah es auch als ihre Aufgabe an, in der politischen Diskussion aktuell gewordene verfassungsrechtliche Fragen im Hinblick auf die Notwendigkeit einer Änderung des Grundgesetzes zu untersuchen. Schließlich nahm sie das Recht in Anspruch, zu eingeleiteten Verfahren der Verfassungsänderung ihr Votum abzugeben. Wegen dieses von ihr entwickelten Selbstbefassungsrechts hing die Aufnahme einer Verfassungsmaterie in die Beratungsagenda der Gemeinsamen Verfassungskommission weder von einer ausdrücklichen Überweisung noch von der Zustimmung anderer Verfassungsorgane ab. Mit diesem Selbstverständnis hinsichtlich ihrer Kompetenz wurde die anfänglich bestehende Trennung zwischen den laufenden Verfahren zur Änderung und Ergänzung des Grundgesetzes und dem Prüfungsauftrag der Kommission überwunden. Dabei wurden vereinzelt Befürchtungen erkennbar, die Gemeinsame Verfassungskommission solle sich nicht zum Vollzugs- und Akklamationsorgan anderer Staatsorgane machen lassen und das bestätigen, was bereits anderen Orts entschieden sei.

Neben diesen kompetenzmäßigen Aspekten im Selbstverständnis der Gemeinsamen Verfassungskommission bestand eine andere Seite ihres Selbstverständnisses in ihrer statusmäßigen Stellung als gemeinsames Gremium von Bundestag und Bundesrat. Zwar galt für ihr Verfahren die Geschäftsordnung des Bundestages. Auch wurde sie von der Leitung und der Verwaltung des Bundestages betreut.

Diese Aspekte im Selbstverständnis der Gemeinsamen Verfassungskommission wurden sichtbar etwa bei der Durchführung gemeinsamer Anhörungen mit

Bundestagsausschüssen: Die 7. Anhörung der Gemeinsamen Verfassungskommission erfolgte zusammen mit dem Rechtsausschuß zum Beratungsgegenstand Staatliche Souveränität und militärische Verteidigung am 11. Februar 1993, die 8. Anhörung zusammen mit dem Rechtsausschuß und dem Innenausschuß zum Beratungsgegenstand Asylrecht am 11. März 1993. Diese beiden Ausschüsse waren im Rahmen des parlamentarischen Gesetzgebungsverfahrens die federführenden Ausschüsse für die Beratung der ihnen jeweils überwiesenen Gesetzentwürfe zu Änderungen des Grundgesetzes (Artikel 24 und 87 a — Streitkräfteeinsatz out of area — sowie Artikel 16 und 18 — Asylrecht). In ihrem verfassungsrechtlichen Gehalt waren diese Gesetzentwürfe weitgehend inhaltlich vergleichbar mit den beiden Beratungsgegenständen der Gemeinsamen Verfassungskommission.

Im Vorfeld dieser Anhörungen wurden Bedenken laut, daß die Gemeinsame Verfassungskommission als unabhängiges Organ formal allzu stark in das parlamentarische Gesetzgebungsverfahren eingebunden werde. Diese Bedenken konnten ausgeräumt werden, nachdem mit den Vorsitzenden der beiden Ausschüsse Einverständnis über die Gleichberechtigung der Mitglieder der Gemeinsamen Verfassungskommission bei ihrer Teilnahme an den von den beiden Bundestagsausschüssen zu organisierenden Anhörungen erzielt worden war. Die Sachverständigen wurden auch von den Kommissionsmitgliedern benannt. Die beiden Kommissionsvorsitzenden nahmen auf die Gestaltung der Anhörung Einfluß. Zur Vermeidung paralleler Anhörungen sah die Gemeinsame Verfassungskommission deshalb von der zunächst vorgesehenen Durchführung eigener Anhörungen zu diesen Beratungsgegenständen ab.

III. Der Beratungsablauf der Gemeinsamen Verfassungskommission

1. Die Obleute

Die Regelung verfahrensmäßiger Fragen und organisatorische Festlegungen für die Tätigkeit der Gemeinsamen Verfassungskommission erfolgten durch die Obleute. Ihre Verfahrensvorschläge an die Kommission wurden von dieser — wenn nötig — durch Beschlüsse bestätigt. An den Obleutebesprechungen nahmen die von den Arbeitsgruppen benannten Obleute sowie zwei Kommissionsmitglieder aus dem Bundesrat als Vertreter der A-Länder und der B-Länder teil. Es waren dies für die CDU/CSU Abg. Dr. Jahn, für die SPD Abg. Dr. Vogel, für die F.D.P. Abg. Kleinert, für die Gruppe PDS/LL Abg. Prof. Dr. Heuer, für die Gruppe BÜNDNIS 90/DIE GRÜNEN Abg. Dr. Ullmann sowie von Bundesratsseite Frau Staatsministerin Dr. Hohmann-Dennhardt und Minister Helmrich. Neben der Zuarbeit des Kommissionssekretariats erwies sich auch die Teilnahme von Mitarbeitern der

Fraktionen und Gruppen sowie persönlicher Mitarbeiter von Obleuten als förderlich.

Die wichtigste Aufgabe der Obleute war, sich auf die von der Gemeinsamen Verfassungskommission zu beratenden Verfassungsmaterien zu verständigen und die auf diese Weise umrissenen Beratungsgegenstände in die Tagesordnungen der Kommissionssitzungen einzupassen. Die Aufstellung der Tagesordnung ist neben vorherigen Festlegungen in der Gemeinsamen Verfassungskommission auch von tagespolitischen Ereignissen beeinflußt worden. Hier zeigte sich in den Obleutebesprechungen hinreichend Flexibilität und Elastizität, tagespolitische Novellierungswünsche mit den Postulaten des Kommissionsauftrages zu verbinden.

2. Die Berichterstatter

Die Gemeinsame Verfassungskommission hat keine Unterkommissionen gebildet, da zu befürchten stand, daß sich durch die Einführung von deren Arbeitsergebnissen in das Plenum der Kommission der Arbeitsaufwand unnötig erhöhen würde. Die Kommission hat sich stattdessen für das Modell der Berichterstattergespräche entschieden. An diesen nichtöffentlichen Gesprächen nahmen die von den Parteien zu den einzelnen Beratungsgegenständen benannten Kommissionsmitglieder teil. Dabei waren Kommissionsmitglieder des Bundestages und des Bundesrates in gleicher Weise beteiligt. Die Kommissionsvorsitzenden und Obleute machten von ihrem Recht der Teilnahme Gebrauch. Neben dem Kommissionssekretariat und den Mitarbeitern der Fraktionen und Gruppen wurden auch Beamte des Bundes und der Länder hinzugezogen.

Die Berichterstatter erörterten die inhaltlichen Aspekte ihres Beratungsgegenstandes. Hierzu führten sie in Ausnahmefällen auch selbst Anhörungen durch. Bei den kontroversen Ausgangspositionen stand die Entwicklung von Kompromissen im Vordergrund. Hierbei wurde ausgelotet, ob, gegebenenfalls in welchem Umfang und mit welchen Zugeständnissen die Möglichkeiten gemeinsam getragener Empfehlungen bestanden. Dieser Prozeß war von unterschiedlicher Dauer. Manchmal endete er kurz nach seinem Beginn, weil die Standpunkte unvereinbar blieben. Manchmal zeichnete sich nach langwierigen und auch mühseligen Verhandlungen unter den Berichterstattern ein Kompromiß ab, der zumeist auch von der Kommission übernommen und durch Beschluß bestätigt wurde.

3. Die Kommissionssitzungen

Die Gemeinsame Verfassungskommission führte vom 16. Januar 1992 bis zum 1. Juli 1993 25 Sitzungen und 9 Anhörungen durch. In der 26. Sitzung am 28. Oktober 1993 erfolgte die Beschlußfassung der Kommission über den Bericht. Die Kommission tagte zunächst jeweils donnerstags vor den Sitzungen des Bundesrats am folgenden Freitag. Die Vielzahl der in die Agenda der Kommission aufgenommenen Beratungsgegenstände und das in einer Verfassungsreform liegende Konfliktpotential mit seinen zeitlichen Auswirkungen auf Diskussionsbedarf und Beratungsdauer führten zur Vereinbarung zusätzlicher Sitzungstermine. Um für die Abstimmungen eine große Präsenz der Bundesratsmitglieder sicherzustellen, wurden diese an den ursprünglichen Terminen vor den Bundesratssitzungen durchgeführt. Die Abstimmungstermine wurden frühzeitig bekannt gegeben, nachdem Einverständnis über die Abstimmungsfähigkeit eines Beratungsgegenstandes erzielt worden war.

Das Verfahren von der Festlegung einer Verfassungsmaterie als Beratungsgegenstand der Kommission bis zu dessen Abstimmung vollzog sich in der Regel nach folgenden Schritten: In einer allgemeinen Aussprache führten die Berichterstatter in die Materie des Beratungsgegenstandes ein. Hieran schloß sich die Diskussion in der Kommission an. Für die Aufnahme der Kommissionsberatungen waren keine Anträge von Kommissionsmitgliedern erforderlich. Diese wurden häufig erst am Ende der Beratungen unter Berücksichtigung der erkennbar gewordenen übereinstimmenden oder kontroversen Positionen gestellt. Die Einzelfragen wurden in den Berichterstattergesprächen mit dem Ziel beraten, ob eine mehrheitsfähige Kommissionsempfehlung entwickelt werden konnte. Parallel hierzu wurde nach Maßgabe der politischen Bedeutung des Beratungsgegenstandes über die Durchführung einer öffentlichen Anhörung entschieden. Die Ergebnisse der Berichterstatter und der Anhörung wurden gegebenenfalls in einer zweiten Aussprache von der Kommission gewürdigt. Voraussetzung für die Anberaumung einer Abstimmungssitzung war oft, daß zuvor die Fraktionen den Positionen ihrer Mitglieder in der Kommission zugestimmt und auch die Bundesratsmitglieder sich des Rückhalts ihrer Landesregierungen versichert hatten.

Eine anfängliche Erwägung, Redezeiten nach Fraktionsstärken zu bemessen, fand keine Verwirklichung. Die Dauer eines Diskussionsbeitrages richtete sich deshalb unabhängig von der Fraktionszugehörigkeit allein nach dem aus dem allgemein knappen Zeitbudget der Kommission resultierenden Gebot der Rücksichtnahme gegenüber den anderen Rednern. Die bereits zu Beginn der Kommissionstätigkeit eröffnete Möglichkeit, längere Wortbeiträge schriftlich zu Protokoll zu geben, erwies sich als hilfreiches Instrument für die Einhaltung des Zeitplanes.

Die Anregung, an anderen Orten der deutschen Verfassungsgeschichte — wie etwa in Weimar oder Herrenchiemsee — zu tagen, wurde nicht aufgegriffen. Mit Ausnahme der 1. Anhörung am 22. Mai 1992 in Berlin wurden alle Kommissionssitzungen in Bonn durchgeführt.

4. Die Anhörungen

Zu den politisch bedeutsamen Beratungsgegenständen führte die Gemeinsame Verfassungskommission nach Vereinbarungen unter den Obleuten öffentliche Anhörungen durch. Hierzu wurden zumeist Professoren — im Schwerpunkt solche der Rechtswissenschaft — geladen. Die Obleute übten das Benennungsrecht hinsichtlich der Sachverständigen für ihre Fraktionen aus. Dabei verständigten sie sich auf einen Schlüssel, der den beiden großen Fraktionen die Benennung von zunächst je drei, später je zwei, der kleineren Fraktion und den beiden Gruppen von je einem Sachverständigen gestattete. Bei diesem Schlüssel wurden die den parlamentarischen Kommissionsmitgliedern politisch jeweils zuzuordnenden Bundesratsmitglieder zahlenmäßig berücksichtigt.

5. Exkurs: Die Beteiligung der Landesparlamente

Mit der personellen Konzeption, daß nur die beiden gesetzgebenden Körperschaften Bundestag und Bundesrat Mitglieder in die Gemeinsame Verfassungskommission entsenden konnten, wurde den Bestrebungen der Landtage nicht entsprochen, an der Grundgesetzreform institutionell und personell mitwirken zu können. Seit Herbst 1990 war die Frage der Mitwirkung der Landesparlamente bei den mit der deutschen Einigung zusammenhängenden Verfassungsfragen Gegenstand politischer Kontakte der Präsidentinnen und Präsidenten der deutschen Landesparlamente zunächst untereinander gewesen. So forderte die einmütig gefaßte Entschließung auf deren 67. Konferenz am 19. November 1990 in München die Beteiligung der Landtage bei der Bildung besonderer parlamentarischer Gremien zur Vorbereitung der Grundgesetzänderungen gemäß Artikel 5 des Einigungsvertrages, und zwar sowohl bei der Bestellung wie bei der Besetzung des Gremiums. Die Präsidentenkonferenz ging dabei davon aus, daß der Begriff „gesetzgebende Körperschaften" in Artikel 5 des Einigungsvertrages nach dem Sinn unserer bundesstaatlichen Ordnung auch die Landesparlamente umfaßt. Als sich im Frühjahr und Sommer 1991 die Bildung der Kommission Verfassungsreform des Bundesrates und der Gemeinsamen Verfassungskommission politisch abzeichnete, wandten sich auf der Grundlage dieses Konsenses über die Mitwirkung mehrere Landtagspräsidentinnen und -präsidenten an den Bundesratspräsidenten und die Bundestagspräsidentin mit dem Wunsch nach länderparlamentarischer Beteiligung an diesen beiden Gremien. In der Bundestagsdebatte vom 28. November 1991 wurde einmütig darauf hingewiesen, daß die Entscheidung hierüber allein beim Bundesrat als der Vertretung der Länder liege. Der Bundesrat entsprach diesen Wünschen weder bei seiner eigenen Verfassungskommission noch bei der Gemeinsamen Verfassungskommission.

Nach der Konstituierung der Gemeinsamen Verfassungskommission trug eine Delegation der Präsidentinnen und Präsidenten der deutschen Landesparlamente den Wunsch nach länderparlamentarischer Mitwirkung bei der Grundgesetzreform den beiden Kommissionsvorsitzenden vor. Es wurde vereinbart, der Delegation im Rahmen einer Anhörung vor der Kommission Gelegenheit zu Stellungnahmen über länderspezifische Themen zu geben. Diese Anhörung erfolgte auf der 5. Sitzung am 7. Mai 1992 zum Beratungsgegenstand Gesetzgebungskompetenzen und Gesetzgebungsverfahren im Bundesstaat. Eine ursprünglich für das Ende der Kommissionsberatungen vorgesehene zweite Anhörung wurde nicht mehr durchgeführt, da in dieser Phase der Kommissionstätigkeit keine länderspezifischen Fragen Gegenstand der Kommissionsberatungen waren.

IV. Die Gemeinsame Verfassungskommission und die Öffentlichkeit

1. Die Öffentlichkeitsarbeit der Kommission

Die Beratungen, Abstimmungen und Beschlußfassungen der Gemeinsamen Verfassungskommission wurden von Anfang an von einer interessierten Öffentlichkeit begleitet. Die Medien berichteten kontinuierlich über den Fortgang der Beratungen.

Durch Interviews und auch eigene Beiträge der Kommissionsmitglieder wurden die Positionen in der Publizistik und im wissenschaftlichen Schrifttum verdeutlicht und der Fortgang der Beratungen gewürdigt. Besondere Bedeutung kam den Pressekonferenzen der Vorsitzenden und der Obleute zu, die nach Abstimmungen zu gewichtigen Beratungsgegenständen durchgeführt wurden.

Nahezu unübersehbar waren die Bitten aus der Öffentlichkeit an die Mitglieder der Kommission und an die Mitarbeiter des Sekretariats um Vorträge und Referate zur Einrichtung und zum Verfahren der Gemeinsamen Verfassungskommission sowie zu Problemen der Grundgesetzreform im vereinten Deutschland. Verfassungskommissionen anderer Staaten, Parteien und Stiftungen, Verbände und Gewerkschaften, Professoren und Studenten, Soldaten und Beamte, kirchliche Kreise, Lehrer und Schüler, Vereine und Gruppen, Besuchergruppen im Bundestag aus dem Inland und dem Ausland und viele andere Institutionen und Organisationen aus allen gesellschaftlichen Bereichen und allen deutschen Ländern waren an einer Unterrichtung aus erster Hand in starkem Maße interessiert und in den verfassungspolitischen und verfassungsrechtlichen Problemen engagiert.

Ein besonderes Augenmerk gilt in diesem Zusammenhang den Universitäten und Hochschulen, der wissenschaftlichen Lehre und Forschung. Parallel zur Aufnahme der Kommissionsberatungen wurden in akademischen Lehrveranstaltungen die prozeduralen und materiellen Fragen der deutschen Verfassungsreform referiert und diskutiert. Die akademische Lehre war an der Befassung mit der Gemeinsamen Verfassungskommission und ihrem Auftrag als — neuem — Lehrgegenstand interessiert.

Ähnliches kann für die Forschung festgestellt werden. Die Bitten an das Sekretariat von Professoren und Studenten, vornehmlich von Juristen, Politik- und Sozialwissenschaftlern, um Übersendung bestimmter Materialien oder um Aufnahme in den Verteiler zur Übersendung der für die Öffentlichkeit bestimmten Kommissionsunterlagen setzten frühzeitig ein und nahmen stetig zu. Bereits zu Beginn ihrer Tätigkeit hatte die Kommission beschlossen, grundsätzlich ihre Materialien — Protokolle der Kommissionssitzungen und öffentlichen Anhörungen, Kommissionsdrucksachen mit den Anträgen und Arbeitsunterlagen mit inhaltlichen Ausführungen — der interessierten Öffentlichkeit zur Verfügung zu stellen. Eine Übersicht über die Materialien der Kommission, die nunmehr im Archiv des

Deutschen Bundestages eingesehen werden können, ist im Anhang beigefügt. Auch das wissenschaftliche Schrifttum hat die Grundgesetzreform als aktuellen Forschungsgegenstand entdeckt, wie sich etwa an den jüngsten Publikationen zu dem von der Kommission erarbeiteten neuen Europa-Artikel 23 GG ablesen läßt.

Insgesamt kann festgestellt werden, daß die Gemeinsame Verfassungskommission bei der Erfüllung ihres Auftrages in ständigem Kontakt zur Bevölkerung stand. Die Einigung Deutschlands und die Verfassungen der neuen Länder haben das Verfassungsinteresse einer breiteren Öffentlichkeit geweckt. Dieses Bürgerengagement in Verfassungsfragen hat durch die breit gefächerte Öffentlichkeitsarbeit der Gemeinsamen Verfassungskommission eine sachliche Förderung erfahren.

2. Bürgereingaben als Element des Verfassungsdialogs

Von Anfang an wurde die Tätigkeit der Gemeinsamen Verfassungskommission von Bürgereingaben mit verfassungspolitischen Zielsetzungen begleitet. Das Eingabeaufkommen setzte bereits im Sommer 1991 nach der Verfassungsdebatte im Bundestag vom 14. Mai 1991 ein, verstärkte sich mit der Konstituierung der Kommission im Januar 1992 und hielt bis zur Vorlage des Kommissionsberichts im Herbst 1993 an. Die Zahl der Eingaben lag insgesamt bei etwa 800 000. Dabei handelte es sich sowohl um Individualeingaben mit einem oder mehreren Anliegen als auch um gleichlautende Masseneingaben. Letztere äußerten sich vor allem in der Zusendung vorgedruckter Postkarten sowie Aktionen mit Zeitungsanzeigen und Unterschriftenlisten. Der Erkenntniswert von Masseneingaben lag weniger in deren Inhalt, der der Kommission ohnehin bekannt war, als vielmehr in der Quantität als Ausdruck allgemeiner verfassungspolitischer Vorstellungen. Masseneingaben können deshalb durchaus als Indikatoren für verfassungspolitische Strömungen in der Bevölkerung angesehen werden.

Auch haben sich zahlreiche Verbände und Gruppierungen aus allen gesellschaftspolitischen Bereichen mit verfassungspolitischen Anregungen und Wünschen an die Gemeinsame Verfassungskommission gewandt. In diesen Eingaben kommt das gebündelte Interesse an der Durchsetzung konkreter verfassungspolitischer Forderungen durch die gesetzgebenden Körperschaften zum Ausdruck.

Die Eingaben wurden den Vorsitzenden und den Mitgliedern der Gemeinsamen Verfassungskommission sowie dem Sekretariat zugeleitet. Letzteres erhielt auch Bürgereingaben zu den Beratungen der Gemeinsamen Verfassungskommission vom Bundespräsidialamt, von der Bundesregierung, vom Bundesrat, vom Petitionsausschuß des Bundestages und anderen Staatsorganen zur abschließenden Bearbeitung in eigener Zuständigkeit. Ein großer Teil der Masseneingaben wurde jeweils vor Beginn der Sitzungen zu den entsprechenden Beratungsgegenständen den beiden Vorsitzenden — gelegentlich publikums- und fernsehwirksam — übergeben.

Hauptgegenstand der Eingaben waren verfassungspolitische Anliegen. Darüber hinaus hatte ein nicht unerheblicher Teil persönliche Nöte und individuelle Beschwernisse zum Gegenstand. Die Gemeinsame Verfassungskommission wurde gelegentlich von Bürgern als eine Art „Überinstanz" angesehen, die nach der Art eines Ombudsmannes individuell und unbürokratisch in schwierigen persönlichen Situationen, vor allem nach verloren gegangenen Prozessen, Hilfe leisten sollte. Damit waren die Eingaben nicht nur ein Kaleidoskop verfassungspolitischer Anregungen und Vorstellungen, sondern zum Teil auch ein Spiegelbild gesellschaftlicher Probleme und individueller Schwierigkeiten. Insgesamt kann in der Verschiedenartigkeit und Fülle der Eingaben durchaus die von den Bürgern empfundene herausragende Bedeutung des Verfassungsrechts für das Zusammenleben im Staat und die individuelle Existenz gesehen werden.

Die Eingaben wurden vom Sekretariat in einer Eingabenübersicht nach Anliegen und Häufigkeit erfaßt, die fortgeschrieben und den Kommissionsmitgliedern vor Sitzungsbeginn zugeleitet wurde. Eine abschließende Eingabenübersicht ist im Anhang beigefügt.

Insgesamt ist die Feststellung gerechtfertigt, daß es kein vergleichbares politisches Gremium gibt, dessen Tätigkeit in diesem Umfang und in dieser Intensität Gegenstand von Bürgereingaben und Verbandszuschriften als Ausdruck des Bürgerinteresses an Verfassungsfragen und Verfassungsinstitutionen und damit Ausdruck des Verfassungsdialoges war als die Gemeinsame Verfassungskommission.

V. Schlußbemerkungen

Die Gemeinsame Verfassungskommission hat — über den Katalog der Verfassungsmaterien in Artikel 5 des Einigungsvertrages hinaus — nahezu die Hälfte der Artikel des Grundgesetzes darauf überprüft, ob Änderungen und Ergänzungen notwendig sind, oder ob die zukünftige Entwicklung mit den gegenwärtigen Rechtsinstrumenten gemeistert werden kann. Hierzu hat sie auf Grund ihrer Zusammensetzung, ihres Selbstverständnisses und ihres Stellenwertes einen umfangreichen und vielgestaltigen Verfassungsdiskurs geführt. An diesem haben sich Staatsorgane in Bund und Ländern, vor allem die Bundesregierung, die Wissenschaft, Verbände und gesellschaftliche Institutionen sowie überaus zahlreiche Bürgerinnen und Bürger mit Sachkenntnis und Engagement beteiligt. Auf diese Weise entstand ein Spiegelbild der jeweiligen verfassungspolitischen Wünsche, Zielvorstellungen und Forderungen.

Probleme der Verfassung und der Verfassungsreform sind letztlich politische Machtfragen. Das vor dem Hintergrund des Quorums für Verfassungsänderungen in Artikel 79 Abs. 2 GG in den Einsetzungsbeschlüssen begründete Mehrheitserfordernis von zwei Dritteln der Kommissionsmitglieder für Kommissionsempfehlungen wies die Gemeinsame Verfassungskommission auf den Weg des Verfassungskompromisses. Damit liegt in den von ihr beschlossenen Empfehlungen für Novellierungen des Grundgesetzes nicht allein die sachliche Aussage der verfassungspolitischen Eignung, sondern auch die politische Feststellung, daß diese Empfehlungen in der von Bundestag und Bundesrat paritätisch besetzten Kommission in hohem Maße mehrheitsfähig waren.

Die Gemeinsame Verfassungskommission legt hiermit ihren Bericht vor als Grundlage für Initiativen zur Änderung des Grundgesetzes durch die Bundesregierung, aus der Mitte des Bundestages oder durch den Bundesrat.

Empfehlungen der Gemeinsamen Verfassungskommission

Artikel 3 GG

(2) Männer und Frauen sind gleichberechtigt. *Der Staat fördert die tatsächliche Durchsetzung der Gleichberechtigung von Frauen und Männern und wirkt auf die Beseitigung bestehender Nachteile hin.*

Artikel 20 a GG

Der Staat schützt auch in Verantwortung für die künftigen Generationen die natürlichen Lebensgrundlagen im Rahmen der verfassungsmäßigen Ordnung durch die Gesetzgebung und nach Maßgabe von Gesetz und Recht durch die vollziehende Gewalt und die Rechtsprechung.

Artikel 20 b GG

Der Staat achtet die Identität der ethnischen, kulturellen und sprachlichen Minderheiten.

Artikel 23 GG

(1) Zur Verwirklichung eines vereinten Europas wirkt die Bundesrepublik Deutschland bei der Entwicklung der Europäischen Union mit, die demokratischen, rechtsstaatlichen, sozialen und föderativen Grundsätzen und dem Grundsatz der Subsidiarität verpflichtet ist und einen diesem Grundgesetz im wesentlichen vergleichbaren Grundrechtsschutz gewährleistet. Der Bund kann hierzu durch Gesetz mit Zustimmung des Bundesrates Hoheitsrechte übertragen. Für die Begründung der Europäischen Union und für Änderungen ihrer vertraglichen Grundlagen, durch die dieses Grundgesetz seinem Inhalt nach geändert oder ergänzt wird oder solche Änderungen oder Ergänzungen ermöglicht werden, gilt Artikel 79 Absätze 2 und 3.

(2) In Angelegenheiten der Europäischen Union wirken der Bundestag und durch den Bundesrat die Länder mit. Die Bundesregierung hat den Bundestag und den Bundesrat umfassend und zum frühestmöglichen Zeitpunkt zu unterrichten.

(3) Die Bundesregierung gibt dem Bundestag Gelegenheit zur Stellungnahme vor ihrer Mitwirkung an Rechtsetzungsakten der Europäischen Union. Die Bundesregierung berücksichtigt die Stellungnahmen des Bundestages bei den Verhandlungen. Das Nähere regelt ein Gesetz.

(4) Der Bundesrat ist an der Willensbildung des Bundes zu beteiligen, soweit er an einer entsprechenden innerstaatlichen Maßnahme mitzuwirken hätte oder soweit die Länder innerstaatlich zuständig wären.

(5) Soweit in einem Bereich ausschließlicher Zuständigkeiten des Bundes Interessen der Länder berührt sind oder soweit im übrigen der Bund das Recht zur Gesetzgebung hat, berücksichtigt die Bundesregierung die Stellungnahme des Bundesrates. Wenn im Schwerpunkt Gesetzgebungsbefugnisse der Länder, die Einrichtung ihrer Behörden oder ihre Verwaltungsverfahren betroffen sind, ist bei der Willensbildung des Bundes insoweit die Auffassung des Bundesrates maßgeblich zu berücksichtigen; dabei ist die gesamtstaatliche Verantwortung des Bundes zu wahren. In Angelegenheiten, die zu Ausgabenerhöhungen oder Einnahmeminderungen für den Bund führen können, ist die Zustimmung der Bundesregierung erforderlich.

(6) Wenn im Schwerpunkt ausschließliche Gesetzgebungsbefugnisse der Länder betroffen sind, soll die Wahrnehmung der Rechte, die der Bundesrepublik Deutschland als Mitgliedstaat der Europäischen Union zustehen, vom Bund auf einen vom Bundesrat benannten Vertreter der Länder übertragen werden. Die Wahrnehmung der Rechte erfolgt unter Beteiligung und in Abstimmung mit der Bundesregierung; dabei ist die gesamtstaatliche Verantwortung des Bundes zu wahren.

(7) Das Nähere zu den Absätzen 4 bis 6 regelt ein Gesetz, das der Zustimmung des Bundesrates bedarf.

Artikel 24 GG

(1 a) Soweit die Länder für die Ausübung der staatlichen Befugnisse und die Erfüllung der staatlichen Aufgaben zuständig sind, können sie mit Zustimmung der Bundesregierung Hoheitsrechte auf grenznachbarschaftliche Einrichtungen übertragen.

Artikel 28 GG

(1) Die verfassungsmäßige Ordnung in den Ländern muß den Grundsätzen des republikanischen, demokratischen und sozialen Rechtsstaates im Sinne dieses Grundgesetzes entsprechen. In den Ländern, Kreisen und Gemeinden muß das Volk eine Vertretung haben, die aus allgemeinen, unmittelbaren, freien, gleichen und geheimen Wahlen hervorgegangen ist. In Gemeinden kann an die Stelle einer gewählten Körperschaft die Gemeindeversammlung treten. *Bei Wahlen in Kreisen und Gemeinden sind auch Personen, die die Staatsangehörigkeit eines Mitgliedstaates der Europäischen Gemeinschaft besitzen, nach Maßgabe von Recht der Europäischen Gemeinschaft wahlberechtigt und wählbar.*

(2) Den Gemeinden muß das Recht gewährleistet sein, alle Angelegenheiten der örtlichen Gemeinschaft im Rahmen der Gesetze in eigener Verantwortung zu

regeln. Auch die Gemeindeverbände haben im Rahmen ihres gesetzlichen Aufgabenbereiches nach Maßgabe der Gesetze das Recht der Selbstverwaltung. *Die Gewährleistung der Selbstverwaltung umfaßt auch die Grundlagen der finanziellen Eigenverantwortung.*

Artikel 29 GG

(7) Sonstige Änderungen des Gebietsstandes der Länder können durch Staatsverträge der beteiligten Länder oder durch Bundesgesetz mit Zustimmung des Bundesrates erfolgen, wenn das Gebiet, dessen Landeszugehörigkeit geändert werden soll, nicht mehr als *50 000* Einwohner hat. Das Nähere regelt ein Bundesgesetz, das der Zustimmung des Bundesrates und der Mehrheit der Mitglieder des Bundestages bedarf. Es muß die Anhörung der betroffenen Gemeinden und Kreise vorsehen.

(8) Die Länder können eine Neugliederung für das jeweils von ihnen umfaßte Gebiet oder für Teilgebiete abweichend von den Vorschriften der Absätze 2 bis 7 durch Staatsvertrag regeln. Die betroffenen Gemeinden und Kreise sind zu hören. Der Staatsvertrag bedarf der Bestätigung durch Volksentscheid in jedem beteiligten Land. Betrifft der Staatsvertrag Teilgebiete der Länder, kann die Bestätigung auf Volksentscheide in diesen Teilgebieten beschränkt werden; Satz 5 2. Halbsatz findet keine Anwendung. Bei einem Volksentscheid entscheidet die Mehrheit der abgegebenen Stimmen, wenn sie mindestens ein Viertel der zum Bundestag Wahlberechtigten umfaßt; das Nähere regelt ein Bundesgesetz. Der Staatsvertrag bedarf der Zustimmung des Bundestages.

Artikel 45 GG

Der Bundestag bestellt einen Ausschuß für die Angelegenheiten der Europäischen Union. Er kann ihn ermächtigen, die Rechte des Bundestages gemäß Artikel 23 gegenüber der Bundesregierung wahrzunehmen.

Artikel 50 GG

Durch den Bundesrat wirken die Länder bei der Gesetzgebung und Verwaltung des Bundes *und in Angelegenheiten der Europäischen Union mit.*

Artikel 52 GG

(3a) Für Angelegenheiten der Europäischen Union kann der Bundesrat eine Europakammer bilden, deren Beschlüsse als Beschlüsse des Bundesrates gelten; Artikel 51 Abs. 2 und 3 Satz 2 gelten entsprechend.

Artikel 72 GG

(1) Im Bereich der konkurrierenden Gesetzgebung haben die Länder die Befugnis zur Gesetzgebung, *solange und soweit der Bund von seiner Gesetzgebungszuständigkeit nicht durch Gesetz Gebrauch gemacht hat.*

(2) Der Bund hat in diesem Bereich das Gesetzgebungsrecht, *wenn und soweit die Herstellung gleichwertiger Lebensverhältnisse im Bundesgebiet oder die Wahrung der Rechtseinheit im gesamtstaatlichen Interesse eine bundesgesetzliche Regelung erforderlich macht.*

(3) Durch Bundesgesetz kann bestimmt werden, daß eine bundesgesetzliche Regelung, für die eine Erforderlichkeit im Sinne von Absatz 2 nicht mehr besteht, durch Landesrecht ersetzt werden kann.

Artikel 74 GG

(1) Die konkurrierende Gesetzgebung erstreckt sich auf folgende Gebiete:

5. —;

   [Überführung der Materie in die Rahmengesetzgebungskompetenz des Bundes als Artikel 75 Abs. 1 Nummer 6 (neu)]

8. —;

18. den Grundstücksverkehr, das Bodenrecht *(ohne das Recht der Erschließungsbeiträge) und das landwirtschaftliche Pachtwesen, das Wohnungswesen, das Siedlungs- und Heimstättenwesen;*

25. die Staatshaftung;

26. die künstliche Befruchtung beim Menschen sowie die Untersuchung und die künstliche Veränderung von Erbinformationen sowie Regelungen zur Transplantation von Organen und Geweben.

(2) Gesetze nach Abs. 1 Nummer 25 bedürfen der Zustimmung des Bundesrates.

Artikel 75 GG

(1) Der Bund hat das Recht, unter den Voraussetzungen des Artikels 72 Rahmenvorschriften *für die Gesetzgebung der Länder zu erlassen über:*

1 a. die allgemeinen Grundsätze des Hochschulwesens, soweit sie die Zulassung zum Studium, die Studiengänge, die Prüfungen, die Hochschulgrade, das wissenschaftliche und künstlerische Personal betreffen;

2. die allgemeinen Rechtsverhältnisse der Presse;

6. den Schutz deutschen Kulturgutes gegen Abwanderung in das Ausland.

(2) Rahmenvorschriften dürfen nur in Ausnahmefällen in Einzelheiten gehende oder unmittelbar geltende Regelungen enthalten.

(3) Erläßt der Bund Rahmenvorschriften, so sind die Länder verpflichtet, innerhalb einer durch das Gesetz bestimmten angemessenen Frist die erforderlichen Landesgesetze zu erlassen.

Artikel 76 GG

(2) Vorlagen der Bundesregierung sind zunächst dem Bundesrate zuzuleiten. Der Bundesrat ist berechtigt, innerhalb von sechs Wochen zu diesen Vorlagen Stellung zu nehmen. *Verlangt er aus wichtigem Grunde, insbesondere mit Rücksicht auf den Umfang einer Vorlage, eine Fristverlängerung, so beträgt die Frist neun Wochen.* Die Bundesregierung kann eine Vorlage, die sie bei der Zuleitung an den Bundesrat ausnahmsweise als besonders eilbedürftig bezeichnet hat, nach drei Wochen *oder, wenn der Bundesrat ein Verlangen nach Satz 3 geäußert hat, nach sechs Wochen dem Bundestage zuleiten, auch wenn die Stellungnahme des Bundesrates noch nicht bei ihr eingegangen ist; sie hat die Stellungnahme des Bundesrates unverzüglich nach Eingang dem Bundestage nachzureichen. Bei Vorlagen zur Änderung dieses Grundgesetzes und zur Übertragung von Hoheitsrechten nach Artikel 23 oder 24 beträgt die Frist zur Stellungnahme neun Wochen; Satz 4 findet keine Anwendung.*

(3) Vorlagen des Bundesrates sind dem Bundestage durch die Bundesregierung innerhalb von *sechs Wochen* zuzuleiten. *Sie soll hierbei ihre Auffassung darlegen. Verlangt sie aus wichtigem Grunde, insbesondere mit Rücksicht auf den Umfang einer Vorlage, eine Fristverlängerung, so beträgt die Frist neun Wochen. Wenn der Bundesrat eine Vorlage ausnahmsweise als besonders eilbedürftig bezeichnet hat, beträgt die Frist drei Wochen oder, wenn die Bundesregierung ein Verlangen nach Satz 3 geäußert hat, sechs Wochen. Bei Vorlagen zur Änderung dieses Grundgesetzes und zur Übertragung von Hoheitsrechten nach Artikel 23 oder 24 beträgt die Frist neun Wochen; Satz 4 findet keine Anwendung. Der Bundestag hat über die Vorlagen in angemessener Frist zu beraten und Beschluß zu fassen.*

Artikel 77 GG

(2 a) Soweit zu einem Gesetze die Zustimmung des Bundesrates erforderlich ist, hat der Bundesrat, wenn ein Verlangen nach Abs. 2 Satz 1 nicht gestellt oder das Vermittlungsverfahren ohne einen Vorschlag zur Änderung des Gesetzesbeschlusses beendet ist, in angemessener Frist über die Zustimmung Beschluß zu fassen.

Artikel 80 GG

(3) Der Bundesrat kann der Bundesregierung Vorlagen für den Erlaß von Rechtsverordnungen zuleiten, die seiner Zustimmung bedürfen.

(4) Soweit durch Bundesgesetz oder auf Grund von Bundesgesetzen Landesregierungen ermächtigt werden, Rechtsverordnungen zu erlassen, sind die Länder zu einer Regelung auch durch Gesetz befugt.

Artikel 87 GG

(2) Als bundesunmittelbare Körperschaft des öffentlichen Rechtes werden diejenigen sozialen Versicherungsträger geführt, deren Zuständigkeitsbereich sich über das Gebiet eines Landes hinaus erstreckt. *Soziale Versicherungsträger, deren Zuständigkeitsbereich sich über das Gebiet eines Landes, aber nicht über mehr als drei Länder hinaus erstreckt, werden abweichend von Satz 1 als landesunmittelbare Körperschaften des öffentlichen Rechts geführt, wenn das aufsichtsführende Land durch die beteiligten Länder bestimmt ist.*

Artikel 87 d GG

(1) Die Luftverkehrsverwaltung wird in bundeseigener Verwaltung geführt. *Über die öffentlich-rechtliche oder privat-rechtliche Organisationsform wird durch Bundesgesetz entschieden.*

Artikel 88 GG

Der Bund errichtet eine Währungs- und Notenbank als Bundesbank. *Ihre Aufgaben und Befugnisse können einer Europäischen Zentralbank übertragen werden.*

Artikel 93 GG

(2 a) Bei Meinungsverschiedenheiten, ob ein Gesetz den Voraussetzungen des Artikels 72 Abs. 2 entspricht, auf Antrag des Bundesrates, einer Landesregierung oder der Volksvertretung eines Landes;

Artikel 115e GG

(2) Durch ein Gesetz des Gemeinsamen Ausschusses darf das Grundgesetz weder geändert noch ganz oder teilweise außer Kraft oder außer Anwendung gesetzt werden. Zum Erlaß von Gesetzen nach *Artikel 23 Abs. 1 Satz 2,* Artikel 24 Abs. 1 oder Artikel 29 ist der Gemeinsame Ausschuß nicht befugt.

Artikel 118a GG

Die Neugliederung in dem die Länder Berlin und Brandenburg umfassenden Gebiet kann abweichend von den Vorschriften des Artikels 29 unter Beteiligung ihrer Wahlberechtigten durch Vereinbarung beider Länder erfolgen.

Artikel 125a GG

Recht, das als Bundesrecht erlassen worden ist, aber wegen nachträglicher Änderung dieses Grundgesetzes nicht mehr als Bundesrecht erlassen werden könnte, gilt als Bundesrecht fort. Es kann durch Landesrecht aufgehoben und ergänzt werden.

1. Kapitel

Europa

A. Vorschläge der Gemeinsamen Verfassungskommission

Die Gemeinsame Verfassungskommission wandte sich zunächst den Fragen zu, die die europäische Einigung an das Grundgesetz stellt:

— Ist die fortschreitende Integration, die durch die Übertragung immer weiterer Hoheitsrechte von den Nationalstaaten auf die Europäischen Gemeinschaften gekennzeichnet ist, noch mit dem Grundgesetz, insbesondere seinem Artikel 24, vereinbar? Wo ist die Grenze?

— Welchen Anforderungen muß das vereinte Europa genügen, als dessen gleichberechtigtes Glied die Bundesrepublik Deutschland nach der Präambel des Grundgesetzes dem Frieden der Welt dienen will?

— Welche Auswirkungen hat der Integrationsprozeß auf die bundesstaatliche Ordnung der Bundesrepublik Deutschland?

— Welche Rolle kommt darin den Ländern zu?

Bereits in dem Beschluß der Ministerpräsidenten vom 5. Juli 1990 („Eckpunkte der Länder für die bundesstaatliche Ordnung im vereinten Deutschland" in: Zeitschrift für Parlamentsfragen 1990, Heft 3, S. 461 ff), der in Artikel 5 des Einigungsvertrages ausdrücklich in Bezug genommen ist, waren wesentliche Gesichtspunkte für eine aus Sicht der Länder notwendige Verfassungsänderung im Zusammenhang mit der europäischen Einigung formuliert worden. Auch die Kommission Verfassungsreform des Bundesrates hatte in ihrem Bericht (BR-Drucksache 360/92; Arbeitsunterlagen Nummer 26 und 27) detaillierte Vorschläge zur Stärkung des Föderalismus in einem geeinten Europa entwickelt. Dringlicher und vorrangiger Beratungsbedarf ergab sich aus dem Maastrichter Vertrag vom 7. Februar 1992 über die Europäische Union (Unionsvertrag), der noch im Jahre 1992 gemäß Artikel 59 Abs. 2 GG ratifiziert werden und nach Billigung durch alle Mitgliedstaaten am 1. Januar 1993 in Kraft treten sollte. Dies war nach übereinstimmender Auffassung aller Gesetzgebungsorgane des Bundes aus zumindest zwei Gründen nicht ohne vorherige Änderungen des Grundgesetzes möglich:

— Erstens machte die im Unionsvertrag vorgesehene Einführung einer Unionsbürgerschaft eine Änderung von Artikel 28 Abs. 1 GG erforderlich. Mit der Unionsbürgerschaft erhalten nämlich die Staatsangehörigen der Mitgliedstaaten der Europäischen Union das aktive und passive Wahlrecht bei Kommunalwahlen in dem Mitgliedstaat, in dem sie ihren Wohnsitz haben — und zwar auch dann, wenn sie nicht Staatsangehörige dieses Mitgliedstaates sind. Eine solche Regelung war nach der Rechtsprechung des Bundesverfassungsgerichts mit Artikel 28 Abs. 1 GG alter Fassung nicht vereinbar (BVerfGE 83, 37 ff.).

— Zweitens bedurfte die in Artikel 88 GG enthaltene institutionelle Garantie der Bundesbank einer Ergänzung, um die Übertragung ihrer Aufgaben auf eine im Unionsvertrag vorgesehene Europäische Zentralbank zu ermöglichen.

In der Gemeinsamen Verfassungskommission entspann sich eine lebhafte Diskussion darüber, ob die Fortentwicklung der Europäischen Gemeinschaft zu der Europäischen Union des Maastrichter Vertrages über solche punktuellen Änderungen hinaus weitere Verfassungsänderungen erforderlich mache.

Entsprechend der ablehnenden Haltung zum Vertrag von Maastricht insgesamt und der Befürwortung eines Umbaus und einer Neuorientierung der Integrationsprozesse auf ein friedliches und weltoffenes Gesamteuropa lehnte allein der Vertreter der PDS/LL den folgenden referierten Artikel 23 ab.

Nach intensiven Beratungen in insgesamt sechs Plenarsitzungen am 13. Februar, 12. März, 4. Juni, 26. Juni, 9. Juli und 15. Oktober 1992, nach der Anhörung von Sachverständigen am 22. Mai und 10. September 1992 und vielen Fachgesprächen u. a. mit Vertretern der Bundesregierung und der Länder, gab die Kommission am 26. Juni und 15. Oktober 1992 mit großen, die Zweidrittel-Schwelle deutlich überschreitenden Mehrheiten, teilweise sogar einstimmig, die folgenden Empfehlungen für Verfassungsänderungen ab (vgl. Kommissionsdrucksache Nummer 7 (neu) mit Arbeitsunterlagen Nummer 62 und 63; Beschlüsse der Gemeinsamen Verfassungskommission zum Thema „Grundgesetz und Europa" vom 15. Oktober 1992):

I. Artikel 23 GG

(1) Zur Verwirklichung eines vereinten Europas wirkt die Bundesrepublik Deutschland bei der Entwicklung der Europäischen Union mit, die demokratischen, rechtsstaatlichen, sozialen und föderativen Grundsätzen und dem Grundsatz der Subsidiarität verpflichtet ist und einen diesem Grundgesetz im wesentlichen vergleichbaren Grundrechtsschutz gewährleistet. Der Bund kann hierzu durch Gesetz mit Zustimmung des Bundesrates Hoheitsrechte übertragen. Für die Begründung der Europäischen Union und für Änderungen ihrer vertraglichen Grundlagen, durch die dieses Grundgesetz seinem Inhalt nach geändert oder ergänzt wird oder solche Änderungen oder Ergänzungen ermöglicht werden, gilt Artikel 79 Absätze 2 und 3.

(2) In Angelegenheiten der Europäischen Union wirken der Bundestag und durch den Bundesrat die Länder mit. Die Bundesregierung hat den Bundestag und den Bundesrat umfassend und zum frühestmöglichen Zeitpunkt zu unterrichten.

(3) Die Bundesregierung gibt dem Bundestag Gelegenheit zur Stellungnahme vor ihrer Mitwirkung an Rechtsetzungsakten der Europäischen Union. Die Bundesregierung berücksichtigt die Stellungnahmen des Bundestages bei den Verhandlungen. Das Nähere regelt ein Gesetz.

(4) Der Bundesrat ist an der Willensbildung des Bundes zu beteiligen, soweit er an einer entsprechenden innerstaatlichen Maßnahme mitzuwirken hätte oder soweit die Länder innerstaatlich zuständig wären.

(5) Soweit in einem Bereich ausschließlicher Zuständigkeiten des Bundes Interessen der Länder berührt sind oder soweit im übrigen der Bund das Recht zur Gesetzgebung hat, berücksichtigt die Bundesregierung die Stellungnahme des Bundesrates. Wenn im Schwerpunkt Gesetzgebungsbefugnisse der Länder, die Einrichtung ihrer Behörden oder ihre Verwaltungsverfahren betroffen sind, ist bei der Willensbildung des Bundes insoweit die Auffassung des Bundesrates maßgeblich zu berücksichtigen; dabei ist die gesamtstaatliche Verantwortung des Bundes zu wahren. In Angelegenheiten, die zu Ausgabenerhöhungen oder Einnahmeminderungen für den Bund führen können, ist die Zustimmung der Bundesregierung erforderlich.

(6) Wenn im Schwerpunkt ausschließliche Gesetzgebungsbefugnisse der Länder betroffen sind, soll die Wahrnehmung der Rechte, die der Bundesrepublik Deutschland als Mitgliedstaat der Europäischen Union zustehen, vom Bund auf einen vom Bundesrat benannten Vertreter der Länder übertragen werden. Die Wahrnehmung der Rechte erfolgt unter Beteiligung und in Abstimmung mit der Bundesregierung; dabei ist die gesamtstaatliche Verantwortung des Bundes zu wahren.

(7) Das Nähere zu den Absätzen 4 bis 6 regelt ein Gesetz, das der Zustimmung des Bundesrates bedarf.

Die Gemeinsame Verfassungskommission ließ sich dabei von folgenden Überlegungen leiten:

Mit dem Vertrag von Maastricht erreicht die europäische Einigung ein neues Stadium. Neben das wirtschaftliche Zusammenwachsen tritt in immer stärkerem Maße das Ziel der politischen Einigung Europas. Aus den Europäischen Wirtschaftsgemeinschaften erwächst die Europäische Union, die, mit zusätzlichen Kompetenzen ausgestattet, den Übergang von einer zwischenstaatlichen Einrichtung im Sinne des Artikel 24 Abs. 1 GG zu einer eigenstaatlichen Einrichtung supranationaler Qualität einleitet. Diese qualitative Veränderung, dieser „Qualitätssprung“ bedarf einer eindeutigen verfassungsrechtlichen Absicherung.

Die mit dem Vertrag von Maastricht verbundenen zahlreichen Kompetenzverlagerungen von der nationalen auf die europäische Ebene bewirken innerstaatlich Kompetenzeinbußen sowohl auf Bundes- als auch auf Landesebene. Nach Auffassung der Gemeinsamen Verfassungskommission sollen der europäische Einigungsprozeß und das Bekenntnis der Bundesrepublik Deutschland zu einer integrationsoffenen Staatlichkeit nicht mit einer Verschiebung der innerstaatlichen Gewichte zwischen Bund und Ländern verbunden sein. Deshalb müssen die deutschen Mitwirkungs- und Wahrnehmungsrechte in Europa entsprechend der heutigen innerstaatlichen Aufgabenverteilung zwischen Bund und Ländern verteilt werden.

Diesen Zielen dient der neue Europa-Artikel, der an die Stelle des bei der Wiedergewinnung der deutschen Einheit aufgehobenen Artikel 23 GG treten soll.

1. Artikel 23 Abs. 1 Satz 1 GG

Artikel 23 Abs. 1 Satz 1 GG enthält zunächst die Staatszielbestimmung eines vereinten Europas, zu dessen Verwirklichung die Bundesrepublik Deutschland bei der Entwicklung der Europäischen Union mitwirkt, und ist damit Ausdruck der Integrationsoffenheit des Gesamtstaates und seiner Glieder. Die Vorschrift eröffnet den bereits durch die Präambel gewiesenen Weg zur politischen Einigung Europas und sichert jeden Schritt der Bundesrepublik Deutschland auf diesem Weg verfassungsrechtlich ab. Damit trägt sie dem qualitativen Sprung Rechnung, den die Europäische Union durch den Vertrag von Maastricht getan hat. Die Bundesrepublik Deutschland wird nicht nur ermächtigt, an der Entwicklung der Europäischen Union mitzuwirken und ihr hierzu weitere Hoheitsrechte zu übertragen. Die Verwirklichung des vereinten Europas erhält darüber hinaus den Rang eines Staatsziels, auf das hinzuwirken der Bundesstaat in seiner Gesamtheit — also Bund und Länder — verpflichtet ist.

Damit verbunden ist eine Struktursicherungsklausel, nach der die europäische Integrationsgemeinschaft demokratischen, rechtsstaatlichen, sozialen und föderativen Grundsätzen und dem Grundsatz der Subsidiarität verpflichtet sein und einen dem Grundgesetz vergleichbaren Grundrechtsschutz gewährleisten muß. Durch diese Klausel werden alle Verfassungsorgane, namentlich Bundestag, Bundesrat und Bundesregierung, darauf verpflichtet, sich für die Verwirklichung dieser Strukturmerkmale in der Europäischen Union einzusetzen; fortschreitende Integration erfordert entsprechende Fortschritte bei der Umsetzung der in der Strukturklausel enthaltenen Prinzipien.

Die in der Struktursicherungsklausel hervorgehobenen Merkmale entsprechen im wesentlichen den in Artikel 79 Abs. 3 GG besonders geschützten grundlegenden Strukturprinzipien. Sie umfaßt als weiteren tragenden Grundsatz das Subsidiaritätsprinzip, dem in dem insoweit ergänzten EG-Vertrag (Artikel 3b) eine tragende Bedeutung zugewiesen worden ist. In den Protokollnotizen (Arbeitsunterlage Nummer 63) haben die Berichterstatter unter Nummer 2 ihr gemeinsames Verständnis festgehalten, daß der Begriff der Subsidiarität die Bestandsgarantie der kommunalen Selbstverwaltung in der Bundesrepublik Deutschland einschließt. Von einer dahin gehenden ausdrücklichen Aussage in dem Verfassungstext selbst ist mit Rücksicht auf die unterschiedliche Verfassungslage in den Mitgliedstaaten abgesehen worden. In der Protokollnotiz Nummer 7 haben die Berichterstatter jedoch ihre Empfehlung festgehalten, daß in das Ausführungsgesetz nach Abs. 7 eine Vorschrift zu Artikel 23 Abs. 1 aufgenommen werden sollte, wonach das Recht der Gemeinden und Gemeindeverbände zur Regelung der Angelegenheiten der örtlichen Gemeinschaft zu wahren ist und ihre Belange zu schützen sind.

Soweit Absatz 1 Satz 1 auf einen dem Grundgesetz „im wesentlichen vergleichbaren Grundrechtsschutz" abstellt, knüpft er an die sogenannte „Solange-Rechtsprechung" des Bundesverfassungsgerichts (BVerfGE 37, 271 ff.; 73, 339 ff.) an.

2. Artikel 23 Abs. 1 Sätze 2 und 3 GG

Die Sätze 2 und 3 des Absatzes 1 regeln die Rahmenbedingungen, unter denen der Bund Hoheitsrechte auf die europäische Ebene übertragen kann.

Satz 2 stellt klar, daß künftig jedwede Übertragung von Hoheitsrechten auf die europäische Ebene der Zustimmung des Bundesrates bedarf, und zwar unabhängig davon, ob es um die Übertragung von Hoheitsrechten des Bundes oder der Länder geht. Maßgebend für diesen Regelungsvorschlag war die Erwägung, daß sich weitere Übertragungen von Hoheitsrechten angesichts des erreichten hohen Integrationsniveaus unmittelbar auf die innerstaatlichen Verfassungsstrukturen und damit auch auf die Stellung der Länder im Bundesstaat auswirken.

Breiten Raum nahm die Erörterung der Frage ein, in welchem Umfang derartige Hoheitsrechtsübertragungen den für Grundgesetzänderungen maßgebenden Verfassungsbestimmungen unterworfen werden sollen. Dazu wurde zunächst die Auffassung vertreten, daß Artikel 79 GG nur für solche Übertragungsakte gelten sollte, mit denen Eingriffe „in die wesentlichen Strukturen" des Grundgesetzes verbunden sind. Beweggrund für diese Auffassung war, daß sich eine ausnahmslose Erstreckung des Anwendungsbereichs von Artikel 79 GG als zu hohe Hürde für weitere Integrationsschritte erweisen könnte.

Das Ergebnis der Sachverständigenanhörung am 22. Mai 1992 in Berlin begründete Zweifel daran, ob der Begriff der „wesentlichen Strukturen" ein hinreichend praktikables Abgrenzungskriterium für „einfache" Hoheitsrechtsübertragungen und solche Übertragungsakte darstellen könne, die das Erfordernis einer Zweidrittelmehrheit auslösen sollten. Diese Zweifel haben die Berichterstatter und die Kommission veranlaßt, in Anknüpfung auch an einen Formulierungsvorschlag aus der SPD-Bundestagsfraktion die Anwendung von Artikel 79 Absätze 2 und 3 GG sowohl für die Begründung der Europäischen Union als auch für alle Änderungen ihrer vertraglichen Grundlagen vorzusehen, durch die das Grundgesetz seinem Inhalt nach geändert oder ergänzt wird oder solche Änderungen und Ergänzungen ermöglicht werden.

Mit dieser Formulierung wird einerseits klargestellt, daß das in Artikel 79 Abs. 1 GG enthaltene Zitiergebot für Änderungen des Grundgesetzes im Zusammenhang mit Hoheitsrechtsübertragungen auf die europäische Ebene keine Anwendung findet; dies mit Rücksicht auf die damit verbundenen erheblichen rechtstechnischen Probleme. Andererseits erfaßt der Verweis auf Artikel 79 Absätze 2 und 3 GG alle Hoheitsrechtsübertragungen, soweit sie von entsprechender Verfassungsrelevanz sind. Dies gilt ohne Rücksicht darauf, ob „wesentliche Strukturen" des Grundgesetzes betroffen sind oder nicht, weil nach der Rechtsprechung des Bundesverfassungsgerichts letztlich jede Hoheitsrechtsübertragung eine materielle Änderung der Verfassung mit sich bringen kann, namentlich dann, wenn sie in die verfassungsrechtlich festgelegte Zuständigkeitsordnung eingreift (BVerfGE 58, 1, 36).

Im Ergebnis bewirkt der Regelungsvorschlag zu Satz 2 und 3 damit, daß die mit der Ratifizierung des Unions-Vertrages verbundenen und alle weiteren „europäischen" Hoheitsrechtsübertragungen der verfassungsändernden Mehrheiten des Artikel 79 Abs. 2 GG bedürfen und den in Artikel 79 Abs. 3 GG genannten, vor Verfassungsänderungen festen Kern des Grundgesetzes nicht tangieren dürfen, wie sich aus den Ausführungen der Berichterstatter in der 8. Sitzung der Gemeinsamen Verfassungskommission am 26. Juni 1992, (Stenographischer Bericht S. 4, 6f.) ergibt.

3. Artikel 23 Abs. 2 GG

In Absatz 2 werden die Mitwirkungsbefugnisse des Bundestages und der Länder in Angelegenheiten der Europäischen Union verankert. Dabei wird festgelegt, daß die Mitwirkung der Länder durch das von ihnen gebildete Bundesorgan Bundesrat wahrgenommen wird.

Voraussetzung für eine verantwortungsvolle Mitwirkung von Bundestag und Bundesrat ist, daß sie über alle Angelegenheiten der Europäischen Union, die für sie von Interesse sein könnten, informiert werden. Daher wird die Bundesregierung in Abs. 2 verpflichtet, Bundestag und Bundesrat „umfassend und zum frühestmöglichen Zeitpunkt" zu unterrichten. Die Einzelheiten der Unterrichtung sind in den Ausführungsgesetzen nach Abs. 3 für den Bundestag bzw. Abs. 7 für den Bundesrat festzulegen.

4. Artikel 23 Abs. 3 GG

Absatz 3 stellt dem Bundestag das wesentliche Instrument seiner Mitwirkungsbefugnis zur Verfügung: Die Bundesregierung hat ihm vor ihrer Mitwirkung an Rechtsetzungsakten der Europäischen Union Gelegenheit zur Stellungnahme zu geben, die sie bei den Verhandlungen in den Gremien der Europäischen Union „zu berücksichtigen" hat.

In der Kommission wurde zunächst diskutiert, ob es der Aufnahme einer Vorschrift dieses Inhalts in den neuen Artikel 23 GG bedürfe. Von einem bedeutenden Teil ihrer Mitglieder, insbesondere aus den Ländern, und auch von den meisten Sachverständigen war die Ansicht vertreten worden, daß die grundsätzliche Verankerung eines Mitwirkungsrechts des Bundestages in Absatz 2 ausreiche und die Wahrnehmung dieses Rechtes in einem einfachen Gesetz festgelegt werden könne. Die ursprüngliche Empfehlung der Gemeinsamen Verfassungskommission vom 26. Juni 1992 (Kommissionsdrucksache Nummer 7 neu) sah daher noch keine Regelung über die Art der Mitwirkung des Bundestages vor.

In den weiteren Beratungen setzte sich aber die Auffassung durch, daß die Rechte des Bundestages in ihren Grundzügen genauso im Grundgesetz verankert werden sollten wie die des Bundesrates in den folgenden Absätzen. Daher ergänzte die Kommission ihren Vorschlag am 15. Oktober 1992 durch die eingangs dargestellte Regelung.

Dabei lehnte sie sich inhaltlich und begrifflich eng an die für den Bundesrat gefundene Lösung an. Das äußert sich zunächst darin, daß der Bundestag — wie der Bundesrat — Gelegenheit zur Stellungnahme erhält, und zum anderen auch darin, daß die Bundesregierung verpflichtet wird, diese Stellungnahme „zu berücksichtigen". Die Bundesregierung hat folglich die Argumente des Bundestages — wie die des Bundesrates — zur Kenntnis zu nehmen, sich mit ihnen auseinanderzusetzen und sie in ihre Entscheidung einzubeziehen; sie ist jedoch nicht an sie gebunden. Ein Antrag der SPD-Fraktion, wonach die Bundesregierung die Stellungnahme des Bundestages ihren Verhandlungen „zugrunde legen" sollte (Kommissionsdrucksache Nummer 17), wurde von der Kommission abgelehnt. Dies zeigt, daß den Stellungnahmen von Bundestag und Bundesrat grundsätzlich — eine Ausnahme enthält insofern Abs. 5 Satz 2, auf den unten noch einzugehen sein wird — gleiche Bedeutung beizumessen ist. Abweichend davon wird in den Eckwerten für ein Ausführungsgesetz und in § 5 desselben der Begriff „zugrunde legen" verwendet (vgl. dazu S. 28 f. und Arbeitsunterlage Nummer 86).

5. Artikel 23 Abs. 4 GG

Absatz 4 enthält den Leitsatz für die Mitwirkungsrechte des Bundesrates an der Willensbildung des Bundes: Sie richten sich nach der innerstaatlichen Kompetenzaufteilung zwischen Bund und Ländern. Hierin kommt das Grundanliegen zum Ausdruck, daß die fortschreitende europäische Integration nicht zu einer Gewichtsverschiebung zwischen Bund und Ländern, insbesondere nicht zu einer Verringerung der Mitwirkungsrechte des Bundesrates führen darf.

6. Artikel 23 Abs. 5 GG

Allerdings läßt der Willensbildungsmechanismus innerhalb der Europäischen Union eine bruchlose Projektion der innerstaatlichen Kompetenzordnung auf die Willensbildung in Angelegenheiten der Europäischen Union nicht zu. Dem trägt Absatz 5 Rechnung, indem er ein System differenzierter Beteiligungsformen vorsieht. Dabei werden die Anwendungsgebiete der unterschiedlichen Mitwirkungsrechte der Länder unter Berücksichtigung der innerstaatlichen Verteilung der Gesetzgebungskompetenzen durch das Grundgesetz umschrieben.

a) Die erste, in Absatz 5 Satz 1 definierte Mitwirkungsstufe des Bundesrates, in der die Bundesregierung die Stellungnahme des Bundesrates (lediglich) „berücksichtigt", umfaßt zum einen den Bereich der ausschließlichen Zuständigkeit des Bundes, sofern Interessen der Länder berührt sind. In diesen Bereich fallen alle Zuständigkeiten des Bundes, für die das Grundgesetz — auch unter Berücksichtigung der Artikel 30 und 70 GG — keine Kompetenztitel der Länder enthält. Das in Absatz 2 verankerte generelle Mitwirkungsrecht des Bundesrates an allen Angelegenheiten der Europäischen Union — entsprechend der bisherigen Praxis auf der Grundlage von Artikel 2 des Gesetzes zu den Verträgen vom 25. März 1957 zur Gründung der Europäischen Wirtschaftsgemeinschaft und der Europäischen Atomgemeinschaft vom 27. Juli 1957 (BGBl. II S. 753) und unabhängig davon, ob spezielle Länderinteressen betroffen sind — wird hierdurch nicht eingeschränkt.

Zum anderen erfaßt die erste Mitwirkungsstufe des Bundesrates den Bereich, für den der Bund „im übrigen ... das Recht zur Gesetzgebung hat“. Für den so gekennzeichneten Bereich war von seiten der Bundesregierung ursprünglich die Formulierung: „soweit im übrigen Gegenstände der Bundesgesetzgebung betroffen sind“ vorgeschlagen und dahin erläutert worden, daß dadurch der gesamte Bereich „der ausschließlichen, konkurrierenden und Rahmengesetzgebung, wie sie durch die im Grundgesetz enthaltenen Kompetenzkataloge umschrieben werden“, erfaßt werden solle. Das hätte zur Konsequenz gehabt, daß der gesamte Bereich der konkurrierenden und Rahmengesetzgebung in die erste (und schwächer ausgestaltete) Mitwirkungsstufe des Bundesrates gefallen wäre, und zwar unabhängig davon, ob ein Bedürfnis für eine bundesgesetzliche Regelung im Sinne von Artikel 72 Abs. 2 GG besteht.

Diesen Vorschlag aus der Bundesregierung hat sich die Gemeinsame Verfassungskommission nicht zu eigen gemacht. Sie hat vielmehr der eingangs zitierten Formulierung den Vorzug gegeben, um die „schwächere“ Mitwirkungsform auf den Bereich zu beschränken, für den der Bund das Recht zur (konkurrierenden und Rahmen-)Gesetzgebung hat. Damit ist der Bereich umschrieben, für den der Bund von seinem Recht zur bundesgesetzlichen Regelung gemäß Artikel 72 Abs. 2 GG Gebrauch gemacht hat oder wegen eines bestehenden Bedürfnisses für eine bundesgesetzliche Regelung zumindest Gebrauch machen könnte. Für den davon nicht erfaßten Bereich steht nach Artikel 72 Abs. 1 GG das Recht zur Gesetzgebung den Ländern zu.

b) Die in Absatz 5 Satz 2 als zweite Stufe vorgesehene gesteigerte Mitwirkungsform des Bundesrates erstreckt sich auf den Bereich, in dem im Schwerpunkt Gesetzgebungsbefugnisse der Länder, die Einrichtung ihrer Behörden oder ihre Verwaltungsverfahren betroffen sind.

   Auch die Definition dieses Mitwirkungsbereiches war Gegenstand intensiver Erörterungen. Ursprünglich hatten die Berichterstatter für Artikel 23 Abs. 4 Satz 2 GG eine Formulierung empfohlen, wonach bei der Willensbildung des Bundes die Stellungnahme des Bundesrates u. a. dann „maßgeblich zu berücksichtigen“ ist, wenn von einem Vorhaben der EG im Schwerpunkt „gesetzliche Regelungen“ der Länder betroffen sind (Kommissionsdrucksache Nummer 7). Bei dieser Formulierung hätte bei Vorhaben der EG auf Gebieten der konkurrierenden und Rahmengesetzgebung des Bundes die Stellungnahme des Bundesrates nur dann „maßgeblich“ berücksichtigt werden müssen, wenn auf dem von dem EG-Vorhaben erfaßten Bereich bereits landesrechtliche Regelungen vorhanden sind; bei Fehlen solcher Regelungen wäre es mithin bei der schwächeren Mitwirkungsform nach Satz 1 verblieben.

Auf Vorschlag der Ländervertreter wählte die Kommission jedoch die Formulierung „Gesetzgebungsbefugnisse der Länder“. Danach erstreckt sich die gesteigerte Mitwirkungsform auf alle Kompetenztitel der konkurrierenden und Rahmengesetzgebung, für die der Bund von seinem Gesetzgebungsrecht keinen Gebrauch gemacht hat und mangels eines dahin gehenden Bedürfnisses nach Artikel 72 Abs. 2 GG auch keinen Gebrauch machen könnte.

Darüber hinaus werden von der gesteigerten Mitwirkungsform alle EG-Vorhaben erfaßt, die im Schwerpunkt die Einrichtung von Behörden der Länder oder ihre Verwaltungsverfahren betreffen.

Die gesteigerte Mitwirkungsform erstreckt sich infolge der Einschränkung „insoweit“ nicht auf das gesamte (schwerpunktmäßig zugeordnete) EG-Vorhaben, sondern nur auf diejenigen Teile, die den Länderkompetenzbereich des Vorhabens betreffen.

c) In dem ersten, in Absatz 5 Satz 1 definierten Mitwirkungsbereich „berücksichtigt“ die Bundesregierung die Stellungnahme des Bundesrates. Das bedeutet, daß die Bundesregierung die Argumente der Länder — wie die des Bundestages — zur Kenntnis nehmen, in ihre Entscheidung einbeziehen und sich mit ihnen auseinandersetzen muß. Sie ist nicht an die Länderstellungnahme gebunden.

Die Mitwirkung nach Satz 2 besteht darin, daß die Bundesregierung die Auffassung des Bundesrates „maßgeblich zu berücksichtigen“ hat. Mit diesem Ausdruck ist gemeint, daß sich die Ländermeinung im Streitfall durchsetzt, d. h. für die Bundeshaltung letztlich bestimmend ist — vom Sonderfall des Satzes 3 bei Ausgabenerhöhungen oder Einnahmeminderungen abgesehen.

Die gesamtstaatliche Verantwortung des Bundes — insbesondere in außen-, verteidigungs- und integrationspolitisch zu bewertenden Fragen — ist auch in dem Bereich, der dem gesteigerten Mitwirkungsrecht des Bundesrates unterliegt, zu wahren. Dies geschieht durch den Bundesrat, der als Bundesverfassungsorgan originärer Mitträger der gesamtstaatlichen Verantwortung des Bundes ist. Dies entspricht der gemeinsamen Verpflichtung von Bund und Ländern im Bundesstaat auf das Wohl des Gesamtstaates und korrespondiert mit ihrer gemeinsamen Unterordnung unter die Staatszielbestimmung in Absatz 1. Für den Fall, daß die Bundesregierung die Bewertung des Bundesrates darüber nicht teilt, sieht das Ausführungsgesetz nach Absatz 7 einen Konfliktlösungsmechanismus vor, wonach zunächst Bundesrat und Bundesregierung den Versuch unternehmen, Einvernehmen herzustellen; wenn dies nicht gelingt, ist die Bundesregierung an eine vom Bundesrat mit Zweidrittelmehrheit gebildete Auffassung gebunden (vgl. auch Vereinbarte Elemente für ein Ausführungsgesetz, Arbeitsunterlage Nummer 63).

d) Der in Absatz 5 Satz 3 vorgesehene Zustimmungsvorbehalt zugunsten der Bundesregierung bei finanzwirksamen Maßnahmen auf Unions-Ebene, die zu Ausgabenerhöhungen oder Einnahmeminderungen für den Bund führen können, nimmt den Rechtsgedanken des Artikel 113 Abs. 1 GG auf. Danach hat die Bundesregierung als Verfassungsorgan im Bereich des Haushalts eine besondere Verantwortung im Interesse einer sachgerechten Haushalts- und Finanzpolitik. Dieser Zustimmungsvorbehalt erstreckt sich auf alle Formen der Ländermitwirkung.

   Nach Nummer 6 der Protokollnotizen (Arbeitsunterlage Nummer 63) soll über eine verstärkte Mitwirkung der Länder an der Willensbildung in Fragen, die die Einnahmen oder die Haushaltswirtschaft (der Länder oder Kommunen) betreffen, im Zusammenhang mit der Finanzverfassung eine Regelung gefunden werden.

7. Artikel 23 Abs. 6 GG

Absatz 6 regelt die Wahrnehmung der Rechte, die der Bundesrepublik Deutschland als Mitgliedstaat der Europäischen Union zustehen. Wenn im Schwerpunkt ausschließliche Gesetzgebungsbefugnisse der Länder betroffen sind, tritt für die Bundesrepublik ein vom Bundesrat benannter Vertreter der Länder auf. Nach Artikel 146 des EG-Vertrages i. d. F. des Unions-Vertrages, durch den diese Regelung möglich geworden ist, muß es sich dabei um das Mitglied einer Landesregierung — allerdings nach dem Wortlaut von Artikel 23 Abs. 6 Satz 1 GG nicht zwingend um ein Mitglied des Bundesrates — handeln.

Satz 1 beschreibt die Fälle, in denen eine Übertragung stattfinden soll, mit dem im Grundgesetz bisher nicht verwandten Ausdruck „ausschließliche Gesetzgebungsbefugnis der Länder". Damit ist der — gegenüber Absatz 5 Satz 2 engere — Bereich gemeint, für den das Grundgesetz keinen ausdrücklichen Gesetzgebungskompetenztitel zugunsten des Bundes enthält.

Liegt der Schwerpunkt einer EG-Angelegenheit in diesem Bereich, so „soll" der Bund die Wahrnehmung der mitgliedstaatlichen Rechte der Bundesrepublik Deutschland insgesamt (anders als in Absatz 5 Satz 2 keine Einschränkung durch „insoweit") übertragen. Die Übertragung der Wahrnehmungsbefugnis erfolgt einzelfallbezogen; dabei bedeutet das „Soll" — wie auch sonst im staatlichen Bereich — ein „Muß", das nur besonders begründete Ausnahmen zuläßt. Solche Ausnahmen können sich aus der Verpflichtung der Bundesrepublik Deutschland zu gemeinschaftsrechtskonformem Verhalten ergeben.

Die Ausübung der Rechte durch den Vertreter der Länder erfolgt nach Absatz 6 Satz 2 unter Beteiligung von und in Abstimmung mit der Bundesregierung bzw. ihrem Vertreter. Die „Abstimmung" bezieht sich auch auf das Vorgehen bei den Verhandlungen; sie bedeutet weniger als Einvernehmen und mehr als Benehmen. Hinsichtlich der sich ändernden Verhandlungslage erfolgt die laufende Meinungsbildung nach den für die interne Willensbildung (Absatz 5) geltenden Regeln und

Kriterien. Inhaltlich bleibt aber sowohl für Bundes- als auch für Ländervertreter das Ergebnis der nach Absatz 5 herbeigeführten Willensbildung maßgebend.

Die in Absatz 6 Satz 2, 2. Halbsatz vorgesehene Wahrung der „gesamtstaatlichen Verantwortung des Bundes“ erfolgt im Rahmen seiner jeweiligen Wahrnehmungsbefugnis durch den Vertreter der Bundesregierung oder den Ländervertreter in eigener Verantwortung.

8. Artikel 23 Abs. 7 GG

Nach Absatz 7 wird das Nähere zu den Absätzen 4 bis 6 durch ein zustimmungsbedürftiges Ausführungsgesetz geregelt. Die Berichterstatter haben sich zu wesentlichen Elementen dieses Gesetzes in dem ihren Empfehlungen beigegebenen Papier (Arbeitsunterlage Nummer 63) verständigt, das von der Gemeinsamen Verfassungskommission zustimmend zur Kenntnis genommen wurde. Dazu zählt auch die Verpflichtung der Bundesregierung, auf Verlangen des Bundesrates vor dem Europäischen Gerichtshof Klage zu erheben, soweit die Länder in ihren Gesetzgebungsbefugnissen betroffen sind; dabei ist die gesamtstaatliche Verantwortung des Bundes zu wahren.

Ferner wird in das Ausführungsgesetz eine Regelung dahin aufgenommen, daß die Länder unmittelbar zu Einrichtungen der Europäischen Union ständige Verbindungen unterhalten können, soweit dies der Erfüllung ihrer staatlichen Befugnisse und Aufgaben nach dem Grundgesetz dient. Die Länderbüros erhalten keinen diplomatischen Status. Stellung und Aufgaben der Ständigen Vertretung in Brüssel als offizielle Vertretung der Bundesrepublik Deutschland bei den Europäischen Gemeinschaften gelten uneingeschränkt auch in den Fällen, in denen die Wahrnehmung der Rechte, die der Bundesrepublik Deutschland als Mitgliedstaat der Europäischen Union zustehen, auf einen Vertreter der Länder zu übertragen ist.

II. Artikel 45 GG

> „Der Bundestag bestellt einen Ausschuß für die Angelegenheiten der Europäischen Union. Er kann ihn ermächtigen, die Rechte des Bundestages gemäß Artikel 23 gegenüber der Bundesregierung wahrzunehmen.“

Um seine Informations- und Mitwirkungsrechte institutionell abzusichern, bestellt der Bundestag einen „Ausschuß für die Angelegenheiten der Europäischen Union“. Dieser erhält ebenso wie der Auswärtige Ausschuß, der Verteidigungsausschuß und der Petitionsausschuß Verfassungsrang. Wegen seiner andersartigen Funktion sah die Kommission davon ab, Artikel 45 a GG, in dem die Ausschüsse für Auswärtiges und für Verteidigung genannt sind, entsprechend zu ergänzen. Sie wählte vielmehr als Standort für den Unionsausschuß den freien Artikel 45 GG, um auf diese Weise die besondere Bedeutung des Ausschusses für den weiteren europäischen Integrationsprozeß kenntlich zu machen.

Satz 2 bestimmt, daß der Bundestag den Unionsausschuß ermächtigen kann, seine Rechte nach Artikel 23 GG gegenüber der Bundesregierung wahrzunehmen. Dem Bundestag wird folglich die Möglichkeit zur Delegation seiner Informations- und Mitwirkungsrechte eröffnet. Stellungnahmen des Unionsausschusses sind dann von der Bundesregierung in gleicher Weise zu berücksichtigen wie solche des Plenums. Wegen der Besonderheiten des Willensbildungsprozesses in der Europäischen Union und des Zeitdrucks, unter dem die Meinungsbildung und Entscheidungsfindung des Bundes in Angelegenheiten der Europäischen Union stehen kann, soll der Bundestag den Unionsausschuß — wie Satz 2 vorsieht, widerruflich — ermächtigen können, sich in Fragen der deutschen Europapolitik mit Wirkung gegenüber anderen Bundesorganen zu äußern. Der Bundestag bleibt Herr des Verfahrens. Er legt die Rechte des Unionsausschusses gegenüber den primären und umfassenden Rechten des Bundestages, seiner Fachausschüsse und Organe durch Umfang und Zeitrahmen der Ermächtigung fest.

III. Artikel 50 und 52 GG

Artikel 50 GG erhält folgende Fassung:

> „Durch den Bundesrat wirken die Länder bei der Gesetzgebung und Verwaltung des Bundes und in Angelegenheiten der Europäischen Union mit."

In Artikel 52 GG wird folgender Abs. 3 a eingefügt:

> „Für Angelegenheiten der Europäischen Union kann der Bundesrat eine Europakammer bilden, deren Beschlüsse als Beschlüsse des Bundesrates gelten; Artikel 51 Abs. 2 und 3 Satz 2 gelten entsprechend."

Auch der Bundesrat muß die institutionellen Voraussetzungen für eine effektive und verantwortungsvolle Wahrnehmung seiner Mitwirkungsrechte schaffen. Er hatte zwar bereits in der Vergangenheit aufgrund seiner Organisationsgewalt eine Europakammer eingesetzt, die — unter besonderen Voraussetzungen auch für ihn — im Rahmen von Artikel 2 des Gesetzes zur Einheitlichen Europäischen Akte an der innerstaatlichen Willensbildung in EG-Angelegenheiten mitwirkte. Nun aber, da die Rechte des Bundesrates im Grundgesetz selbst verankert werden, ist es an der Zeit, dort auch die organisationsrechtlichen Konsequenzen zu ziehen.

Dazu ist zunächst die Aufgabe des Bundesrates in Artikel 50 GG ausdrücklich zu erweitern: Durch ihn wirken die Länder nicht länger nur an der Gesetzgebung und der Verwaltung des Bundes mit, sondern auch in Angelegenheiten der Europäischen Union.

Darüber hinaus wird in Artikel 52 Abs. 3a GG der Bundesrat ausdrücklich ermächtigt, eine Europakammer zu bilden, „deren Beschlüsse als Beschlüsse des Bundesrates gelten". Diesen Beschlüssen, insbesondere den Stellungnahmen nach Artikel 23 GG, kann aber nur dann die gleiche Qualität wie solchen des Plenums zukommen, wenn sie nach denselben Regeln gefaßt werden. Der Verweis auf Artikel 51 Abs. 2 und 3 Satz 2 GG stellt sicher, daß die Stimmen der Länder in der Kammer in der gleichen Weise gewichtet werden wie im Bundesrat selbst.

IV. Artikel 115e Abs. 2 Satz 2 GG

Artikel 115e Abs. 2 Satz 2 GG wird wie folgt gefaßt:

> „Zum Erlaß von Gesetzen nach Artikel 23 Abs. 1 Satz 2, Artikel 24 Abs. 1 oder Artikel 29 ist der Gemeinsame Ausschuß nicht befugt."

Hier handelt es sich um eine Folgeänderung aus dem neuen Artikel 23 GG: Der Gemeinsame Ausschuß soll zur Übertragung von Hoheitsrechten auf die Europäische Union nach Artikel 23 Abs. 1 Satz 2 GG ebensowenig befugt sein wie zur Übertragung von Hoheitsrechten auf sonstige zwischenstaatliche Einrichtungen nach Artikel 24 Abs. 1 GG (wozu bis zur Grundgesetzänderung auch die Europäische Gemeinschaft zählte) oder zur Neugliederung des Bundesgebiets nach Artikel 29 GG.

V. Artikel 24 Abs. 1a GG

Artikel 24 GG erhält folgenden neuen Abs. 1a:

> „Soweit die Länder für die Ausübung der staatlichen Befugnisse und die Erfüllung der staatlichen Aufgaben zuständig sind, können sie mit Zustimmung der Bundesregierung Hoheitsrechte auf grenznachbarschaftliche Einrichtungen übertragen."

Mit dieser Ergänzung soll den Ländern die Möglichkeit eröffnet werden, im Rahmen ihrer Zuständigkeiten Hoheitsrechte auf grenznachbarschaftliche Einrichtungen zu übertragen. Nach überwiegender Auffassung war ihnen dies bisher verwehrt. Die bisherigen Erfahrungen mit Projekten grenzüberschreitender Kooperation haben jedoch erkennen lassen, daß ein praktisches Bedürfnis für die Schaffung dauerhafter und fachübergreifender Verwaltungsstrukturen über die Grenzen der Nationalstaaten hinweg besteht. Durch solche Einrichtungen, die im regionalen, grenznachbarschaftlichen Wirkungskreis zur Hoheitsrechtsausübung befugt sein sollen, kann beispielsweise die Zusammenarbeit benachbarter europäischer Regionen auf dem Gebiet des Schul- und Hochschulwesens oder im Bereich des Polizeirechts verbessert werden. Zu denken ist auch an grenzüberschreitende Regionaleinrichtungen zur Abfall- und Abwasserbeseitigung mit dem Recht, Benutzerordnungen zu erlassen und Gebühren zu erheben. In allen Fällen handelt es sich um regional begrenzte Einrichtungen unterhalb oder außerhalb der Ebene der Europäischen Union.

Um dabei die gesamtstaatlichen Belange der Bundesrepublik Deutschland zu wahren, ist eine solche Hoheitsrechtsübertragung an die Zustimmung der Bundesregierung gebunden.

VI. Artikel 28 Abs. 1 GG

Artikel 28 Abs. 1 GG wird um folgenden Satz 4 ergänzt:

„Bei Wahlen in Kreisen und Gemeinden sind auch Personen, die die Staatsangehörigkeit eines Mitgliedstaates der Europäischen Gemeinschaft besitzen, nach Maßgabe von Recht der Europäischen Gemeinschaft wahlberechtigt und wählbar."

Nach Artikel 8b Abs. 1 des EG-Vertrages in der Fassung des Unions-Vertrages (Artikel G Nummer 9) hat jeder Unions-Bürger mit Wohnsitz in einem Mitgliedstaat, dessen Staatsangehörigkeit er nicht besitzt, in dem Mitgliedstaat, in dem er seinen Wohnsitz hat, das aktive und passive Wahlrecht bei Kommunalwahlen. Dieses Recht wird vorbehaltlich der Einzelheiten ausgeübt, die durch einstimmigen Beschluß des Rates — auf Vorschlag der Kommission und nach Anhörung des Europäischen Parlaments — bis zum 31. Dezember 1994 festzulegen sind. Für die Wahrnehmung des Wahlrechts durch Unions-Bürger gelten dieselben Bedingungen wie für die Staatsangehörigen des betreffenden Mitgliedstaates.

Die Ratifizierung dieser Vertragsbestimmung erfordert eine Änderung des Grundgesetzes, da Artikel 28 Abs. 1 Satz 2 GG der geltenden Fassung die Teilnahme an den Wahlen in den Kreisen und Gemeinden auf Deutsche im Sinne des Artikel 116 Abs. 1 GG (vgl. BVerfGE 83, 37, 50, 53) beschränkt.

Über den Kreis der künftigen Wahlberechtigten gab es unterschiedliche Auffassungen in der Gemeinsamen Verfassungskommission: Während ein Teil nur Unions-Bürgern das Kommunalwahlrecht einräumen wollte, wie es nach dem Vertrag von Maastricht vorgesehen ist, setzten sich andere für eine Erstreckung auf alle dauerhaft in der Bundesrepublik lebenden Ausländer ein (vgl. Kommissionsdrucksache Nummer 65).

In ihrer 8. Sitzung vom 26. Juni 1992 verständigte sich die Gemeinsame Verfassungskommission darauf, durch die eingangs zitierte Ergänzung von Artikel 28 Abs. 1 GG jedenfalls die Voraussetzungen für die Teilnahme von Unions-Bürgern an Kommunalwahlen und damit für die Ratifizierung des Unions-Vertrages zu schaffen. Die darüber hinausgehenden Anträge zur Einführung eines allgemeinen Kommunalwahlrechts für Ausländer sollten zu einem späteren Zeitpunkt beraten werden. Sie erhielten schließlich bei der Abstimmung in der 24. Sitzung am 17. Juni 1993 nicht die erforderliche Zweidrittelmehrheit (vgl. unten 7. Kapitel, 7.1. S. 273).

Ebenfalls ohne Zweidrittelmehrheit blieb ein Antrag der Freien Hansestadt Bremen zur Ergänzung von Artikel 141 GG (Kommissionsdrucksache Nummer 14):

„Der bisherige Wortlaut des Artikel 141 GG wird Absatz 1.

Nach Absatz 1 wird folgender Absatz 2 eingefügt:

(2) Artikel 28 Abs. 1 Satz 3 findet auch in einem Lande Anwendung, in dem am 7. Februar 1992 eine landesverfassungsrechtliche Regelung galt, nach der eine Gemeindevertretung aus einem Teil des Landtages besteht."

Durch diesen Antrag sollte den Besonderheiten Rechnung getragen werden, die in der Stadtgemeinde Bremen kraft Landesverfassung bestehen. Dort setzt sich nämlich die Gemeindevertretung im Sinne von Artikel 28 Abs. 1 GG aus den Abgeordneten zusammen, die von den Wählern im Bereich der Stadtgemeinde Bremen in den Landtag des Landes Freie Hansestadt Bremen gewählt werden. Zur Vermeidung einer Änderung von Landesrecht und eines besonderen Wahlganges sollte durch die beantragte Ergänzung von Artikel 141 GG Unions-Bürgern das Recht zur Teilnahme an der Wahl zum Landtag eingeräumt werden.

Dies wurde von den Gegnern des Antrags mit der Begründung abgelehnt, daß darin eine mit dem Grundgesetz unvereinbare, auch vom Recht der Europäischen Union nicht geforderte Erstreckung des Wahlrechts von der kommunalen auf die staatliche Ebene liege. Die Lösung dieses Problems müsse auf andere Weise von den betroffenen Ländern bzw. dem betroffenen Land herbeigeführt werden.

Bayern gab in der 8. Sitzung vom 26. Juni 1992 eine Protokollnotiz (Arbeitsunterlage Nummer 62) zu der zuvor beschlossenen Ergänzung von Artikel 28 Abs. 1 GG ab. Darin weist Bayern darauf hin, daß Artikel 28 Abs. 1 Satz 4 GG (neu) aus sich heraus kein Kommunalwahlrecht für Angehörige von EG-Mitgliedstaaten begründe, insbesondere keine Entscheidung über den Umfang des passiven Wahlrechts treffe. Die Vorschrift enthalte nur eine notwendige Öffnungsklausel, für deren Ausfüllung es auf europäischer Ebene noch einer Einigung bedürfe. Weiter heißt es:

„Bayern wird bei diesen Verhandlungen besonders auf folgenden Punkten bestehen:

— Sicherstellung, daß Ausländer von der Wahl zum Bürgermeister und vergleichbaren Ämtern mit Exekutivbefugnissen ausgeschlossen werden können.

— Ausreichende Wartezeit zur Ausübung des aktiven Wahlrechts und längere Wartezeit zur Ausübung des passiven Wahlrechts."

VII. Artikel 88 GG

Artikel 88 wird um folgenden Satz 2 ergänzt:

„Ihre Aufgaben und Befugnisse können einer europäischen Zentralbank übertragen werden."

Die Europäische Union ist Wirtschafts- und Währungsunion, wie sich aus Artikel G Nummer 7 und 25 des Unions-Vertrages ergibt. Die dort vorgenommenen Ergänzungen des EG-Vertrages zur Wirtschafts- und Währungspolitik sehen u. a. die Errichtung eines Europäischen Systems der Zentralbanken sowie einer Europäischen Zentralbank vor.

Dadurch wird sich die Stellung der nationalen Zentralbanken der Mitgliedstaaten in entscheidendem Maße verändern: Nicht mehr sie betreiben Geldpolitik in den

Mitgliedstaaten der Währungsunion, sondern das Europäische System der Zentralbanken, dessen Aufgabe es ist, die Geldpolitik in der Wirtschafts- und Währungsunion festzulegen und auszuführen.

Die Europäische Zentralbank nimmt erst mit dem Beginn der dritten Stufe ihre Befugnisse in vollem Umfang wahr (Artikel 109 l Abs. 1 EG-Vertrag). Gleichwohl wird die im Hinblick auf das Vertragsgesetz zum Unions-Vertrag entscheidende Übertragung von Hoheitsrechten bereits mit Inkrafttreten des Unions-Vertrages vollzogen. Demnach muß der Übertragungsgesetzgeber bereits jetzt die grundgesetzliche Ermächtigung erhalten, auf dem Wege des Artikel 23 Abs. 1 Satz 3 GG (neu) die währungs- und notenpolitischen Rechte auf die Europäische Union zu übertragen. Die Ergänzung von Artikel 88 GG trägt dem Rechnung.

Die sozialdemokratischen Mitglieder der Gemeinsamen Verfassungskommission haben in der Sitzung am 26. Juni 1992 hierzu einen Vorbehalt folgenden Inhalts angebracht (Stenographischer Bericht S. 11):

„Der Übergang zur dritten Stufe der Wirtschafts- und Währungsunion kann nicht automatisch erfolgen, sondern erfordert eine erneute politische Bewertung und Entscheidung durch Bundestag und Bundesrat. Dabei muß sorgfältig geprüft werden, ob die Voraussetzungen für eine stabile europäische Währung gegeben sind. Dieses Entscheidungsrecht von Bundestag und Bundesrat muß von der Bundesregierung respektiert werden. Vor der Verabschiedung der entsprechenden Grundgesetzänderung in den gesetzgebenden Körperschaften muß dies verbindlich festgelegt werden.“

Bayern hat sich dieser Protokollerklärung angeschlossen (Stenographischer Bericht S. 14).

VIII. Artikel 32 GG

Ohne Zweidrittelmehrheit blieb in der Gemeinsamen Verfassungskommission ein Antrag des Landes Nordrhein-Westfalen zur Änderung von Artikel 32 GG über die auswärtigen Beziehungen (Kommissionsdrucksache Nummer 15). Dieser Artikel sollte folgende Fassung erhalten:

„(1) Die Pflege der auswärtigen Beziehungen ist Sache des Bundes. Im Rahmen ihrer Zuständigkeiten sind die Länder zur Zusammenarbeit mit auswärtigen Staaten, Regionen und sonstigen Einrichtungen befugt.

(2) Vor dem Abschluß eines Vertrages, der die besonderen Verhältnisse eines Landes berührt, ist das Land rechtzeitig zu hören. Entsprechendes gilt, wenn wesentliche Interessen der Länder berührt werden.

(3) Soweit die Länder für die Gesetzgebung zuständig sind, können sie mit Zustimmung der Bundesregierung völkerrechtliche Verträge abschließen. Mit vorheriger Zustimmung der Länder kann auch der Bund Verträge abschließen, die im Schwerpunkt in die Gesetzgebungszuständigkeit der Länder fallen. Die

Länder sind rechtzeitig über die Aufnahme von Vertragsverhandlungen und deren Fortgang zu unterrichten sowie auf Verlangen daran zu beteiligen. Sie treffen die zur Durchführung dieser Verträge erforderlichen Maßnahmen."

Zur Begründung trugen die Vertreter Nordrhein-Westfalens vor, daß die Neufassung die Zuständigkeiten von Bund und Ländern im Bereich der auswärtigen Beziehungen klarer voneinander abgrenzen solle. Die Änderung von Abs. 1 enthalte im wesentlichen eine Anpassung des Wortlauts an die bestehende Staatspraxis: Die Kompetenz des Bundes zur Pflege auswärtiger Beziehungen werde durch Satz 1 auf Völkerrechtssubjekte erstreckt, die keine Staatseigenschaft haben. Satz 2 solle sicherstellen, daß die Länder weiterhin im Rahmen ihrer Zuständigkeiten direkte Kontakte zu Gebietskörperschaften, Verwaltungseinheiten und auswärtigen Einrichtungen unterhalb der Völkerrechtsebene pflegen könnten. Als neues Element komme lediglich die Befugnis der Länder hinzu, in diesem Rahmen auch mit auswärtigen Staaten zusammenzuarbeiten.

Mit der Ergänzung von Absatz 2 werde das in der Lindauer Absprache verankerte Anhörungsrecht der Länder bei Verträgen des Bundes, die ihre wesentlichen Interessen berühren, in das Grundgesetz aufgenommen.

Der veränderte Absatz 3 schließlich beantworte die zwischen Bund und Ländern lange Zeit umstrittene Frage, ob der Bund auch zum Abschluß völkerrechtlicher Verträge über Gegenstände befugt ist, deren Regelung in die Gesetzgebungszuständigkeit der Länder fällt. Durch die Neufassung werde klargestellt, daß der Bund auch in diesem Bereich eine eingeschränkte Abschlußkompetenz habe. Im Gegenzug werde der Bund aber verpflichtet, vor Abschluß eines solchen Vertrages die Zustimmung der Länder einzuholen. Damit werde die Soll-Vorschrift der Lindauer Absprache in eine Muß-Vorschrift verwandelt und gleichzeitig ins Grundgesetz übernommen. Es sei an der Zeit, anläßlich der Überarbeitung des Grundgesetzes auch insoweit das Bund-Länder-Verhältnis zu klären. Dies sei auch die Auffassung der Kommission Verfassungsreform des Bundesrates gewesen (BR-Drucksache 360/92, Rz. 23).

Aus den Reihen der Mitglieder des Bundestages in der Gemeinsamen Verfassungskommission wurde gegen diesen Vorschlag eingewandt, daß sich die gegenwärtige Fassung des Artikel 32 GG in der Praxis bewährt und zu sachgerechten Ergebnissen geführt habe; ein Änderungsbedarf sei daher nicht zu erkennen. Im übrigen beeinträchtige der Vorschlag die Wahrnehmung der auswärtigen Gewalt durch den Bund. Dies widerspreche dem gesamtstaatlichen Interesse. Anders als im Bereich der Europäischen Union, der über den neuen Artikel 23 GG abgedeckt sei, könnten sich die Länder auch nicht darauf berufen, daß ein Mehr an verfassungsrechtlich verankerter Mitwirkung als Kompensation für Kompetenzverluste der Länder notwendig sei.

Auch ein von Nordrhein-Westfalen gestellter Hilfsantrag (Kommissionsdrucksache Nummer 15), zumindest Artikel 32 Abs. 3 GG neu zu fassen, um die mit dem bisherigen Wortlaut verknüpften verfassungsrechtlichen Zweifelsfragen in bezug auf die Abschluß- und Transformationskompetenz im Bereich der Gesetzgebungszuständigkeit der Länder eindeutig zu beantworten, erhielt nicht die notwendige Mehrheit.

B. Veränderungen im parlamentarischen Verfahren

Auf der Grundlage der Beratungen der Gemeinsamen Verfassungskommission brachte die Bundesregierung am 2. Oktober 1992 im Zusammenhang mit der Ratifizierung des Vertragswerkes von Maastricht den „Entwurf eines Gesetzes zur Änderung des Grundgesetzes“ (BT-Drucksache 12/3338) im Deutschen Bundestag ein, der mit den Empfehlungen der Kommission zum Bereich „Grundgesetz und Europa“ übereinstimmte. Der für die parlamentarische Beratung des Vertragswerkes von Maastricht und der damit zusammenhängenden Gesetzentwürfe federführende Sonderausschuß des Deutschen Bundestages „Europäische Union (Vertrag von Maastricht)“ hat sich eingehend mit den Vorschlägen zu Änderungen des Grundgesetzes befaßt, insbesondere mit Artikel 23 Abs. 1, 3 und 5 und Artikel 88 GG. Im Hinblick auf die im Laufe der Beratungen erkennbar gewordene Verzögerung des Inkrafttretens des Vertrages von Maastricht hat er auch die Frage erörtert, wann die für das Vertragswerk nötigen Grundgesetzänderungen in Kraft zu setzen sind und wann sie anwendbar werden. Schließlich wurden die beiden Ausführungsgesetze zu Artikel 23 Abs. 3 und Abs. 7 GG durch den Sonderausschuß beraten, welche — basierend auf den „Eckwerten“ der Gemeinsamen Verfassungskommission (Arbeitsunterlage Nummer 63) — die Zusammenarbeit von Bundestag und Bundesregierung bzw. Bund und Ländern in Angelegenheiten der Europäischen Union konkretisieren.

I. Artikel 23 GG

1. Artikel 23 Abs. 1 GG

Der Sonderausschuß hat die besondere Bedeutung von Artikel 23 Abs. 1 GG hervorgehoben, der die verfassungsrechtlichen Voraussetzungen für das Hineinwachsen der Bundesrepublik Deutschland in eine Europäische Union schafft. Er hat sich auch der Auffassung der Gemeinsamen Verfassungskommission angeschlossen, daß das Prinzip der Subsidiarität in der Bundesrepublik Deutschland die Garantie der kommunalen Selbstverwaltung einschließt. Die Struktursicherungsklausel des Artikel 23 Abs. 1 Satz 1 GG ist für die Bundesrepublik Deutschland zugleich Ermächtigung, Auftrag und Grenzbestimmung für die Mitwirkung an der Entwicklung der Europäischen Union. Durch Artikel 23 Abs. 1 Satz 2 GG wird der Bund ermächtigt, dazu auch Hoheitsrechte auf sie zu übertragen und insoweit den Bereich eigener Staatlichkeit zurückzunehmen.

Einen breiten Raum in den Ausschußberatungen zu Artikel 23 Abs. 1 GG nahm die Frage des Verhältnisses von Satz 2 zu Satz 3 dieser Bestimmung ein. Die Bundesregierung hatte in ihrem Gesetzesvorschlag (vgl. BT-Drucksache 12/3338, Begründung, Besonderer Teil, Zu Artikel 23 Abs. 1 f) sowie in ihrer Gegenäußerung zur Stellungnahme des Bundesrates (vgl. a.a.O.; Zu Nummer 1) die Auffassung vertreten, Anwendungsfälle für einfachgesetzliche Hoheitsrechtsübertragungen nach Satz 2 könnten sich dann ergeben, wenn Änderungen des Unionsvertrages zu ratifizieren seien, die von ihrem Gewicht her mit der Gründung der Europäischen Union nicht vergleichbar seien und insoweit nicht die „Geschäftsgrundlage" dieses Vertrages beträfen. Der Bundesrat hatte in seiner Stellungnahme zum Gesetzentwurf der Bundesregierung (vgl. a.a.O., Zu Artikel 1 Nummer 1) dem widersprochen und ausgeführt, Artikel 23 Abs. 1 Satz 3 GG könne nur so verstanden werden, daß die durch den Verweis auf Artikel 79 Abs. 2 GG erforderlichen verfassungsändernden Mehrheiten für sämtliche weiteren Übertragungen von Hoheitsrechten auf die Europäische Union im Rahmen von Änderungen ihrer vertraglichen Grundlagen notwendig seien. Besondere Probleme warf in diesem Zusammenhang die Auffassung der Bundesregierung auf, Satz 2 erfasse die im Unionsvertrag bereits angelegten Integrationsfortschritte, etwa aufgrund von Evolutivklauseln (z. B. des Artikel K.9 Unionsvertrag) oder nach Artikel 238 Abs. 3 bzw. Artikel 201 EG-Vertrag, für die gemeinschaftsrechtlich ein einstimmiger Ratsbeschluß ausreicht und eine Regierungskonferenz nicht erforderlich ist.

Der Sonderausschuß hat bekräftigt, daß über vorhandene Ermächtigungen hinausgehende Zweidrittelmehrheiten erfordernde Hoheitsrechtsübertragungen nicht nur im Rahmen von Vertragsänderungen im Sinne des Artikel N des Unionsvertrages erfolgen könnten, sondern auch im Zusammenhang mit den sogenannten Evolutivklauseln möglich seien, die eine Art dritter Kategorie zwischen primärem und sekundärem Gemeinschaftsrecht darstellten. Die Ausschöpfung der Evolutivklauseln könne qualitativ über das hinausgehen, was mit der allgemeinen vertragsrechtlichen Billigung von Maastricht abgedeckt sei, wie sie in dem mit verfassungsändernder Mehrheit beschlossenen Zustimmungsgesetz zum Ausdruck gekommen sei. Artikel 23 Abs. 1 Satz 2 GG erlaube Hoheitsrechtsübertragungen bis zu der Grenze, wo aus verfassungsrechtlichen Gründen ein neuer Vertrag oder eine Änderung der vertraglichen Grundlagen nötig wäre.

Die unterschiedliche Interpretation des Verhältnisses der Sätze 2 und 3 durch die Bundesregierung und durch den Bundesrat, die sich insbesondere etwa auf Beschlüsse der Gemeinschaftsorgane gemäß der Evolutivklausel in Artikel K.9 des Vertrages über die Gründung der Europäischen Union auswirken könnte, hat den Sonderausschuß veranlaßt, durch eine Ergänzung von Satz 3 um den Passus „. . . und vergleichbare Regelungen . . ." dessen Anwendungsbereich zu verdeutlichen.

Nach dieser klarstellenden Ergänzung sollen weitere Kompetenzbegründungen zugunsten der Europäischen Gemeinschaft oder Rechtsakte der Europäischen

Gemeinschaft, die durch den Beschluß eines Gemeinschaftsorgans zustande kommen und von den Mitgliedstaaten gemäß ihren verfassungsrechtlichen Vorschriften anzunehmen sind, innerstaatlich ein nach Artikel 79 Abs. 2 GG beschlossenes Gesetz erfordern, wenn auf sie im Falle einer hierfür erforderlichen Änderung des Vertrages über die Begründung der Europäischen Union der Satz 3 des neuen Artikel 23 Abs. 1 GG anzuwenden wäre. Der Anwendungsbereich von Satz 3 wird also nicht deshalb eingeschränkt, weil eine förmliche Änderung der vertraglichen Grundlagen nicht erforderlich ist.

Für Hoheitsrechtsübertragungen, beispielsweise auf der Grundlage der Evolutivklauseln, ist daher im Einzelfall zu prüfen, ob die Kompetenzübertragung aufgrund ihrer Bedeutung als vergleichbare Regelung im Sinne des neuen Satzes 3 zu bewerten ist und innerstaatlich die Annahme des entsprechenden EG-Beschlusses deshalb ein mit verfassungsändernden Mehrheiten beschlossenes Gesetz erfordert.

2. Artikel 23 Abs. 3 GG

Der Sonderausschuß befaßte sich eingehend mit den Wirkungen der Stellungnahme des Bundestages. Anlaß dazu gaben die unterschiedlichen Formulierungen in Artikel 23 Abs. 3 GG, wonach die Bundesregierung die Stellungnahme des Bundestages bei den Verhandlungen „berücksichtigt", und in § 5 des Gesetzentwurfs über die Zusammenarbeit von Bundesregierung und Bundestag in Angelegenheiten der Europäischen Union, nach dem die Bundesregierung die Stellungnahme des Bundestages ihren Verhandlungen „zugrunde legt". Der Sonderausschuß stellte dazu fest, daß das Wort „berücksichtigen" den gesamten Prozeß der Willensbildung zu Rechtsetzungsakten der Europäischen Union (von Beginn bis zur Schlußabstimmung) erfaßt. „Zugrunde legen" bezeichnet in diesem Zusammenhang den Anfang dieses Willensbildungsprozesses. Der Gesetzesvorbehalt des Artikel 23 Abs. 3 Satz 3 GG gibt nach übereinstimmender Ansicht des Sonderausschusses dem Bundestag das Recht, im Rahmen seiner nationalen Zuständigkeit alle Materien zu beraten und der Bundesregierung für ihr Verhalten im Rat Empfehlungen und Vorgaben zu geben, an die die Bundesregierung im innerstaatlichen Verhältnis zum Bundestag politisch gebunden ist.

3. Artikel 23 Abs. 5 GG

In bezug auf die Mitwirkungsrechte des Bundesrates in Artikel 23 Abs. 5 Satz 1 GG bestätigte der Sonderausschuß die Auffassung der Gemeinsamen Verfassungskommission, daß die Bundesregierung in den Fällen, in denen der Bund außerhalb seiner ausschließlichen Kompetenz das Recht zur Gesetzgebung hat, die Stellungnahme der Länder immer berücksichtigen muß. Damit wird der Bereich umschrieben, für den der Bund von seinem Recht nach Artikel 72 Abs. 2 GG Gebrauch gemacht hat oder zumindest Gebrauch machen könnte, weil ein Bedürfnis für eine bundesgesetzliche Regelung besteht. In dieser Stufe der

Mitwirkung des Bundesrates „berücksichtigt" die Bundesregierung die Stellungnahme des Bundesrates. Der Ausschuß war sich mit der Gemeinsamen Verfassungskommission auch darin einig, daß „berücksichtigen" bedeutet, daß die Bundesregierung die Argumente des Bundesrates zur Kenntnis nehmen, in ihre Entscheidung einbeziehen und sich mit ihnen auseinandersetzen muß; sie ist jedoch in der ersten Stufe an die Stellungnahme des Bundesrates nicht gebunden.

Die gesteigerte Mitwirkungsform des Bundesrates nach Artikel 23 Abs. 5 Satz 2 GG erstreckt sich nach der mit der Gemeinsamen Verfassungskommission übereinstimmenden Auffassung des Sonderausschusses auf alle Kompetenztitel der konkurrierenden und der Rahmengesetzgebung, von denen der Bund keinen Gebrauch gemacht hat oder keinen Gebrauch machen könnte, weil die Voraussetzungen des Artikel 72 Abs. 2 GG nicht gegeben sind. Darüber hinaus werden von dieser gesteigerten Mitwirkungsform alle Vorhaben der Europäischen Union erfaßt, die im Schwerpunkt die Einrichtung von Behörden der Länder oder ihre Verwaltungsverfahren betreffen. Die Auffassung des Bundesrates ist aber nur insoweit maßgebend, als im Schwerpunkt Gesetzgebungsbefugnisse der Länder, die Einrichtung der Behörden oder ihre Verwaltungsverfahren betroffen sind. Soweit dies nicht der Fall ist, sind die Stellungnahmen des Bundesrates lediglich nach Satz 1 zu berücksichtigen.

II. Artikel 88 GG

Der Sonderausschuß hat im Hinblick auf die zur Zeit seiner Beratung bestehende Ungewißheit über den Zeitpunkt des Inkrafttretens des Vertrages von Maastricht (negatives Referendum in Dänemark und nicht absehbares Ende des Ratifikationsprozesses in Großbritannien) die Überzeugung gewonnen, daß die von der Gemeinsamen Verfassungskommission und im Gesetzentwurf der Bundesregierung vorgeschlagene Fassung zur Ergänzung des Artikel 88 GG nicht ausreichend sei. Eine Übertragung von Befugnissen der Deutschen Bundesbank auf eine Europäische Zentralbank soll nach der Auffassung des Sonderausschusses nur in Betracht kommen, wenn diese den strengen Kriterien des Maastrichter Vertrages über die Unabhängigkeit der Zentralbank und die Priorität der Geldwertstabilität entspricht. Nach Prüfung verschiedener Änderungsvorschläge hat sich der Sonderausschuß für eine Formulierung entschieden, welche klarstellt, daß die Übertragung von Befugnissen der Deutschen Bundesbank nur im Rahmen der Europäischen Union zulässig ist. Gleichzeitig wird durch diese Neufassung des Artikel 88 GG zum Ausdruck gebracht, daß die im Zusammenhang mit der Europäischen Union geschaffene Europäische Zentralbank unabhängig und dem vorrangigen Ziel der Sicherung der Preisstabilität verpflichtet sein muß. Durch den neuen Artikel 88 GG wird einem wichtigen politischen Anliegen der deutschen Seite, welches bei den Verhandlungen zum Vertrag von Maastricht mit der Frage der Übertragung von Hoheitsrechten gerade im Währungsbereich verbunden war, Rechnung getragen. Eine Auswirkung auf die gegenwärtige Rechtsstellung der

Deutschen Bundesbank soll die dargestellte Neufassung des Artikel 88 Satz 2 GG ausdrücklich nicht haben.

III. Anwendbarkeit der Grundgesetzänderung

Nachdem abzusehen war, daß durch Verzögerungen im Ratifizierungsverfahren bei einigen Mitgliedstaaten der Maastrichter Vertrag nicht zum 1. Januar 1993 in Kraft treten würde, hat der Sonderausschuß Überlegungen zum Inkrafttreten und zur Anwendbarkeit der für das Vertragswerk notwendigen Grundgesetzänderungen angestellt:

Da die Ratifikation des Vertrages von Maastricht in der Bundesrepublik Deutschland auf der Grundlage des neuen Artikel 23 Abs. 1 Satz 3 GG erfolgt, muß diese Verfassungsänderung in Kraft getreten sein, bevor das Zustimmungsgesetz zum Vertragswerk ausgefertigt wird. Gleiches gilt für Artikel 28 Abs. 1 Satz 2 und Artikel 88 Satz 2 GG, da die für die Ausweitung des Kommunalwahlrechts auf Unionsbürger und die Übertragung der Befugnisse der Bundesbank auf die Europäische Zentralbank entscheidenden Hoheitsübertragungen bereits mit Inkrafttreten des Unionsvertrages vollzogen werden. Da die Gemeinsame Verfassungskommission bei ihren Vorschlägen für die genannten Verfassungsänderungen von dem Inkrafttreten des Vertrages von Maastricht zum 1. Januar 1993 ausgegangen war, hängt die Anwendbarkeit aller anderen Verfassungsbestimmungen nach der Ansicht des Sonderausschusses von dem Regelungsgehalt der jeweiligen Bestimmung ab.

Die Staatszielbestimmung des Artikel 23 Abs. 1 GG knüpft mit ihren strukturellen Maßgaben an die „Entwicklung der Europäischen Union“ an; sie will der weiteren Entwicklung der Europäischen Union zur immer engeren Integrationsgemeinschaft der Mitgliedstaaten grundlegende Richtmarken setzen. Dabei verstand der Sonderausschuß den Begriff „Europäische Union“ in einem allgemeinen Sinn. Er umfaßt nach dieser Auffassung nicht nur die konkrete Ausgestaltung der Europäischen Union durch das Vertragswerk von Maastricht. Eine Europäische Union im Sinne des Grundgesetzes liegt nach der Auffassung des Sonderausschusses auch dann vor, wenn sich die heute bestehende Integrationsgemeinschaft gegenüber dem gegenwärtigen Integrationsstand durch vertragliche Regelungen, durch die das Grundgesetz seinem Inhalt nach geändert oder ergänzt wird, oder solche Änderungen oder Ergänzungen ermöglicht werden, in Richtung auf eine Europäische Union weiterentwickelt. Einige Mitglieder haben im Sonderausschuß festgestellt, daß sie diese Interpretation nur für zutreffend halten, wenn sie so verstanden wird, daß eine Europäische Union im Sinne des Grundgesetzes dann vorliegt, wenn es zu einer Integrationsgemeinschaft kommt, die gegenüber dem heute bestehenden Integrationsstand eine neue Stufe bei der Verwirklichung einer immer engeren Union der Völker darstellt und die in ihrer Bedeutung mit dem Maastrichter Vertragswerk oder wesentlichen Teilen desselben vergleichbar ist.

Der Sonderausschuß hat weiterhin festgestellt, daß die Grundgesetzänderungen, die tatbestandlich an die Existenz der Europäischen Union gebunden sind, auch erst dann anwendbar sind, wenn diese Europäische Union im Sinne des dargestellten Entwicklungsprozesses entstanden ist. Dies soll nach der Auffassung des Ausschusses für Artikel 23 Abs. 2 bis 7 sowie für Artikel 28 Abs. 1 Satz 2, Artikel 45, 50, 52 Abs. 3a, Artikel 88 Satz 2 und Artikel 115e Abs. 2 Satz 2 GG gelten. Bis zum Zeitpunkt der Existenz der Europäischen Union ändert sich mithin an dem derzeit geltenden grundgesetzlichen Rahmen (mit Ausnahme von Artikel 23 Abs. 1 und Artikel 24 Abs. 1a GG) für die Beteiligung der gesetzgebenden Körperschaften in Angelegenheiten der Europäischer Gemeinschaft nichts. Die Beteiligung von Bundestag und Bundesrat soll sich bis zum Vorhandensein einer Europäischen Union in oben bezeichnetem Sinne nach den geltenden einfachgesetzlichen Vorschriften sowie nach Artikel 5 Abs. 3 des neuen Gesetzes über die Zusammenarbeit von Bund und Ländern in Angelegenheiten der Europäischen Union bzw. § 7 des neuen Gesetzes über die Zusammenarbeit von Bundesregierung und Bundestag in Angelegenheiten der Europäischen Union vollziehen.

IV. Ausführungsgesetze zu Artikel 23 Abs. 3 bzw. Artikel 23 Abs. 7 GG

Der Sonderausschuß hat sich auch — wie eingangs erwähnt — mit den Ausführungsgesetzen (Rechtsstellungsgesetzen) zur Zusammenarbeit von Bundesregierung und Bundestag bzw. Bund und Ländern in Angelegenheiten der Europäischen Union befaßt. Er hat sich dabei an den Eckwerten orientiert, die von der Gemeinsamen Verfassungskommission beschlossen worden sind (Arbeitsunterlagen Nummer 63 und 86).

C. Inkrafttreten

Die Änderungen des Grundgesetzes sind in der vom Sonderausschuß beschlossenen Fassung am 25. Dezember 1992 in Kraft getreten (BGBl. 1992 Teil I, Nummer 58 vom 24. Dezember 1992, S. 2086).

Die Ausführungsgesetze sind in der vom Vermittlungsausschuß vorgeschlagenen Fassung am 19. März 1993 (BGBl. 1993 Teil I, S. 311f. u. 313f.) im Bundesgesetzblatt verkündet worden. Sie treten aber — mit Ausnahme der Vorschriften über die Zusammenarbeit bei Rechtsakten nach Artikel 235 EG-Vertrag — erst am Tage der Gründung der Europäischen Union in Kraft.

2. Kapitel

Bund und Länder

2.1. Gesetzgebungskompetenzen und Gesetzgebungsverfahren im Bundesstaat

I. Empfehlungen

Die Gemeinsame Verfassungskommission hat in ihrer Sitzung vom 15. Oktober 1992 folgende Empfehlungen für Verfassungsänderungen beschlossen:

1. Teil — Gesetzgebungskompetenzen

1. **Artikel 72 Abs. 1 GG**

   „Im Bereich der konkurrierenden Gesetzgebung haben die Länder die Befugnis zur Gesetzgebung, solange und soweit der Bund von seiner Gesetzgebungszuständigkeit nicht durch Gesetz Gebrauch gemacht hat."

   — Einstimmig.

2. **Artikel 72 Abs. 2 GG**

   „Der Bund hat in diesem Bereich das Gesetzgebungsrecht, wenn und soweit die Herstellung gleichwertiger Lebensverhältnisse im Bundesgebiet oder die Wahrung der Rechtseinheit im gesamtstaatlichen Interesse eine bundesgesetzliche Regelung erforderlich macht."

   — 2 Nein-Stimmen, 2 Enthaltungen.

3. **Artikel 72 Abs. 3 GG**

   „Durch Bundesgesetz kann bestimmt werden, daß eine bundesgesetzliche Regelung, für die eine Erforderlichkeit im Sinne von Absatz 2 nicht mehr besteht, durch Landesrecht ersetzt werden kann."

   — Einstimmig.

4. **Artikel 74 Abs. 1 Nummer 5 GG**

   —;

   (Überführung der Materie „Schutz deutschen Kulturgutes gegen Abwanderung ins Ausland" in die Rahmengesetzgebung des Bundes als Artikel 75 Abs. 1 Nr. 6 (neu) — vgl. Nummer 13)

   — 2 Nein-Stimmen.

5. **Artikel 74 Abs. 1 Ziff. 8 GG**

—;

(Streichung der Materie „Staatsangehörigkeit in den Ländern" aus der konkurrierenden Gesetzgebung)

— Einstimmig.

6. **Artikel 74 Abs. 1 Nr. 18 GG**

„den Grundstücksverkehr, das Bodenrecht (ohne das Recht der Erschließungsbeiträge) und das landwirtschaftliche Pachtwesen, das Wohnungswesen, das Siedlungs- und Heimstättenwesen;"

— 7 Nein-Stimmen, 1 Enthaltung.

7. **Artikel 74 Abs. 1 Nr. 25 GG**

„die Staatshaftung;"

— Einstimmig.

8. **Artikel 74 Abs. 1 Nr. 26 GG**

„die künstliche Befruchtung beim Menschen, die Untersuchung und die künstliche Veränderung von Erbinformationen sowie Regelungen zur Transplantation von Organen und Geweben."

— 44 Ja-Stimmen.

9. **Artikel 74 Abs. 2 GG**

„Gesetze nach Abs. 1 Nr. 25 bedürfen der Zustimmung des Bundesrates."

— Einstimmig.

10. **Artikel 75 Abs. 1 GG**

„Der Bund hat das Recht, unter den Voraussetzungen des Artikels 72 Rahmenvorschriften für die Gesetzgebung der Länder zu erlassen über:"

— Einstimmig.

11. **Artikel 75 Abs. 1 Nr. 1 a GG**

„die allgemeinen Grundsätze des Hochschulwesens, soweit sie die Zulassung zum Studium, die Studiengänge, die Prüfungen, die Hochschulgrade, das wissenschaftliche und künstlerische Personal betreffen;"

— 47 Ja-, 10 Nein-Stimmen, 3 Enthaltungen.

12. **Artikel 75 Abs. 1 Nr. 2 GG**

„die allgemeinen Rechtsverhältnisse der Presse;"

(Streichung der Materie „allgemeine Rechtsverhältnisse des Films" aus der Rahmengesetzgebung)

— Einstimmig.

13. **Artikel 75 Abs. 1 Nr. 6 GG**

„den Schutz deutschen Kulturgutes gegen Abwanderung ins Ausland."
(Folgeänderung aus der Empfehlung Nummer 4)

14. **Artikel 75 Abs. 2 GG**

„Rahmenvorschriften dürfen nur in Ausnahmefällen in Einzelheiten gehende oder unmittelbar geltende Regelungen enthalten."
— Einstimmig.

15. **Artikel 75 Abs. 3 GG**

„Erläßt der Bund Rahmenvorschriften, so sind die Länder verpflichtet, innerhalb einer durch das Gesetz bestimmten angemessenen Frist die erforderlichen Landesgesetze zu erlassen."
— Einstimmig.

16. **Artikel 93 Abs. 1 Nr. 2 a GG**

„bei Meinungsverschiedenheiten, ob ein Gesetz den Voraussetzungen des Artikels 72 Abs. 2 entspricht, auf Antrag des Bundesrates, einer Landesregierung oder der Volksvertretung eines Landes"
— 1 Nein-Stimme.

17. **Artikel 125 a GG**

„Recht, das als Bundesrecht erlassen worden ist, aber wegen nachträglicher Änderung dieses Grundgesetzes nicht mehr als Bundesrecht erlassen werden könnte, gilt als Bundesrecht fort. Es kann durch Landesrecht aufgehoben und ergänzt werden."
— Einstimmig.

2. Teil — Gesetzgebungsverfahren

1. **Artikel 76 Abs. 2 GG**

„Vorlagen der Bundesregierung sind zunächst dem Bundesrate zuzuleiten. Der Bundesrat ist berechtigt, innerhalb von sechs Wochen zu diesen Vorlagen Stellung zu nehmen. Verlangt er aus wichtigem Grunde, insbesondere mit Rücksicht auf den Umfang einer Vorlage, eine Fristverlängerung, so beträgt die Frist neun Wochen. Die Bundesregierung kann eine Vorlage, die sie bei der Zuleitung an den Bundesrat ausnahmsweise als besonders eilbedürftig bezeichnet hat, nach drei Wochen oder, wenn der Bundesrat ein Verlangen nach Satz 3 geäußert hat, nach sechs Wochen dem Bundestage zuleiten, auch wenn die Stellungnahme des Bundesrates noch nicht bei ihr eingegangen ist; sie hat die Stellungnahme des Bundesrates unverzüglich nach Eingang dem Bundestage nachzureichen. Bei Vorlagen zur Änderung dieses Grundgesetzes und zur Übertragung von Hoheitsrechten nach Artikel 23 oder 24 beträgt die Frist zur Stellungnahme neun Wochen; Satz 4 findet keine Anwendung."
— 2 Nein-Stimmen.

2. **Artikel 76 Abs. 3 GG**

„Vorlagen des Bundesrates sind dem Bundestage durch die Bundesregierung innerhalb von sechs Wochen zuzuleiten. Sie soll hierbei ihre Auffassung darlegen. Verlangt sie aus wichtigem Grunde, insbesondere mit Rücksicht auf den Umfang einer Vorlage, eine Fristverlängerung, so beträgt die Frist neun Wochen. Wenn der Bundesrat eine Vorlage ausnahmsweise als besonders eilbedürftig bezeichnet hat, beträgt die Frist drei Wochen oder, wenn die Bundesregierung ein Verlangen nach Satz 3 geäußert hat, sechs Wochen. Bei Vorlagen zur Änderung dieses Grundgesetzes und zur Übertragung von Hoheitsrechten nach Artikel 23 oder 24 beträgt die Frist neun Wochen; Satz 4 findet keine Anwendung."

— 2 Nein-Stimmen.

3. **Artikel 76 Abs. 3 Satz 6 GG**

„Der Bundestag hat über die Vorlagen in angemessener Frist zu beraten und Beschluß zu fassen."

— 49 Ja-Stimmen.

4. **Artikel 77 Abs. 2 a GG**

„Soweit zu einem Gesetze die Zustimmung des Bundesrates erforderlich ist, hat der Bundesrat, wenn ein Verlangen nach Abs. 2 Satz 1 nicht gestellt oder das Vermittlungsverfahren ohne einen Vorschlag zur Änderung des Gesetzesbeschlusses beendet ist, in angemessener Frist über die Zustimmung Beschluß zu fassen."

— 1 Enthaltung.

5. **Artikel 80 Abs. 3 GG**

„Der Bundesrat kann der Bundesregierung Vorlagen für den Erlaß von Rechtsverordnungen zuleiten, die seiner Zustimmung bedürfen."

— 51 Ja-, 7 Nein-Stimmen.

6. **Artikel 80 Abs. 4 GG**

„Soweit durch Bundesgesetz oder auf Grund von Bundesgesetzen Landesregierungen ermächtigt werden, Rechtsverordnungen zu erlassen, sind die Länder zu einer Regelung auch durch Gesetz befugt."

— 2 Nein-Stimmen.

II. Problemstellung

Die Ministerpräsidenten der Länder haben im Eckwerte-Beschluß vom 5. Juli 1990, auf den Artikel 5 des Einigungsvertrages Bezug nimmt, eine Stärkung der Gesetzgebungsmacht der Länder gefordert, und zwar durch

— höhere Ausübungsschranken für den Bund bei der konkurrierenden Gesetzgebung,

— eine Neuabgrenzung der Kompetenzkataloge zwischen Bund und Ländern,

— erweiterte Zustimmungsbefugnisse des Bundesrates, insbesondere bei Bundesgesetzen mit finanziellen Auswirkungen für die Länder und

— längere Behandlungsfristen im Bundesrat.

Die Ministerpräsidenten haben sich dabei von folgenden Erwägungen leiten lassen:

Der Ausgestaltung und Verteilung der Gesetzgebungskompetenzen zwischen Bund und Ländern kommt im Bundesstaat zentrale Bedeutung zu: Seine (vertikal) gewaltenteilende Wirkung kann der Föderalismus nur entfalten, wenn Bund und Länder gleichermaßen über substantielle Zuständigkeiten verfügen. Ein solcher Zustand ist in der Bundesrepublik Deutschland gefährdet. Das Grundgesetz ging zwar ursprünglich nicht von einem Übergewicht des Bundes aus. Im Laufe der Jahre hat sich die Verteilung zwischen Bund und Ländern jedoch zu Lasten der Länder verschoben: Der Bund hat in zunehmendem Umfang Kompetenzen beansprucht („Unitarisierung des Bundesstaates"). Dies erfolgte insbesondere über die Bedürfnisklausel zur Inanspruchnahme der konkurrierenden Gesetzgebung in Artikel 72 Abs. 2 GG und die Möglichkeit zur regelungsintensiven Rahmengesetzgebung nach Artikel 75 GG. Auch die den Ländern verbliebenen Zuständigkeiten sind verstärkt, z. B. durch die Errichtung von Gemeinschaftsaufgaben oder die Gewährung von Finanzhilfen des Bundes nach Artikel 104 a Abs. 4 GG, unter Bundeseinfluß geraten („kooperativer Föderalismus"). Der damit verbundene Bedeutungszuwachs des Bundesrates, der den Einfluß der Länder(regierungen) auf Bundesebene verstärkt, gleicht den Verlust originärer Gesetzgebungskompetenzen der Länder(parlamente) nur unvollkommen aus. Gerade in den letzten Jahren haben die Länder außerdem (allerdings weitaus weniger als der Bund) im Zuge der europäischen Einigung weitere Hoheitsrechte abgegeben.

Auf dieser Grundlage hat sich die Kommission Verfassungsreform des Bundesrates frühzeitig der Thematik angenommen und detaillierte Vorschläge entwickelt (vgl. Arbeitsunterlagen Nummer 8 und 9 der Gemeinsamen Verfassungskommission sowie Bericht der Kommission Verfassungsreform des Bundesrates, BR-Drucksache 360/92, Abschnitte 3 und 4).

III. Verfahrensablauf

Fragen der Gesetzgebungskompetenz und des -verfahrens wurden erstmals in der 4. Sitzung am 2. April 1992 erörtert. Ausgangspunkt waren dabei die im o. a. Bericht der Kommission Verfassungsreform des Bundesrates enthaltenen Vorschläge, die allerdings, insbesondere von der Bundesregierung, auch kritisch bewertet wurden. Die Gemeinsame Verfassungskommission befaßte sich mit dem Thema noch in der 5. Sitzung am 7. Mai 1992 — dabei wurde eine Anhörung der Landtagspräsidentinnen und -präsidenten durchgeführt — und in der 7. Sitzung am 4. Juni 1992. Daneben haben die Berichterstatter die Thematik in zahlreichen

Sitzungen erörtert. Die dabei erzielten Vorschläge wurden in der 11. Sitzung am 15. Oktober 1992 zur Abstimmung gestellt und erhielten bis auf zwei Ausnahmen die erforderliche Zweidrittelmehrheit. Weiterhin wurde in dieser Sitzung über den Antrag der SPD (Kommissionsdrucksache Nummer 12) abgestimmt, in das Grundgesetz eine Bestimmung aufzunehmen, wonach bei Grundgesetzänderungen, durch die Zuständigkeiten der Länder zur Gesetzgebung an den Bund übertragen werden, die Landtage zu beteiligen seien. Dieser Antrag erhielt nicht die erforderliche Zweidrittelmehrheit.

IV. Begründung

1. Teil — Gesetzgebungskompetenzen

1. **Artikel 72 Abs. 1 GG** (Grundregel)

   Relativ schnell konnte Einigkeit darüber erzielt werden, daß die (zeitliche) Sperrwirkung für die Gesetzgebung der Länder nicht schon — wie bisher zumindest zum Teil vertreten — durch das bloße „Gebrauchmachen" des Bundes von der konkurrierenden Gesetzgebungskompetenz im Sinne der Einleitung des Gesetzgebungsverfahrens bewirkt werden soll; die Sperrwirkung soll vielmehr erst nach Abschluß der Bundesgesetzgebung eintreten, d. h. also dann, wenn der Bund „Gebrauch gemacht hat".

   Stark umstritten war demgegenüber die Frage nach der inhaltlichen Sperrwirkung von Abs. 1. Die bisherige Fassung legt die Annahme nahe, daß der Bund mit einer gesetzlichen (Teil-) Regelung einer Materie erschöpfend mit der Folge eines völligen Ausschlusses der Länder von der Gesetzgebung in diesem Bereich Gebrauch gemacht hat. Von Länderseite ist deswegen auf eine Einigung und Präzisierung der Sperrwirkung gedrungen worden. Ihrer Forderung, die Formulierung der Kommission Verfassungsreform des Bundesrates zu übernehmen: „solange und soweit eine Regelung in einem Bundesgesetz nicht entgegensteht" wurde jedoch der Einwand entgegengehalten, dies verführe zu einem unerwünschten „absatzweisen" Ausloten von Regelungsspielräumen für die Länder. Man einigte sich daraufhin auf eine schwächere Formulierung, der aber durchaus noch eine gewisse materielle Komponente bezüglich des Regelungsumfangs zu entnehmen ist: Er wird vom Inhalt des Gesetzes bestimmt, so daß nur bei entsprechenden Anhaltspunkten in der bundesgesetzlichen Regelung der Schluß zulässig ist, der Bundesgesetzgeber habe abschließend von seiner konkurrierenden Gesetzgebungskompetenz Gebrauch gemacht.

2. **Artikel 72 Abs. 2 GG** (Bedürfnisklausel)

   Die bisherige Fassung der Bedürfnisklausel hat sich als eines der Haupteinfallstore für die Auszehrung der Länderkompetenzen erwiesen. Die von der Kommission Verfassungsreform des Bundesrates empfohlene „politische"

Lösung der Bedürfnisfrage, die darin besteht, daß der Bundesrat der vom Bundestag zu treffenden Feststellung eines Bedürfnisses für eine bundesgesetzliche Regelung zustimmen muß, fand jedoch keine Mehrheit: Die Gemeinsame Verfassungskommission entschied sich letztlich einvernehmlich dafür, die Voraussetzungen für die Inanspruchnahme der konkurrierenden Gesetzgebungskompetenz zu konzentrieren, zu verschärfen und zu präzisieren mit dem Ziel, die als unzureichend empfundene Justitiabilität der Bedürfnisklausel durch das Bundesverfassungsgericht zu verbessern; ergänzt wird diese Lösung durch die Einführung einer neuen verfassungsgerichtlichen Verfahrensart in Artikel 93 Abs. 1 Nummer. 2 a GG (vgl. unten Nummer 16).

Die konkrete Formulierung der Bedürfnisklausel war bis zuletzt umstritten, auch hinsichtlich möglicher Auswirkungen auf die Finanzverfassung und hier insbesondere Artikel 105 Abs. 2 und Artikel 106 Abs. 3 GG. Eine Einigung konnte schließlich erzielt werden, indem die Voraussetzungen für die Inanspruchnahme der konkurrierenden Bundesgesetzgebungskompetenz auf zwei Alternativen reduziert wurden, die Anlaß und Umfang der Regelung begrenzen („wenn und soweit"). Die erste bezieht sich auf die Herstellung gleichwertiger Lebensverhältnisse im Bundesgebiet; die Ablösung des bisherigen Begriffs schien auch im Blick auf Maßnahmen zur Herstellung der inneren Einheit geboten. Für den von Brandenburg in der 11. Sitzung vom 15. Oktober 1992 gestellten Änderungsantrag, das Wort „gleichwertig" durch das Wort „einheitlich" zu ersetzen, sprachen sich nur vier Mitglieder aus. Die zweite Alternative beseitigt die vielfach als Tautologie empfundene Regelung des Artikel 72 Abs. 2 Nr. 3 GG (alt), weil die Wahrung der Rechtseinheit nicht per se, sondern nur dann, wenn sie im gesamtstaatlichen Interesse eine bundesgesetzliche Regelung erforderlich macht, eine entsprechende Bundeskompetenz begründet.

3. **Artikel 72 Abs. 3 GG** (Rückholbefugnis)

Es bestand zunächst Konsens darüber, daß es grundsätzlich sinnvoll sein könne, nicht lediglich dem Abfluß weiterer Landeskompetenzen an den Bund — wie mit den Änderungen in Artikel 72 Abs. 1 und Abs. 2 GG geschehen — entgegenzuwirken, sondern darüber hinaus auch eine Wiedereröffnung der Landeszuständigkeit im Bereich der konkurrierenden Gesetzgebungskompetenz vorzusehen, wenn die Voraussetzungen der Bedürfnisklausel des Abs. 2 für bestimmte bundesgesetzliche Regelungen nicht mehr vorliegen.

Die dazu von der Länderseite vorgeschlagene Lösung, in diesem Fall den Ländern eine eigenständige, von der Mitwirkung des Bundes unabhängige Ergänzungs- oder Ersetzungsbefugnis einzuräumen, erschien der Bundesseite jedoch als zu weitgehend. Die Gemeinsame Verfassungskommission einigte sich schließlich auf eine von der Bundesregierung eingebrachte, deutlich abgeschwächte Form der Rückholklausel, die es aus Gründen der Rechtssicherheit und der Konfliktvermeidung dem Bund überläßt zu bestimmen, daß eine bundesgesetzliche Regelung durch Landesrecht ersetzt werden kann, wenn ein Bedürfnis im Sinne von Artikel 72 Abs. 2 GG nicht mehr besteht. An dem zunächst vorgesehenen Antragsrecht eines Landtages, durch das eine solche (bundesgesetzliche) Feststellung hätte erzwungen werden können, wurde zuletzt nicht mehr festgehalten; die Wiedereröffnung der Landeskompetenz wurde aus Praktibilitätsgründen vielmehr der alleinigen Entscheidung des Bundesgesetzgebers überlassen.

4. **Artikel 74 Abs. 1 Nr. 5 GG** (Schutz deutschen Kulturgutes gegen die Abwanderung in das Ausland)

   Der Bund hat von seiner bisherigen Kompetenz zum Schutz deutschen Kulturgutes gegen die Abwanderung in das Ausland nur im Hinblick auf privaten Kulturbesitz Gebrauch gemacht und die Umsetzung auch insoweit im wesentlichen den Ländern überlassen. Bei dieser Materie handelt es sich um eine kulturelle Angelegenheit, für die eine grundsätzliche Zuständigkeit der Länder besteht. Ihre Einbeziehung in den Kompetenzkatalog der konkurrierenden Gesetzgebungszuständigkeiten ist daher entbehrlich. Wegen des Auslandsbezugs erschien die Überführung in die Rahmenkompetenz des Bundes (Artikel 75 Abs. 1 Nr. 6 GG — neu —) ausreichend, im Hinblick auf die Situation in den neuen Ländern aber auch unerläßlich.

5. **Artikel 74 Abs. 1 Nr. 8 GG** (Staatsangehörigkeit in den Ländern)

   Die Vorschrift hatte bisher keine praktische Bedeutung. Eine Landesstaatsangehörigkeit sehen nur die bayerische und die rheinland-pfälzische Verfassung vor. Umsetzungen sind bisher nicht erfolgt. Es wurde deswegen sehr schnell die Übereinkunft erzielt, die Materie zu streichen. Die Entscheidung über die Begründung einer Landesstaatsangehörigkeit wird damit ausschließlich den Ländern überlassen. Negative Auswirkungen für den Bund sind nicht zu befürchten, da die Länder nicht mittelbar die Staatsangehörigkeit im Bund regeln könnten.

6. **Artikel 74 Abs. 1 Nr. 18 GG** (Recht der Erschließungsbeiträge)

   Wegen der engen Verbindung des Rechts der Erschließungsbeiträge zum kommunalen Abgabenrecht soll sich die konkurrierende Gesetzgebung des Bundes zukünftig nicht mehr auf diese Materie beziehen. Es handelt sich um eine abgrenzbare und überschaubare Materie, weshalb eine Zersplitterung des bisher bundeseinheitlich geregelten Erschließungsbeitragsrechts nach Ansicht vieler Kommissionsmitglieder nicht zu befürchten ist. Schon bisher seien Städten und Gemeinden Ausformulierungsmöglichkeiten vorbehalten gewesen. Es sei daher sachgerecht, die Regelung des Erschließungsbeitragsrechts der gesetzgebenden Körperschaft zuzuweisen, die den Kommunen sachlich am nächsten stehe, nämlich dem Landesgesetzgeber. Weitergehende Änderungsvorschläge wie die Streichung einzelner Materien bzw. ihre Überführung in eine Rahmenkompetenz fanden nicht die erforderliche Mehrheit.

7. **Artikel 74 Abs. 1 Nr. 25 GG** (Staatshaftung)

Nach der Entscheidung des Bundesverfassungsgerichts zum Staatshaftungsgesetz vom 16. Juni 1981 (BGBl. I S. 553) fehlt es dem Bund an einer Kompetenz zur Regelung eines einheitlichen Staatshaftungsrechts (BVerfGE 61, 149). Dem Wunsch der Bundesseite, die lange Diskussion um eine bundeseinheitliche Staatshaftung durch die Schaffung einer eindeutigen Kompetenzgrundlage endlich abzuschließen, wollten sich die Vertreter der Länder letztlich nicht verschließen, verlangten jedoch, daß entsprechende bundesgesetzliche Regelungen der Zustimmung des Bundesrates bedürfen. Dem stimmte die Bundesseite zu (vgl. dazu unten Nummer 9). Unabhängig hiervon stellten die Ländervertreter im Hinblick auf die zu erwartenden finanziellen Mehrbelastungen ihre Zustimmung unter den Vorbehalt einer befriedigenden Kostenregelung im Rahmen des Finanzverfassungsrechts.

8. **Artikel 74 Abs. 1 Nr. 26 GG** (Fortpflanzungsmedizin, Gentechnologie, Organtransplantation)

Für den Bereich der Fortpflanzungsmedizin und der Gentechnologie besteht keine ausdrückliche Gesetzgebungskompetenz des Bundes. Lediglich Teilaspekte können — insbesondere unter dem Gesichtspunkt des Strafrechts — als von der konkurrierenden Gesetzgebungsbefugnis des Bundes mitumfaßt angesehen werden. Zunächst wurde eine Minimallösung bevorzugt, die sich auf die künstliche Befruchtung und die Untersuchung und künstliche Veränderung der Erbinformationen ausschließlich beim Menschen bezog, eine Erweiterung auf Tiere und Pflanzen wurde jedoch als prüfenswert erachtet. Dementsprechend einigte man sich später darauf, dem Bund die konkurrierende Gesetzgebungskompetenz für die Untersuchung und die künstliche Veränderung von Erbinformationen — nicht hingegen für die künstliche Befruchtung — umfassend, d. h. auf Menschen, Tiere und Pflanzen bezogen, einzuräumen. Einem noch weitergehenden Vorschlag der CDU/CSU-Bundestagsfraktion, die Kompetenz auch auf „Regelungen zur Transplantation von Organen und Geweben“ zu beziehen, widersprachen insbesondere die Ländervertreter unter Hinweis auf die erfolgversprechenden Bemühungen der Länder zur Schaffung eines entsprechenden gemeinsamen Mustergesetzentwurfs. Dieser Punkt wurde daraufhin nicht in den ursprünglichen Vorschlag zu Artikel 74 Abs. 1 Nr. 26 GG (Arbeitsunterlage Nummer 78) aufgenommen. In der Abstimmungssitzung am 15. Oktober 1992 erhielt jedoch auch dieser Antrag der CDU/CSU-Mitglieder der Gemeinsamen Verfassungskommission (Kommissionsdrucksache Nr. 16) die erforderliche Mehrheit.

9. **Artikel 74 Abs. 2 GG** (Zustimmungsbedürftigkeit)

Die Regelung unterwirft Gesetze nach Abs. 1 Nr. 25 (Staatshaftung) aus den unter Nummer 7. dargestellten Gründen dem Erfordernis der Zustimmung des Bundesrates.

10. **Artikel 75 Abs. 1 GG** (Grundregel)

Die Art und Weise der Wahrnehmung der Rahmengesetzgebungskompetenz durch den Bund hat den Ländern in der Praxis selten Raum zur Ausfüllung mit Regelungen von substantiellem Gewicht gelassen. Der Bund hat vielfach ins einzelne gehende und sogar erschöpfende Regelungen getroffen und sich dabei nicht auf eine Adressierung an den Landesgesetzgeber beschränkt, sondern unmittelbar bindendes Recht gesetzt (z. B. im Beamtenrechtsrahmengesetz). Das Bundesverfassungsgericht hat dies für verfassungsrechtlich zulässig erachtet (ständige Rechtsprechung seit BVerfGE 4, 115, 128 f).

Das Änderungsverlangen der Länder wurde von der Bundesseite grundsätzlich anerkannt. Es bestand allerdings Einigkeit, daß es nicht um die Abschaffung der Rahmenkompetenz, sondern nur um die schärfere Konturierung und nachhaltige Sicherung ihres Rahmencharakters, etwa in Anlehnung an die EG-Richtlinienkompetenz gehen könne. Mit ihrem Vorschlag, die Empfehlungen der Kommission Verfassungsreform des Bundesrates zu übernehmen, wonach dem Bund Detailvorschriften, Vollregelungen und die Setzung unmittelbar geltenden Rechts untersagt sind, konnten sich die Länder jedoch nicht durchsetzen. Von Bundesseite ist auf die Notwendigkeit hingewiesen worden, zumindest bei bestimmten Materien — wie etwa dem Beamtenrecht — auch ins Detail gehende Regelungen treffen zu können. Der Vorschlag der Gemeinsamen Verfassungskommission beschränkt solche Durchbrechungen des Rahmencharakters jedoch auf Ausnahmefälle.

Die Grundregel des Abs. 1 bindet die Rahmengesetzgebungskompetenz des Bundes nach wie vor an die — jetzt verschärften — Voraussetzungen des Artikel 72 GG. Vorbehaltlich der in Abs. 2 festgelegten Ausnahmen dürfen Rahmenvorschriften nur noch an die Gesetzgebung der Länder adressiert werden und nicht mehr unmittelbar den Bürger bindendes Recht setzen.

11. **Artikel 75 Abs. 1 Nr. 1 a GG** (Hochschulwesen)

Die Bundesseite respektierte einerseits den Wunsch der Länderseite, dem Gestaltungsspielraum der Länder im Bereich des Hochschulwesens wieder zu vergrößern, da dies im Grunde zum Kulturbereich und damit zu einem Kompetenzbereich der Länder gehöre, sprach sich aber andererseits im Interesse der Gewährleistung von Freizügigkeit und Mobilität im Zuge einer weiteren europäischen Integration gegen den Vorschlag einer völligen Streichung von Artikel 75 Abs. 1 Nr. 1 a GG aus. Eine Einigung erfolgte, indem die von der Kommission Verfassungsreform des Bundesrates vorgeschlagene Empfehlung angenommen wurde, nach der der Bereich der „allgemeinen Grundsätze des Hochschulwesens" präzisiert und — unter Ausschluß von Fragen der Hochschulstruktur — auf die Bereiche „Zulassung zum Studium, Studiengänge, Prüfungen, Hochschulgrade sowie wissenschaftliches und künstlerisches Personal" beschränkt wird. Dadurch wird auch die Möglichkeit geschaffen, daß es unter den Ländern wieder zu einem verstärkten Wettbewerb im Hochschulbereich kommt. Daran wird die Erwartung geknüpft, daß dies gerade im Hinblick auf die künftigen Herausforderungen Deutschlands zu positiven Ergebnissen führen wird. Die Länder haben ferner darauf hingewiesen, daß sie ohne eine Eingrenzung der Rahmenkompetenz des Bundes im Hochschulbereich auf dem Felde der konkurrierenden und Rahmengesetzgebung — vor dem Hintergrund ihrer ursprünglichen Forderungen — kaum substantielle Zugewinne machen würden, während auf der anderen Seite beim Bund wichtige Kompetenzen neu zuwüchsen und die Überprüfung der Gesetzgebungskompetenzen unwidersprochen unter der Leitidee einer Stärkung des Föderalismus gestanden habe.

12. **Artikel 75 Abs. 1 Nr. 2 GG** (Film)

Dem Vorschlag der Kommission Verfassungsreform des Bundesrates, Nr. 2 insgesamt zu streichen und hierdurch die „Medienzuständigkeit" der Länder zu vervollständigen, vermochte die Gemeinsame Verfassungskommission nur im Hinblick auf die Materie „Film" eindeutig zu folgen. Demgegenüber kam eine Einigung über die Materie „Presse" nicht zustande, weil zum Teil trotz der bisher erfolglosen Bemühungen um eine bundeseinheitliche Rahmenregelung ein entsprechendes Bedürfnis weiterhin als gegeben angesehen wurde.

13. **Artikel 75 Abs. 1 Nr. 6 GG** (Schutz deutschen Kulturgutes gegen die Abwanderung in das Ausland)

Folgeänderung aus der Überführung der Materie „Schutz deutschen Kulturgutes gegen die Abwanderung in das Ausland" von der konkurrierenden in die Rahmengesetzgebung.

14. **Artikel 75 Abs. 2 GG** (Sicherung des Rahmencharakters)

Die Frage, ob und welche Ausnahmen vom Verbot ins einzelne gehender, erschöpfender und unmittelbar geltender Regelungen vorzusehen seien, war lange umstritten. Eine Übereinkunft wurde schließlich dahingehend erzielt, daß nur in — der Justitiabilität unterliegenden — Ausnahmefällen Durchbrechungen zugelassen werden sollen, die den Erlaß von Detailvorschriften und das Setzen unmittelbar geltenden Rechts betreffen, also nicht erschöpfende (Teil-) Regelungen ermöglichen. Eine solche Lösung sei der Überführung einzelner, auf die herkömmliche Regelungsdichte angewiesener Materien in die konkurrierende Gesetzgebungsbefugnis vorzuziehen.

Fast alle Länder haben bei der Abstimmung in einer Protokollerklärung (Arbeitsunterlage Nr. 85) dargelegt, daß nach ihrer Auffassung in Einzelheiten gehende oder unmittelbar geltende Regelungen grundsätzlich verboten seien und Artikel 75 Abs. 2 GG nur in Ausnahmefällen von diesem Verbot befreie. Dies bedeute insbesondere, daß eine erschöpfende Regelung für einzelne Teile des Gesetzesvorhabens oder einer Gesetzesmaterie — eine sogenannte „punktuelle Vollregelung" — nach Artikel 75 Abs. 2 GG nicht mehr zulässig sei.

15. **Artikel 75 Abs. 3 GG** (Umsetzungsverpflichtung)

Diese Vorschrift sichert die Umsetzung der Rahmengesetze des Bundes, auf die der Bund wegen der vorgeschlagenen Verschärfung des Rahmencharakters in Artikel 75 Abs. 1 und 2 GG nunmehr angewiesen ist. Die Vorschrift entspricht wörtlich der Empfehlung des Bundesrates, nach der es als konsequent bezeichnet worden war, bei einer Beschränkung der Rahmengesetzgebung des Bundes auf eine Richtlinienkompetenz gegenüber den Landesgesetzgebern die Verpflichtung der Länder zum Erlaß entsprechender Vorschriften ausdrücklich in die Verfassung aufzunehmen und anzugeben, in welcher Frist die Länder tätig werden müssen.

16. **Artikel 93 Abs. 1 Nr. 2 a GG** (Verfassungsgerichtliches Verfahren zur Bedürfnisprüfung)

Diese Regelung ist im Zusammenhang mit dem Vorschlag zu Artikel 72 Abs. 2 GG (dazu oben Nummer 2) zu sehen; sie sucht die Justitiabilität der Bedürfnisklausel durch die verfassungsrechtliche Verankerung einer neuen Verfahrensart vor dem Bundesverfassungsgericht zu verbessern. Neben Bundesrat und Länderregierungen wird auch den Länderparlamenten, deren Befugnisse durch die Inanspruchnahme der konkurrierenden Gesetzgebungskompetenz durch den Bund besonders betroffen sind, insoweit erstmals ein Recht zur Anrufung des Bundesverfassungsgerichts eingeräumt.

17. **Artikel 125 a GG** (Übergangsvorschrift)

Die aufgrund der vorgeschlagenen Änderungen der Artikel 72 ff GG erforderliche Übergangsregelung überläßt es den Ländern, ob sie die als Bundesrecht fortgeltenden Regelungen beibehalten oder sie ergänzen wollen. Dabei ist die von der Kommission Verfassungsreform des Bundesrates vorgeschlagene Formulierung übernommen worden.

2. Teil — Gesetzgebungsverfahren

1. **Artikel 76 Abs. 2 GG** (Verlängerung der Beratungsfrist des Bundesrates im ersten Durchgang)

Der Sinn und Zweck der Regelung, Regierungsvorlagen zunächst im Bundesrat vorzulegen, besteht darin, Konflikte vermeiden zu helfen und den gesetzesausführenden Ländern zu erlauben, ihren administrativen Sachverstand frühzeitig in das Verfahren einzubringen. Dieses Ziel wird nur erreicht, wenn dem Bundesrat angemessene Beratungsfristen zur Verfügung stehen.

Die 1968 eingeführte Sechswochenfrist hat sich insbesondere bei umfangreichen Vorlagen trotz aller Beschleunigungsbemühungen und trotz der regelmäßigen Beteiligung der Länder in der Phase des Referentenentwurfs als zu kurz erwiesen und den Bundesrat unter einen Zeitdruck gestellt.

Die Kommission Verfassungsreform des Bundesrates hat daher gefordert, daß die Möglichkeit geschaffen wird, die Frist im Einzelfall aus wichtigem Grund, insbesondere wegen des Umfangs der Vorlage, durch ein entsprechendes Verlangen des Bundesrates um die Hälfte zu verlängern. Diese Verlängerungsmöglichkeit soll bei Vorhaben, die der Bundesregierung besonders eilig sind und die sie dementsprechend kennzeichnet, entfallen.

Bei Grundgesetzänderungen und der Übertragung von Hoheitsrechten nach dem neuen Artikel 23 GG oder nach Artikel 24 GG soll die Frist wegen der großen Tragweite solcher Entscheidungen generell auf neun Wochen verlängert werden. Die Enquete-Kommission Verfassungsreform des Bundestages hat im Jahr 1976 sogar eine Frist von drei Monaten vorgeschlagen. Ein Bedarf für eine Abkürzbarkeit dieser Frist wird nicht gesehen.

Von verschiedenen Landesparlamenten war eine weitergehende Fristverlängerung auf zwei Monate und bei Vorlagen, die Änderungen des Grundgesetzes oder die Übertragung von Hoheitsrechten nach Artikel 23 oder 24 GG zum Gegenstand haben, auf drei Monate, verlangt worden.

Der Änderungsvorschlag stellt einen Kompromiß zu den unterschiedlichen Auffassungen darüber dar, ob die Verlängerung der Beratungsfrist des Bundesrates generell oder nur im Einzelfall auf Verlangen des Bundesrates eintreten soll. Der Kompromiß besteht darin, daß die Verlängerung im Regelfall nur auf Verlangen des Bundesrates bewirkt werden soll. Bei Vorlagen, die Änderungen des Grundgesetzes oder die Übertragung von Hoheitsrechten auf zwischenstaatliche Einrichtungen nach Artikel 23 oder 24 GG zum Gegenstand haben, soll die Beratungsfrist des Bundesrates jedoch generell neun Wochen betragen (Satz 5 Halbsatz 1); in diesen Fällen soll es der Bundesregierung auch verwehrt sein, durch die Erklärung einer Vorlage als besonders eilbedürftig bewirken zu können, die Vorlage vor Ablauf der Beratungsfrist dem Bundestag zuleiten zu dürfen (vgl. die durch Satz 5 zweiter Halbsatz ausgeschlossene Anwendung des Satzes 4).

2. **Artikel 76 Abs. 3 GG** (Harmonisierung der Vorlagefrist für die Bundesregierung)

Die Frist von drei Monaten, die der Bundesregierung nach der geltenden Fassung von Artikel 76 Abs. 3 GG für die Zuleitung einer Vorlage des Bundesrates an den Bundestag zusteht, ist deutlich länger als die dem Bundesrat im Gesetzgebungsverfahren zustehende Frist. Es erscheint nach dem Sinn und Zweck der Regelung — auch um das Initiativrecht des Bundesrates zu stärken — geboten, die Fristen zu harmonisieren und die bisherige Regelung des Artikel 76 Abs. 3 GG derjenigen der oben unter Nummer 1 vorgeschlagenen neuen Fassung des Artikel 76 Abs. 2 GG anzugleichen.

Nachdem für die Stellungnahme der Bundesregierung bei Inkrafttreten des Grundgesetzes zunächst keine Frist vorgesehen war, was dazu führte, daß Initiativen des Bundesrates bisweilen erst mit erheblicher Verzögerung im Parlament eingebracht wurden, gilt dafür seit 1969 eine Dreimonatsfrist. Schon damals war vom Bundesrat gefordert worden, Bundesratsvorlagen in der gleichen Frist an den Bundestag weiterzugeben, der auch der Bundesrat bei seiner Stellungnahme zu Regierungsentwürfen unterliegt (vgl. BT-Drucksache V/4292).

Die Bundesregierung wird zugleich — ebenfalls in Annäherung an die für den Bundesrat geltende Rechtslage — von der strikten Pflicht befreit, zu Gesetzesvorlagen des Bundesrates ausnahmslos Stellung nehmen zu müssen: Zu diesem Zweck wird Satz 2 nur noch als Soll-Vorschrift ausgestaltet.

Mit der Verkürzung der bisherigen Dreimonatsfrist für die Weiterleitung von Gesetzesvorlagen des Bundesrates an den Bundestag auf sechs Wochen wird eine Beschleunigung des Gesetzgebungsverfahrens für den Normalfall erreicht.

Für die Fälle, in denen ein wichtiger Grund vorliegt, insbesondere bei umfangreichen Vorlagen, kann die Bundesregierung — ebenso wie spiegelbildlich der Bundesrat nach Artikel 76 Abs. 2 GG bei Gesetzesvorlagen der Bundesregierung — eine Fristverlängerung verlangen. Die Frist beträgt dann neun Wochen.

Um den Bedürfnissen nach einer zügigen Durchführung des Verfahrens in eiligen Angelegenheiten Rechnung zu tragen, muß dem Bundesrat — entsprechend der Ausgestaltung von Artikel 76 Abs. 2 GG — die Befugnis eingeräumt werden, eine Vorlage ausnahmsweise als besonders eilbedürftig zu bezeichnen mit der Folge, daß eine Fristverkürzung um drei Wochen eintritt.

Bei Vorlagen, die Änderungen des Grundgesetzes oder die Übertragung von Hoheitsrechten auf zwischenstaatliche Einrichtungen nach Artikel 23 oder 24 GG zum Gegenstand haben, soll die Zuleitungsfrist ohne Verlängerungs- oder Verkürzungsmöglichkeit generell neun Wochen betragen. Auch dies entspricht Artikel 76 Abs. 2 GG in der unter Nummer 1 vorgeschlagenen Fassung.

3. **Artikel 76 Abs. 3 Satz 6 GG** (Verpflichtung des Bundestages, in angemessener Frist über Vorlagen des Bundesrates zu entscheiden)

Eine wesentliche Ursache für den bisher in der Verfassungspraxis eher schwachen Wirkungsgrad des Initiativrechts des Bundesrates ist die Gefahr einer verzögerlichen Behandlung von Vorlagen durch den Bundestag. Deswegen erscheint es sinnvoll, aus Gründen der Rechtsklarheit die ohnehin bestehende verfassungsrechtliche Pflicht, daß der Bundestag in angemessener Zeit zu beraten und zu beschließen hat, im Grundgesetz hervorzuheben.

Wie das Bundesverfassungsgericht festgestellt hat (BVerfGE 1, 144), gibt das Gesetzesinitiativrecht dem Bundesrat schon nach geltender Verfassungsrechtslage ein Recht auf eine Beschlußfassung des Bundestages binnen einer angemessenen Zeit. Dies ergibt sich aus dem das Verhältnis der Verfassungsorgane zueinander beherrschenden Grundsatz der Verfassungsorgantreue, der die obersten Staatsorgane zu einem loyalen Umgang miteinander verpflichtet.

Eine verzögerliche Behandlung läßt sich auch nicht allein mit dem Hinweis rechtfertigen, die Bundesregierung plane in absehbarer Zeit eine das gleiche Thema betreffende Gesetzesinitiative.

4. **Artikel 77 Abs. 2a GG** (Beschlußfassung in angemessener Frist durch den Bundesrat)

Da Zustimmungsgesetze nicht ohne Mitwirkung des Bundesrates zustandekommen, könnte er ein solches Gesetz auch durch bloße Untätigkeit scheitern lassen. Es ist jedoch heute schon anerkannt, daß der Bundesrat das Schicksal eines Gesetzes nicht in der Schwebe lassen darf, sondern in angemessener Zeit ein endgültiges Urteil über das Gesetz abgeben muß.

Dieser Grundsatz soll nunmehr aus Überlegungen der „Waffengleichheit" ebenfalls ausdrücklich im Grundgesetz klargestellt werden: Wenn der Bundestag ausdrücklich von Verfassungs wegen verpflichtet wird, in angemessener Frist über die Gesetzesvorlagen des Bundesrates Beschluß zu fassen (vgl. oben Nummer 3), erscheint es nur recht und billig, daß das Grundgesetz umgekehrt den Bundesrat dazu verpflichtet, sich bei Zustimmungsgesetzen in angemessener Zeit zum Gesetzesbeschluß des Bundestages zu erklären.

5. **Artikel 80 Abs. 3 GG** (Einführung eines Initiativrechts des Bundesrates für zustimmungsbedürftige Rechtsverordnungen)

Rechtsverordnungen weisen angesichts einer stetig steigenden Normdichte eine wachsende Bedeutung auf. Zur wirkungsvollen Wahrnehmung der dem Bundesrat durch das Grundgesetz zugewiesenen Funktion der Mitwirkung an der Rechtsetzungstätigkeit des Bundes erscheint es — trotz zunächst vorgebrachter verfassungssystematischer Bedenken — angebracht, daß der Bundesrat bei Rechtsmaterien, die seiner Zustimmung bedürfen (Artikel 80 Abs. 2 GG), auch für den Erlaß von Rechtsverordnungen ein Initiativrecht hat. Eine Verpflichtung der Bundesregierung, über Vorlagen des Bundesrates Beschluß zu fassen, wurde nicht aufgenommen.

6. **Artikel 80 Abs. 4 GG** (Gesetzgebungsbefugnis der Länder, soweit Landesregierungen zum Erlaß von Rechtsverordnungen ermächtigt sind)

Wegen der in Artikel 80 Abs. 1 GG enthaltenen, abschließenden Aufzählung der Organe, die durch Bundesgesetz zum Erlaß von Rechtsverordnungen ermächtigt werden können, ist es den Landesgesetzgebern bislang verwehrt, den betreffenden Bereich durch förmliches Gesetz zu regeln.

Dieser Vorschlag war bereits im Bericht der Enquete-Kommission Verfassungsreform des Deutschen Bundestages von 1976 enthalten, und ist nunmehr wieder aufgegriffen worden. Er dient der Stärkung der Handlungsmöglichkeiten der Länderparlamente.

V. Vorschläge der Berichterstatterinnen und Berichterstatter bzw. Anträge, die keine Zweidrittelmehrheit erhielten

1. Teil — Gesetzgebungskompetenzen

1. **Artikel 74 Abs. 1 Nr. 3 GG** (Versammlungsrecht)

   Beim Versammlungsrecht handelt es sich nach Auffassung der Ländervertreter der Sache nach um Polizeirecht, für das eine grundsätzliche Zuständigkeit der Länder bestehe. Die bei dieser Materie gegebene Grundrechtsrelevanz zwinge nicht zu einer bundesgesetzlichen Regelung. Übergeordnete Interessen, die bestimmte einheitliche Vorschriften erforderlich machen könnten, ließen sich auch durch die Überführung der Materie in die Rahmenkompetenz des Bundes berücksichtigen. Dem ist teilweise von Bundesseite entgegengehalten worden, daß es nicht geboten erscheine, eine Aufsplitterung des Versammlungsrechts in insgesamt 16 möglicherweise divergierende Länderregelungen vorzunehmen. Die Rechtssicherheit und Rechtsklarheit im gesamten Bundesgebiet erfordere es, daß das Versammlungsrecht weiterhin bundeseinheitlich geregelt werden müsse.

   Der Vorschlag, die Materie „Versammlungsrecht" von der konkurrierenden Gesetzgebung in die Rahmengesetzgebung des Bundes zu überführen, erhielt in der Abstimmung aber nur 28 Ja-Stimmen.

2. **Artikel 79 Abs. 2a GG** (Ratifikationsvorbehalt)

   Verlieren die Länder durch Grundgesetzänderungen Gesetzgebungskompetenzen an den Bund, so trifft dies in erster Linie die Länderparlamente, die jedoch — anders als die Länderregierungen über den Bundesrat — am Verfassungsänderungsverfahren nach Artikel 79 Abs. 2 GG nicht beteiligt sind. Die Präsidentinnen und Präsidenten der Länderparlamente forderten daher, die Länderparlamente in Form einer sog. Ratifikationslösung in das Verfassungsänderungsverfahren einzubeziehen, wenn Zuständigkeiten der Länder zur Gesetzgebung an den Bund übertragen werden.

   In der Gemeinsamen Verfassungskommission bestand zunächst bei vielen Mitgliedern die Bereitschaft, diesen Vorschlag aufzugreifen und folgenden Artikel 79 Abs. 2a GG in das Grundgesetz einzufügen:

   „Soweit das Gesetz Zuständigkeiten der Länder zur Gesetzgebung dem Bund überträgt, bedarf es auch der Zustimmung der Volksvertretungen der Mehrheit der Länder; die Volksvertretungen beschließen mit der Mehrheit der abgegebenen Stimmen. Die Zustimmung gilt als erteilt, wenn nicht die Volksvertretungen in mindestens der Hälfte der Länder einen nach Artikel 78 zustande gekommenen Gesetzesbeschluß innerhalb von drei Monaten ablehnen."

   Letztlich ist diese Formulierung jedoch nicht in die Beschlußempfehlungen für die Gemeinsame Verfassungskommission (Arbeitsunterlage Nummer 78) aufgenommen worden, weil sich die Bedenken gegen die Systemgerechtigkeit dieser Lösung verstärkten. Inhaltlich beeinhalte dieser Vorschlag eine Annäherung an das bereits im Parlamentarischen Rat abgelehnte Senatsmodell. Es handele sich um Angelegenheiten, die das Verhältnis von Landesparlament zur Landesregierung beträfen und somit auch auf Landesverfassungsebene zu regeln sei.

Daraufhin wurde von den SPD-Mitgliedern ein gleichlautender Antrag eingebracht (Kommissionsdrucksache Nr. 12). Dieser Antrag erhielt in der 11. Sitzung vom 15. Oktober 1992 bei 34 Ja- und 19 Nein-Stimmen nicht die erforderliche Zweidrittelmehrheit.

2. Teil — Gesetzgebungsverfahren

Artikel 77 Abs. 5 GG (Verlängerung der Fristen für die Anrufung des Vermittlungsausschusses bzw. die Einlegung eines Einspruchs)

Viele Mitglieder der Gemeinsamen Verfassungskommission waren der Auffassung, daß die bisher geltenden knappen Fristen eine sachgerechte Entscheidung des Bundesrates darüber, ob der Vermittlungsausschuß angerufen oder Einspruch eingelegt wird, erheblich erschweren können. Es wurde daher der Vorschlag unterbreitet, die Möglichkeit zu schaffen, die Fristen aus wichtigem Grund (entsprechend Artikel 76 Abs. 2 Satz 3 GG) verlängern zu können. Danach sollten dem Bundesrat künftig gegebenenfalls sechs — statt bisher drei — Wochen für die Anrufung des Vermittlungsausschusses und gegebenenfalls vier — statt bisher zwei — Wochen für die Einlegung des Einspruchs zur Verfügung stehen.

Dieser Vorschlag erhielt bei 41 Ja-Stimmen und 14 Nein-Stimmen nicht die erforderliche Zweidrittelmehrheit, da eine Verzögerung des Gesetzgebungsverfahrens befürchtet wurde.

VI. Sonstige Überlegungen

Außer den Vorschlägen, die zur Abstimmung vorgelegt worden sind, wurden noch zahlreiche weitere Grundgesetzänderungen diskutiert. Davon sind folgende Überlegungen besonders zu erwähnen:

1. Teil — Gesetzgebungskompetenzen

Im Interesse einer Erweiterung der Gestaltungsspielräume der Länderparlamente setzte sich die Länderseite dafür ein, zahlreiche Kompetenzen im Katalog des Artikel 74 GG zu streichen oder zumindest in eine bloße Rahmenkompetenz des Bundes zu überführen. Aufgrund des nachhaltigen Widerstandes der Bundesseite kam aber ein Vorschlag nicht zustande. Hervorzuheben sind in diesem Zusammenhang vor allem folgende Überlegungen:

— *Artikel 74 Nr. 1 GG*

(Überführung der Zuständigkeit des Bundes für „das Notariat" in eine Rahmenkompetenz)

— *Artikel 74 Nr. 13 GG*

(Ersetzung der Worte „Förderung der wissenschaftlichen Forschung" durch die Worte „Förderung überregionaler Einrichtungen und Vorhaben der wissenschaftlichen Forschung")

— *Artikel 74 Nr. 18 GG*

(Überführung der Materien „Grundstücksverkehr", „Bodenrecht" und „Wohnungswesen" in eine Rahmenkompetenz sowie Streichung der übrigen in Nr. 18 genannten Materien)

— *Artikel 74 Nr. 19 GG*

(Ersetzung der Worte „gemeingefährliche und übertragbare Krankheiten" durch die Worte „gemeingefährliche übertragbare Krankheiten" sowie Anfügung der Worte „(ohne Ausbildungsvorschriften)" an das Wort „Heilgewerbe")

— *Artikel 74 Nr. 19 a GG*

(Streichung der Kompetenz für „die wirtschaftliche Sicherung der Krankenhäuser" und Überführung der Kompetenz für „die Regelung der Krankenhauspflegesätze" in eine Rahmenkompetenz)

— *Artikel 74 Nr. 24 GG*

(Überführung der Bereiche „Abfallbeseitigung", „Luftreinhaltung" und „Lärmbekämpfung" in eine Rahmenkompetenz)

2. Teil — Gesetzgebungsverfahren

Es wurden vor allem drei Bereiche intensiv diskutiert, hinsichtlich der jedoch kein Vorschlag unterbreitet wurde:

1. **Artikel 76 Abs. 2a GG** (Einführung eines ersten Durchgangs bei Initiativgesetzentwürfen aus der Mitte des Bundestages)

   Von seiten der Länder wurde vorgeschlagen, auch bei Initiativgesetzentwürfen aus der Mitte der Bundestages einen ersten Durchgang im Bundesrat einzuführen. Dazu sollte in Artikel 76 GG folgender Absatz 2a eingefügt werden:

   „Vorlagen aus der Mitte des Bundestages sind unverzüglich dem Bundesrate zuzuleiten. Der Bundesrat ist berechtigt, zu den Vorlagen Stellung zu nehmen.

Hinsichtlich der Frist zur Stellungnahme gilt Abs. 2 Satz 2 und 5 entsprechend. Der Bundestag darf vor Ablauf dieser Frist keinen Gesetzesbeschluß über die Vorlage fassen."

Das Bedürfnis für diese Verfassungsänderung wurde damit begründet, daß nicht selten von der Bundesregierung ausgearbeitete Gesetzesvorlagen von den sie tragenden Fraktionen oder von ihr nahestehenden Abgeordneten aus der Mitte des Bundestages eingebracht würden. Durch solche „unechten Parlamentsinitiativen" könne das Recht des Bundesrates, zu Vorlagen der Bundesregierung in einem ersten Durchgang Stellung nehmen zu können, in — zumindest verfassungspolitisch — bedenklicher Weise umgangen werden. Auch bei politisch oder sachlich besonders bedeutsamen oder ungewöhnlich umfangreichen Vorlagen könne ein Bedürfnis für den Bundesrat bestehen, in einem „ersten Durchgang" Stellung nehmen zu können.

Demgegenüber wurde vorgebracht, daß es ein Änderungsbedürfnis nicht gebe: „unechte" Parlamentsinitiativen würden, wenn überhaupt, nur eingeleitet, wenn eine Sache besonders eilbedürftig sei. In diesen Fällen würde die Vorlage in der Regel parallel als Regierungsentwurf beim Bundesrat eingebracht und die Beratungen seien so terminiert, daß eine Stellungnahme des Bundesrates im ersten Durchgang in den Ausschußberatungen des Bundestages noch Berücksichtigung fände. Der Bundesrat habe überdies gemäß Artikel 43 Abs. 2 GG ein Zutrittsrecht zu allen Sitzungen des Bundestages und seiner Ausschüsse und müsse dort jederzeit angehört werden. Schließlich verbiete sich die obligatorische Einführung eines ersten Durchgangs bei Initiativen aus der Mitte des Bundestages auch wegen der besonderen Stellung des Bundestages als Träger der Gesetzgebungsgewalt. Als Repräsentativorgan des Volkes sei das Parlament in der Legitimationskette jedem anderen Organ vorgeschaltet und ihm in der Legitimationsdichte überlegen. Der Bundestag müsse daher auch Herr über die Behandlung von Anträgen aus seiner eigenen Mitte bleiben.

2. **Artikel 77 Abs. 4 Satz 2 GG** (Verstärkung des Gewichts eines qualifizierten Einspruchs)

Die Länderseite hat vorgeschlagen, das Gewicht eines qualifizierten Einspruchs des Bundesrates zu verstärken. Dazu sollten in Artikel 77 Abs. 4 Satz 2 GG die Worte „einer Mehrheit von zwei Dritteln, mindestens der Mehrheit der Mitglieder" durch die Worte „einer Mehrheit von zwei Dritteln der Mitglieder" ersetzt werden.

Das Bedürfnis für diese Verfassungsänderung wurde wie folgt begründet: Wenn der Bundesrat bei einem Gesetz, das nicht der Zustimmung des Bundesrates bedarf, die Einlegung des Einspruchs mit einer Mehrheit von mindestens zwei Dritteln seiner Stimmen beschlossen habe (sog. qualifizierter Einspruch), werde die bisher in Artikel 77 Abs. 4 Satz 2 GG getroffene Regelung, wonach ein solcher Einspruch durch eine formal geringer qualifizierte Mehrheit des

Bundestages zurückgewiesen werden könne, dem Rang des Bundesrates als Gesetzgebungsorgan nicht gerecht. Wenn zwei Drittel der Stimmen des Bundesrates, in aller Regel also Länder unterschiedlicher parteipolitischer Vertretung, ein Gesetz ablehnten, solle im Bundestag ebenfalls nur eine breite Mehrheit unter Einbeziehung mindestens von Teilen der Opposition den Einspruch überstimmen können.

Diesem Vorschlag widersetzte sich jedoch die Bundesseite mit dem Hinweis, daß die Verstärkung des Gewichts eines qualifizierten Einspruchs zu einer verfassungspolitisch unangemessenen Verschiebung der Gewichtung des Bundesrates als Mitwirkungsorgan bei der Bundesgesetzgebung in Richtung auf ein „Zwei-Kammer-System“ führen würde. Durch den Vorschlag würden die unterschiedlichen Mitwirkungsformen bei einspruchs- und zustimmungsbedürftigen Gesetzen im Ergebnis einander unangemessen angenähert.

3. **Artikel 83 GG**

Die Länderseite hat im Anschluß an einen Vorschlag der Kommission Verfassungsreform des Bundesrates angeregt, in Artikel 83 GG folgenden neuen Absatz 2 anzufügen:

„Bundesgesetze, die von den Ländern als eigene Angelegenheit oder im Auftrage des Bundes ausgeführt werden, bedürfen der Zustimmung des Bundesrates.“

Damit sollen alle Gesetze, die den Ländern Kosten verursachen, der Zustimmungspflicht des Bundesrates unterliegen.

Die Bundesseite stimmte darin zu, daß vor allem dann ein Problem entstehen könnte, wenn den Ländern durch Bundesgesetz Zweckkosten auferlegt würden. Dies sollte aber eher durch eine Änderung von Artikel 104a GG im Rahmen der Reform der Finanzverfassung gelöst werden.

Obwohl die Länderseite es für angebracht hielt, die Problematik im Rahmen des Bereichs Gesetzgebungskompetenzen und -verfahren zu lösen, wurde die Frage bis zur Behandlung der Finanzverfassung zurückgestellt. Da die Reform der Finanzverfassung aber nicht mehr näher diskutiert wurde, ist eine abschließende Beratung unterblieben.

2.2. Verwaltungsaufbau

I. Empfehlungen

Die Gemeinsame Verfassungskommission

— hat dem Vorhaben zugestimmt, Artikel 87d Abs. 1 GG um folgenden Satz 2 zu ergänzen:

„Über die öffentlich-rechtliche oder privat-rechtliche Organisationsform wird durch Bundesgesetz entschieden.“

— empfiehlt, Artikel 87 Abs. 2 GG um folgenden Satz 2 zu ergänzen:

„Soziale Versicherungsträger, deren Zuständigkeitsbereich sich über das Gebiet eines Landes, aber nicht über mehr als drei Länder hinaus erstreckt, werden abweichend von Satz 1 als landesunmittelbare Körperschaften des öffentlichen Rechtes geführt, wenn das aufsichtführende Land durch die beteiligten Länder bestimmt ist."

II. Problemstellung

Nach dem Hinzutreten von fünf neuen Ländern im Zuge der Herstellung der deutschen Einheit stellte sich für die Gemeinsame Verfassungskommission nicht nur die Frage nach einer angemessenen Verteilung der Gesetzgebungskompetenzen auf Bund und Länder oder nach einem vereinfachten Verfahren für eine Neugliederung des Bundesgebietes. Die Kommission hielt auch eine kritische Überprüfung der Vorschriften des Grundgesetzes über die Ausführung der Bundesgesetze und über die Bundesverwaltung im föderalen Bundesstaat für angezeigt. Sie setzte sich dabei insbesondere mit den Vorschlägen auseinander, die die Kommission Verfassungsreform des Bundesrates mit dem Ziel eines effizienten Verwaltungsaufbaus und zur Stärkung des Föderalismus in Deutschland gemacht hatte (BR-Drucksache 360/92). Hinzu kam eine Überprüfung der Eingliederung der Luftverkehrsverwaltung in die bundeseigene Verwaltung.

III. Verfahrensablauf

Schon vor der Konstituierung der Gemeinsamen Verfassungskommission hatte der Deutsche Bundestag die Beratung eines Gesetzentwurfs der Koalitionsfraktionen zur Änderung von Artikel 87 d Abs. 1 GG über die Luftverkehrsverwaltung (BT-Drucksache 12/1800) aufgenommen. Da die Gemeinsame Verfassungskommission sich vorbehalten hatte, in der Zeit ihres Bestehens alle verfassungsändernden Gesetze mitzuberaten, befaßte sie sich in ihrer 3. Sitzung am 12. März 1992 mit diesem Gesetzentwurf. Sie machte damit erstmals von dem von ihr in Anspruch genommenen Selbstbefassungsrecht Gebrauch. In der Sache schloß sie sich in vollem Umfang dem Gesetzentwurf an und empfahl ihn einstimmig den Gesetzgebungsorganen zur Annahme.

Darüber hinaus lagen der Gemeinsamen Verfassungskommission Anträge zur Föderalisierung der Sozialversicherung (Artikel 87 Abs. 2 GG), zur Errichtung von Bundesoberbehörden (Artikel 87 Abs. 3 GG), zur Verteilung von Bundesbehörden (Artikel 36 GG) und zur Überprüfung von Weisungen bei der Bundesauftragsverwaltung (Artikel 85 Abs. 3 GG) vor. Die Beratungen über die beiden erstgenannten Anträge wurden in der 19. Sitzung am 25. März 1993 aufgenommen. Sie wurden in mehreren Berichterstattergesprächen vertieft und dort auch auf die beiden übrigen Anträge erstreckt. In ihrer 25. Sitzung am 1. Juli 1993 stimmte die Gemeinsame Verfassungskommission über die Anträge mit folgendem Ergebnis ab:

Der gemeinsame Antrag der Berichterstatter (Kommissionsdrucksache Nr. 82) zur Föderalisierung der Sozialversicherung (Artikel 87 Abs. 2 GG) erhielt bei zwei Enthaltungen die erforderliche Zweidrittelmehrheit.

Der Antrag von 10 Ländern (Kommissionsdrucksache Nr. 69) zur Errichtung von Bundesoberbehörden (Artikel 87 Abs. 3 GG) wurde bei 17 Ja-Stimmen und 1 Enthaltung mit 21 Nein-Stimmen abgelehnt.

Der Antrag von 5 Ländern (Kommissionsdrucksache Nr. 81) zur Verteilung von Bundesoberbehörden (Artikel 36 GG) erhielt 30 Ja-Stimmen; 11 Kommissionsmitglieder stimmten gegen den Antrag, 3 enthielten sich. Damit wurde die Zweidrittelmehrheit nicht erreicht.

Der Antrag des Landes Niedersachsen (Kommissionsdrucksache Nr. 75) zur Überprüfung von Weisungen bei der Bundesauftragsverwaltung (Artikel 85 Abs. 3 GG) wurde bei 8 Ja-Stimmen und 1 Enthaltung mit 33 Stimmen abgelehnt.

IV. Begründung

1. **Privatisierung der Luftverkehrsverwaltung** (Artikel 87 d GG)

Artikel 87 d Abs. 1 GG alter Fassung bestimmte, daß die Luftverkehrsverwaltung in bundeseigener Verwaltung zu führen sei. Diese Vorschrift stand der allseits wegen des gestiegenen Luftverkehrsaufkommens für notwendig gehaltenen Organisationsprivatisierung der Flugsicherung entgegen. Um die verfassungsrechtlichen Voraussetzungen dafür zu schaffen, hatten die Koalitionsfraktionen bereits am 11. Dezember 1991 den Entwurf eines Gesetzes zur Änderung von Artikel 87 d Abs. 1 GG (BT-Drucksache 12/1800) in den Bundestag eingebracht. Danach sollte Artikel 87 d Abs. 1 GG folgende Fassung erhalten:

„Die Luftverkehrsverwaltung wird in bundeseigener Verwaltung geführt. Über die öffentlich-rechtliche oder privat-rechtliche Organisationsform wird durch Bundesgesetz entschieden."

Die Gemeinsame Verfassungskommission stimmte diesem Vorschlag zu. Sie hob insbesondere die flexibleren Gestaltungsmöglichkeiten des Privatrechts für eine optimale Erfüllung der Flugsicherungsaufgaben hervor, vor allem auf den Gebieten des Dienst-, Besoldungs- und Haushaltsrechts. Daher empfahl sie den Gesetzgebungsorganen, den Gesetzentwurf der Koalitionsfraktionen zur Änderung von Artikel 87 d Abs. 1 GG anzunehmen. Sie verband damit die Erwartung, daß diese Änderung noch vor der Vorlage des Kommissionsberichtes beschlossen werde.

Bundestag und Bundesrat stimmten der Neufassung von Artikel 87 d Abs. 1 GG unverändert zu, so daß sie am 22. Juli 1992 in Kraft treten konnte (BGBl. I S. 1254). Auch das darauf gestützte 10. Gesetz zur Änderung des Luftverkehrsgesetzes vom 23. Juli 1992 ist zwischenzeitlich in Kraft getreten (BGBl. I S. 1370 ff.).

2. **Föderalisierung der Sozialversicherung** (Artikel 87 Abs. 2 GG)

Nach der geltenden Fassung des Artikel 87 Abs. 2 GG hat bereits die geringste Zuständigkeitsüberschreitung eines landesunmittelbaren Sozialversicherungsträgers über das Sitzland hinaus zur Folge, daß der Versicherungsträger automatisch unter Bundesaufsicht wechselt, also eine bundesunmittelbare Körperschaft wird. Diesen Automatismus und die sich daraus ergebenden Folgen für Versicherte, Versicherungsträger und Länder hatte die Kommission Verfassungsreform des Bundesrates für korrekturbedürftig gehalten, da sie sowohl dem Grundsatz einer selbstverwalteten bürgernahen Sozialversicherung als auch dem föderativen Staatsaufbau widersprächen. Die Bundesratskommission hatte daher eine Neufassung von Artikel 87 Abs. 2 GG vorgeschlagen (BR-Drucksache 360/92, Rz. 84 ff.), die die Bedeutung der Länder im Bereich der Sozialversicherung gestärkt und ihren Gestaltungsspielraum erweitert hätte.

Auf Wunsch der Vertreter der Länder nahm sich die Gemeinsame Verfassungskommission dieser Problematik an. Nach einer ersten Erörterung in ihrer 19. Sitzung am 25. März 1993 fanden intensive Beratungen im Kreis der Berichterstatter statt, an denen auch Vertreter der Bundesregierung teilnahmen und die schließlich zu einem gemeinsamen Vorschlag der Berichterstatter führten (Kommissionsdrucksache Nr. 82). Die Gemeinsame Verfassungskommission folgte diesem Vorschlag und empfahl in ihrer 25. Sitzung am 1. Juli 1993 mit der notwendigen Zweidrittelmehrheit,

— Artikel 87 Abs. 2 GG, der lautet:

„Als bundesunmittelbare Körperschaften des öffentlichen Rechtes werden diejenigen sozialen Versicherungsträger geführt, deren Zuständigkeitsbereich sich über das Gebiet eines Landes hinaus erstreckt.“

— um folgenden Satz 2 zu ergänzen:

„Soziale Versicherungsträger, deren Zuständigkeitsbereich sich über das Gebiet eines Landes, aber nicht über mehr als drei Länder hinaus erstreckt, werden abweichend von Satz 1 als landesunmittelbare Körperschaften des öffentlichen Rechtes geführt, wenn das aufsichtführende Land durch die beteiligten Länder bestimmt ist.“

Wie zuvor die Kommission Verfassungsreform des Bundesrates kam auch die Gemeinsame Verfassungskommission zu der Überzeugung, daß nicht jede, noch so geringfügige Überschreitung von Ländergrenzen bei der Betreuung von Versicherten automatisch die Bundesunmittelbarkeit des betreffenden Sozialversicherungsträgers zur Folge haben dürfe. Sie zog aber die Grenzen für die Zuständigkeit der Länder wesentlich enger, als die Bundesratskommission vorgesehen hatte. Insbesondere stellte die Gemeinsame Verfassungskommission mit ihrer Ergänzung klar, daß bei Ländergrenzen überschreitender Tätigkeit von

Sozialversicherungsträgern die Aufsicht des Bundes die Regel, der Verbleib unter Landesaufsicht dagegen die Ausnahme ist, die nur dann greift, wenn

— der Zuständigkeitsbereich des Sozialversicherungsträgers sich nicht über mehr drei Länder hinaus erstreckt

— und die beteiligten Länder einvernehmlich das aufsichtführende Land bestimmen.

Kommt eine Einigung über die Aufsicht nicht zustande, bleibt es bei der Bundesunmittelbarkeit.

Die mit dem Vorschlag der Kommission Verfassungsreform des Bundesrates verbundene weitergehende Vorstellung, den Ländern mit Hilfe einer erweiterten Aufsicht über Sozialversicherungsträger mehr Möglichkeiten zur Gestaltung einer landesspezifischen Gesundheitspolitik zu geben, fand in der Gemeinsamen Verfassungskommission nicht die nötige Unterstützung. Vielmehr wurden dagegen insbesondere von Bundesseite verfassungssystematische Bedenken erhoben. Besonders problematisch sei die Bestimmung des aufsichtführenden Landes. Zudem sei es auch unter föderalen Gesichtspunkten weder erforderlich noch vertretbar, an die Stelle einer gut funktionierenden Bundesverwaltung mit erheblichem, auch finanziellem Aufwand teilweise erst neu zu schaffende Aufsichtsbehörden der Länder zu setzen.

V. Beratung der übrigen Vorschläge

1. Errichtung von Bundesoberbehörden (Artikel 87 Abs. 3 GG)

Zehn Länder stellten den Antrag (Kommissionsdrucksache Nr. 69), einen Vorschlag der Kommission Verfassungsreform des Bundesrates zu übernehmen und Artikel 87 Abs. 3 Satz 1 GG wie folgt zu fassen:

„Für Angelegenheiten, für die dem Bund die Gesetzgebung zusteht, können selbständige Bundesoberbehörden und neue bundesunmittelbare Körperschaften und Anstalten des öffentlichen Rechtes durch Bundesgesetz mit Zustimmung des Bundesrates errichtet werden."

Zur Begründung ihres Antrages führten die Vertreter der Länder in der 19. Sitzung der Gemeinsamen Verfassungskommission am 25. März 1993 aus, daß die Möglichkeit des Bundes, den Ländern durch die Errichtung von Bundesoberbehörden ohne die Zustimmung des Bundesrates den Vollzug von Bundesgesetzen zu entziehen, mit dem Grundsatz der Länderkompetenz für die Verwaltung nicht zu vereinbaren sei. Artikel 83 GG räume den Ländern einen Vorrang für den Vollzug von Bundesgesetzen ein; die bundeseigene Verwaltung stelle dagegen die Ausnahme dar und sei nur unter den in Artikel 87 GG genannten Voraussetzungen zulässig. Die große Zahl der durch Bundesgesetz errichteten Bundesoberbehörden und bundesunmittelbaren Körperschaften und Anstalten zeige, daß der Bund von dieser Ausnahmeregelung in der Vergangenheit intensiven Gebrauch gemacht habe. Zur Erhaltung einer ausgewogenen föderalen Struktur sei es daher notwendig, die Begründung weiterer Verwaltungskompetenzen des Bundes durch Errichtung von Bundesoberbehörden an die Zustimmung des Bundesrates zu binden.

Die Gegner des Antrages sahen dagegen keine Notwendigkeit zur Änderung von Artikel 87 Abs. 3 GG. Der Vorschlag der Länder beschneide die Organisationsgewalt des Bundes bei seinen eigenen Behörden und sei somit ein gravierender Eingriff in die Kompetenzverteilung zwischen Bund und Ländern. Der Bund müsse die Möglichkeit behalten, unter den Voraussetzungen des Artikel 87 Abs. 3 GG eigene Behördenstrukturen einzurichten; hierdurch werde die Grundregel des Artikel 83 GG nicht angetastet. Der Bundesrat habe nicht das Recht, dem Bund einen Teil seiner Organisationsgewalt zu nehmen und ihn damit zu zwingen, ein Stück seiner Staatlichkeit abzugeben.

Die Gemeinsame Verfassungskommission lehnte daraufhin den Antrag der zehn Länder, die Errichtung weiterer Bundesoberbehörden von der Zustimmung des Bundesrates abhängig zu machen, in ihrer 25. Sitzung vom 1. Juli 1993 mehrheitlich ab.

2. **Verteilung von Bundesbehörden** (Artikel 36 GG)

Auf Antrag von fünf Ländern (Kommissionsdrucksache Nr. 81) befaßte sich die Gemeinsame Verfassungskommission auch mit dem Vorschlag der Kommission Verfassungsreform des Bundesrates, an Artikel 36 Abs. 1 GG folgende Sätze anzufügen:

„Auf eine dezentrale Verteilung der Bundesbehörden und -institutionen sowie der europäischen und internationalen Behörden und Institutionen ist zu achten. Alle Länder sind angemessen zu berücksichtigen."

Die Antragsteller begründeten ihren Vorschlag mit der ungleichgewichtigen Verteilung von Bundesbehörden über das Gebiet der Bundesrepublik Deutschland. Insbesondere in den neuen Ländern bestehe ein erhebliches Defizit an Bundesbehörden. Diesem unbefriedigenden Zustand solle durch die vorgeschlagene Ergänzung von Artikel 36 Abs. 1 GG abgeholfen werden, der sich als Anknüpfungspunkt besonders eigne, da er bereits die Verpflichtung enthalte, bei den obersten Bundesbehörden Beamte aus allen Ländern in angemessenem Verhältnis zu verwenden.

Gegen den Vorschlag wurde eingewandt, daß er zu einer Schwächung des Bundes führen könne, die auch aus Sicht der Länder nicht wünschbar sei, da die bei der Standortauswahl entscheidenden Sachgesichtspunkte nicht mehr den Ausschlag gäben. Zudem dürfe die Wirkung einer solchen Ergänzung des Grundgesetzes nicht überschätzt werden; der Sache dienlicher sei es, Entscheidungen über die Verlagerung von Bundesbehörden zu treffen, wie sie z. B. im Zusammenhang mit dem Beschluß des Deutschen Bundestages vom 20. Juni 1991 zur Verlegung des Regierungssitzes von der Unabhängigen Föderalismuskommission vorgeschlagen worden seien.

Der Antrag der fünf Länder zur Ergänzung von Artikel 36 Abs. 1 GG erhielt in der 25. Sitzung der Gemeinsamen Verfassungskommission am 1. Juli 1993 nicht die erforderliche Zweidrittelmehrheit.

3. Überprüfung von Weisungen bei der Bundesauftragsverwaltung
(Artikel 85 Abs. 3 GG)

Niedersachsen hat in der Gemeinsamen Verfassungskommission beantragt (Kommissionsdrucksache Nr. 75), Artikel 85 Abs. 3 GG um einen Satz zu ergänzen, der den Ländern das Recht gibt, Weisungen der obersten Bundesbehörden durch die zuständigen Gerichte auf ihre Gesetzmäßigkeit überprüfen zu lassen.

Das Bedürfnis für eine solche Ergänzung des Grundgesetzes leiteten die Befürworter aus der Rechtsprechung des Bundesverfassungsgerichtes zur Bundesauftragsverwaltung ab. Danach hätten die Länder keinen Anspruch darauf, daß der Bund seine Weisungsbefugnis inhaltlich rechtmäßig ausübt, ja nicht einmal darauf, daß er einen Verfassungsverstoß, insbesondere eine Grundrechtsverletzung, unterläßt. Für die Länder entstehe dadurch eine untragbare Situation, weil der Bund nach dieser Rechtsprechung ohne gerichtliche Kontrolle auf Weisungen beharren könnte, die von den Ländern mit guten Gründen für rechtswidrig gehalten würden. Dieses Ergebnis könne weder im Hinblick auf den rechtsstaatlich verankerten Vorrang des Gesetzes und den ebenfalls rechtsstaatlich garantierten Rechtsschutz noch im Hinblick auf die bundesstaatlich gebotene Respektierung der Eigenstaatlichkeit der Länder befriedigen. Die Länder müßten daher die Möglichkeit erhalten, Weisungen der obersten Bundesbehörden durch Gerichte auf ihre Gesetzmäßigkeit überprüfen zu lassen.

Die Mehrheit in der Gemeinsamen Verfassungskommission sah demgegenüber kein Bedürfnis für die beantragte Ergänzung von Artikel 85 Abs. 3 GG. Sie hielt den Vorschlag für unvereinbar mit dem System der Bundesauftragsverwaltung und sah bei seiner Verwirklichung die Handlungsfähigkeit des Bundes beeinträchtigt.

Die Gemeinsame Verfassungskommission lehnte in ihrer 25. Sitzung vom 1. Juli 1993 den Antrag zur Ergänzung von Artikel 85 Abs. 3 GG mehrheitlich ab.

2.3. Territoriale Neugliederung des Bundesgebietes

I. Empfehlungen

In ihrer 25. Sitzung am 1. Juli 1993 hat die Gemeinsame Verfassungskommission einstimmig folgende Empfehlungen zum Themenkomplex „Territoriale Neugliederung" beschlossen:

1. In Artikel 29 Abs. 7 Satz 1 GG wird die Zahl „10 000“ durch die Zahl „50 000“ ersetzt.

2. In Artikel 29 GG wird folgender Absatz 8 angefügt:

„Die Länder können eine Neugliederung für das jeweils von ihnen umfaßte Gebiet oder für Teilgebiete abweichend von den Vorschriften der Absätze 2 bis 7 durch Staatsvertrag regeln. Die betroffenen Gemeinden und Kreise sind zu hören. Der Staatsvertrag bedarf der Bestätigung durch Volksentscheid in jedem beteiligten Land. Betrifft der Staatsvertrag Teilgebiete der Länder, kann die Bestätigung auf Volksentscheide in diesen Teilgebieten beschränkt werden; Satz 5, zweiter Halbsatz, findet keine Anwendung. Bei einem Volksentscheid entscheidet die Mehrheit der abgegebenen Stimmen, wenn sie mindestens ein Viertel der zum Bundestag Wahlberechtigten umfaßt; das Nähere regelt ein Bundesgesetz. Der Staatsvertrag bedarf der Zustimmung des Bundestages.“

II. Problemstellung

Der Einigungsvertrag gibt in Artikel 5 den gesetzgebenden Körperschaften des Bundes die ausdrückliche Empfehlung, sich im Rahmen der mit der deutschen Einigung aufgeworfenen Fragen künftiger Verfassungsänderungen auch mit der Möglichkeit eines vereinfachten, von den Vorschriften des Artikel 29 GG abweichenden Verfahrens der Neugliederung für den Raum Berlin/Brandenburg zu befassen. Die Gemeinsame Verfassungskommission hat sich jedoch nicht auf die Prüfung einer Sonderregelung für den Raum Berlin/Brandenburg beschränkt; sie hat sich vielmehr, insoweit über den konkreten Prüfauftrag des Artikel 5 des Einigungsvertrages hinausgehend, auch mit der Frage beschäftigt, ob nicht in Erweiterung der geltenden Verfassungsrechtslage allen Ländern die verfahrensmäßige Möglichkeit eröffnet werden sollte, sich freiwillig — namentlich auf der Grundlage eines Staatsvertrags — zusammenzuschließen.

Die territoriale Neugliederung war Gegenstand der 19. Sitzung der Gemeinsamen Verfassungskommission vom 25. März 1993 und mehrerer Berichterstattergespräche.

III. Begründung

Artikel 29 Abs. 7 GG stellt ein vereinfachtes Verfahren für sog. sonstige Änderungen des Gebietsbestandes (kleinere Grenzkorrekturen) zur Verfügung. Nach geltender Verfassungsrechtslage ist dieses vereinfachte Verfahren bis zur „Umgliederungsmasse“ von 10 000 Einwohnern anwendbar. Die Gemeinsame Verfassungskommission empfiehlt eine Anhebung der Einwohnergrenze auf 50 000, um die praktische Handhabbarkeit der Vorschrift zu vergrößern. Die Anhebung auf diese Obergrenze für sonstige „kleinere“ Gebietsänderungen wurde als mit dem Demokratieprinzip vereinbar angesehen.

Die Gemeinsame Verfassungskommission hat sich, anders als die Kommission Verfassungsreform des Bundesrates, auch mit der allgemeinen Neugliederungsproblematik befaßt. Dabei konnte es nicht darum gehen, zu prüfen oder vorzuschlagen, wie eine konkrete Neuordnung des Bundesgebietes aussehen sollte. Thema der Beratung war allein der prozedurale Aspekt der Neugliederung; ob also am Verfahren des Artikel 29 GG etwas geändert oder ergänzt werden sollte.

Das geltende Verfassungsrecht konzentriert die Kompetenz zur Neugliederung beim Bund, Neugliederungsmaßnahmen sind nur durch Bundesgesetz zulässig (Artikel 29 Abs. 2 GG). Vereinbarungen zwischen den Ländern sind allein im Geringfügigkeitsrahmen des Artikel 29 Abs. 7 GG vorgesehen. Die Gemeinsame Verfassungskommission empfiehlt eine Ergänzung von Artikel 29 GG um eine „staatsvertragliche" Option. Neugliederungsmaßnahmen sollen damit auch von den unmittelbar Betroffenen, also von den Ländern selbst, angestoßen werden können. Durch die Ergänzung der geltenden Regelung um eine staatsvertragliche Option wird kein Land zu Gebietsveränderungen gezwungen, neugliederungswillige Länder sind aber nicht länger gehindert, für ihr Staatsgebiet zu sachgerechteren Lösungen zu kommen.

Die Empfehlung der Gemeinsamen Verfassungskommission bildet einen Kompromiß zwischen entgegengesetzten Ausgangspositionen. Auf der einen Seite wurde die Beibehaltung des Status quo befürwortet: Es bestehe weder ein rechtlicher noch ein politischer Handlungsbedarf für eine Neugliederung überhaupt noch ein Handlungsbedarf für eine Änderung der das Neugliederungsverfahren hinreichend regelnden Vorschrift des Artikel 29 GG. Auf der anderen Seite wurde eine grundsätzliche Neufassung von Artikel 29 in Richtung auf Artikel 29 GG (alt) gefordert, also Rückkehr zu einem verbindlichen Neugliederungsauftrag (Antrag des Sächsischen Staatsministeriums der Justiz (Kommissionsdrucksache Nr. 53)). Hamburg und Sachsen schlugen vor, in Parallelität bzw. Weiterführung der Sonderregelung für Berlin/Bran-denburg (siehe unten 2.4.) allen Ländern die Option für einen Zusammenschluß auf staatsvertraglicher Basis zu eröffnen.

Hinsichtlich des geltenden Artikel 29 GG wurde eingewendet, daß diese Bestimmung die verfahrensrechtlichen Hürden für eine Neugliederung so hoch baue, daß sie in der Staatspraxis kaum überwindbar erschienen. Im Ergebnis jedenfalls verhindere die geltende Verfassungsrechtslage eine Neugliederung eher, als daß sie sie ermögliche. Nach mehrheitlicher Auffassung in der Gemeinsamen Verfassungskommission war dies schon für die alte Bundesrepublik Deutschland problematisch, wenn auch vielleicht hinnehmbar; angesichts von nunmehr 16 Ländern mit erheblichen Unterschieden in bezug auf ihre Größe und ihre finanzielle wie wirtschaftliche Leistungsfähigkeit müsse jetzt jedoch ernsthaft und dringlich darüber nachgedacht werden, wie die Neugliederung gegenüber dem bisherigen Zustand erleichtert werden könne. Die Funktionsfähigkeit des Föderalismus sei in einem Ausmaße bedroht, daß auf lange Sicht das Prinzip gleichsam von innen heraus ausgehöhlt und damit letztendlich in Frage gestellt werde.

Die Überlegungen hinsichtlich einer Änderung der Neugliederungsvorschriften wurden ferner im Zusammenhang mit der Neuordnung des Finanzausgleichs zwischen Bund und Ländern sowie zwischen den Ländern gesehen. Auf diesen Zusammenhang verweist auch das Bundesverfassungsgericht in seinem Urteil vom 27. Mai 1992 (BVerfGE 86, 148, 270).

Für die Gemeinsame Verfassungskommission war selbstverständlich, daß die Wirksamkeit von Neugliederungsmaßnahmen durch Staatsvertrag nicht anders als die Wirksamkeit von Neugliederungsmaßnahmen durch Bundesgesetz von einer plebiszitären Mitwirkung der betroffenen Bevölkerung abhängig gemacht werden sollte. Die Regelung, daß der Staatsvertrag der Bestätigung durch Volksentscheid „in jedem beteiligten Land" bedürfe, gründet in der Erwägung, daß jede Neugliederung, die gegen den Willen auch nur eines Landesstaatsvolkes vollzogen würde, sich um die Chance bringe, von den Betroffenen insgesamt akzeptiert zu werden. Betrifft der Staatsvertrag nur Teilgebiete der Länder, soll die Bestätigung auf Volksentscheide in diesen Teilgebieten beschränkt werden können. In Anlehnung an die Regelung des Artikel 29 Abs. 6 GG ist für den Volksentscheid ein Mindestquorum von einem Viertel der zum Bundestag Wahlberechtigten vorgesehen.

Die Empfehlung der Gemeinsamen Verfassungskommission für einen neuen Artikel 29 Abs. 8 GG verknüpft die staatsvertragliche Option mit einer durchgängigen Bundeskomponente. Ein Vorschlag lautete, die Beteiligung des Bundes davon abhängig zu machen, daß sich die Zahl der Länder um mehr als ein Land verringere. In der Gemeinsamen Verfassungskommission war jedoch Mehrheitsmeinung, daß schon die Verringerung der Zahl der Länder um ein Land ein Fall für eine Beteiligung des Bundes sei; bereits dann sei die Gesamtstruktur des Bundesstaates betroffen. Außerdem stehe jede Neugliederung in Wechselwirkung mit dem Werden der Europäischen Union.

In der abschließenden Beratung der Gemeinsamen Verfassungskommission spielte noch die Frage eine Rolle, ob der Bund auch dann ein Mitspracherecht haben müsse, wenn nur Teilgebiete eines Landes zu einem anderen Land wechselten. Hier setze sich die Auffassung durch, daß auch in diesen Fällen eine Mitwirkung des Bundes geboten sei. Jede Neugliederung habe bundesstaatliche Bedeutung. Eine Neugliederung solle zur Bildung von Ländern führen, die den Interessen des Staatsganzen eher genügten als die bisherigen Strukturen; deshalb obliege die Einschätzung der Neugliederung, auch wenn es nur um den Wechsel von Teilgebieten gehe, zumindest auch dem Gesamtstaat.

Die Zustimmung des Bundes soll nicht — wie ursprünglich vorgesehen — in Gesetzesform, sondern in der Form eines schlichten Parlamentsbeschlusses erfolgen. Insoweit setzte sich in der Gemeinsamen Verfassungskommission die Auffassung durch, daß eine inhaltliche Überprüfung der Länderstaatsverträge im Rahmen eines Gesetzgebungsverfahrens des Bundes ein verfassungspolitisch bedenklicher Eingriff in die Eigenstaatlichkeit der Länder wäre. In der 25. Sitzung am 1. Juli 1993 ist dann zwar noch einmal der Antrag gestellt worden, Satz 6 des neuen Artikel 29 Abs. 8 dahin zu formulieren, daß der Staatsvertrag der Zustimmung durch Bundesgesetz bedürfe; dieser Antrag ist jedoch mit 33 : 23 Stimmen abgelehnt worden. Bei zwei Gegenstimmen und einer Enthaltung ist dann der Antrag angenommen worden, in den ursprünglichen Berichterstattervorschlag die Formulierung aufzunehmen, daß der Staatsvertrag der Zustimmung des Bundestages bedürfe.

2.4. Neugliederung des Raumes Berlin/Brandenburg

I. Empfehlungen

In ihrer 25. Sitzung am 1. Juli 1993 hat die Gemeinsame Verfassungskommission einstimmig folgende Empfehlung zum Themenkomplex Neugliederung des Raumes Berlin/Brandenburg beschlossen:

Nach Artikel 118 wird folgender Artikel 118 a eingefügt:

„Die Neugliederung in dem die Länder Berlin und Brandenburg umfassenden Gebiet kann abweichend von den Vorschriften des Artikel 29 unter Beteiligung ihrer Wahlberechtigten durch Vereinbarung beider Länder erfolgen."

II. Problemstellung

Entsprechend der in Artikel 5 des Einigungsvertrages festgelegten Empfehlung, sich im Rahmen der mit der deutschen Einigung aufgeworfenen Fragen künftiger Verfassungsänderungen auch mit der Möglichkeit eines vereinfachten, von den Vorschriften des Artikel 29 GG abweichenden Verfahrens der Neugliederung für den Raum Berlin/Brandenburg zu befassen, hat die Gemeinsame Verfassungskommission die oben genannte Empfehlung beschlossen.

III. Begründung

Mit dem neuen Artikel 118a GG soll den Ländern Berlin und Brandenburg eine Option für einen vereinfachten Zusammenschluß eingeräumt werden. Die Empfehlung der Gemeinsamen Verfassungskommission trägt der historischen Verbundenheit von Berlin und Brandenburg Rechnung, die auch durch eine 40jährige politische Trennung nicht zerstört worden ist. Die Neugliederung in diesem Raum soll nicht im anspruchsvollen Verfahren des Artikel 29 GG erfolgen müssen; der Zusammenschluß soll durch Staatsvertrag unter Beteiligung der Wahlberechtigten in beiden Ländern erfolgen können. Insbesondere soll die Neugliederung nicht der Zustimmung des Bundestages oder eines Bundesgesetzes bedürfen.

Hinsichtlich des Vorschlags für einen neuen Artikel 118a GG konnte die Gemeinsame Verfassungskommission auf Vorarbeiten der Kommission Verfassungsreform des Bundesrates zurückgreifen (BR-Drucksache 360/92, Rz. 93). Die

Empfehlungen beider Kommissionen sind denn auch textidentisch. Sie unterscheiden sich lediglich im Standort: Während die Kommission Verfassungsreform des Bundesrates wie auch die Länder Berlin und Brandenburg in ihrem gemeinsamen Antrag vom 15. Mai 1992 (Kommissionsdrucksache Nr. 2) die Sonderregelung als neuen Artikel 118 GG vorgeschlagen hatten, empfiehlt die Gemeinsame Verfassungskommission, insoweit einen neuen Artikel 118a GG hinter Artikel 118 einzufügen. Ihres Erachtens sollte der seit Gründung des Landes Baden-Württemberg gegenstandslos gewordene Artikel 118 aus verfassungshistorischen Gründen aufrechterhalten werden.

Die Gemeinsame Verfassungskommission hat die Frage erörtert, ob der neue Artikel 118a GG an die für das Wirksamwerden des Staatsvertrages vorgesehene „Beteiligung der Wahlberechtigten" inhaltliche Vorgaben machen solle. Diskutiert wurde, ob z. B. in Anlehnung an Artikel 29 Abs. 2 GG eine Bestätigung durch Volksentscheid verlangt bzw. in Anlehnung an Artikel 29 Abs. 6 Satz 1 GG für das Plebiszit ein Mindestquorum vorausgesetzt werden sollte. Berlin und Brandenburg haben dafür geworben, die konkrete Ausgestaltung der Bürgerbeteiligung nicht durch das Grundgesetz vorzugeben, sondern dem Staatsvertrag der beteiligten Länder vorzubehalten. Die Gemeinsame Verfassungskommission hat sich diesen Standpunkt im Hinblick darauf, daß es sich bei der Neuregelung des Raumes Berlin/Brandenburg um einen bereits im Einigungsvertrag angelegten „Sonderfall" handelt, zu eigen gemacht.

2.5. Stärkung der kommunalen Selbstverwaltung

I. Empfehlung

An Artikel 28 Abs. 2 Satz 2 GG wird folgender Satz 3 angefügt:

„Die Gewährleistung der Selbstverwaltung umfaßt auch die Grundlagen der finanziellen Eigenverantwortung."

II. Problemstellung

Vom Beginn der Beratungen an herrschte in der Gemeinsamen Verfassungskommission Einigkeit darüber, daß in der Vergangenheit die Belastungen der Gemeinden und Kreise bei der Erfüllung ihrer vielfältigen staatlichen Aufgaben und Verpflichtungen erheblich gewachsen sind. Die kommunale Selbstverwaltung ist zunehmend von rechtlichen Vorgaben der Europäischen Gemeinschaft, des Bundes und der Länder betroffen. Hinzu kommt durch den Abbau von kommunalen Steuern und deren Ersatz durch staatliche Zuweisungen eine zunehmende Einflußnahme des Staates auf die Kommunen. Für die Träger kommunaler Aufgaben ist es daher immer schwieriger geworden, ihren Verpflichtungen in ihrem originären Aufgabengebiet, den Selbstverwaltungsangelegenheiten, nachzukommen.

Bei der jetzigen Überarbeitung des Grundgesetzes sollte daher nach Auffassung der Gemeinsamen Verfassungskommission die Gelegenheit genutzt werden, auch auf bundesstaatlicher Ebene ein deutliches Zeichen zur Stärkung der kommunalen Selbstverwaltung und zum Erhalt der Handlungsfähigkeit der Kommunen zu setzen.

Auch die kommunalen Spitzenverbände haben sich in der laufenden Diskussion wiederholt durch schriftliche Stellungnahmen für eine Ergänzung des Grundgesetzes zur Stärkung der kommunalen Selbstverwaltung ausgesprochen. Schwerpunkt dieser Forderungen waren vor allem die Stärkung der finanziellen Basis und eine Absicherung des Gestaltungsspielraumes der Kommunen.

III. Verfahrensablauf

Die Gemeinsame Verfassungskommission beriet diese Materie in ihrer 7. Sitzung am 5. Juni 1992 und ihrer 19. Sitzung am 25. März 1993. Einzelfragen wurden in mehreren Berichterstattergesprächen erörtert. Am 24. Juni 1993 fand ein letztes Berichterstattergespräch zusammen mit den Obleuten der Gemeinsamen Verfassungskommission statt, in dessen Rahmen auch Vertreter der kommunalen Spitzenverbände, mithin des Deutschen Städtetages, des Deutschen Landkreistages und des Deutschen Städte- und Gemeindebundes angehört wurden.

Der in diesem Berichterstattergespräch erarbeitete gemeinsame Antrag (Kommissionsdrucksache Nr. 92) wurde in der 25. Sitzung am 1. Juli 1993 bei einer Gegenstimme und zwei Enthaltungen angenommen. Die Anträge der Mitglieder der SPD (Kommissionsdrucksache Nr. 10), der Mitglieder der CDU/CSU (Kommissionsdrucksache Nr. 84) und des Abg. Dr. Hirsch (F.D.P.) (Kommissionsdrucksache Nr. 85 Ziffer 2) gelangten deshalb nicht zur Abstimmung. Über den Antrag der PDS/LL zur Neufassung von Artikel 28 GG und zur Einfügung eines Artikel 28a in das Grundgesetz (Kommissionsdrucksache Nr. 66) wurde getrennt abgestimmt. Dieser Antrag wurde bei einer Ja-Stimme abgelehnt.

IV. Begründung

Bereits in den ersten Beratungen der Gemeinsamen Verfassungskommission wurde der Grundkonsens deutlich, eine Klarstellung in das Grundgesetz aufzunehmen, daß die Gewährleistung des Rechts auf kommunale Selbstverwaltung auch die finanzielle Eigenverantwortung einschließe. Eine solche Verfassungsergänzung stelle keine konstitutive Neuerung dar.

In den Berichterstattergesprächen sind verschiedene Formulierungsvorschläge beraten und zum Teil zu förmlichen Anträgen erhoben worden.

Die SPD-Mitglieder haben ursprünglich den Antrag gestellt, Artikel 28 Abs. 2 GG um die Sätze 3 und 4 zu ergänzen (Kommissionsdrucksache Nr. 10):

„Die Gewährleistung der Selbstverwaltung umfaßt auch die dazu erforderliche Finanzausstattung. Zu Gesetzesvorlagen und Entwürfen von Rechtsverordnungen, die wesentliche Belange von Gemeinden und Gemeindeverbänden berühren, sind deren Zusammenschlüsse anzuhören."

Zur Begründung wurde vorgetragen, die Gewährleistung des Selbstverwaltungsrechts müsse auch die erforderliche Finanzausstattung einschließen. Die Einzelheiten seien im Rahmen der Finanzverfassung und der dazu gehörenden Gesetze zu regeln. Der Grundsatz aber solle in der Verfassung an der Stelle normiert werden, an der auch die kommunale Selbstverwaltungsgarantie ihren Platz habe. In einer Zeit, da starke Belastungen auf die Kommunen als bürgernahe Basis des staatlichen Gemeinwesens zukämen, sei es angebracht, den ihnen zukommenden Stellenwert auch in der Bundesverfassung deutlicher zu machen. Der Vorschlag begründe die Pflicht des Bundesgesetzgebers und des Landesgesetzgebers, für die erforderliche Finanzausstattung der kommunalen Ebene als Element der Gewährleistung der Selbstverwaltung Sorge zu tragen. Er begründe indes kein Klagerecht der Kommunen.

Dem wurde entgegengehalten, daß im Rahmen einer solchen Formulierung auf die einschränkende Wendung „im Rahmen der Bestimmungen über das Finanzwesen" nicht verzichtet werden könne. Bei allen Vorschlägen zur Ergänzung des Artikel 28 Abs. 2 GG müsse vermieden werden, daß auch nur dem Anschein nach von dem im Grundgesetz begründeten zweigliedrigen Staatsaufbau abgewichen werde. Auch müsse dem Eindruck entgegengewirkt werden, daß die Sicherung der Finanzausstattung der Gemeinden in erster Linie Sache des Bundes sei. Dies widerspreche dem System der Finanzverfassung des Grundgesetzes, nach dem die Gemeinden Teile der Länder sind. Diese sind deshalb für die Finanzausstattung ihrer Kommunen verantwortlich. Bei dem Begriff der „erforderlichen Finanzausstattung" wurde ferner die Gefahr gesehen, daß daraus ein einklagbarer Finanzierungsanspruch der Kommunen abgeleitet werden könne. Ein solcher Finanzierungsanspruch unabhängig von der Haushaltslage von Bund und Ländern könne indes nicht gewährleistet werden.

Von den Mitgliedern der CDU/CSU wurde zunächst die folgende Ergänzung des Artikel 28 Abs. 2 GG vorgeschlagen (Kommissionsdrucksache Nr. 84):

„Die Grundlagen der finanziellen Eigenverantwortung der Gemeinden und Gemeindeverbände werden im Rahmen der Bestimmungen über das Finanzwesen gewahrt."

Der Antrag wurde damit begründet, daß ein Änderungsbedarf im Bereich der durch Artikel 28 Abs. 2 GG garantierten kommunalen Selbstverwaltung in erster Linie vor dem Hintergrund einer im Einzelfall kaum spürbaren, aber in der Zusammenschau doch bedenklich zunehmenden Einengung und Bevormundung des kommunalen Handlungs- und Entscheidungsspielraumes durch staatliche Zuweisungen vorliege. Der Vorschlag ziele auf eine Stärkung der kommunalen Entscheidungsmöglichkeiten und auf eine Erweiterung des Gestaltungsspielraumes der Kommunen in ihrem ureigenen Aufgabenbereich, den Selbstverwaltungsangelegenheiten. Diesem Zweck diene die deutliche Herausstellung des Begriffes „Eigenverantwortung".

In Ergänzung der Rechtsprechung des Bundesverfassungsgerichts zur Finanzhoheit der Gemeinden und Gemeindeverbände (BVerfGE 52, 95 (117); 71, 25 (36 f) und 83, 363 (386)) werde das in Artikel 28 Abs. 2 Satz 1 GG begründete Recht der Kommunen, ihre Angelegenheiten „in eigener Verantwortung" zu regeln, um das Merkmal der „finanziellen Eigenverantwortung" erweitert und diesem ein eigener Stellenwert in der Verfassung eingeräumt. Zugleich werde mit der Bezugnahme auf die Bestimmungen über das Finanzwesen sichergestellt, daß die Gemeindefinanzen in den Gesamtrahmen der Finanzverfassung des Grundgesetzes eingebettet blieben. Ohne eine derartige Bezugnahme könnte dies in Zweifel gezogen werden und Interpretationen ermöglichen, die in dieser Formulierung eine Finanzausstattungsgarantie zugunsten der Kommunen sehen wollen. Eine solche „Privilegierung" des kommunalen Finanzbedarfs wäre mit der Zweigliedrigkeit des bundesstaatlichen Verfassungsaufbaus nicht zu vereinbaren. Hiernach sind die Kommunen Teile der Länder und diese für die kommunale Finanzausstattung verantwortlich. Darüber hinaus wäre insbesondere in Zeiten knapper Finanzmittel, die alle öffentlichen Haushaltsträger zu Einsparungen zwängen, eine einseitige Bevorzugung der kommunalen Ebene im Vergleich zu den beiden staatlichen Ebenen von Bund und Ländern verfassungspolitisch nicht vertretbar.

Im übrigen enthalte die vorgeschlagene Verfassungsergänzung durch die Bezugnahme auf die Vorschriften über das Finanzwesen auch einen eigenen Regelungsgehalt über die kommunale Finanzausstattung. Dieser liege in der Bestätigung, daß die Bestimmungen des X. Abschnitts des Grundgesetzes der Erfüllung des grundgesetzlichen Auftrages dienten, den Gemeinden das Recht auf Selbstverwaltung auch durch eine entsprechende finanzielle Ausstattung zu gewährleisten. Artikel 106 Abs. 5 GG räume den Kommunen das Recht auf bestimmte Anteile an bundesgesetzlich geregelten Steuern ein. Diese seien ihrerseits der Disposition des Landesgesetzgebers entzogen und bildeten somit einen sicheren Bestandteil der Eigenfinanzierung der Kommunen. Deshalb müsse auch bei einer späteren Reform der Gemeindefinanzen den Gemeinden ein bestimmter Stamm an Einnahmen verbleiben, der dann über die Neufassung des Artikel 28 Abs. 2 GG verfassungsrechtlich abgesichert wäre. Durch die Formulierung „Gemeinden und Gemeindeverbände" solle schließlich sichergestellt werden, daß auch die Kreise im Rahmen der ihnen bereits nach Artikel 28 Abs. 2 GG eingeräumten Rechtsstellung von der Neuregelung erfaßt werden.

Gegen diese Formulierung wurde eingewandt, daß die vorgeschlagene Ergänzung des Artikel 28 Abs. 2 GG hinter dem von der Rechtsprechung z. T. bestätigten bisherigen Zustand zurückbleibe, mithin keine Erweiterung und keine Konkretisierung der bisherigen Verfassungslage bedeute. Im übrigen wurde befürchtet, daß durch die Wendung „im Rahmen der Bestimmungen über das Finanzwesen“ den Kommunen die Finanzquellen verschlossen würden, die sie unabhängig von einer Beteiligung am Steueraufkommen hätten. Für die Gemeinden sei zur Erfüllung ihrer Aufgaben eine angemessene Finanzausstattung erforderlich. Die Sorge, ohne die Bezugnahme auf die Regelungen der Finanzverfassung könnten die Gemeinden und Gemeindeverbände als eine dritte staatliche Ebene anerkannt werden, sei unbegründet. Es gehe nicht darum, den Gemeinden den Rang einer dritten staatlichen Ebene einzuräumen. Vielmehr müsse das kommunale Selbstverwaltungsrecht bewahrt und gestärkt werden.

Abg. Dr. Hirsch (F.D.P.) beantragte anfänglich, Artikel 28 Abs. 2 GG um folgenden Satz zu ergänzen (Kommissionsdrucksache Nr. 85 Ziffer 2):

„Der Staat wahrt die Selbstverwaltung der Gemeinden und Gemeindeverbände und die Grundlagen ihrer finanziellen Eigenverantwortung.“

Durch diesen Vorschlag sollten nur die „Grundlagen“ der finanziellen Eigenverantwortung der Kommunen von Staats wegen gewahrt werden. Es gehe nicht um die individuelle Finanzausstattung der Kommunen, sondern um deren strukturelle Grundlagen. Die Formulierung „wahren“ sei als Einschränkung gemeint. Der Antrag setze die Grundlagen der kommunalen finanziellen Eigenverantwortung in Beziehung zur Selbstverwaltung der Gemeinden und Gemeindeverbände und lege dem Staat die Pflicht auf, diese Beziehung zu wahren. Gegenüber diesem Vorschlag wurden im wesentlichen die gleichen Bedenken erhoben wie gegenüber dem Vorschlag der Mitglieder der SPD (Kommissionsdrucksache Nr. 10).

Der Antrag der PDS/LL (Kommissionsdrucksache Nr. 66) sah eine umfassende Änderung des Artikel 28 GG sowie die Einführung eines neuen Artikel 28 a GG in das Grundgesetz vor. Dieser Antrag wurde abgelehnt, da sein Inhalt mit dem finanzverfassungsrechtlichen Gefüge des Grundgesetzes nicht vereinbar sei.

Ein weiterer Gegenstand der Erörterungen war die Aufnahme von Anhörungsrechten und Anhörungspflichten im Rahmen des Gesetzgebungsverfahrens in das Grundgesetz (Anträge der Mitglieder der SPD, Kommissionsdrucksache Nr. 10 und der Gruppe PDS/LL, Kommissionsdrucksache Nr. 66). Der Vorschlag, den kommunalen Spitzenverbänden in der Verfassung ein Anhörungsrecht zu solchen Gesetzesvorschlägen und Entwürfen von Rechtsverordnungen einzuräumen, die ihre wesentlichen Belange berühren, wurde mit der Erwägung begründet, daß der Bund durch seine Gesetzgebung — etwa im Bereich des Steuer- und Sozialrechts — starken Einfluß auf die Situation der Kommunen habe. Diese könnten jedoch nur über die Länder versuchen, einer für sie nachteiligen Gesetzgebung entgegenzuwirken. Durch eine Verstärkung der Anhörungsrechte solle die kommunale Ebene die Möglichkeit erhalten, frühzeitig ihre Interessen in den Gesetzgebungsprozeß einzubringen und Auswirkungen eines Gesetzgebungsvorhabens auf die Gemeinden und Gemeindeverbände aufzuzeigen.

Dagegen wurden folgende Bedenken vorgetragen: Es sei selbstverständlich, daß die kommunale Seite zu Gesetzesvorhaben und anderen wichtigen Dingen, die sie betreffen, auch angehört werden. Dies sei jedoch entsprechend der Empfehlung der Enquete-Kommission Verfassungsreform des Bundestages aus dem Jahre 1976 bereits in der Gemeinsamen Geschäftsordnung der Bundesministerien und der Geschäftsordnung des Bundestages geschehen. Durch die Verankerung im Geschäftsordnungsrecht habe das Anhörungsrecht der Kommunen ausreichende Rechtsgrundlagen erhalten. Das Geschäftsordnungsrecht sei auch der angemessene Ort für eine solche Regelung. Eine Aufnahme derartiger prozeduraler Vorschriften in die Verfassung würde eine Überbewertung der Anhörungsrechte und eine Überfrachtung des Grundgesetzes darstellen.

Auf der Grundlage der Anträge in den Kommissionsdrucksachen Nr. 10, 84 und 85 Ziffer 2 wurde schließlich von den Berichterstattern der Antrag zur Abstimmung gestellt, Artikel 28 Abs. 2 GG um folgenden Satz 3 zu ergänzen (Kommissionsdrucksache Nr. 92):

„Die Gewährleistung der Selbstverwaltung umfaßt auch die Grundlagen der finanziellen Eigenverantwortung."

Dabei herrschte Einvernehmen darüber, daß eine ausdrückliche Bezugnahme auf die finanzverfassungsrechtlichen Vorschriften des X. Abschnitts nicht erforderlich sei, weil bereits der Grundsatz der Einheit der Verfassung eine isolierte Interpretation der vorgeschlagenen Ergänzung verbiete. Auch die neue Vorschrift könne nicht isoliert, sondern müsse im Rahmen der Gesamtverfassung, mithin auch der Bestimmungen über das Finanzwesen, interpretiert werden.

Ziel dieser Ergänzung sei es, die Grundlagen der finanziellen Eigenverantwortung der Gemeinden und Gemeindeverbände zu wahren und Einschränkungen zu verhindern. Die kommunale Finanzhoheit gehöre bereits jetzt sachlich zu der institutionellen Selbstverwaltungsgarantie der Kommunen. Durch die ausdrückliche Aufnahme der kommunalen Finanzhoheit als institutionelle Grundlage der kommunalen Selbstverwaltung solle der Aspekt der finanziellen Eigenverantwortung der Kommunen stärker als bisher zum Ausdruck gebracht werden. Die vorgeschlagene Ergänzung könne aber weder als eine Finanzausstattungsgarantie des Bundes zugunsten der Kommunen interpretiert werden, noch ließe sich aus ihr die Möglichkeit einer über die Bestimmungen des X. Abschnitts hinausreichenden finanziellen Inpflichtnahme des Bundes ableiten.

Die Kommunen müßten auch weiterhin in dem Spannungsfeld leben, daß ihnen einerseits Aufgaben durch Gesetz zugewiesen werden, die finanzielle Ausstattung zur Erfüllung dieser Aufgaben jedoch andererseits nach Maßgabe der gesamtverfassungsrechtlichen Regelungen unabhängig davon vorgenommen werde. Die Finanzverfassung sei auch weiterhin der Rahmen für Verfahren, Zuständigkeiten und Verteilungen, der durch die vorgeschlagene Ergänzung in Artikel 28 Abs. 2 GG nicht verändert werden solle. Auf der anderen Seite dürften keinesfalls die von der Finanzverfassung des Grundgesetzes zugunsten der Kommunen begründeteten originären Ertragshoheiten und Hebesätze in Frage gestellt werden. Insgesamt habe man mit dieser Ergänzung dem allseitig in der Kommission verfolgten Ziel der Stärkung der kommunalen Selbstverwaltung Rechnung tragen können.

3. Kapitel

Grundrechte

3.1. Gleichstellung und Gleichberechtigung von Frauen und Männern

1. Teil — Artikel 3 Abs. 2 GG

I. Empfehlung

An Artikel 3 Abs. 2 GG wird folgender Satz 2 angefügt:

> „Der Staat fördert die tatsächliche Durchsetzung der Gleichberechtigung von Frauen und Männern und wirkt auf die Beseitigung bestehender Nachteile hin."

II. Problemstellung

Bei der Schaffung des Grundgesetzes ist der allgemeine Gleichheitssatz in Artikel 3 Abs. 1 GG durch Artikel 3 Abs. 2 GG ergänzt worden, der ausdrücklich darauf hinweist, daß Männer und Frauen gleichberechtigt sind. Gegenüber der Weimarer Reichsverfassung, in der nur festgehalten war, daß Männer und Frauen die gleichen staatsbürgerlichen Rechte und Pflichten haben, bedeutete dies eine wichtige Verbesserung. Der Lebenswirklichkeit im Nachkriegsdeutschland entsprechend, in dem Männer und Frauen auf vielen Gebieten nicht rechtlich gleichbehandelt wurden, wurde Artikel 3 Abs. 2 GG anfangs nur im Sinne einer Gleichheit vor dem Gesetz verstanden. Erst in jüngerer Zeit hat das Bundesverfassungsgericht auch auf eine weitergehende Bedeutung des Artikel 3 Abs. 2 GG hingewiesen. Hatte das Bundesverfassungsgericht in seinem Beschluß vom 28. Januar 1987 (BVerfGE 74, 163, 179 f.) noch offengelassen, „ob und inwieweit der Gesetzgeber aus Artikel 3 Abs. 2 GG in Verbindung mit dem Sozialstaatsprinzip verpflichtet sein könnte, die Voraussetzungen für eine faktische Gleichberechtigung zwischen Männern und Frauen zu schaffen, ..." so führte es in seinem Urteil vom 28. Januar 1992 (BVerfGE 85, 191, 207) aus: „Faktische Nachteile, die typischerweise Frauen treffen, dürfen wegen des Gleichberechtigungsgebots des Artikel 3 Abs. 2 GG durch begünstigende Regelungen ausgeglichen werden." Die Urteile der Fachgerichte hingegen verfolgen keine einheitliche Richtung. Die Garantie allein normativer Gleichheit kann naturgemäß keine solche faktische Gleichberechtigung bewirken, vielmehr sind auch heute noch Benachteiligungen von Frauen festzustellen. Eine Unterrepräsentanz von Frauen in verantwortungsvollen und einflußreichen Positionen zeigt sich sowohl im privatwirtschaftlichen als auch im öffentlichen Bereich. Wie in dem Bericht der Bundesregierung über die

Berufung von Frauen in Gremien, Ämter und Funktionen, auf deren Besetzung die Bundesregierung Einfluß hat (BT-Drucksache 12/594), dargestellt wird, beträgt der durchschnittliche Frauenanteil in den untersuchten Gremien nur 7,2 v. H. In 53,2 v. H. der überprüften Gremien wirkte zum Zeitpunkt der Untersuchung keine Frau mit. Auch von den Schwierigkeiten, Berufs- und Familienaufgaben miteinander zu vereinbaren, sind in erster Linie Frauen betroffen. Daraus resultierend verfügen sie im Alter wegen der durch Erziehungszeiten unterbrochenen Erwerbstätigkeit häufig nur über geminderte oder abgeleitete Renten.

III. Verfahrensablauf

Die Diskussionen über die Ergänzung des Gleichberechtigungssatzes in Artikel 3 Abs. 2 GG nahmen breiten Raum in den Beratungen der Gemeinsamen Verfassungskommission ein. Auch in der Kommission Verfassungsreform des Bundesrates sind die Themen mit spezifischer Frauenrelevanz eingehend erörtert worden.

Wenn das Thema der Gleichstellung und Gleichberechtigung von Frauen und Männern auch in Artikel 5 des Einigungsvertrages nicht ausdrücklich erwähnt ist, so gehört es doch im Zusammenhang mit den Erörterungen zur Aufnahme von Staatszielen zu den originären Beratungsgegenständen der Gemeinsamen Verfassungskommission. Darüber hinaus ist die Befassung mit diesem Thema auch in Artikel 31 Abs. 1 des Einigungsvertrages angelegt, da es danach Aufgabe des gesamtdeutschen Gesetzgebers ist, die Gesetzgebung zur Gleichberechtigung zwischen Männern und Frauen weiter zu entwickeln.

Die Gemeinsame Verfassungskommission hat über die Frage der Gleichberechtigung von Frauen und Männern in ihrer 12. Sitzung am 24. September 1992 erstmals beraten. Am 5. November 1992 wurde die 5. Öffentliche Anhörung durchgeführt. Gegenstand dieser Anhörung war indes noch nicht die empfohlene Formulierung. Vielmehr wurden die zu diesem Zeitpunkt bestehenden Vorstellungen der in der Gemeinsamen Verfassungskommission vertretenen Parteien einer kritischen Überprüfung unterzogen. Die vorgeschlagene Ergänzung des Artikel 3 Abs. 2 GG ist in zahlreichen Berichterstattergesprächen entwickelt worden. Bei der Abstimmung in der 23. Sitzung am 27. Mai 1993 wurde diese Formulierung bei einer Gegenstimme und einer Enthaltung mit großer Mehrheit angenommen. In der gleichen Sitzung wurde der Antrag der PDS/LL zur Neufassung des Artikel 3 GG (Kommissionsdrucksache Nr. 20) bei 2 Ja-Stimmen mit großer Mehrheit abgelehnt.

IV. Begründung

Ziel dieser Änderung ist es, dem bereits bestehenden Grundsatz des Grundgesetzes, „Männer und Frauen sind gleichberechtigt", zur stärkeren Durchsetzung in der Lebenswirklichkeit zu verhelfen. Durch die Ergänzung des Artikel 3 Abs. 2 GG wird ein Staatsziel normiert, durch das die zuständigen staatlichen Organe angehalten werden, Maßnahmen zur Erreichung der tatsächlichen Gleichberechtigung zu ergreifen. Dabei geht es nicht nur darum, Rechtsnormen zu beseitigen, die Vor- oder Nachteile an die Geschlechtszugehörigkeit knüpfen, sondern darum, die Lebensverhältnisse von Männern und Frauen auch real anzugleichen. Es handelt sich insoweit weniger um den Versuch der Lösung eines rechtlichen als eines gesellschaftlichen Problems. Die positive Formulierung „Der Staat fördert die tatsächliche Durchsetzung der Gleichberechtigung" soll gegenüber anderen, schwächeren Formulierungen einen verbindlichen Auftrag deutlich machen und klarstellen, daß es darum geht, eine faktische Gleichberechtigung zwischen Frauen und Männern zu erreichen. Dabei wird durch die Formulierung als Staatsziel deutlich, daß kein Individualanspruch auf ein bestimmtes staatliches Handeln eingeräumt werden soll. Die Wortwahl „Beseitigung bestehender Nachteile" weist darüber hinaus darauf hin, daß Benachteiligungssituationen vorhanden sind, die beseitigt werden sollen.

Die neue Verfassungsbestimmung soll auf Bundes-, Landes- und kommunaler Ebene eine sachgerechte Förderungspolitik zur Erreichung der tatsächlichen Gleichberechtigung bewirken. Es bestand Übereinstimmung darüber, daß diese Bestimmung eine Frauenförderung in Gestalt sog. starrer Quoten nicht gestattet. Im übrigen gingen die Auffassungen auseinander:

So ist teilweise darauf hingewiesen worden, sinnvolle Förderungsmaßnahmen seien bereits auf Grund der bisherigen Regelung des Artikel 3 Abs. 2 GG zulässig, jedoch ist diese Auslegung nicht unumstritten. Auch nach dieser Ansicht ist eine Klarstellung zur eindeutigen Interpretation des Artikel 3 Abs. 2 GG verfassungsrechtlich und verfassungspolitisch geboten.

Von einer Seite wurde der Überzeugung Ausdruck verliehen, daß das Grundgesetz nunmehr die Zulässigkeit bevorzugender Ungleichbehandlungen zur Förderung von Frauen klarstelle und insbesondere sicherstelle, daß Frauen, die die gleiche Eignung und Befähigung aufweisen wie vergleichbare Männer, bevorzugt behandelt werden dürfen, wenn die Gruppe der Frauen in dem jeweiligen Bereich unterrepräsentiert sei.

Von anderer Seite wurde dies bestritten und hervorgehoben, daß die vorgeschlagene Formulierung nur die Chancengleichheit — die Gleichheit der Ausgangschancen — einräume, aber keine Ergebnisgleichheit vorgebe. Deshalb sei das Wort „Gleichstellung" bewußt vermieden worden. Sinn der Neuregelung sei es, die Wirksamkeit des Grundrechts der Gleichberechtigung der Geschlechter zu stärken, nicht aber dieses Grundrecht einzuschränken.

Es ist auch erörtert worden, folgende Formulierung vorzuschlagen: „Der Staat fördert die Durchsetzung der tatsächlichen Gleichberechtigung ..." Diese Formulierungsvariante wurde indes als nicht interessengerecht verworfen. Es biete sich nicht an, in Artikel 3 Abs. 2 GG zwei verschiedene Begriffsvarianten des Wortes „Gleichberechtigung" aufzunehmen. Der Begriff der Gleichberechtigung, der von der Rechtsprechung bereits von der ausschließlich normativen Gleichberechtigung in Richtung einer faktischen Gleichberechtigung (vgl. BVerfGE 74, 163, 179 f und BVerfGE 85, 191, 207) ausgedehnt worden ist, solle nicht tangiert werden. Wenn nunmehr zwei verschiedene Gleichberechtigungsbegriffe (Gleichberechtigung und tatsächliche Gleichberechtigung) in Artikel 3 Abs. 2 GG verankert würden, bestünde die Gefahr, daß Artikel 3 Abs. 2 Satz 1 GG auf die rein normative Gleichberechtigung zurückgeführt würde, sobald man in Artikel 3 Abs. 2 Satz 2 GG den Begriff der tatsächlichen Gleichberechtigung aufnähme.

Der zweite Halbsatz beschreibt auch die Aufgabe des Staates, auf die Beseitigung geschlechtsbedingter gesellschaftlicher Nachteile hinzuwirken. Mit dem Auftrag zur Nachteilsbeseitigung wird der Auftrag zur Durchsetzung der Gleichberechtigung weiter verstärkt. Die Beseitigung eines bestehenden Nachteils selbst soll dabei das Ziel des staatlichen Handelns darstellen. Eine vom Nachteil losgelöste Kompensation durch einen mit der konkreten Benachteiligung sachlich nicht verbundenen Vorteil soll hingegen nicht zulässig sein. Der Staat soll vielmehr auf die Beseitigung von Nachteilen hinwirken, also etwa berufliche Nachteile durch berufliche Vorteile ausgleichen. Diesem Ziel würde er nicht gerecht, wenn Kompensationen ermöglicht würden, die mit dem eigentlichen Nachteil nicht in unmittelbarem Zusammenhang stünden.

Von einer Seite wurde die Auffassung vertreten, daß diese Empfehlung der Gemeinsamen Verfassungskommission auch Vorteile gegenüber anderen vorgeschlagenen Formulierungen aufweise, die explizite Kompensationsklauseln enthielten, da der Handlungsauftrag des Staates konkreter umschrieben werde.

Wegen der Aufnahme einer ausdrücklichen Kompensationsklausel sind Bedenken gegen den Antrag der SPD (Kommissionsdrucksache Nr. 13) erhoben worden, nach dem Artikel 3 Abs. 2 GG wie folgt gefaßt:

> „Frauen und Männer sind gleichberechtigt. Der Staat gewährleistet die Gleichstellung der Frauen in allen gesellschaftlichen Bereichen."

und an Artikel 3 Abs. 3 GG als neuer Satz 2 angefügt werden sollte:

> „Zum Ausgleich bestehender Ungleichheiten sind Maßnahmen zur Förderung von Frauen zulässig."

Kritik an diesem Vorschlag wurde auch insoweit geäußert, als damit eine zu weit gehende Formulierung gewählt würde, da diese auf alle gesellschaftlichen Bereiche rekurriere. Es könne nicht ernsthaft in Betracht gezogen werden, daß der Staat in alle Bereiche einwirken dürfe oder gar müsse. Darüber hinaus sei der Staat keinesfalls in der Lage, dies verbindlich für alle Lebensbereiche zu „gewährleisten", da er dann in die Freiheitsrechte anderer Bürger eingreifen würde. Es wäre eine Form sachlich ungerechtfertigten Dirigismus, wenn der Staat festlegen würde, daß in allen gesellschaftlichen Bereichen ein Anteil von 50 v. H. Frauen vorhanden sein müßte.

Auch die von der CDU-Frauenunion eingebrachte Formulierung sah sich Bedenken ausgesetzt. Dieser Vorschlag sah vor, Artikel 3 Abs. 2 GG folgendermaßen zu ergänzen:

„Aufgabe des Staates ist es, Bedingungen für die gleichberechtigte Teilhabe der Frauen in allen gesellschaftlichen Bereichen zu schaffen; Maßnahmen zum Ausgleich bestehender Nachteile sind zulässig."

Der Begriff der Teilhabe entstamme den sozialen Grundrechten, also einem Bereich, der die volle unmittelbare Drittwirkung der Grundrechte einfordere. Eine solche Drittwirkung könne aber vom Staat nicht garantiert werden, da wiederum auf alle gesellschaftlichen Lebensbereiche eingewirkt werden müsse. Insoweit standen dieser Formulierung die gleichen Argumente wie dem SPD-Antrag (Kommissionsdrucksache Nr. 13) entgegen.

Im Rahmen der Berichterstattergespräche hat die CDU/CSU folgende Formulierung zur Diskussion gestellt:

„Es ist Aufgabe des Staates, die Durchsetzung der Gleichberechtigung von Frauen und Männern zu fördern und Nachteile abzubauen."

Gegen diesen Vorschlag wurde eingewandt, daß eine Interpretation zu dem nicht beabsichtigten Ergebnis führen könne, man habe eine bloße Zuständigkeitsnorm in das Grundgesetz einfügen wollen, nach der Aspekte der Frauenförderung ausschließlich in den Kompetenzbereich des Staates fallen würden. Zudem wurde die Wendung „Nachteile abzubauen" als zu schwach erachtet, da das Ziel der Angleichung der Lebensverhältnisse von Frauen und Männern nicht in genügendem Maße zum Ausdruck käme.

Die in der 23. Sitzung am 27. Mai 1993 verabschiedete Formulierung „Nachteile beseitigen" bringt hingegen sowohl den Weg zur Erreichung des Ziels der Angleichung der Lebensverhältnisse zum Ausdruck, beschreibt darüber hinaus aber das Ziel auch selbst, indem dargelegt wird, daß Nachteile nicht nur abgebaut, sondern beseitigt werden müssen.

2. Teil — Zum Sprachgebrauch des Grundgesetzes

I. Empfehlung

Die Gemeinsame Verfassungskommission gibt keine Empfehlung zur Änderung des Sprachgebrauchs des Grundgesetzes ab.

II. Problemstellung

Personen- und Funktionsbezeichnungen werden im Grundgesetz — von neutralen Begriffen und Pluralformen abgesehen — ausschließlich maskulin vorgenommen. Diese Sprachregelung tritt auch in vielfältigen unterverfassungsrechtlichen Normen auf und hat in den letzten Jahren Anlaß zu kontroversen Diskussionen gegeben. Im Jahre 1987 sind von allen im Bundestag vertretenen Fraktionen Anträge eingebracht worden (BT-Drucksachen 11/118, 11/860 und 11/1043), nach denen die Bundesregierung aufgefordert wurde, bei zukünftigen Gesetzen und

Gesetzesänderungen geschlechtsneutrale Formulierungen zu wählen oder solche Bezeichnungen zu verwenden, die beide Geschlechter benennen.

Eine Arbeitsgruppe unter Federführung des Bundesministeriums der Justiz und des Bundesministeriums für Jugend, Familie, Frauen und Gesundheit schlug zahlreiche Verbesserungen vor, war sich aber unschlüssig, ob grundsätzliche Veränderungen in der Vorschriftensprache als Fachsprache nicht die Rechtsklarheit und Rechtssicherheit tangierten. Sie befürwortete jedoch eine pragmatische Überprüfung der Vorschriftensprache, „bei der je nach Sachverhalt, Regelungszusammenhang und Adressatenkreis bessere Formulierungen unter Vermeidung generischer maskulina gesucht und verwendet werden".

Die Landesverfassungen Niedersachsens und Schleswig-Holsteins weisen eine beide Geschlechter berücksichtigende Rechtssprache auf.

III. Verfahrensablauf

In der Gemeinsamen Verfassungskommission ist im Zuge der Diskussionen zur Ergänzung von Artikel 3 Abs. 2 GG auch erörtert worden, ob und inwieweit es sich anbietet, die Sprachregelung der Verfassung zu ändern. Dabei wurden diese Aspekte in der 10. Kommissionssitzung am 24. September 1992, der 25. Kommissionssitzung am 1. Juli 1993 und der 5. Öffentlichen Anhörung am 5. November 1992 angesprochen. Im Vorfeld beschäftigte sich bereits die Kommission Verfassungsreform des Bundesrates mit der Frage der Sprachregelung des Grundgesetzes. In diesem Gremium ist ein Beschluß verabschiedet worden (BR-Drucksache 360/92 Rz. 112), der als folgender Antrag der SPD-Mitglieder der Gemeinsamen Verfassungskommission (Kommissionsdrucksache Nr. 71) Gegenstand der Beratungen der Gemeinsamen Verfassungskommission war:

„Die Bundesregierung wird gebeten, dem Bundestag unter Berücksichtigung der anliegenden Synopse bis zum 31. Dezember 1993 einen Vorschlag zur Umformulierung des Grundgesetzes vorzulegen, in dem

— die Verwendung maskuliner Bezeichnungen für Frauen grundsätzlich vermieden wird,
— so weit wie möglich geschlechtsneutrale Personen- und Funktionsbezeichnungen verwendet und
— im übrigen feminine und maskuline Bezeichnungen in voll ausgeschriebener Form benutzt werden."

Dieser Antrag erhielt mit 28 Ja-Stimmen und 22 Nein-Stimmen bei zwei Enthaltungen nicht die erforderliche Beschlußmehrheit.

Hilfsweise wurde von den SPD-Mitgliedern der Gemeinsamen Verfassungskommission in der 25. Sitzung am 1. Juli 1993 folgender Antrag gestellt:

„Die Bundesregierung wird gebeten, im Rahmen der parlamentarischen Behandlung der Vorlagen gemäß Artikel 5 des Einigungsvertrages gegenüber dem Bundestag zu einer Umformulierung des Grundgesetzes Stellung zu nehmen, bei der

- die Verwendung maskuliner Bezeichnungen für Frauen grundsätzlich vermieden wird,
- so weit wie möglich geschlechtsneutrale Personen- und Funktionsbezeichnungen verwendet und
- im übrigen feminine und maskuline Bezeichnungen in voll ausgeschriebener Form benutzt werden."

Dieser Antrag erhielt 31 Ja-Stimmen und 20 Nein-Stimmen bei einer Enthaltung und somit ebenfalls nicht die erforderliche Zweidrittelmehrheit.

IV. Begründung

Ein Teil der Mitglieder der Gemeinsamen Verfassungskommission hielt eine sprachliche Umformulierung des Grundgesetzes für erforderlich, da Sprache eine der wichtigsten gesellschaftlichen Bedingungen sei, unter denen Menschen leben. Sie sei somit jeweils Ausdruck der kulturellen Entwicklung eines Volkes. Man nehme wahr, was man mit Worten bezeichnen könne. Vor diesem Hintergrund bedeuteten die althergebrachten Sprachgewohnheiten für viele Frauen ein Übersehenwerden, ein Verschweigen ihrer Existenz und Ausgrenzung ihrer Personen. In einer Verfassung sei die Sprache ein wichtiger Ansatzpunkt, mit dem die Identifikation von Frauen und Männern mit den Inhalten des Grundgesetzes bestärkt und beflügelt werden könne. Es könne nicht länger angehen, daß Frauen männliche Berufs- und Funktionsbezeichnungen zugemutet werden, da sie sich durch einzelne Bezeichnungen diskriminiert und in ihrem Persönlichkeitsrecht beeinträchtigt fühlten. Darüber hinaus nähmen Frauen, die in den Vorschriften nicht ausdrücklich als Frauen angesprochen werden, ihre Rechte auch nicht in gleichem Maße wahr wie Männer. Die männliche Rechtssprache verfestige gesellschaftlich überkommene Strukturen und behindere weitere gesellschaftliche Veränderungen zugunsten der Frauen. In diesem Anliegen sahen sich die Befürworter durch den Antrag der CDU/CSU-Fraktion und der F.D.P.-Fraktion (BT-Drucksache 11/1043) bestärkt, in dem es heißt:

„Der Bundestag wolle beschließen: Die Bundesregierung wird aufgefordert, ab sofort in allen Gesetzentwürfen, Rechtsverordnungen und Verwaltungsvorschriften geschlechtsspezifische Benennungen/Bezeichnungen zu vermeiden und entweder geschlechtsneutrale Formulierungen zu wählen oder solche zu verwenden, die beide Geschlechter benennen, soweit dies sachlich gerechtfertigt ist und Lesbarkeit und Verständlichkeit des Gesetzestextes nicht beeinträchtigt werden.

Darüber hinaus wird die Bundesregierung aufgefordert, bei grundlegenden Änderungen von Gesetzen, Rechtsverordnungen und Verwaltungsvorschriften diese auf ihre geschlechtsspezifischen Formulierungen hin zu überprüfen und entsprechend den in Absatz 1 genannten Grundsätzen in angemessener Zeit zu ändern."

Gegen eine solche Änderung wurde eingewandt, einer Sprachreform stünden Gründe der mangelnden Praktikabilität entgegen. Das Erfordernis nach einer angemessenen und geschlechtergerechten Gesetzessprache stehe mit dem rechtsstaatlichen Anliegen einer klaren und verständlichen Sprache in einem Spannungsverhältnis. Bei der ausgefeilten Judikatur, die sich im einzelnen am Text des Grundgesetzes entwickelt habe, müsse bedacht werden, daß sich bei der sprachlichen Umformulierung auch Inhaltsänderungen ergeben könnten, die eigentlich nicht gewollt seien. Änderungen, die nur redaktionell oder grammatikalisch intendiert seien, könnten unbewußt durchaus auch inhaltliche Reformen nach sich ziehen.

Darüber hinaus dürfe die Gefahr nicht außer acht gelassen werden, daß eine Verfassung mit geschlechtergerecht formulierten Normen sehr unleserlich werden könnte. Insbesondere sei dabei an die Normen der Artikel 63, 64 sowie 67 ff GG zu denken. Außerdem sei die Sprachschöpfung nicht unbedingt der Kernbereich dessen, was in diesem Zusammenhang erreicht werden müsse. Das Entscheidende sei, daß Frauen die entsprechenden Möglichkeiten erhielten, um ihre Gleichberechtigung in der Gesellschaft tatsächlich durchzusetzen. Dabei sei die sprachliche Erwähnung in einer Verfassungsnorm nicht das Wesentliche.

3.2. Benachteiligungsverbote

1. Teil — Behindertenrechte

I. Empfehlung

Die Gemeinsame Verfassungskommission spricht keine Empfehlung zur Erweiterung des Artikel 3 Abs. 3 GG im Hinblick auf ein Benachteiligungsverbot wegen einer Behinderung aus.

II. Problemstellung

In der Bundesrepublik lebt eine erhebliche Anzahl schwerbehinderter Menschen. Der Eingliederung behinderter Menschen kommt somit eine große Bedeutung zu. Diese sind etwa durch diskriminierende Reaktionsformen der nichtbehinderten Menschen, aber auch in vielen gesellschaftlichen sowie rechtlichen Bereichen Benachteiligungen ausgesetzt. So fehlen häufig adäquate Bildungs- und Arbeitsmöglichkeiten und soziale Absicherungen. Damit stellt sich die Frage, ob ein verbesserter Schutz der Behinderten durch die Verfassung gewährleistet werden kann. Einige Länder haben in ihren Verfassungen (Artikel 12 Abs. 2 Berliner

Verfassung, Artikel 12 Abs. 4 brandenburgische Verfassung, Artikel 7 Abs. 2 sächsische Verfassung, Artikel 38 sachsen-anhaltinische Verfassung) Schutzvorschriften zugunsten Behinderter aufgenommen.

III. Verfahrensablauf

Der Themenkomplex Behindertenrechte wurde in der Gemeinsamen Verfassungskommission anfangs gemeinsam mit den sonstigen Dimensionen des Artikel 3 GG — hier insbesondere mit den Fragen der Gleichberechtigung und Gleichstellung von Frauen und Männern — in der 10. Sitzung am 24. September 1992 beraten. Am 15. Januar 1993 fand eine Anhörung der Behindertenverbände vor den Berichterstattern statt. Die Behindertenverbände erhoben insbesondere folgende verfassungspolitische Forderungen: Aufnahme eines speziellen Benachteiligungsverbotes in Artikel 3 GG und Verankerung einer Schutz- und Förderungspflicht für behinderte Menschen in Form eines subjektiven Grundrechts oder auch in Form eines objektivrechtlichen Staatsziels.

Von den SPD-Mitgliedern der Gemeinsamen Verfassungskommission und dem Vertreter der Gruppe PDS/LL wurden Formulierungsvorschläge zur Erweiterung des Artikel 3 Abs. 3 GG um ein Diskriminierungsverbot für Behinderte in die Beratungen eingebracht. Nachdem der Antrag der Gruppe PDS/LL (Kommissionsdrucksache Nr. 20) nicht zur Abstimmung gestellt wurde, ist in der 24. Sitzung am 17. Juni 1993 über den Antrag der SPD-Mitglieder der Gemeinsamen Verfassungskommission (Kommissionsdrucksache Nr. 67) abgestimmt worden, der die Anfügung eines neuen Satzes 2 in Artikel 3 Abs. 3 GG mit dem folgenden Wortlaut beinhaltete:

„Niemand darf wegen seiner Behinderung benachteiligt werden."

Der Antrag erhielt 30 Ja-Stimmen, 22 Nein-Stimmen bei 2 Enthaltungen und konnte somit nicht die für eine Empfehlung erforderliche Zweidrittelmehrheit der Mitglieder der Gemeinsamen Verfassungskommission erreichen.

IV. Begründung

Die Befürworter der Aufnahme eines Diskriminierungsverbotes zugunsten Behinderter wiesen darauf hin, daß das allgemeine Gleichbehandlungsgebot des Grundgesetzes bisher Benachteiligungen Behinderter nicht habe vermeiden können, so daß die ausdrückliche Aufnahme des Behindertenschutzes in die Verfassung notwendig sei. Zwar müsse man sich dessen bewußt sein, daß auch eine Grundgesetzänderung unmittelbar nichts an der Diskriminierung im Alltagsleben, in Form von Vorurteilen, Stigmatisierung und Kontaktvermeidung ändern könne. Sie könne jedoch ein deutliches Signal in der Öffentlichkeit setzen und so einen gewichtigen Anstoß für einen Bewußtseinswandel in der Bevölkerung geben. Der Gesetzgeber könne mit seiner Autorität dokumentieren, daß die bisher in vielen Bereichen praktizierte Diskriminierung Behinderter nicht länger tolerabel sei.

Darüber hinaus müsse bedacht werden, daß der Abs. 3 des Artikel 3 GG auch eine verfassungshistorische Bedeutung habe. Während einzelne andere Gruppen, die in der Zeit der nationalsozialistischen Diktatur verfolgt wurden, in dieser Verfassungsbestimmung besonders erwähnt worden seien, habe man die Gruppe der Behinderten, die das gleiche Schicksal erlitten haben, nicht berücksichtigt. Es sei nunmehr geboten, dieses Versäumnis auszugleichen, indem eine entsprechende Verfassungsergänzung vorgenommen werde.

Es müsse aber der Interpretation vorgebeugt werden, daß Gesetze zugunsten der Gruppe der Behinderten nunmehr etwa unzulässig seien. Daher sei es angeraten, das Kriterium der Behinderung in einem neu anzufügenden Satz redaktionell getrennt von den anderen Diskriminierungsverboten aufzuführen. Artikel 3 Abs. 3 GG verbietet nicht nur die Benachteiligung, sondern auch die Bevorzugung wegen eines der aufgeführten Kriterien. Der Aspekt des Verbots einer Bevorzugung erfordere, das Kriterium der Behinderung gesondert zu erwähnen und insoweit nur ein Benachteiligungsverbot auszusprechen.

Die Gegner der Aufnahme eines Gleichbehandlungsgebots für behinderte Menschen sahen keinen verfassungspolitischen Änderungsbedarf. Die Verantwortung der staatlichen Gemeinschaft gegenüber Menschen mit körperlicher oder geistiger Behinderung gehöre zum Kern moderner Sozialstaatlichkeit. Sie sei verfassungsrechtlich abgesichert über das in Artikel 20 Abs. 1 GG verankerte Sozialstaatsprinzip. Eine entsprechend verfassungsunmittelbare Konkretisierung des Sozialstaatsprinzips erscheine verfassungspolitisch wenig sinnvoll und ertragreich. Die spezielle Anerkennung der Belange behinderter Menschen im Rahmen des Diskriminierungsverbots des Artikel 3 Abs. 3 GG bzw. im Rahmen einer entsprechenden staatlichen Schutz- und Förderungspflicht könnte Präjudiz für entsprechende verfassungspolitische Forderungen anderer Gruppen der Gesellschaft werden, wie etwa für Kranke, Unfall- und Verbrechensopfer. Soweit allen derartigen Begehren nachgegeben und jede einzelne Gruppe in Artikel 3 Abs. 3 GG aufgelistet würde, könnte die Verfassung ernsthaft Schaden nehmen. Schließlich könnte die verfassungsrechtliche Erwähnung der speziellen Interessen und Belange von behinderten Menschen Erwartungen wecken, die die Verfassung nicht einzulösen vermag. Bei den Problemen im Zusammenhang mit dem Behindertenschutz handele es sich im wesentlichen um Vollzugsdefizite der einfachen Gesetzgebung bzw. um Alltagsprobleme im normalen mitmenschlichen Umgang, die sich nicht auf der Ebene des Grundgesetzes lösen ließen.

2. Teil — Sexuelle Identität

I. Empfehlung

Die Gemeinsame Verfassungskommission spricht keine Empfehlung zur Erweiterung des Artikel 3 Abs. 3 GG im Hinblick auf ein Differenzierungsverbot wegen der sexuellen Identität aus.

II. Problemstellung

Bei Verabschiedung des Grundgesetzes galt Homosexualität grundsätzlich als sittenwidrig. Eine so ausgeprägte sexuelle Orientierung war in §§ 175ff StGB mit einem strafrechtlichen Verbot belegt. Diese Wertung wurde zunächst auch vom Bundesverfassungsgericht unter Hinweis auf das im Grundgesetz verankerte Sittengesetz bestätigt (BVerfGE 6, 389, 434). Erst im Zuge der Aufhebung des Totalvorbehalts im Jahre 1969 entwickelte sich ein schrittweiser Auffassungswandel. Dennoch stoßen Homosexuelle, Bisexuelle und Transsexuelle in unserer Gesellschaft nach wie vor auf Vorbehalte, die sich teilweise in Benachteiligungen niederschlagen. Dies gilt auch für homosexuelle Lebensgemeinschaften. Im Hinblick darauf stellte sich die Frage, ob eine Verbesserung des Schutzes der homosexuellen Minderheit über die Verfassung zu gewährleisten ist. Das Bundesland Brandenburg hat in seiner Verfassung in Artikel 12 Abs. 2 ein entsprechendes Diskriminierungsverbot aufgenommen.

III. Verfahrensablauf

Der Themenkomplex sexuelle Identität/sexuelle Orientierung wurde in der Gemeinsamen Verfassungskommission in der 24. Sitzung am 17. Juni 1993 im Rahmen des Beratungsgegenstandes Diskriminierungsverbote diskutiert. Nachdem in vorbereitenden und begleitenden Gremien diese Erörterungen im Zusammenhang mit Artikel 3 GG und Artikel 6 GG erfolgten, konzentrierten sich die Beratungen in der Gemeinsamen Verfassungskommission auf die sogenannte Antidiskriminierungsbestimmung des Artikel 3 Abs. 3 GG. Im wesentlichen übereinstimmende Anträge zur Ergänzung des Artikel 3 Abs. 3 GG um den Aspekt der homosexuellen Identität wurden von den SPD-Mitgliedern der Gemeinsamen Verfassungskommission (Kommissionsdrucksache Nr. 83) und dem Vertreter der Gruppe PDS/LL (Kommissionsdrucksache Nr. 20) eingebracht. Zur Abstimmung gelangte der Vorschlag der SPD-Mitglieder der Gemeinsamen Verfassungskommission, der folgende Formulierung des Artikel 3 Abs. 3 GG vorsah:

> „Niemand darf wegen seines Geschlechtes, *seiner sexuellen Identität,* seiner Abstammung, seiner Rasse, seiner Sprache, seiner Heimat und Herkunft, seines Glaubens, seiner religiösen oder politischen Anschauungen benachteiligt oder bevorzugt werden."

Dieser Antrag konnte bei 27 Ja-Stimmen, 22 Nein-Stimmen und drei Enthaltungen nicht die für eine Empfehlung erforderliche Zweidrittelmehrheit der Mitglieder erreichen.

IV. Begründung

Die Befürworter der Aufnahme der sexuellen Identität in die Diskriminierungsverbote des Artikel 3 Abs. 3 GG argumentierten, das Grundgesetz müsse den gewandelten Entwicklungen in der Gesellschaft Rechnung tragen und verdeutlichen, daß Fragen der Sexualität nicht zu Nachteilen gereichen dürften. Die Verfassung dürfe dem gesellschaftlichen Wandel nicht hinterherhinken. Im Sinne einer wirksamen Begegnung von Diskriminierungen Homosexueller sowie Transsexueller und eines wirksamen Persönlichkeitsschutzes für diesen Personenkreis müsse die Verfassung ein deutliches Signal setzen, zumal die Vergangenheit gezeigt habe, daß das allgemeine Gleichheitsgebot eine Benachteiligung nicht habe verhindern können. Insbesondere verspreche man sich von der Erweiterung des Artikel 3 Abs. 3 GG eine Appellfunktion für den Abbau rechtlicher sowie außerrechtlicher Benachteiligungen, nicht zuletzt dadurch, daß auf diese Weise eine klare Orientierung für den einfachen Gesetzgeber geschaffen werde.

Demgegenüber waren die Gegner einer Ergänzung des Artikel 3 Abs. 3 GG um das Kriterium der sexuellen Identität der Ansicht, daß der Wortlaut der Verfassung in Artikel 2 Abs. 1 und Artikel 1 Abs. 1 GG wie auch die Rechtsprechung des Bundesverfassungsgerichts bereits ausreichenden Schutz für Homosexuelle biete. Sicher sei die Beseitigung von Defiziten auf diesem Gebiet notwendig. Dies könne jedoch durch den einfachen Gesetzgeber geleistet werden. Änderungen des Grundgesetzes seien insoweit nicht erforderlich. Das bewährte Grundgesetz habe in der Ausgestaltung der Individualschutzrechte unter Beweis gestellt, daß Änderungen allein aus Zeitströmungen heraus nicht ohne weiteren zwingenden Grund vorgenommen werden sollten. Schließlich müsse eine weitere Ausdifferenzierung des Artikel 3 Abs. 3 GG vermieden werden, da die Verfassung durch die Atomisierung nach Gruppen Schaden nehmen könne.

3.3. Ehe, Familie, Kinder

I. Empfehlung

Die Gemeinsame Verfassungskommission gibt keine Empfehlung zur Änderung des Artikel 6 GG ab.

II. Problemstellung

Gegenstand der Beratungen zu Artikel 6 GG bildeten insbesondere die folgenden vier Themenkomplexe:

— Ausdehnung des Schutzes von Artikel 6 Abs. 1 GG auf andere auf Dauer angelegte Lebensgemeinschaften

— Vereinbarkeit von Familie und Beruf

— Besondere verfassungsrechtliche Anerkennung von Erziehungs- und Pflegeleistungen in der Familie

— Aufnahme besonderer Kinderrechte in die Verfassung

1. Ausdehnung des Schutzes von Artikel 6 Abs. 1 GG auf andere auf Dauer angelegte Lebensgemeinschaften

Der geltende Artikel 6 Abs. 1 GG stellt Ehe und Familie unter den besonderen Schutz des Staates. Andere Formen des Zusammenlebens genießen nicht diesen besonderen verfassungsrechtlichen Schutz. In der gesellschaftlichen Realität besteht jedoch eine Entwicklung, daß immer häufiger Personen zusammenleben, ohne eine Ehe eingehen zu wollen oder zu können. Es stellt sich die Frage, ob solche Lebensgemeinschaften außerhalb des Rechtsinstituts der Ehe in den Schutzbereich des Artikel 6 Abs. 1 GG einbezogen werden sollen.

2. Vereinbarkeit von Familie und Beruf sowie besondere verfassungsrechtliche Anerkennung der Erziehungs- und Pflegeleistung in der Familie

In Artikel 31 Abs. 2 des Einigungsvertrages zwischen der Bundesrepublik und der ehemaligen DDR ist festgelegt worden, daß es Aufgabe des gesamtdeutschen Gesetzgebers ist, angesichts unterschiedlicher rechtlicher und institutioneller Ausgangssituationen bei der Erwerbstätigkeit von Müttern und Vätern die Rechtslage unter dem Gesichtspunkt der Vereinbarkeit von Familie und Beruf zu gestalten.

Auf die verfassungsrechtspolitische Dimension der Doppelbelastung von Familie und Beruf hat das Bundesverfassungsgericht in seiner Entscheidung zur Neuregelung des § 218 StGB vom 28. Mai 1993 (S. 81) aufmerksam gemacht:

> „Der Schutz des ungeborenen Lebens, der Schutzauftrag für Ehe und Familie (Artikel 6 GG) und die Gleichstellung von Mann und Frau in der Teilhabe am Arbeitsleben (...) verpflichten den Staat und insbesondere den Gesetzgeber, Grundlagen dafür zu schaffen, daß Familientätigkeit und Erwerbstätigkeit aufeinander abgestimmt werden können und die Wahrnehmung der familiären Erziehungsaufgabe nicht zu beruflichen Nachteilen führt. Dazu zählen auch rechtliche und tatsächliche Maßnahmen, die ein Nebeneinander von Erziehungs- und Erwerbstätigkeit für beide Elternteile ebenso wie eine Rückkehr in eine Berufstätigkeit und einen beruflichen Aufstieg auch nach Zeiten der Kindererziehung ermöglichen."

Diskutiert wurde, ob über die Ebene des einfachen Rechts hinaus auch auf Verfassungsebene Handlungsbedarf hinsichtlich einer besseren Vereinbarkeit von Familie und Beruf besteht.

3. Aufnahme besonderer Kinderrechte in die Verfassung

Das Grundgesetz kennt keine speziellen Kinderrechte, insbesondere keine eigenen Rechtspositionen der Kinder gegenüber anderen Gruppen der Gemeinschaft.

Kinder finden im Verfassungstext bisher nur in Artikel 6 GG Erwähnung, allerdings nur als „Regelungsgegenstand“ der Norm, nicht als originäre Rechtssubjekte.

Andererseits ist durch die Rechtsprechung des Bundesverfassungsgerichts unbestritten, daß Kinder selbst Träger von Grundrechten sind. Beispielhaft sei hier nur der Beschluß vom 29. Juni 1968 (BVerfGE 24, 119, 144) erwähnt, in dem ausgeführt wird:

„. . ., daß das Kind als Grundrechtsträger selbst Anspruch auf den Schutz des Staates hat. Das Kind ist ein Wesen mit eigener Menschenwürde und dem eigenen Recht auf Entfaltung seiner Persönlichkeit im Sinne des Artikel 1 Abs. 1 und 2 Abs. 1 GG.“

Die Aufnahme spezieller Kinderrechte in die Verfassung war Gegenstand diverser Formulierungsvorschläge aus dem politischen Raum, die u. a. von der Konferenz der Jugendministerinnen und Jugendminister, Jugendsenatorinnen und Jugendsenatoren, der Kommission des Deutschen Bundestages zur Wahrnehmung der Belange der Kinder (Kinderkommission) sowie von gesellschaftspolitisch aktiven Gruppen, Verbänden und Vereinigungen zur Bereicherung der politischen und juristischen Diskussion veröffentlicht worden sind (vgl. Arbeitsunterlage Nr. 102).

Die Kommission Verfassungsreform des Bundesrates hat sich auch mit der Frage einer Reform des Artikel 6 GG ausgiebig befaßt. Dort erreichte allerdings kein Vorschlag die erforderliche qualifizierte Mehrheit (vgl. BR-Drucksache 360/92, Rz. 117).

III. Verfahrensablauf

In der Gemeinsamen Verfassungskommission ist über Artikel 6 GG in der 6. Öffentlichen Anhörung am 10. Dezember 1992 und der 14. Sitzung am 14. Januar 1993 diskutiert worden. Als Grundlage dieser Beratungen dienten die Formulierungsvorschläge aus dem politischen Raum, teilweise haben auch die Sachverständigen in der Anhörung am 10. Dezember 1992 eigene Vorschläge unterbreitet (vgl. dazu Arbeitsunterlage Nr. 102).

In der Abstimmungssitzung am 17. Juni 1993 standen die folgenden Anträge der SPD-Mitglieder der Gemeinsamen Verfassungskommission vom 22. und 27. April 1993 (Kommissionsdrucksachen Nr. 74 — hinsichtlich Abs. 1 bis 3 — und Nr. 76 — hinsichtlich Abs. 4 bis 6) im Mittelpunkt der Erörterungen:

Artikel 6 wird wie folgt neu gefaßt:

„(1) Ehe und Familie stehen unter dem besonderen Schutz der staatlichen Ordnung. Dieser Schutz umfaßt auch andere auf Dauer angelegte Lebensgemeinschaften.

(2) Frauen haben bei Schwangerschaft und Geburt Anspruch auf den Schutz und die Fürsorge der Gemeinschaft.

(3) Wer in familiärer Gemeinschaft Kinder erzieht oder für Hilfebedürftige sorgt, ist durch den Staat zu fördern. Der Staat fördert ebenso die Möglichkeit für Frauen und Männer, die Erfüllung ihrer Familienpflichten mit der Erwerbstätigkeit und der Teilnahme am öffentlichen Leben zu vereinbaren.

(4) Kinder haben ein Recht auf Wahrung und Entfaltung ihrer Grundrechte sowie auf Entwicklung zu selbstbestimmungs- und verantwortungsfähigen Persönlichkeiten.

(5) Pflege und Erziehung der Kinder sind das natürliche Recht der Eltern und die zuvörderst ihnen obliegende Pflicht. Über ihre Betätigung wacht die staatliche Gemeinschaft. Die wachsende Fähigkeit der Kinder zu selbständigem, verantwortlichem Handeln ist zu berücksichtigen. Kinder sind gewaltfrei zu erziehen.

(6) Die staatliche Gemeinschaft trägt für kindgerechte Lebensverhältnisse Sorge. Sie hat gleiche Bedingungen für die leibliche und seelische Entwicklung der Kinder zu schaffen und Benachteiligungen aufgrund ihrer familiären, wirtschaftlichen oder sozialen Lage entgegenzuwirken. Arbeit von Kindern, die deren Wohl widerspricht, ist verboten. Gegen den Willen der Erziehungsberechtigten dürfen Kinder nur auf Grund eines Gesetzes von der Familie getrennt werden, wenn die Erziehungsberechtigten versagen oder wenn die Kinder aus anderen Gründen zu verwahrlosen drohen."

Bei der Abstimmung erhielt Absatz 1 des Antrags der SPD-Mitglieder der Gemeinsamen Verfassungskommission zu Artikel 6 GG 21 Ja-Stimmen und 21 Nein-Stimmen bei 2 Enthaltungen. Auf den Vorschlag zu Artikel 6 Abs. 2 GG entfielen 25 Ja-Stimmen, 19 Nein-Stimmen und 2 Enthaltungen. Absatz 3 erhielt 25 Ja-Stimmen, 3 Nein-Stimmen und 15 Enthaltungen. Auf Artikel 6 Abs. 4 bis Abs. 6 GG entfielen 24 Ja-Stimmen, zwischen 20 und 22 Nein-Stimmen bei bis zu 2 Enthaltungen.

Darüber hinaus ist folgender Antrag der Gruppe PDS/LL (Kommissionsdrucksache Nr. 63) zur Abstimmung gestellt worden:

Artikel 6 Absätze 1 bis 3 werden wie folgt geändert:

„Artikel 6

(1) Jede Mutter hat Anspruch auf den Schutz und die Fürsorge der Gemeinschaft.

(2) Frauen und Männer, die Kinder aufziehen oder in familiärer Gemeinschaft Hilfsbedürftige betreuen, haben Anspruch auf Schutz und Förderung sowie auf gesellschaftliche Rücksichtnahme. Der Staat fördert die Vereinbarkeit von Beruf und Familie.

(3) Ehe, Familie und andere Lebensgemeinschaften genießen Schutz und Achtung durch den Staat."

Dieser Antrag wurde bei 1 Ja-Stimme und 2 Enthaltungen abgelehnt.

Außerdem wurde der folgende Vorschlag des Landes Brandenburg zur Abstimmung gestellt:

„Artikel 6 Abs. 1 wird um folgenden Satz 2 ergänzt: Die Schutzbedürftigkeit anderer auf Dauer angelegter Lebensgemeinschaften wird anerkannt."

Dieser Antrag erhielt 20 Ja-Stimmen, 20 Nein-Stimmen und 5 Enthaltungen.

Somit konnte keiner der Anträge zur Änderung des Artikel 6 GG die Mehrheit von zwei Dritteln der Kommissionsmitglieder erreichen.

IV. Begründung

1. Ausdehnung des Schutzbereichs des Artikel 6 Abs. 1 GG auf andere auf Dauer angelegter Lebensgemeinschaften

Die Mitglieder der Gemeinsamen Verfassungskommission, die eine Änderung von Artikel 6 Abs. 1 GG anstrebten, haben darauf hingewiesen, im Hinblick auf die Schutzbedürftigkeit der Familie müsse auch dem gesellschaftlichen Umstand Rechnung getragen werden, daß einerseits immer mehr Ehen kinderlos blieben und andererseits immer mehr Kinder in Familien aufwüchsen, die nicht oder nicht mehr auf einer Ehe beruhten. Vereinzelt wollte man daraus die rechtspolitische Konsequenz ziehen, daß die Ehe im Gegensatz zur Familie nicht länger den besonderen Schutz der Verfassung benötige.

Dem wurde aber auch von der Mehrzahl derer, die im Grunde eine Änderung von Artikel 6 Abs. 1 GG anstrebten, entgegengehalten, daß das Verhältnis von Ehe zur Familie keiner grundlegenden verfassungsrechtlichen Neuorientierung bedürfe. Es müsse auch verfassungsrechtlich berücksichtigt werden, daß Beziehungen innerhalb einer Ehe mit verbindlichen, auch ihr Ende überdauernden Verpflichtungen verbunden seien, und die soziale Gemeinschaft dadurch entlastet werde.

Allerdings solle der Schutz der Ehe auch auf andere auf Dauer angelegte Lebensgemeinschaften ausgedehnt werden. Die tatbestandliche Abgrenzung der einzubeziehenden Lebensgemeinschaften sei zwar schwierig, aber leistbar. Positiv definieren lasse sich eine schützenswerte Lebensgemeinschaft in Anlehnung an die Rechtsprechung des Bundesverfassungsgerichts als „Verantwortungs- und Einstehensgemeinschaft", d. h. als „Lebensgemeinschaft ..., die auf Dauer angelegt ist, daneben keine weitere Lebensgemeinschaft gleicher Art zuläßt und sich durch innere Bindungen auszeichnet, die ein gegenseitiges Einstehen der Partner füreinander begründen, also über die Beziehungen in einer reinen Haushalts- und Wirtschaftsgemeinschaft hinausgehen." (BVerfGE 87, 234, 264)

Dabei wolle man bewußt nicht auf sogenannte nichteheliche Lebensgemeinschaften, sondern auf die auf Dauer angelegten Lebensgemeinschaften abstellen, da diese vielfältigere Formen des Zusammenlebens erfaßten.

Außerdem könne das Merkmal „auf Dauer angelegt" relativ einfach festgestellt werden. Als Indizien dafür könnten die lange Dauer des Zusammenlebens, die Versorgung von Kindern und Angehörigen im gemeinsamen Haushalt und die Befugnis, über Einkommen und Vermögen des anderen Lebenspartners zu verfügen, herangezogen werden.

Die Ehe sei nicht mehr die einzig gesellschaftlich akzeptierte Form des Zusammenlebens von Menschen. Daher reichten die beiden bisherigen verfassungsrechtlichen Tatbestandsmerkmale „Ehe und Familie" nicht länger aus, um die gesellschaftliche Wirklichkeit insgesamt zu kennzeichnen. Andere auf Dauer angelegte Lebensgemeinschaften erfüllten ebenfalls wichtige soziale Funktionen und seien bereits Gegenstand staatlicher Maßnahmen wie einfachgesetzlicher Regelungen. Diese einfachgesetzlichen — in der Regel belastenden — Regelungen fänden ihre verfassungsrechtliche Begründung oft in Artikel 6 Abs. 1 GG, da sich die Schutz- und Förderungspflicht des Staates gegenüber Ehe und Familie oft negativ auf andere auf Dauer angelegte Lebensgemeinschaften auswirke. In der rechtlichen Praxis würden Partner einer auf Dauer angelegten Lebensgemeinschaft häufig wie Eheleute behandelt, wenn dies für den Staat günstig sei, aber dann als Alleinlebende qualifiziert, wenn der Staat wiederum aus dieser rechtlichen Betrachtungsweise Vorteile zöge. So werde das Einkommen des Lebenspartners bei der Berechnung der Höhe der Arbeitslosen- oder Sozialhilfe einbezogen, steuerrechtlich werde der Partner in einer auf Dauer angelegten Lebensgemeinschaft jedoch als alleinlebend behandelt.

Auch die emotionale Seite müsse mitberücksichtigt werden, da gewisse rechtliche Folgen an diese Komponente geknüpft würden. So könnten nichteheliche Partner weder ein Zeugnisverweigerungsrecht vor Gerichten noch ein privilegiertes Besuchsrecht, wenn ein Partner im Gefängnis ist, geltend machen. Auch die Entbindung von der ärztlichen Schweigepflicht sei nicht so geregelt wie bei Verheirateten.

Wenn Artikel 6 Abs. 1 GG der Ehe den besonderen Schutz zuwende, müsse auch anderen auf Dauer angelegten Lebensgemeinschaften das gleiche Recht auf Schutz und Achtung eingeräumt werden. Anderenfalls drohe die Gefahr einer Diskriminierung dieser immer größer werdenden Menschengruppe.

Im Hinblick auf bestehende Regelungsdefizite im Bereich des Zivil- und Sozialrechts neigten einige Mitglieder der Auffassung zu, in Artikel 6 GG müsse zwar kein umfassendes Schutzversprechen, aber doch jedenfalls die „Achtung anderer auf Dauer angelegter Lebensgemeinschaften" aufgenommen werden. Dies sei insbesondere vor dem Hintergrund gleichgeschlechtlicher Gemeinschaften von erheblicher Bedeutung. Den heterosexuellen Gemeinschaften werde häufig entgegengehalten, sie könnten sich doch des Instituts der Ehe bedienen, wenn sie dessen Rechte wollten. Diese Möglichkeit bestehe für gleichgeschlechtliche Gemeinschaften nicht. Die Argumentation, die kinderlose Ehe habe wegen der wechselseitigen Fürsorge und gesellschaftlichen Stabilität einen Anspruch auf Schutz und Förderung, könne auch für gleichgeschlechtliche Gemeinschaften gelten. Allerdings bestehe kein Anlaß, auf Dauer angelegte Lebensgemeinschaften mit der Ehe rechtlich gleichzustellen. Vielmehr müsse abgestuft werden, weil der Ehe und der Familie insbesondere durch das Zivilrecht besondere Pflichten zugewiesen seien. Aus diesem Grund läge es näher, anderen auf Dauer angelegten Lebensgemeinschaften nur einen Achtungsanspruch zuzumessen.

Die Gegenposition sieht keinen Handlungsbedarf hinsichtlich einer Erstreckung des Schutzes des Artikel 6 Abs. 1 GG auf nichteheliche Lebensgemeinschaften.

Zum einen dürften die Zahlen des Ansteigens nichtehelicher Lebensgemeinschaften nicht überbewertet werden, da das in einer Ehe verbundene Zusammenleben von Menschen unverändert der rechtliche wie praktische Regelfall in unserer Gesellschaft sei. Ehe und Familie seien auch heute unverzichtbar. Dies gelte auch für die kinderlosen Ehen. Zum anderen resultiere der Schutz der Ehe daraus, daß sie ein bewährtes Rechtsinstitut darstelle, bei dem die Rechte, aber auch die Pflichten der Ehepartner untereinander im einzelnen genau festgelegt seien. Der Staat habe guten Grund, die Ordnungsfaktoren Ehe und Familie auch weiterhin besonders zu betonen. Darin liege keine Diskriminierung anderer Lebensformen.

Eine Erstreckung des Schutzes von Artikel 6 Abs. 1 GG auf wie auch mmer benannte andere Lebensgemeinschaften sei aber nicht nur sachlich verfehlt, sondern auch rechtspraktisch kaum durchführbar. Die Frage, wie sich nichteheliche Lebensgemeinschaften tatbestandlich definieren lassen, werde nicht befriedigend beantwortet. Es lasse sich letztlich nicht generell, sondern allenfalls im Einzelfall feststellen, ob eine auf Dauer angelegte Lebensgemeinschaft vorliege. Die Dauer sehe man einer Lebensgemeinschaft schließlich nicht an. Man müsse also auf ein subjektives Kriterium — den Bindungswillen der Partner — zurückgreifen und diesen unter Umständen mit einem nach außen erkennbaren staatlichen Akt, zum Beispiel einer Registrierung, festhalten. Gerade letzterem wollten sich die Partner solcher Beziehungen aber entziehen.

Die nichteheliche Lebensgemeinschaft bzw. der Wunsch eines jeden, in einer nichtehelichen Lebensgemeinschaft zu leben, werde im übrigen bereits durch das Recht auf freie Entfaltung der Persönlichkeit gemäß Artikel 2 Abs. 1 GG geschützt. Diese Lebensgemeinschaften würden somit durch den im Grundgesetz formulierten Schutz der Ehe nicht diskriminiert. Der Freiheitsanspruch von Paaren, die bewußt unverheiratet zusammenleben, werde vielmehr besonders respektiert, da nicht der Versuch unternommen werde, diese Lebensgemeinschaften rechtlich zu institutionalisieren. Die Möglichkeit, sich rechtlich in irgendeiner Form zu binden, hätten auch Paare, die nicht verheiratet sind, indem sie sich etwa durch privatrechtliche Verträge entsprechend absicherten. Jedoch sei nicht ersichtlich, warum Artikel 6 GG, der ausdrücklich Ehe und Familie schütze, die nichteheliche Lebensgemeinschaft — also diejenigen, die die Ehe gerade nicht wählen wollen — zusätzlich schützen solle. Außerdem müßten die Probleme erkannt werden, die dann aufträten, wenn beide Lebensformen additiv gelebt würden. Es könne kaum als besonders förderungswürdig betrachtet werden, wenn ein Ehepartner trotz bestehender Ehe darüber hinaus in einer weiteren verfassungsrechtlich ebenso geschützten Lebensgemeinschaft lebe.

Nichteheliche Lebensgemeinschaften mit Kindern seien dagegen auf Verfassungsebene hinreichend durch den sie umschließenden Schutz der Familie abgesichert. Dies entspreche auch einer verfassungsethisch richtigen Wertung, denn wesentlicher Grund, den besonderen Schutz des Artikel 6 GG auszusprechen, sei die Erziehung von Kindern. Wenn die Erziehung von Kindern in einer nichtehelichen Lebensgemeinschaft geleistet werde, genieße sie insoweit auch diesen besonderen Schutz der Verfassung.

2. Mutterschutz

Es herrschte Konsens in der Gemeinsamen Verfassungskommission, daß der Anspruch jeder Mutter auf Schutz und Fürsorge der Gemeinschaft zu erhalten ist. Dem bisherigen Ziel der Rechtsnorm, nämlich dem Schutz des Mutter-Kind-Verhältnisses, müsse auch zukünftig Rechnung getragen werden.

Vorgeschlagen wurde, den Mutterschutz zeitlich deutlicher auf die Schwangerschaft und die nachgeburtliche Phase zu beschränken. Ein zeitlich weiterreichender Mutterschutz sei auch im Hinblick auf den in Absatz 3 konkretisierten Familienschutz sachlich nicht gerechtfertigt. Ein andauernder Mutterschutz für die gesamte Erziehungszeit wirke eher gleichberechtigungswidrig und sei geeignet, traditionelle Rollenmuster auf Verfassungsebene zu verfestigen.

Dem wurde entgegengehalten, eine solche zeitliche Begrenzung werde dem gesellschaftlichen Status und Schutzanspruch der Mütter nicht gerecht. Auch das Bundesverfassungsgericht habe in seiner Entscheidung vom 28. Mai 1993 darauf aufmerksam gemacht, daß die Entscheidung einer schwangeren Frau für oder gegen das Kind wesentlich dadurch beeinflußt sei, daß sie sich als Mutter über Jahre an das Kind gebunden fühle und durch das Kind in der eigenen Lebensgestaltung beeinträchtigt sei. Vor diesem Hintergrund sei es nahezu kontraproduktiv, wenn man den besonderen Mutterschutz auf die Schwangerschaft und nachgeburtliche Phase beschränken wolle.

3. Vereinbarkeit von Familie und Beruf sowie verfassungsrechtliche Anerkennung von Erziehungs- und Pflegeleistungen in der Familie

Einige Mitglieder sahen sich bei dem Wunsch nach einer Änderung des Artikel 6 GG insbesondere durch das Urteil des Bundesverfassungsgerichts zur Neuregelung des § 218 StGB bestätigt. Der dort an den Gesetzgeber adressierte Auftrag zur Berücksichtigung von Erziehungs- und Pflegeleistungen in der Familie müsse aus dem politischen Streit herausgenommen werden.

Es wurde die verfassungspolitische Forderung erhoben, vorrangig die Familie als Anknüpfungspunkt für staatliche Schutz- und Fördermaßnahmen zu wählen. Nicht schon der Umstand, daß zwei Menschen gemeinsam den Weg zum Standesamt gefunden hätten, sondern der Umstand, daß Eltern Verantwortung trügen und daß für betreuungsbedürftige Familienangehörige gesorgt werde, müsse den staatlichen Beistand herausfordern.

Mit dem Vorschlag, den Satz „Der Staat fördert ebenso die Möglichkeit für Frauen und Männer, die Erfüllung ihrer Familienpflichten mit der Erwerbstätigkeit und der Teilnahme am öffentlichen Leben zu vereinbaren", einzufügen (Kommissionsdrucksache Nr. 74), solle dem Staat das Ziel vorgegeben werden, Maßnahmen zu treffen, um das Spannungsverhältnis zwischen Familie einerseits und Beruf sowie öffentlichem Leben andererseits abzubauen. Zu dem Anspruch der Familie auf erhöhten Schutz und besondere Berücksichtigung gehöre auch, daß die Elternteile die ökonomische Basis für die Familie sicherstellen könnten und dennoch nicht auf ihre eigene Lebensverwirklichung verzichten müßten. Nur auf diese Weise könnten Familien die von ihnen erwartete Erziehungsleistung wirkungsvoll erbringen. Darüber hinaus sei dies eine Grundvoraussetzung für den gleichwertigen Zugang von Frauen und Männern zum Beruf. Dabei seien in dem Vorschlag bewußt Mütter und Väter erwähnt, um darauf aufmerksam zu machen, daß Artikel 6 GG kein frauenspezifisches Grundrecht enthalte. Die Doppelrolle und die damit verbundene Doppelbelastung treffe jedoch in der Praxis regelmäßig die Frau, da erfahrungsgemäß die Verantwortlichkeit für familiäre Pflichten den Frauen obliege und sie dadurch daran gehindert würden, gleichberechtigt an Erwerbsarbeit und öffentlichem Leben teilzuhaben. Eine solche Verfassungsergänzung könne sich insbesondere in den neuen Ländern der Bundesrepublik Deutschland positiv auswirken. Da dort zu Zeiten der DDR die Quote der erwerbstätigen Mütter weitaus höher als in den alten Ländern der Bundesrepublik war, bedeute der Umstand, daß nunmehr Beruf und Familie nicht mehr in gewohntem Maße vereinbart werden könnten, einen starken Einschnitt in das Alltagsleben. Aber auch in den alten Ländern der Bundesrepublik Deutschland gingen viele junge Mütter einer Erwerbstätigkeit nach. Die damit verbundene Doppelbelastung müsse häufig aus Gründen wirtschaftlicher Notwendigkeit in Kauf genommen werden, erfolge aber auch wegen der mit dem Arbeitsleben verbundenen sozialen Kontakte und des Selbstwertgefühls, das oft durch die Erwerbstätigkeit vermittelt werde. Insoweit sei der eingebrachte Vorschlag auch ein Beitrag zur tatsächlichen Durchsetzung der Gleichberechtigung von Frauen und Männern.

Von der Gegenseite wurde kein Bedarf für eine entsprechende Verfassungsänderung gesehen. Bereits die geltende Verfassungslage und die sie konkretisierende Rechtsprechung des Bundesverfassungsgerichts sorgten für eine hinreichende Anerkennung der Pflege- und Erziehungsleistungen. Nachdem das Bundesverfassungsgericht bereits Artikel 6 GG in der geltenden Fassung so interpretiert habe, daß der Staat, insbesondere der Gesetzgeber dazu angehalten sei, Grundlagen zur besseren Vereinbarkeit von Erwerbs- und Familienarbeit zu schaffen, müsse geprüft werden, ob die jetzige verfassungsrechtliche Regelung nicht bereits ausreiche. Das sachlich-politische Anliegen einer besseren Vereinbarkeit von Familie und Beruf werde nicht in Frage gestellt. Diskutiert werden müsse aber, ob in einer ausdrücklichen verfassungsrechtlichen Verankerung der Anerkennung von Pflege- und Erziehungsleistungen nicht letztlich finanzpolitische bzw. sozialpolitische Erwartungen — in möglicherweise einklagbarer Form — erweckt würden, die der Staat angesichts der auf absehbare Zeit angespannten Haushaltslage kaum einlösen könne; eine entsprechende Regelung sich also als utopisch erweisen würde. Die finanziellen Folgen der vorgeschlagenen Formulierung seien jedenfalls nicht abzusehen. Neben der Anerkennung z. B. von Kindererziehungsjahren bei der Altersversorgung ließen sich auch Konsequenzen z. B. beim Kindergeld, in der Arbeitslosenversicherung und der Unfallversicherung nicht ausschließen. Allein bei der Anerkennung von Kindererziehungszeiten bei der Altersrente könne ein zusätzlich anerkanntes Jahr für den Bestand und den Rentenzugang — einschließlich einer additiven Bewertung beim Zusammentreffen mit Erwerbstätigkeit — etwa sieben Milliarden DM jährlich kosten. Die Kosten für eine Verbesserung der für Geburten bis 1991 geltenden Regelung auf drei Kindererziehungsjahre würden auf jährlich rd. 14 Milliarden DM geschätzt.

Jedoch werde im Hinblick auf die Ausführungen des Bundesverfassungsgerichts in der Entscheidung vom 28. Mai 1993 zu § 218 StGB durchaus weiterer Diskussionsbedarf bezüglich einer rechtlichen Anerkennung von Pflege- und Erziehungsleistungen gesehen. Das Urteil müsse jedoch zunächst hinsichtlich seiner verfassungsrechtlichen wie verfassungspolitischen Implikationen eingehend geprüft werden, bevor daraus familienpolitische Folgerungen gezogen werden könnten.

4. Aufnahme spezieller Kinderrechte in die Verfassung

Die Forderung nach einer Einführung spezieller Rechte für Kinder in das Grundgesetz wurde damit begründet, hier gelte es, die in den letzten 40 Jahren erfolgte Rechtsentwicklung auch im Text der Verfassung nachzuvollziehen. Die der Sache nach außer Streit stehende Grundrechtsfähigkeit der Kinder solle in der Verfassung positiv festgeschrieben werden. Dies werde durch den Vorschlag zur Neuformulierung des Artikel 6 Abs. 4 GG (Kommissionsdrucksache Nr. 76) erreicht.

Ferner wurde vorgeschlagen, durch die Einfügung des Satzes „Die wachsende Fähigkeit der Kinder zu selbständigem, verantwortlichem Handeln ist zu berücksichtigen“ in Artikel 6 Abs. 5 GG — neu — den geltenden Artikel 6 Abs. 2 GG zu ergänzen. An eine Änderung des bestehenden Grundsatzes, daß Pflege und Erziehung des Kindes das natürliche Recht der Eltern sind, werde dabei nicht gedacht. Es müsse aber stärker zum Ausdruck kommen, daß die elterliche Erziehungsbefugnis ein „Recht im Interesse des Kindes“ sei, deren Bedeutung mit abnehmender Bedürftigkeit zur Anleitung und wachsender Einsichtsfähigkeit des Kindes abnehme, bis das Elternrecht mit dem Eintritt der Volljährigkeit ganz erlösche. Diese von der Rechtsprechung entwickelte und anerkannte Lösung des

Konflikts zwischen Elternrechten und Subjektstellung des Kindes, die auch in § 1626 Abs. 2 BGB ihren Niederschlag gefunden habe, solle im Wortlaut der Verfassung dokumentiert werden.

Obwohl dem Kind aus Artikel 6 Abs. 2 GG kein eigenes Grundrecht auf Förderung und Erziehung zustehe, seien die Eltern bei der Ausübung ihres Erziehungsrechts durch die Grundrechte des Kindes, insbesondere dessen Persönlichkeitsrecht begrenzt (BVerfGE 72, 155, 172). Da das Kind ein Wesen mit eigener Menschenwürde und eigenem Recht auf Entfaltung und Entwicklung seiner Persönlichkeit sei, legitimierten sich Elternvorrang und alleinige Elternverantwortung ausschließlich aus der Abhängigkeit und Schutzbedürftigkeit des Kindes, um sich zu einer eigenverantwortlichen Persönlichkeit innerhalb der sozialen Gemeinschaft zu entwickeln. Die elterliche Bestimmung des Kindeswohls werde so in die grundrechtliche Stellung des Kindes eingebettet und müsse auf die eigenverantwortliche Wahrnehmung von Grundrechten durch das Kind selbst Bedacht nehmen.

Ein Gebot, Kinder gewaltfrei zu erziehen, könne einen wichtigen Beitrag zur Ächtung und Abkehr von Gewalt leisten. Da in Deutschland jährlich unzählige Jungen und Mädchen durch Gewaltmaßnahmen der Erziehungsberechtigten körperliche und seelische Schäden davontrügen und auch durch Schläge bedingte Todesfälle keine Seltenheit seien, befürworte man eine solche Änderung, um die allgemeine Aufmerksamkeit für das Problem der Gewalt gegenüber Kindern weiter zu schärfen. Zwar dürfe von einer Verfassungsänderung kein unmittelbarer Einfluß auf die Wahl elterlicher Erziehungsmethoden erwartet werden, aber der Gewaltanwendung gegenüber Kindern könne doch immerhin der Schein der Gesellschaftsfähigkeit genommen werden.

Der Vorschlag zur Einführung eines neuen Absatz 6 in Artikel 6 GG sollte das sogenannte „Wächteramt" des Staates auch in der Verfassung noch konkreter und deutlicher zum Ausdruck bringen. Der Staat müsse stärker in die Pflicht genommen werden, wenn es um die Verdeutlichung seiner Verantwortung für kindgerechte Lebensverhältnisse und um gleiche Entwicklungsbedingungen für alle Kinder, ungeachtet ihrer familiären Lage, gehe. Es sei nicht mehr ausreichend, daß die staatliche Gemeinschaft nur unter den Voraussetzungen des Artikel 6 Abs. 2 und 3 GG als Wächter in die elterliche Erziehung eingreifen dürfe, im übrigen die Eltern aber allein darüber entscheiden könnten, wie sie ihrer Verantwortung nachkommen. Das Wächteramt des Staates sei mit dem neuen Kinder- und Jugendhilfegesetz von 1990 einfachgesetzlich bereits erheblich ausgebaut und modernisiert worden. Dies habe erfolgen müssen, weil den nunmehr herrschenden sozialen Gegebenheiten — z. B. die hohe Anzahl von Ein-Kind-Familien, die Steigerung der Zahl von Kindern, die bei einem Elternteil aufwachsen oder hohe Trennungs- und Scheidungsraten — mit den Maßnahmen des alten Jugendwohlfahrtsgesetzes nicht mehr ausreichend begegnet werden konnte. Diese im einfachen Recht bereits erfolgte Konkretisierung müsse auch im Verfassungstext deutlich werden.

Das Verbot der Arbeit von Kindern, die ihrem Wohl widerspricht, erscheine deshalb erforderlich, weil es auch in unserer Gesellschaft ernstzunehmende Anzeichen dafür gebe, daß Kinderarbeit ohne Rücksicht darauf, ob diese den Entwicklungsprozeß negativ beeinflusse, aus gewinnsüchtigen Motiven in Anspruch genommen werde.

Vorgeschlagen wurde ferner, auf die bisher in Artikel 6 Abs. 5 GG vorgenommene Gleichstellung von nichtehelichen und ehelichen Kindern zu verzichten. Zum einen sei der Verfassungstext hier nicht mehr zeitgemäß, da immer noch der Begriff der unehelichen Kinder verwendet werde, obwohl diese Formulierung im einfachen Recht bereits 1970 in „nichtehelich" geändert worden sei. Im übrigen sei es jetzt an der Zeit, die sprachliche Unterscheidung zwischen ehelichen und nichtehelichen Kindern auch sachlich zu überwinden. Neben den sogenannten nichtehelichen gebe es noch viele andere Kinder, die gegenüber den Kindern, die in einer durch Ehe verbundenen Familie aufwachsen, benachteiligt sind, etwa die sogenannten „Scheidungswaisen".

Gegen die Aufnahme spezieller Kinderrechte im Grundgesetz wurde angeführt, daß insoweit kein verfassungspolitischer Handlungsbedarf bestehe. Das Kind sei als Grundrechtsträger bereits jetzt im Grundgesetz ausreichend anerkannt. Nach der Rechtsprechung des Bundesverfassungsgerichts sei der Kinder- und Jugendschutz bereits nach geltender Rechtslage mit vollem Verfassungsrang ausgestattet. Es sei aus diesem Grund wenig sinnvoll, eine Grundrechtsträgerschaft des Kindes zusätzlich noch einmal explizit in der Verfassung zu normieren. Im übrigen sei das verfassungsrechtlich verbürgte Erziehungsrecht der Eltern ein sogenanntes „dienendes Grundrecht". Es handele sich insoweit zwar um eine eigene Rechtsposition der Eltern, allerdings müsse dieses Recht zugunsten und im Interesse des Kindes ausgeübt werden. Maßstab der Ausübung sei schon nach dem geltenden Artikel 6 GG das Wohl des Kindes; die Betätigung des Elternrechtes müsse der Entfaltung des Kindes zur selbstverantwortlichen Persönlichkeit dienen. Auch insoweit bestehe also kein Handlungsbedarf. Im Gegenteil könne die vorgeschlagene Inpflichtnahme des Staates für die Persönlichkeitsentwicklung und -entfaltung der Kinder sogar zu negativen Auswirkungen auf das Erziehungsrecht der Eltern führen. Es bestehe die Gefahr, daß das elterliche Erziehungsrecht durch staatliche Außensteuerung ausgehöhlt werde.

Die ausdrückliche Normierung einer gewaltfreien Erziehung sei keinesfalls aus sich heraus schon dazu geeignet, etwas an der gesellschaftlichen Realität von Kindesmißhandlungen zu ändern. Kinder genössen wie alle anderen Menschen auch den Schutz der Grundrechte, damit also auch jetzt schon den Schutz auf körperliche Unversehrtheit nach Artikel 2 Abs. 2 GG.

Im übrigen sei es verfassungsrechtlich verfehlt, jede Gruppierung, die sich in einer Sondersituation befinde, auch gesondert im Grundgesetz aufzunehmen. Dies könne zu der irrigen Annahme führen, die allgemeinen Grundrechte würden für diese Gruppe eigentlich nicht gelten, und es müßte deshalb besonders betont werden, daß auch diese Gruppe Inhaber der allen zustehenden Rechte sei. Es sei nicht sinnvoll, die verschiedensten Bevölkerungsgruppen, die in der gesellschaftlichen Wirklichkeit Schwierigkeiten, Behinderungen und Beeinträchtigungen ausgesetzt sind, gesondert im Grundgesetz aufzunehmen und dadurch den Eindruck zu erwecken, damit seien die gesellschaftlichen Probleme gelöst. Vielmehr müsse das gesellschaftliche Bewußtsein geändert werden, was allerdings nicht allein und auch nicht zuerst durch Verfassungsänderungen erfolgen könne.

3.4. Datenschutz

I. Empfehlung

Die Gemeinsame Verfassungskommission spricht keine Empfehlung zur Ergänzung des Grundgesetzes um ein Recht auf informationelle Selbstbestimmung, um die Verankerung des Amtes eines Datenschutzbeauftragten und um ein Recht auf Auskunft/Datenzugang gegenüber der vollziehenden Gewalt aus.

II. Problemstellung

In den letzten drei Jahrzehnten sind nahezu alle gesellschaftlichen Lebensbereiche von neuen Informations- und Kommunikationstechnologien durchdrungen worden. Grundlegende Änderungen des menschlichen Miteinanders haben im Zusammenhang mit diesen Technologien stattgefunden. Daten aller Art, auch persönliche Daten, können nicht nur umfassend gespeichert und verknüpft, sondern auch sehr schnell abgerufen werden. Aus diesem Grund stellt sich in verstärktem Maße die Frage, wie Staat und Gesellschaft mit Datensammlungen und hier insbesondere mit personenbezogenen Daten umgehen und der einzelne vor dem Mißbrauch seiner persönlichen Daten geschützt wird. Datenschutz ist eine Frage, die in den letzten Jahren entscheidend an verfassungspolitischer und verfassungsrechtlicher Bedeutung gewonnen hat. Nachdem das Bundesverfassungsgericht im Jahre 1983 in seinem grundlegenden Volkszählungsurteil (BVerfGE 65, 1 ff) den Datenschutz als ein elementares Persönlichkeitsrecht aus den einschlägigen Bestimmungen des Grundgesetzes — insbesondere Artikel 2 Abs. 1 i. V. m. Artikel 1 Abs. 1 GG — entwickelt hat, wird diskutiert, ob es einer ausdrücklichen Normierung des Datenschutzes im Grundgesetz bedarf.

Nachdem die Einfügung von Bestimmungen über den Datenschutz, das Recht auf Akteneinsicht und das Recht auf informationelle Selbstbestimmung in der Kommission Verfassungsreform des Bundesrates (BR-Drucksache 360/92 Rz. 162 ff) mit einfacher Mehrheit der Länder befürwortet worden war, wurden entsprechende Forderungen auch von der Konferenz der Datenschutzbeauftragten des Bundes und der Länder auf Grundlage einer Entschließung vom 28. April 1992 an die Gemeinsame Verfassungskommission herangetragen.

III. Verfahrensablauf

Die Gemeinsame Verfassungskommission hat sich mit den Komplexen „Informationelle Selbstbestimmung, Datenschutzbeauftragter, Auskunfts- und Datenzugangsrechte" in der 6. Sitzung am 14. Mai 1992, der 12. Sitzung am 12. November 1992 und der 2. Öffentlichen Anhörung zum Thema „Staatsziele und Grundrechte (außer Artikel 3 und 6 GG)" am 16. Juni 1992 befaßt. Im Berichterstattergespräch am 9. September 1992 hat eine Anhörung von Frau Dr. Leuze, Datenschutzbeauftragte des Landes Baden-Württemberg, und Prof. Dr. Simitis, ehemaliger Datenschutzbeauftragter des Landes Hessen, stattgefunden. Beide haben sich für die Aufnahme des Rechts auf informationelle Selbstbestimmung und die Verankerung des Datenschutzbeauftragten im Grundgesetz ausgesprochen.

In der 17. Sitzung am 11. Februar 1993 sind die Anträge zu datenschutzrechtlichen Regelungen in der Gemeinsamen Verfassungskommission abgestimmt worden. Keiner der Anträge konnte die Mehrheit von zwei Dritteln der Kommissionsmitglieder erlangen.

Im wesentlichen standen die folgenden Anträge der SPD-Fraktion (Kommissionsdrucksache Nr. 25) und des Landes Hessen (Kommissionsdrucksache Nr. 21) im Mittelpunkt der Diskussion.

SPD (Kommissionsdrucksache Nr. 25)

Artikel 2a

(1) Jeder Mensch hat das Recht, über die Erhebung und Verarbeitung seiner persönlichen Daten selbst zu bestimmen. Jeder Mensch hat das Recht auf Auskunft über die Erhebung und Verarbeitung seiner persönlichen Daten und auf Einsicht in amtliche Unterlagen, soweit diese solche Daten enthalten.

(2) Diese Rechte dürfen nur durch Gesetz oder auf Grund eines Gesetzes eingeschränkt werden, soweit überwiegende Interessen der Allgemeinheit es erfordern.

Artikel 5

(2a) Jeder Mensch hat das Recht auf Zugang zu den Daten der vollziehenden Gewalt, soweit nicht schutzwürdige öffentliche Interessen oder Rechte Dritter verletzt werden. Das Nähere regelt ein Gesetz.

Artikel 45d

Der Bundestag wählt einen Bundesbeauftragten für Datenschutz und Informationsfreiheit mit mehr als der Hälfte der gesetzlichen Zahl seiner Mitglieder für eine Amtszeit von fünf Jahren. Einmalige Wiederwahl ist zulässig. Der Bundesbeauftragte ist in der Ausübung seines Amtes unabhängig, frei von Weisungen und nur dem Gesetz unterworfen. Er kann sich jederzeit an den Bundestag wenden. Das Nähere regelt ein Gesetz.

Hessen (Kommissionsdrucksache Nr. 21)

Artikel 2a

(1) Jeder Mensch hat das Recht, über die Verarbeitung der auf seine Person bezogenen Daten selbst zu bestimmen.

(2) Jeder Mensch hat das Recht auf Information über die Verarbeitung der auf seine Person bezogenen Daten und Einsicht in die Akten, die Daten zu seiner Person enthalten.

(3) Einschränkungen dieser Rechte dürfen nur durch Gesetz oder auf Grund eines Gesetzes erfolgen.

(4) Der Gesetzgeber ist verpflichtet, einen gleichwertigen Schutz des informationellen Selbstbestimmungsrechts im öffentlichen und im nichtöffentlichen Bereich zu gewährleisten.

Artikel 5

(2 a) Jeder Mensch hat das Recht auf Zugang zu den Daten der vollziehenden Gewalt ohne den Nachweis eines Interesses, soweit nicht schutzwürdige öffentliche Interessen oder Rechte Dritter entgegenstehen. Das Nähere regelt ein Gesetz.

Artikel 45 d

(1) Der Bundestag wählt auf Vorschlag der Bundesregierung einen Bundesbeauftragten für Datenschutz und Informationsfreiheit mit mehr als der Hälfte der gesetzlichen Zahl seiner Mitglieder für eine Amtszeit von fünf Jahren. Einmalige Wiederwahl ist zulässig.

(2) Vor Ablauf der Amtszeit kann der Bundesbeauftragte für Datenschutz und Informationsfreiheit nur abberufen werden, wenn Tatsachen vorliegen, die bei einem Beamten die Entlassung aus dem Dienst rechtfertigen.

(3) Der Bundesbeauftragte ist unabhängig, frei von Weisungen und nur dem Gesetz unterworfen.

(4) Der Bundesbeauftragte kann sich jederzeit an den Bundestag wenden.

(5) Das Nähere regelt ein Gesetz.

Darüber hinaus ist noch ein Antrag der Gruppe BÜNDNIS 90/DIE GRÜNEN (Kommissionsdrucksache Nr. 19) über die Einfügung datenschutzrechtlicher Regelungen und die verfassungsrechtliche Bestellung von Beauftragten für Bürgerfragen, Dienstpflichtige, Datenschutz und Ausländer als Hilfsorgan des Bundestages bei der Ausübung parlamentarischer Kontrolle zur Abstimmung gestellt worden (siehe Anlage).

IV. Begründung

Für die Aufnahme eines Grundrechtes auf informationelle Selbstbestimmung wurde vorgebracht, daß die Entwicklung der Informationstechnologie mit all ihren

Gefahren und Risiken für die Freiheitsrechte der Menschen und die immense Datenspeicherung — eine Entwicklung, die 1949, zum Zeitpunkt der Verabschiedung des Grundgesetzes durch den Parlamentarischen Rat, nicht absehbar war — eine Fortentwicklung des Grundgesetzes erfordere. Die Verfassung müsse auf die besonderen Entwicklungs- und Existenzbedingungen des Einzelnen in einer hochtechnisierten, durch die zunehmende Informationsverarbeitung gekennzeichneten Gesellschaft reagieren und deutlich machen, daß grundsätzlich allein dem Betroffenen das Verfügungsrecht über seine personenbezogenen Daten zusteht. Die hiermit verbundenen neuen Herausforderungen machten eine verfassungsrechtliche Absicherung des Rechts auf Datenschutz notwendig. Es reiche nicht, unter Berufung auf das Volkszählungsurteil des Bundesverfassungsgerichts das informationelle Selbstbestimmungsrecht aus Artikel 2 Abs. 1 in Verbindung mit Artikel 1 GG zu begründen. Kern der informationellen Selbstbestimmung sei es, die Kommunikationsbereitschaft und -fähigkeit des Einzelnen zu erhalten bzw. herzustellen. Dem könne man nicht gerecht werden, wenn das Recht auf informationelle Selbstbestimmung nur an die Voraussetzungen und Grenzen gebunden werde, die beispielsweise für die Anwendung des allgemeinen Persönlichkeitsrechts gälten.

Die Entwicklung nach dem Volkszählungsurteil sei nicht von Bemühungen beherrscht, die Aussagen des Gerichts konsequent umzusetzen, sondern eher von der Tendenz, ihre Tragweite möglichst herunterzuspielen. Die Tätigkeitsberichte der Datenschutzbeauftragten bestätigten, wie groß immer noch die Gefahren seien, die informationelle Selbstbestimmung einzuschränken. Das Grundrecht auf Datenschutz habe im Alltag noch längst nicht seinen anerkannten, gefestigten Platz. Es sei notwendig, das allgemeine Rechtsbewußtsein zu stärken und die Bürger zu ermutigen, auch unter den Bedingungen moderner Informationstechnologie ihr Leben selbstverantwortlich in die Hand zu nehmen. Das Recht auf informationelle Selbstbestimmung sei eine wichtige Voraussetzung für die Demokratie. Bürgerinnen und Bürger, die nicht mehr wissen könnten, wer was wann über sie wisse, könnten in ihrer Entscheidungsfreiheit gehemmt sein und deshalb unter Umständen davon Abstand nehmen, Grundrechte auszuüben und sich am demokratischen Prozeß zu beteiligen.

Es müsse auch bedacht werden, daß Eingriffe in die informationelle Selbstbestimmung bisher nicht dem Zitiergebot des Artikel 19 Abs. 1 Satz 2 GG unterlägen. Dies führe dazu, daß im Gesetzgebungsverfahren bisher viel zu wenig darauf geachtet werde, ob eine geplante Regelung überhaupt und, falls ja, in welchem Ausmaß mit Eingriffen in das Grundrecht auf Datenschutz verbunden sei.

Für die vom Land Hessen erhobene Forderung, „einen gleichwertigen Schutz des informationellen Selbstbestimmungsrechts im öffentlichen und nichtöffentlichen Bereich zu gewährleisten", spreche die Tatsache, daß es auch im privaten Bereich Datensammlungen gebe, die vom Umfang her denen bei Behörden nicht nachstünden, z. B. Kreditdateien, Dateien von Versicherungen. Im nichtöffentlichen Bereich existiere bisher keine wirksame Kontrolle im Hinblick auf datenschutzrechtliche Belange. Die berufliche Entwicklung des Einzelnen, sein Wunsch, sich gegen bestimmte Risiken zu versichern, könne in hohem Maße von den jeweils zu seiner Person zusammengetragenen Angaben abhängen. Es müsse gesetzliche Vorgaben geben, die eine für die Betroffenen nachvollziehbare Verarbeitung der personenbezogenen Daten in den jeweiligen Verarbeitungszusammenhängen regelten.

Das allgemeine Akteneinsichtsrecht bezüglich der Daten der vollziehenden Gewalt ziele auf die umfassende Transparenz der staatlichen Verwaltung. Das Verwaltungshandeln in der Bundesrepublik Deutschland sei beherrscht vom Grundsatz der Amtsverschwiegenheit. Diesem System — Geheimhaltung als Regel und Öffentlichkeit als Ausnahme — liege eine überholte Vorstellung von der Stellung des Bürgers und der Bürgerin im demokratischen Staat zugrunde. Die Demokratie fordere die Bürgerinnen und Bürger, die Aktivitäten des Staates kritisch zu begleiten, sich damit auseinanderzusetzen und zu versuchen, darauf Einfluß zu nehmen. Dies setze die Information der Bürgerinnen und Bürger voraus.

Gerade im Bereich der Verwaltung sei häufig zu beobachten, daß als Vorwand für Informationsverweigerung der Datenschutz vorgeschoben werde. Das allgemeine Akteneinsichtsrecht stelle insofern die notwendige Ergänzung des Grundrechts auf Datenschutz dar, wobei durchaus gesehen werde, daß zwischen beiden Grundrechten ein Spannungsverhältnis bestehe. Wie der Ausgleich dieser unterschiedlichen Interessenlagen erfolgen müsse, sei Sache einfachgesetzlicher Regelungen. Dabei könne im Einzelfall statt der Akteneinsicht auch ein Auskunftsrecht ausreichen.

Die Forderung nach einer verfassungsrechtlichen Verankerung des Datenschutzbeauftragten ergebe sich daraus, daß die Wirksamkeit einer verfassungsrechtlichen Garantie der informationellen Selbstbestimmung von der Einrichtung einer unabhängigen Institution abhänge, deren Aufgabe es sein müsse, eine umfassende und ständige Kontrolle der Verarbeitung personenbezogener Daten zu gewährleisten sowie die weitere Entwicklung der Verarbeitungsformen zu verfolgen, um eine rechtzeitige Anpassung der Gesetzgebung anzuregen.

Nach der Gegenansicht sind Ergänzungen des Grundgesetzes um Bestimmungen über den Datenschutz, das Recht auf informationelle Selbstbestimmung sowie über einen Datenschutzbeauftragten nicht geboten. Damit würde lediglich die Rechtsprechung des Bundesverfassungsgerichts zu diesem Recht wiedergegeben. Die Feststellung des Bundesverfassungsgerichts, daß das Recht auf informationelle Selbstbestimmung im Grundgesetz verfassungsrechtlich verankert ist (BVerfGE 65, 1, 41 ff), sei mit klaren Aufträgen an den Gesetzgeber einhergegangen. Das Recht auf informationelle Selbstbestimmung habe bereits seinen Niederschlag in einer Reihe von allgemeinen und fachspezifischen Regelungen des einfachgesetzlichen Rechts gefunden. Der Umfang des verfassungsrechtlich gewährten Schutzes lasse keine regelungsbedürftigen Lücken erkennen.

Der Charakter des Grundgesetzes als fundamentale Rechtsquelle würde darunter leiden, wenn bereits geltendes materielles Verfassungsrecht nochmals ausdrücklich in den Verfassungstext aufgenommen würde. Verfassungsänderungen seien nur dann geboten, wenn neue Wertentscheidungen auf der Ebene der Verfassung festgeschrieben werden sollen, die bislang nicht erfaßt seien. Das treffe für das informationelle Selbstbestimmungsrecht aber nicht zu.

Die vorgenannte Entscheidung des Bundesverfassungsgerichtes verdeutliche, daß das allgemeine Persönlichkeitsrecht auch das Recht auf informationelle Selbstbestimmung und damit den Schutz personenbezogener Informationen auf Verfassungsebene umfasse. Auch zur Klarstellung des gesetzgeberischen Willens oder zur Vermeidung mißverständlicher Interpretationen bestehe für eine Verfassungsänderung im Bereich informationsbezogener Eingriffe der öffentlichen Gewalt kein erkennbarer Bedarf. Der verfassungsrechtliche Rang des Datenschutzes werde im Grundsatz nicht angezweifelt, darüber hinaus seien Detailklärungen durch eine Verfassungsänderung nicht zu erwarten.

Zudem würde mit einer Grundgesetzänderung nur ein Teilbereich des allgemeinen Persönlichkeitsrechts ausdrücklich hervorgehoben, während andere ähnlich gewichtige Inhalte — wie z. B. die Ehre oder das Selbstdarstellungsrecht — unerwähnt blieben. Es träte eine nicht gewollte Gewichtsverschiebung ein. Da Grundrechte immer auch zur objektiven Wertordnung der Verfassung beitrügen, könnte die Nichterwähnung anderer Teilbereiche des allgemeinen Persönlichkeitsrechts für diese die Gefahr der Abwertung mit sich bringen. Jede normative Bestätigung einer gesicherten Rechtsprechung bringe neue Probleme für die Auslegung und Anwendung des Rechts mit sich. Gerade Ergänzungen des Grundrechtswortlautes trügen die Gefahr einer inhaltsändernden Auslegung in sich.

Abzulehnen sei auch ein generelles Zugangsrecht zu allen Informationen oder Akten der Exekutive. Funktionsfähigkeit der Exekutive und datenschutzrechtlich relevante Interessen Dritter wären nicht mehr gewährleistet. Es sei nicht sinnvoll, die Tätigkeit von Behörden durch ein weitgehend unbeschränktes Einsichtsrecht zu beeinträchtigen. Es würde erheblichen, im Ergebnis unverhältnismäßigen — und mit gewisser Fehlerträchtigkeit behafteten — Verwaltungsaufwand erfordern, jedes Auskunftersuchen verantwortlich zu bescheiden und dabei auf datenschutzrechtliche Belange Dritter, öffentliche Geheimhaltungserfordernisse etc. hin zu überprüfen.

Außerdem würden Ausforschungsmöglichkeiten geschaffen, die tief in den Kernbereich der Exekutive eingreifen und deren Handlungsfähigkeit und Eigenverantwortlichkeit unzulässig beschneiden könnten. Der unantastbare Kernbereich der Eigenverantwortung der Exekutive schließe einen grundsätzlich nicht ausforschbaren Initiativ-, Beratungs- und Handlungsbereich ein. Die verfassungsrechtliche Gewährleistung allgemeiner Informations- und Datenzugangsrechte würde deshalb erfordern, Auskunfts- und Datenzugangsverweigerungen unter Berücksichtigung dieses Schutzbereiches rechtsstaatlich bestimmt genug zu formulieren. Der Schutz des Kernbereiches exekutivischer Eigenverantwortung und das geplante Grundrecht auf Datenzugang müßten in ein Verhältnis praktischer Konkordanz gebracht werden.

Nicht zu empfehlen sei auch, den Datenschutzbeauftragten als Institution im Grundgesetz zu verankern. Die Einrichtung eines Datenschutzbeauftragten sei durch das Bundesdatenschutzgesetz hinreichend wirkungsvoll erfolgt. Seine verfassungsrechtliche Verankerung lasse eine effektivere Aufgabenwahrnehmung nicht erwarten. Die Einrichtung des Amtes eines Datenschutzbeauftragten und dessen Ausgestaltung sei deshalb einer einfachgesetzlichen Regelung, die den jeweiligen politischen Anforderungen flexibel angepaßt werden könne, vorzubehalten.

3.5. Asylrecht

Die Gemeinsame Verfassungskommission gibt im Bereich des Asylrechts keine Empfehlung ab.

Die Fraktionen der CDU/CSU, SPD und F.D.P. im Deutschen Bundestag erarbeiteten aufgrund des Parteienkompromisses vom 6. Dezember 1992 einen gemeinsamen Gesetzentwurf zur Änderung des Grundgesetzes (Artikel 16 und 18 GG). Die Einzelheiten ergeben sich aus der Bundestagsdrucksache 12/4152 vom 19. Januar 1993, die als Arbeitsunterlage Nr. 107 in die Beratungen der Gemeinsamen Verfassungskommission einfloß.

Die beabsichtigte Asylrechtsänderung wurde in der 16. Sitzung der Gemeinsamen Verfassungskommission am 4. Februar 1993 und in der 22. Sitzung am 13. Mai 1993 beraten. Außerdem wurde am 11. März 1993 gemeinsam mit dem Rechts- und dem Innenausschuß des Deutschen Bundestages eine Anhörung durchgeführt.

Die PDS/LL stellte zu dem Problembereich Asyl einen Antrag (Kommissionsdrucksache Nr. 78). Sie bezweckte mit diesem Antrag eine Abstimmung über die Änderung des Asylrechts in der Sache. Über diesen wurde in der Sitzung am 13. Mai 1993 nicht abgestimmt, da der entsprechende Geschäftsordnungsantrag der PDS/LL — eine Abstimmung war in der Tagesordnung nicht vorgesehen — mit großer Mehrheit bei 2 Ja-Stimmen und 2 Enthaltungen abgelehnt wurde.

Eine gemeinsame Empfehlung wurde nicht abgegeben, ein Berichterstattergespräch fand nicht statt, da das parallel laufende parlamentarische Beratungsverfahren dies nach der Überzeugung der ganz überwiegenden Zahl der Kommissionsmitglieder nicht notwendig erscheinen ließ.

Nach Auffassung von zwei Mitgliedern der Gemeinsamen Verfassungskommission verstieß dies gegen das sonst geübte Prinzip, über alle im Bundestag behandelten Verfassungsänderungen auch in der Gemeinsamen Verfassungskommission abzustimmen.

Über 11 800 Eingaben aus der Bevölkerung beschäftigten sich mit der Asylproblematik; die große Mehrzahl davon sprach sich für die Beibehaltung des Artikel 16 Abs. 2 GG a. F. aus.

In den Beratungen wurden von Kritikern wie Befürwortern im wesentlichen die Argumente bestätigt, die bereits vor und zu dem Gesetzentwurf vom 19. Januar 1993 vorgebracht worden waren. Im einzelnen wird daher auf die entsprechenden Sitzungsprotokolle und die Gesetzesbegründungen verwiesen.

3.6. Unverletzlichkeit der Wohnung

I. Empfehlung

Die Gemeinsame Verfassungskommission spricht keine Empfehlung zur Änderung des Artikel 13 Abs. 3 GG aus.

II. Problemstellung

Das Organisierte Verbrechen hat in der Bundesrepublik Deutschland in letzter Zeit erheblich zugenommen. Für seine wirksame Bekämpfung ist es nach Auffassung vieler Experten aus der staatsanwaltlichen und polizeilichen Praxis notwendig, die Möglichkeit zu erhalten, das gesprochene Wort in den abgeschotteten Täterkreisen aufzuzeichnen. Die geltende Fassung des Artikel 13 GG erlaubt den Einsatz technischer Mittel in Wohnungen nur zur Gefahrenabwehr und -verhütung, jedoch nicht für die Zwecke der Strafverfolgung.

III. Verfahrensablauf

Der Freistaat Bayern hat den Antrag gestellt (Kommissionsdrucksache Nr. 77), diese Beschränkung aufzuheben und Artikel 13 Abs. 3 GG wie folgt zu fassen:

„Eingriffe und Beschränkungen dürfen im übrigen nur zur Abwehr einer gemeinen Gefahr oder einer Lebensgefahr für einzelne Personen, aufgrund eines Gesetzes auch zur Strafverfolgung oder zur Verhütung dringender Gefahren für die öffentliche Sicherheit und Ordnung, insbesondere zur Behebung der Raumnot, zur Bekämpfung von Seuchengefahr oder zum Schutze gefährdeter Jugendlicher vorgenommen werden."

Dieser Antrag wurde in der 24. Sitzung der Gemeinsamen Verfassungskommission am 17. Juni 1993 beraten.

Ein Berichterstattergespräch und eine Abstimmung fanden nicht statt.

IV. Begründung

Die Befürworter wiesen darauf hin, daß der Einsatz technischer Mittel in Wohnungen zur wirksamen Bekämpfung der Organisierten Kriminalität unumgänglich sei. Neben den USA würden auch die Rechtsordnungen der Staaten Westeuropas den rechtsstaatlich gebundenen Einsatz technischer Mittel in geschlossenen Räumen durchweg zulassen. Auf das Abhören von Raumgesprächen könnte man nicht verzichten, da die Telefonüberwachung nicht ausreichend und die Einschleusung verdeckter Ermittler bei stark abgeschotteten Tätergruppen häufig nicht möglich sei.

Die Gegner einer Grundgesetzänderung begründeten ihre Ansicht vor allem damit, daß der Einsatz technischer Mittel in Wohnungen für die Bekämpfung der Organisierten Kriminalität wenig bringe. Außerdem würde ein Eingriff in die Wohnung als elementarem Lebensraum des Menschen den Kernbereich seiner Persönlichkeit und damit Artikel 1 GG verletzen.

In der Gemeinsamen Verfassungskommission bestand Übereinstimmung, daß es sich bei dem Antrag zur Änderung von Artikel 13 GG im Grunde um eine verfassungsrechtliche Folgeänderung einer sicherheitsrechtlichen Initiative einfachgesetzlicher Art handle. In eine nähere Diskussion sollte — ähnlich den Grundgesetzänderungen zur Bahnreform — erst eingetreten werden, wenn das zugrundeliegende Sachanliegen abschließend beraten sei.

4. Kapitel

Staatsziele

4.1. Schutz der natürlichen Lebensgrundlagen

I. Empfehlung

Die Gemeinsame Verfassungskommission hat folgende Empfehlung beschlossen:

Nach Artikel 20 GG wird folgender Artikel 20a GG angefügt:

> „Der Staat schützt auch in Verantwortung für die künftigen Generationen die natürlichen Lebensgrundlagen im Rahmen der verfassungsmäßigen Ordnung durch die Gesetzgebung und nach Maßgabe von Gesetz und Recht durch die vollziehende Gewalt und die Rechtsprechung."

II. Problemstellung

Ausgangspunkt der Beratungen in der Gemeinsamen Verfassungskommission war die parteiübergreifende Auffassung, daß — unabhängig von der Frage, wie man sich zur Aufnahme sonstiger Staatszielbestimmungen in das Grundgesetz stellt — jedenfalls die verfassungsrechtliche Verankerung eines Staatsziels Umweltschutz erwünscht sei. Dabei spielten insbesondere folgende Erwägungen eine Rolle: Beim Umweltschutz handele es sich um ein existenzielles, langfristiges Interesse des Menschen. Die sich daraus ergebende ökologische Herausforderung an den Staat sei bei Schaffung des Grundgesetzes noch nicht absehbar gewesen. Die geltende Verfassungsordnung gewährleiste den natürlichen Lebensgrundlagen weder durch die Grundrechte noch durch objektiv-rechtliche Verfassungsprinzipien hinreichenden Schutz. Der Schutz der natürlichen Lebensgrundlagen sei eine hochrangige, grundlegende und auch in die staatliche Verantwortung fallende Aufgabe, die den in Artikel 20 Abs. 1 GG genannten Staatszielen und Strukturprinzipien in Rang und Gewicht gleichkomme.

Mit ähnlicher Begründung hatte bereits die im Herbst 1981 von den Bundesministern des Innern und der Justiz eingesetzte Sachverständigenkommission „Staatszielbestimmungen/Gesetzgebungsaufträge" in ihrem im September 1983 vorgelegten Bericht die Verankerung des Umweltschutzes in der Verfassung gefordert (Bericht, Rz. 130ff.).

Parlamentarische Initiativen, den Umweltschutz als Staatszielbestimmung im Grundgesetz zu verankern, sind bislang gescheitert.

Die SPD hatte in der 10. Wahlperiode (BT-Drucksache 10/1502) und in der 11. Wahlperiode (BT-Drucksache 11/10) einen Gesetzentwurf zur Einführung eines neuen Artikel 20a GG folgenden Inhaltes eingebracht:

„Die natürlichen Lebensgrundlagen stehen unter dem besonderen Schutz des Staates."

Diese Anträge fanden ebensowenig die erforderliche verfassungsändernde Mehrheit wie der Gesetzesentwurf von CDU/CSU und F.D.P. in der 11. Wahlperiode (BT-Drucksache 11/7423) mit folgender Formulierung für einen neuen Artikel 20a GG:

„Die natürlichen Lebensgrundlagen des Menschen stehen unter dem Schutz des Staates. Das Nähere regeln die Gesetze."

Verfassungspolitisch war und blieb vor allem umstritten, ob der Schutz der natürlichen Lebensgrundlagen anthropozentrisch formuliert und mit einem Gesetzgebungsvorbehalt versehen werden soll oder nicht.

Anthropozentrischer Ansatz und Gesetzesvorbehalt waren die beiden strittigen Probleme auch in den Beratungen der Kommission Verfassungsreform des Bundesrates über ein Staatsziel Umweltschutz (BR-Drucksache 360/92, Rz. 132ff.). Mit Zweidrittelmehrheit war dort folgender Vorschlag — ohne anthropozentrische Ausrichtung und ohne Gesetzgebungsvorbehalt — für einen neuen Artikel 20a GG angenommen worden:

„Die natürlichen Grundlagen des Lebens stehen unter dem besonderen Schutz des Staates."

Fünf Länder hatten demgegenüber vorgeschlagen, das Grundgesetz statt dessen wie folgt zu ergänzen:

„Der Staat schützt die natürlichen Grundlagen des Lebens durch seine gesetzliche Ordnung."

III. Verfahrensablauf

Die Gemeinsame Verfassungskommission hat die Frage nach der verfassungsrechtlichen Verankerung eines Staatsziels Umweltschutz in der 6. Sitzung am 14. Mai 1992 sowie in der 12. Sitzung am 12. November 1992 im Rahmen der allgemeinen Staatsziel-Diskussion behandelt. Die spezielle Problematik eines Staatsziels Umweltschutz war ferner wesentlicher Aspekt der 2. Öffentlichen Anhörung der Gemeinsamen Verfassungskommission zum (General-)Thema „Staatsziele und Grundrechte" am 16. Juni 1992. Zu den Staatszielen generell wie speziell zum Staatsziel Umweltschutz fanden zahlreiche Berichterstattergespräche statt.

1. Dabei stellten sich die verfassungspolitischen Ausgangspositionen wie folgt dar:

   Die CDU/CSU warb, auf der Grundlage des Koalitionsantrages aus der 11. Wahlperiode, für die anthropozentrische Ausrichtung eines Staatsziels

Umweltschutz. Nach der Verfassungsordnung (Artikel 1 GG: Garantie der Menschenwürde) sei der Mensch Maß und Mittelpunkt aller staatlichen Regelungen und Maßnahmen. Damit sei unvereinbar, die Umwelt aus eigenem Recht unter Schutz zu stellen. Der Umwelt als solcher könne kein der Stellung des Menschen gleichgeordneter verfassungsrechtlicher Eigenwert zuerkannt werden.

Die SPD hielt dem auf der Grundlage ihrer Anträge aus der 10. bzw. 11. Wahlperiode entgegen, daß für sie wie bisher eine anthropozentrische „Verengung" des Umweltschutzes nicht in Betracht komme. Die Umwelt bedürfe verfassungsrechtlichen Schutzes auch um ihrer selbst willen. Die anthropozentrische Sichtweise bedeute im Ergebnis eine massive Einschränkung des Umweltschutzes; aktuelle Interessen, etwa in den Bereichen Wirtschaft und Verkehr, würden so für alle Abwägungen das Übergewicht bekommen. Die F.D.P. erklärte, daß für sie der anthropozentrische Ansatz inzwischen verzichtbar sei.

Die SPD schlug vor, die natürlichen Lebensgrundlagen unter den „besonderen Schutz" des Staates zu stellen. Mit dieser Formulierung werde der hohe Stellenwert dieses Staatsziels in der politischen Wirklichkeit wie auch in seiner verfassungsrechtlichen Verankerung zum Ausdruck gebracht. Dem wurde insbesondere von der CDU/CSU entgegengehalten, daß ein Staatsziel Umweltschutz anderen Staatszielen gleichgeordnet sein müsse. Innerhalb der Verfassungsordnung könne einer Staatszielbestimmung Umweltschutz kein höherer Rang gegenüber anderen Verfassungswerten zukommen.

Die CDU/CSU betonte, wieder auf der Grundlage des Koalitionsantrags aus der 11. Wahlperiode, die aus ihrer Sicht zwingende verfassungspolitische Notwendigkeit eines Ausgestaltungsvorbehalts zugunsten des Gesetzgebers. Der Umweltschutz könne als Schutzgut nicht für sich stehen, insbesondere keine einseitige Priorität beanspruchen. Er sei vielmehr in vielfältigen Spannungslagen, etwa mit Wirtschaftswachstum, Industrieansiedlung, Schaffung von Arbeitsplätzen, Wohnungsbau, Energieversorgung, Verkehrsversorgung zu sehen und umzusetzen. Alle diese Zielsetzungen seien ebenfalls von herausragender Qualität, sie seien in ihrem Geltungs- bzw. Prioritätsanspruch dem Umweltschutz nicht minder-, sondern gleichwertig. Gerade eine wirksame und erfolgreiche Umweltschutzpolitik fordere deshalb den stetigen (verhältnismäßigen) Schutzgüter- oder Interessenausgleich, die möglichst verhältnismäßige Konfliktlösung. Der Ausgleich des Staatsziels Umweltschutz mit den anderen Staatsaufgaben, mit dem öffentlichen Interesse und mit den Rechten des Einzelnen könne — wie schon bei der Sozialgebundenheit des Eigentums (Artikel 14 Abs. 2 GG) — nur durch politische Entscheidung des Gesetzgebers, nicht von Fall zu Fall durch Verwaltung und Gerichte, erfolgen. Deshalb bedürfe es des Konkretisierungsvorbehalts für den Gesetzgeber. Wer auf diesen verzichten wolle, begreife den Umweltschutz nicht mehr in Relation zu jenen anderen Schutzgütern; Umweltschutz könne damit von einem gleichrangigen zu einem vorrangigen oder gar allein ausschlaggebenden Belang werden.

Die Mitglieder der SPD sprachen sich — ebenfalls unter Verweis auf ihre Anträge aus der 10. und 11. Wahlperiode — weiter dezidiert gegen einen gesetzgeberischen Konkretisierungs- bzw. Aktualisierungsprimat aus. Der Umweltschutz werde damit im Ergebnis zur Disposition des Gesetzgebers gestellt; der Gesetzesvorbehalt nehme dem Staatsziel praktisch seine Verfassungsqualität und stelle den Umweltschutz nach Art und Intensität ganz dem jeweiligen Gesetzgeber anheim. Die Formulierung müsse klarstellen, daß kein Gesetzgebungsauftrag gemeint sei. Es stelle sich die Frage, warum ausgerechnet beim Staatsziel Umweltschutz mit dem Gesetzgebungsvorbehalt ein „Bremsblock" eingezogen werden müsse; das Sozialstaatsprinzip z. B. unterliege keinem Gesetzesvorbehalt. Der Umweltschutz dürfe jedoch gegenüber anderen Staatszielen nicht relativiert werden, er müsse als vollwertiges Staatsziel und nicht als bloßer Gesetzgebungsauftrag im Grundgesetz verankert werden. Die Vorstellung, nur der Gesetzgeber sei berufen, Umweltschutz zu beachten, greife zu kurz. Der Umweltschutz müsse sich gleichrangig auch an die Rechtsprechung und an die Verwaltung richten. Andernfalls würde der Umweltschutz zu einem Staatsziel „zweiter Klasse". Der Rahmen der „verfassungsmäßigen Ordnung" im Sinne von Artikel 20 Abs. 3 GG bleibe auf jeden Fall erhalten. Die Gerichte könnten ein solches Staatsziel nicht beliebig interpretieren, sondern blieben selbstverständlich an Recht und Gesetz gebunden. Deswegen seien die Befürchtungen der CDU/CSU unbegründet oder doch jedenfalls zu weitgehend.

Im weiteren Verlauf der Beratungen gab die CDU/CSU zu erkennen, im Interesse eines mehrheitsfähigen Kompromisses nicht zwingend auf einer ausdrücklichen Verankerung des anthropozentrischen Ansatzes im Grundgesetz bestehen zu wollen. Die SPD erklärte ihrerseits, daß sie nicht auf der Formulierung eines „besonderen Schutzes" für die natürlichen Lebensgrundlagen beharren werde. Die Berichterstatter waren sich ferner darüber einig, über den Bezug zur „verfassungsmäßigen Ordnung" die Kontroverse um den Gesetzesvorbehalt auflösen zu können.

2. Die Berichterstatter verständigten sich auf folgenden von Abg. Prof. Dr. Scholz in die Diskussion eingebrachten Formulierungsvorschlag:

   „Die natürlichen Lebensgrundlagen stehen im Rahmen der verfassungsmäßigen Ordnung unter dem Schutz des Staates."

   Die Berichterstatter gingen dabei von folgenden Erwägungen aus:

   — Mit dieser Formulierung werde der Staat im Wege eines objektiv-rechtlichen Verfassungssatzes auf den Umweltschutz verpflichtet, die Formulierung biete keine Grundlage für individualrechtliche Rechtsansprüche.

   — Der Begriff der „verfassungsmäßigen Ordnung" sei mehrdeutig; im vorliegenden Zusammenhang entspreche er dem Begriffsinhalt des Artikel 20 Abs. 3 GG, nicht dem Inhalt der gleichlautenden Begriffe in Artikel 2 Abs. 1 GG bzw. Artikel 9 Abs. 2 GG. Die verfassungsmäßige Ordnung im hier gemeinten Sinne sei also die Gesamtheit der Normen des Grundgesetzes.

— Der Bezug zur so verstandenen „verfassungsmäßigen Ordnung“ leiste die nötigen Ausbalancierungen mit anderen, ebenso verfassungsrechtlich legitimierten Schutzgütern.

— Die Formulierung sehe zwar eine Orientierung an den Interessen und Belangen des Menschen nicht ausdrücklich vor; der Rahmen der verfassungsmäßigen Ordnung bringe aber natürlich die menschlichen Belange ganz stark ins Spiel und betone ihr Gewicht.

Die SPD hat den Kompromißvorschlag der Berichterstatter zum Antrag (Kommissionsdrucksache Nr. 38) erhoben und in der 17. Sitzung am 11. Februar 1993 zur Abstimmung gestellt. Mit 41 Ja-Stimmen, bei 21 Nein-Stimmen und einer Enthaltung verfehlte er knapp die erforderliche Zweidrittelmehrheit.

Die ablehnenden Stimmen beriefen sich vor allem darauf, daß in dem Vorschlag der Berichterstatter der Primat des Gesetzgebers bei der Konkretisierung des Staatsziels Umweltschutz nicht hinreichend sichergestellt sei. Der Kompromißvorschlag berge die Gefahr in sich, daß letztlich nicht mehr die Parlamente, sondern die Gerichte über Inhalte und Grenzen des Umweltschutzes befinden. Verantworteter Umweltschutz aber, der ein stimmiges Verhältnis von Ökonomie und Ökologie bewahre, könne nur durch klare gesetzliche Regelungen und nicht durch ausuferndes und im Einzelfall nicht vorhersehbares Richterrecht geschaffen werden.

Im Sinne dieser ablehnenden Stimmen sind von Seiten der CDU/CSU in der 17. Sitzung am 11. Februar 1993 zwei Anträge zur Abstimmung gestellt worden, die auf eindeutige Klarstellung des Primats des Gesetzgebers bei der Konkretisierung des Staatsziels Umweltschutz zielten. Der Antrag der CDU/CSU-Fraktion (Kommissionsdrucksache Nr. 57) lautete:

„Die natürlichen Grundlagen des Lebens stehen unter dem Schutz des Staates. Das Nähere regeln die Gesetze.“

Dieser Antrag wurde mehrheitlich bei 27 Ja-Stimmen, 33 Nein-Stimmen und 2 Enthaltungen abgelehnt.

Das Land Bayern hatte dann noch folgenden Antrag (Kommissionsdrucksache Nr. 49) gestellt:

„Der Staat schützt die natürlichen Lebensgrundlagen durch seine gesetzliche Ordnung“.

Auch dieser Antrag wurde bei 22 Ja-Stimmen, 35 Nein-Stimmen und 4 Enthaltungen mehrheitlich abgelehnt.

Bei 26 Ja-Stimmen, 28 Nein-Stimmen und 6 Enthaltungen wurde auch folgender Antrag des Landes Hessen (Kommissionsdrucksache Nr. 9) mehrheitlich abgelehnt:

„Die natürlichen Grundlagen des Lebens stehen unter dem besonderen Schutz des Staates. Die Lebensinteressen künftiger Generationen sind besonders zu achten.“

Ein Antrag der Gruppe BÜNDNIS 90/DIE GRÜNEN (Kommissionsdrucksache Nr. 45) erreichte nur 3 Ja-Stimmen und sehr viele Nein-Stimmen bei wenigen Enthaltungen.

3. Informelle Gespräche im Rahmen der Gemeinsamen Verfassungskommission mit dem Ziel, doch noch eine mehrheitsfähige Formulierung für ein Staatsziel Umweltschutz zu finden, führten dazu, daß die Problematik in der 25. Sitzung am 1. Juli 1993 erneut auf die Tagesordnung der Gemeinsamen Verfassungskommission gesetzt wurde. Der einleitend unter I. zitierte Vorschlag, von der SPD zum Antrag erhoben (Kommissionsdrucksache Nr. 95), erreichte mit 43 Ja-Stimmen, bei 14 Nein-Stimmen und 3 Enthaltungen die erforderliche Zweidrittelmehrheit.

IV. Begründung

Der Vorschlag weist folgende verfassungsrechtlichen wie verfassungspolitischen Eckdaten auf:

— Der Umweltschutz wird als objektiv-rechtliches Staatsziel ausgestaltet; die von der Gemeinsamen Verfassungskommission empfohlene Formulierung enthält keinen subjektiven Anspruchstatbestand. Es wird daher nicht möglich sein, aufgrund der empfohlenen Staatszielbestimmung bestimmte Umweltentscheidungen einzuklagen oder aus ihr konkrete Leistungsansprüche abzuleiten.

— Herausgehoben wird die „Verantwortung auch für die künftigen Generationen". Damit wird einmal bestätigt, was für Staatsziele ohnehin gilt: ihr dynamischer, auf die künftige Gestaltung sozialer Lebensverhältnisse zielender Gehalt. Zum anderen wird betont, daß die natürlichen Lebensgrundlagen nicht nur für die lebende Generation, sondern auch für die nachfolgenden Generationen von existentieller Bedeutung sind.

— Die Einordnung der Staatszielbestimmung in die „verfassungsmäßige Ordnung" (wobei insoweit der Begriffsinhalt des Artikel 20 Abs. 3 GG zugrunde gelegt wird) bedeutet die prinzipielle Gleichordnung des Umweltschutzes mit anderen Verfassungsprinzipien und Verfassungsrechtsgütern. Der Umweltschutz ist also in Ausgleich mit anderen Verfassungsrechtsgütern und Verfassungsprinzipien zu bringen.

— Indem der Schutz der natürlichen Lebensgrundlagen zunächst dem Gesetzgeber zugewiesen wird („durch die Gesetzgebung"), enthält der Vorschlag einen Gestaltungsauftrag an den Gesetzgeber, zugleich betont er das Gewicht der Gesetze für die Verfolgung des Staatsziels.

— Die ausdrückliche Erwähnung des Schutzes auch durch Rechtsprechung und Verwaltung beinhaltet zum einen die Aussage, daß auch die zweite und dritte Gewalt beim Schutz der natürlichen Lebensgrundlagen mitzuwirken haben („. . . durch die vollziehende Gewalt und die Rechtsprechung geschützt . . ."). Sie bekräftigt zum anderen die in Artikel 20 Abs. 3 GG ohnehin enthaltene Aussage, daß die zweite und dritte Gewalt an Recht und Gesetz gebunden, also insoweit gegenüber formellen Gesetzen und gegenüber anderen Rechtsnormen nachgeordnet sind. Das steht der Berücksichtigung des Staatsziels beispielsweise bei der Auslegung von unbestimmten Rechtsbegriffen und der Ausübung des Ermessens nicht entgegen, erfordert sie vielmehr.

— Mit der Anknüpfung des Vorschlags an die Umschreibung des Gewaltenteilungsprinzips und die differenzierte Rechtsbindung der drei Gewalten in Artikel 20 Abs. 3 GG wird das verfassungspolitische Signal gesetzt, daß die neue Staatszielbestimmung sich in die bestehenden Grundstrukturen des Grundgesetzes einfügen muß.

Die Vorbehalte, die in der Sitzung am 1. Juli 1993 gegen den Antrag der SPD geltend gemacht wurden, betrafen im wesentlichen den Passus „nach Maßgabe von Gesetz und Recht". Es wurde die Befürchtung geäußert, daß in dem Zusatz „und Recht" doch wieder ein Öffnungstor für eine Dominanz der Rechtsprechung bei der inhaltlichen Ausgestaltung des Umweltschutzes liegen könne. Die Formulierung lasse der Rechtsprechung Spielraum für Interpretationen, was unter das zusätzliche Kriterium „und Recht" falle. Die Bindung allein an das Gesetz, also das positive Recht, müsse deutlicher im Vordergrund stehen.

Die CDU/CSU-Fraktion hat deshalb eine Formulierung zur Abstimmung gestellt (Kommissionsdrucksache Nr. 94), die — bei Wortidentität im übrigen — anstelle des Passus „nach Maßgabe von Gesetz und Recht" die Formulierung „nach Maßgabe der Gesetze" enthielt. Dieser Antrag wurde von 25 Kommissionsmitgliedern unterstützt; 32 stimmten dagegen, es gab 2 Enthaltungen.

V. Weitergehende Anträge

Im Rahmen der Berichterstattergespräche ist ferner die Frage aufgeworfen worden, ob nicht die ökologische Inpflichtnahme des Staates um eine ökologische Inpflichtnahme des Einzelnen ergänzt werden müsse. So hat das Land Bremen vorgeschlagen (Arbeitsunterlage Nr. 36), den Katalog der in Artikel 2 Abs. 1 GG erwähnten Grundrechtsschranken um eine ökologische Grundrechtsschranke zu erweitern. Die menschliche Entfaltungsfreiheit solle künftig ihre Grenzen auch dort finden, wo sie die natürlichen Lebensgrundlagen beschädigt. Bremen hat dazu folgende Formulierung vorgeschlagen:

> „Jeder hat das Recht auf die freie Entfaltung seiner Persönlichkeit, soweit er nicht *die natürlichen Lebensgrundlagen beschädigt,* die Rechte anderer verletzt und gegen die verfassungsmäßige Ordnung und das Sittengesetz verstößt."

Weiter ist der Vorschlag in die Diskussion gebracht worden, in Artikel 14 GG zu den sozialen Schranken auch eine ökologische Schranke hinzuzufügen:

> „Eigentum verpflichtet. Sein Gebrauch soll zugleich dem Wohle der Allgemeinheit dienen, *das den Schutz der natürlichen Grundlagen des Lebens umfaßt."*

Beide Vorschläge erwiesen sich schon unter den Berichterstattern als nicht mehrheitsfähig. Sie sind denn auch nicht mehr zu offiziellen Anträgen erhoben worden.

4.2. Tierschutz

I. Empfehlung

Die Gemeinsame Verfassungskommission gibt zu einem Staatsziel Tierschutz keine Empfehlung ab.

II. Problemstellung

Im Rahmen der Diskussion um ein Staatsziel Umweltschutz wurde schon in den Beratungen der Kommission Verfassungsreform des Bundesrates die Frage aufgeworfen, ob der Tierschutz in einer möglichen Formulierung „Schutz der natürlichen Lebensgrundlagen" mit enthalten sei oder ob er eigenständig in der Verfassung erwähnt werden sollte. Das Land Niedersachsen hatte in der Kommission Verfassungsreform des Bundesrates eine ausdrückliche Nennung des Tierschutzes vorgeschlagen: „Die natürlichen Lebensgrundlagen und die Tiere stehen unter dem besonderen Schutz des Staates", und das Land Bremen hatte zu bedenken gegeben, in der Präambel eine Ergänzung „in Respekt vor der Schöpfung" einzufügen (vgl. zu beidem Kommissionsdrucksache Nr. 15 der Kommission Verfassungsreform des Bundesrates, Seite 8 und 11). Beide Vorschläge erhielten jedoch keine Mehrheit in der Bundesratskommission.

In der Gemeinsamen Verfassungskommission stellten die SPD und das Land Hessen den gleichlautenden Antrag, den Tierschutz als selbständiges Staatsziel in das Grundgesetz nach Artikel 20 aufzunehmen (vgl. Kommissionsdrucksachen Nr. 29 und 46):

„Tiere werden als Lebewesen geachtet. Sie werden vor nicht artgemäßer Haltung, vermeidbaren Leiden und Zerstörung ihrer Lebensräume geschützt."

Die F.D.P. stellte über ihr Mitglied Abg. Dr. Hirsch den Antrag, folgenden Artikel 20 a Abs. 2 GG einzufügen (Kommissionsdrucksache Nr. 50):

„Tiere werden im Rahmen der geltenden Gesetze vor vermeidbaren Leiden und Schäden geschützt."

III. Verfahrensablauf

In der 6. Sitzung der Gemeinsamen Verfassungskommission am 14. Mai 1992 teilte die SPD im Rahmen der ersten Staatszieldebatte mit, daß sie prüfe, ob eine eigene Tierschutznorm in der Verfassung — neben dem vorhandenen einfachgesetzlichen Schutz durch das Tierschutzgesetz — sinnvoll sei, so wie dies etwa die brandenburgische Verfassung in breitem Einvernehmen geregelt habe.

Die 2. Öffentliche Anhörung am 16. Juni 1992 befaßte sich mit dem Beratungsgegenstand der Staatsziele. Die Tierschutzproblematik spielte dabei aber nur eine untergeordnete Rolle. Die eigentliche Diskussion begann erst in den Berichterstattergesprächen über das Staatsziel Umweltschutz. Die Bundesregierung wurde gebeten, zu Einzelfragen Stellung zu nehmen, insbesondere zur Problematik, ob der Tierschutz schon in einer Formulierung eines Umweltschutzstaatszieles enthalten sein könne, wenn diese etwa den „Schutz der natürlichen Lebensgrundlagen" oder den „Schutz des/allen Lebens" vorsehe. Dieser Bitte kam der Bundesminister des Innern mit einer ausführlichen Stellungnahme der Verfassungsressorts vom 7. Oktober 1992 nach.

In den Berichterstattergesprächen wurde jedoch kein Einvernehmen im Sinne eines bestimmten Ergebnisses erzielt. In der 12. Sitzung der Gemeinsamen Verfassungskommission am 12. November 1992 wurde das Staatsziel Tierschutz im Rahmen der zweiten Staatszieldebatte der Gemeinsamen Verfassungskommission diskutiert. In der 17. Sitzung am 11. Februar 1993 wurde über die vorliegenden Anträge abgestimmt. Keiner der beiden Anträge erreichte die für eine Empfehlung nötige Zweidrittelmehrheit. Für den SPD-Antrag stimmte eine knappe relative Mehrheit von 25 Ja- gegen 24 Nein-Stimmen bei 5 Enthaltungen; der F.D.P.-Antrag erreichte eine absolute Mehrheit von 33 Ja- bei 19 Nein-Stimmen und 3 Enthaltungen.

Aus der Bevölkerung einschließlich prominenter Bürger sowie von Tierschutzverbänden erreichte die Gemeinsame Verfassungskommission eine auffallend hohe Zahl von Eingaben — über 170 000 — zum Tierschutz und zur Bewahrung der Mitgeschöpflichkeit im Grundgesetz. Das ist nach den Eingaben zur „direkten Bürgerbeteiligung" die zweithöchste Zahl von Eingaben zu einem bestimmten Beratungsgegenstand.

IV. Begründung

1. Diskussion über Definitionsfragen

Trotz einiger zunächst geäußerter Zweifel stellte sich im Laufe der Diskussion mehrheitlich die Auffassung heraus, daß der Tierschutz im Umweltschutz, wenn dieser als Schutz der „natürlichen Lebensgrundlagen" formuliert werde, nicht oder jedenfalls nicht vollständig enthalten sei.

Zwar äußerten sich auch einzelne Abgeordnete zunächst in dem Sinne, daß der Tierschutz möglicherweise in den „natürlichen Grundlagen des Lebens" mit enthalten sei. Doch tauchten von Anfang an Zweifel auf, ob diese Formulierung nicht nur die Arterhaltung und eventuell die Lebensräume von Tieren schütze, nicht aber die Tiere selbst und etwa ihre artgerechte Haltung durch den Menschen. Deswegen wurden weitere Vorschläge eingebracht: Den Begriff der „Schöpfung" aufzunehmen, der umfassenden Schutz für Menschen und Tiere beinhalte und durch die Bezeichnung des Tieres als „Mitgeschöpf“ in § 1 Satz 1 Tierschutzgesetz bereits mittelbar Anerkennung in der Rechtssprache gefunden habe, oder den Begriff „Natur“ oder den des „Lebens“ oder den der „natürlichen Grundlagen allen Lebens“. Gegen diese Begriffe wurden Einwände laut, so etwa gegen die Aufnahme des Schöpfungsbegriffs. Dieser christlich-religiös geprägte Begriff erfasse den Tierschutz nicht oder nicht ausreichend. Seine Aufnahme in das Grundgesetz sei anmaßend; auch gehöre er aus theologischen Gründen nicht in die Verfassung. Gegen den Naturbegriff wurde vorgebracht, dieser wirke eher im Sinne des herkömmlichen Naturschutzes.

Wegen der bestehenden Unklarheiten wurden die Verfassungsressorts der Bundesregierung gebeten, zu den verschieden Formulierungsvorschlägen unter dem Aspekt der Einbeziehung des Tierschutzes Stellung zu nehmen. Das Bundesministerium der Justiz hatte bereits in den Berichterstattergesprächen darauf verwiesen, daß der Tierschutz nicht ausreichend im Begriff der „natürlichen Lebensgrundlagen“ oder im Begriff der „Natur“ enthalten sei. Es spreche sich daher für die Verwendung des Schöpfungsbegriffes im Grundgesetz aus. Diese Interpretation wurde in der Stellungnahme des Bundesministeriums des Innern unterstützt:

Zum Tierschutz — programmatisch festgelegt in § 1 Tierschutzgesetz [1]) — gehöre als zentrales Anliegen die Achtung der Tiere als Lebewesen. Diese umfasse drei Elemente: den Schutz der Tiere vor

— nicht artgemäßer Haltung

— vermeidbaren Leiden

— Zerstörung ihrer Lebensräume.

Jene Elemente fänden sich auch im Vorschlag des Abgeordneten Dr. Schmude vom 18. September 1992 an die Berichterstatter.

Diese Inhalte des Tierschutzes seien weder durch den Begriff „natürliche Lebensgrundlagen des Menschen“ noch durch den der „natürlichen Lebensgrundlagen“ noch durch den der „natürlichen Grundlagen des/allen Lebens“ abgedeckt. In diesen Begriffen sei nur der Schutz der Lebensräume der Tiere vor Zerstörung enthalten, und dies gelte auch nur für freilebende Tiere, also insbesondere nicht für Haustiere, landwirtschaftliche Nutztiere, Versuchs-, Zoo- und Zirkustiere. Auch sei der Schutz der Tiere selbst und ihr Schutz vor vermeidbaren Leiden nur mittelbar gegeben, nämlich soweit das Leiden gerade durch die Zerstörung ihrer Lebensräume bewirkt werde.

Der Begriff des Naturschutzes sei ein aliud gegenüber dem Tierschutz. Auch mit dem Begriff der „Fauna und Flora“ seien nur freilebende Tiere erfaßt. Dagegen

[1]) Text des § 1 Tierschutzgesetz i. d. F. der Bekanntmachung vom 18. August 1986, BGBl. I S. 1319: „Zweck des Gesetzes ist es, aus der Verantwortung des Menschen für das Tier als Mitgeschöpf dessen Leben und Wohlbefinden zu schützen. Niemand darf einem Tier ohne vernünftigen Grund Schmerzen, Leiden oder Schäden zufügen,“

könne dem Begriff der Schöpfung aufgrund der geschichtlichen und rechtspolitischen Entwicklung der letzten Jahrzehnte trotz seiner zunächst christlich-religiösen Prägung heute durchaus eine säkularisierte Bedeutung beigemessen werden. Dies zeige sich bereits durch die Übernahme der Bewertung des Tieres als „Mitgeschöpf" in die Rechtsordnung in § 1 Tierschutzgesetz. Der Schöpfungsbegriff könne sich somit auch als Verfassungsrechtsbegriff eignen. Er umfasse als weitester der erörterten Begriffe alles Leben, die natürlichen Grundlagen des Lebens, die belebte und unbelebte Natur sowie die Umwelt als Gesamtgefüge: Umweltschutz und Tierschutz fänden somit vollständige Berücksichtigung.

Eine ausdrückliche und gesonderte Erwähnung des Tierschutzes als Staatsziel wurde dagegen in der Stellungnahme der Verfassungsressorts abgelehnt.

Nach dieser ausführlichen Stellungnahme der Verfassungsressorts verlagerte sich die Diskussion in der Gemeinsamen Verfassungskommission auf die Frage, ob eine gesonderte Staatszielbestimmung Tierschutz aufgenommen werden solle.

2. Argumentation der Befürworter einer gesonderten Staatszielbestimmung Tierschutz

Alle Befürworter des Tierschutzes hätten ein gemeinsames Ziel: Sie wollten den ethisch verantwortbaren Umgang des Menschen mit den Tieren. Davon gehe auch das geltende Tierschutzgesetz aus. Die Begründung liege letztlich darin, daß die Leidens- und Empfindungsfähigkeit von — insbesondere höher entwickelten — Tieren in Verantwortung des Menschen ein ethisches Minimum für dessen Verhalten erfordere, nämlich Tiere als Lebewesen zu achten, ihnen vermeidbare Leiden zu ersparen und anzuerkennen, daß die Menschen nicht das Recht haben, mit Tieren in beliebiger Weise umzugehen, nur weil diese schwächer sind und sich selbst nicht artikulieren können.

Die Realität zeige jedoch, daß dieses Ziel nicht erreicht werde: Insbesondere bei der Massentierhaltung, beim Tiertransport, bei der Tiertötung und der Nutzung als Versuchstiere würden Tieren trotz des geltenden Tierschutzrechtes in unerträglichem und unsäglichen Ausmaß Leiden zugefügt, insbesondere aus wirtschaftlichen Interessen, die sich immer wieder zum Nachteil der Tiere durchsetzten. Um hier eine Besserung zu erreichen, sei es nicht nur nötig, das Tierschutzgesetz zu verbessern und verstärkt anzuwenden — dies forderten auch andere Mitglieder der Gemeinsamen Verfassungskommission, die nicht oder nicht vollständig die SPD-Anträge unterstützten —, sondern eine verfassungsrechtliche Regelung sei erforderlich.

Eine Aufnahme in die Verfassung sei auch deswegen notwendig, um in der Gesetzesanwendung und in der Rechtsprechung die erforderliche Abwägung mit anderen, auch verfassungsrechtlich geschützten Rechtsgütern, etwa der Forschungs- und Wissenschaftsfreiheit, auch im Einzelfall zu erreichen. Sonst gäben die Gerichte von vornherein diesen anderen Rechtsgütern im Konfliktfall den Vorrang, was dem gehobenen Stellenwert des Tierschutzes nicht entspreche.

Da es nach nunmehr weitgehend einhelliger Auffassung nicht möglich sei, diesen Verfassungsrang durch eine einheitliche Formulierung des Umweltschutzstaatszieles („Schutz der natürlichen Lebensgrundlagen") zu erreichen, müsse man den Tierschutz als gesonderte Staatszielbestimmung in die Verfassung aufnehmen.

Der Vorschlag in den Kommissionsdrucksachen Nr. 29 und 46 greife diese Gedanken in Satz 1 auf: Tiere werden als Lebewesen geachtet. Satz 2 diene der Konkretisierung für die Rechtsanwendung und gebe Verwaltung und Rechtsprechung Anhaltspunkte für die Auslegung. Er entspreche im übrigen dem geltenden Tierschutzgesetz. Einige Mitglieder der Gemeinsamen Verfassungskommission wollten allerdings nur Satz 1 unterstützen und hielten Satz 2 für zu weitgehend.

Auch zeige die Aufnahme des Tierschutzes als gesonderte Staatszielbestimmung in die Landesverfassung von Brandenburg, daß über die Parteigrenzen hinaus Einsichten vorhanden seien, die unserer Verpflichtung gegenüber den Tieren als unseren Mitgeschöpfen den richtigen Stellenwert einräumten.

Schließlich sei eine Differenzierung verschiedener Tierarten — etwa nach höher und niedriger entwickelten Tierarten — durch das einfache Recht und die Rechtsprechung weiterhin möglich und sinnvoll.

Der Antrag der F.D.P.-Fraktion (Kommissionsdrucksache Nr. 50) wurde dahingehend begründet, daß es letztlich bei allen Diskussionen — nur — eine Gemeinsamkeit gegeben habe: den Schutz der Tiere als Mitgeschöpfe vor vermeidbaren Leiden zu sichern. Die nötige Differenzierung zwischen verschiedenen Tierarten — zum Beispiel nach Nutztieren, Schädlingen oder Entwicklungsstand — und die erforderliche Abwägung zu anderen Rechtsgütern könne nur der einfache Gesetzgeber vornehmen; deswegen sei die Einschränkung „im Rahmen der geltenden Gesetze" hinzuzufügen. Im übrigen sei es unabdingbar, bei der anstehenden Novelle zum Tierschutzgesetz die Belange des Tierschutzes wesentlich zu verstärken.

3. Argumentation der Gegner einer gesonderten Staatszielbestimmung Tierschutz

Der Tierschutz als solcher stehe nicht zur Diskussion. Er werde jedoch am besten durch den einfachen Gesetzgeber gewährleistet. Das breit akzeptierte Tierschutzgesetz verfolge die konkreten Ziele des Tierschutzes in einer sachkundigen und sachgerechten Abwägung mit jeweils definierten anderen Rechtsgütern, zum Beispiel der Forschungsfreiheit.

Die Aufnahme eines uneingeschränkten Staatsziels Tierschutz in die Verfassung werde die Gesamtbalance innerhalb der Werteordnung des bisher ausschließlich auf den Menschen bezogenen Grundgesetzes verändern und könne zu Kollisionslagen führen, die weit über die mit einer Staatszielbestimmung Tierschutz verfolgten Anliegen hinausreichten.

Die nötige Konkretisierung und Differenzierung müsse auf einfachgesetzlicher Ebene vorgenommen werden: Dies gelte insbesondere für die Frage, welche Tiere durch das Staatsziel erfaßt würden und wo die genaue Abgrenzung der Tierwelt zur Pflanzenwelt verlaufe. Auch insoweit seien die Konsequenzen einer undifferenzierten Aufnahme des Tierschutzes in die Verfassung unabsehbar — etwa die Funktion der Tiere als Nahrungsmittel, die Schädlingsbekämpfung oder die in den Kommissionsberatungen erörterte Gleichstellung von Bandwürmern mit dreihundertjährigen Eichen.

Wie man allgemein schon der Auffassung sei, zu viele Staatsziele seien schädlich und weckten eher Illusionen, so müsse man besonders hier das gefühlsbetonte Verhältnis vieler Menschen zu Tieren sehen, das auch in zahlreichen Eingaben zu erkennen sei. Dieses lasse die Menschen hoffen, mit einer Verfassungsänderung werde sich auch die Realität ändern. Dies sei aber nicht zu erwarten, so daß eher eine Wunschvorstellung in die Verfassung geschrieben werde. Es könne sich letztlich eine zu große Diskrepanz zur Realität ergeben, die im Ergebnis der Rechtsverbindlichkeit der Verfassung insgesamt schaden könne.

4.3. Schutz ethnischer Minderheiten

I. Empfehlung

Die Gemeinsame Verfassungskommission empfiehlt folgende Änderung des Grundgesetzes. Es soll ein Artikel 20 b eingefügt werden mit dem Wortlaut:

> „Der Staat achtet die Identität der ethnischen, kulturellen und sprachlichen Minderheiten."

II. Problemstellung

Mit dem Prozeß der deutschen Einigung, der wiederum mit dem Zusammenbruch der kommunistischen Herrschaftsordnung in Ost- und Südosteuropa untrennbar verbunden ist, traten auch in Deutschland — wie im internationalen Rahmen — Fragen des Schutzes nationaler Minderheiten — wieder — stärker in den Vordergrund. Dies zeigt sich etwa im innerstaatlichen (Verfassungs-) Recht auf Bundesebene an der Kulturstaatsklausel des Artikels 35 des Einigungsvertrages und dessen Protokollziffer 14, die das Bekenntnis zum sorbischen Volkstum und zur sorbischen Kultur für frei erklärt sowie die Bewahrung und Fortentwicklung der sorbischen Kultur und Traditionen gewährleistet, wie auf Landesebene an der Einfügung von Minderheitenschutzartikeln ab 1990, so z. B. an Artikel 5 der schleswig-holsteinischen, Artikel 25 der brandenburgischen, Artikel 5 und 6 der sächsischen, Artikel 37 der sachsen-anhaltinischen und Artikel 18 der mecklenburg-vorpommerschen Landesverfassung.

Im internationalen Bereich sind — nach dem schon seit 1966 bestehenden Artikel 27 des UN-Paktes über bürgerliche und politische Rechte[1]) — im Rahmen der KSZE und des Europarates in den letzten Jahren intensive Bemühungen um einen internationalen Standard der Menschenrechte und des Minderheitenschutzes zu verzeichnen, insbesondere mit dem Kopenhagener Abschlußdokument über die menschliche Dimension der KSZE vom 29. Juni 1990, Teil IV[2]) sowie dem beabsichtigten Zusatzprotokoll zur Europäischen Menschenrechtskonvention über die Rechte nationaler Minderheiten und ihrer Angehörigen[3]). Auch die am 22. Juni 1992 vom Ministerkomitee des Europarates verabschiedete Europäische Charta über Regional- oder Minderheitssprachen zeigt das wachsende europäische Bewußtsein in bezug auf Minderheitenprobleme.

In der Kommission Verfassungsreform des Bundesrates hatte nach intensiven Diskussionen der Arbeitsausschuß 2 im Frühjahr 1992 folgende Beschlußempfehlung verabschiedet, die bereits einen Kompromiß zwischen den berichterstattenden Ländern darstellte (Arbeitsunterlage Nr. 20):

„Der Staat achtet die Identität der ethnischen, kulturellen, religiösen und sprachlichen Minderheiten. Er schützt und fördert nationale und ethnische Minderheiten deutscher Staatsangehörigkeit."

Bei der Schlußabstimmung im Plenum der Kommission Verfassungsreform des Bundesrates fand die Schutz- und Förderungsklausel zugunsten der von deutschen Staatsangehörigen gebildeten Minderheiten in Satz 2 aufgrund des geänderten Stimmverhaltens eines Bundeslandes nicht mehr die Zweidrittelmehrheit. Die Kommission Verfassungsreform des Bundesrates empfahl also, folgenden Artikel X in das Grundgesetz einzufügen (BR-Drucksache 360/92, Rz. 125):

„Der Staat achtet die Identität der ethnischen, kulturellen und sprachlichen Minderheiten."

Zur Begründung führte die Kommission aus, es sei ein „berechtigtes Anliegen" nationaler Minderheiten (BR-Drucksache 360/92, Rz. 126), auch durch die gesamtstaatliche Verfassung insbesondere in der kulturellen Identität als Gruppe geachtet zu werden. Des weiteren läßt sich aus der Begründung — die freilich wegen des Verzichts auf den Satz 2 zum Teil unstimmig geworden ist — entnehmen, daß die verabschiedete Formulierung die Verpflichtung des Staates zur Achtung auch ausländischer Minderheiten erfassen sollte. Dementsprechend

---

1) UN-Pakt vom 19. Dezember 1966, BGBl. 1073 II, S. 1534. Diese Bestimmung lautet in deutscher Übersetzung: „In Staaten mit ethnischen, religiösen oder sprachlichen Minderheiten darf Angehörigen solcher Minderheiten nicht das Recht vorenthalten werden, gemeinsam mit anderen Angehörigen ihrer Gruppe ihr eigenes kulturelles Leben zu pflegen, ihre eigene Religion zu bekennen und auszuüben oder sich ihrer eigenen Sprache zu bedienen".

2) Abgedruckt in EuGRZ 17 (1990), S. 239 ff.

3) Siehe Entwurf der Parlamentarischen Versammlung des Europarats vom 1. Februar 1993, Empfehlung 1201, Richtlinie 484; dazu interfraktioneller Antrag im Deutschen Bundestag vom 22. Juni 1993, Bundestags-Drucksache 12/5227, einstimmig beschlossen in der 168. Sitzung vom 1. Juli 1993.

wird zur Erläuterung des Satzes 1 (BR-Drucksache 360/92, Rz. 128) ausgeführt: „Die Achtensklausel gewährt auch den in der Bundesrepublik Deutschland bestehenden ausländischen Minderheiten einen staatlichen Identitätsschutz und schließt insbesondere einen staatlichen Assimilationsdruck auf die genannten Minderheiten aus. Die Verwendung der Begriffe der ‚ethnischen, kulturellen und sprachlichen Minderheiten' knüpft an den entsprechenden Sprachgebrauch der KSZE an (vgl. etwa Ziffern 32, 33 und 35 des Kopenhagener Abschlußdokuments)."

Aus der Bevölkerung erreichten die Gemeinsame Verfassungskommission zur Problematik des Minderheitenschutzes 95 000 — zumeist gleichlautende — Eingaben zugunsten einer Ergänzung der Verfassung um eine Bestimmung für den Schutz von Minderheiten. Die Konferenz der Ausländerbeauftragten von Bund und Ländern beschloß am 16./17. März 1993 eine Resolution zur Unterstützung der Forderung. Der schleswig-holsteinische Landtag beschloß am 26. Februar 1993 einstimmig einen interfraktionellen Antrag (Landtags-Drucksache 13/751), eine Ergänzung des Grundgesetzes durch einen Minderheitenschutzartikel zu befürworten mit dem Wortlaut, der der Kommissionsdrucksache Nr. 27 (siehe unten) entspricht.

III. Verfahrensablauf

Das Problem eines Staatszieles Minderheitenschutz wurde umfassend in der 12. Sitzung der Gemeinsamen Verfassungskommission am 12. November 1992 diskutiert und am 1. Juli 1993 in der 25. Sitzung abgestimmt.

Das berichterstattende Land Brandenburg stellte ein ausführliches Positionspapier zu einem Staatsziel Minderheitenschutz zur Verfügung (Arbeitsunterlage Nr. 77), auf das in den Kommissionssitzungen Bezug genommen wurde.

In der 2. Öffentlichen Anhörung zum Thema Staatsziele am 16. Juni 1992 wurde das Problem nur von wenigen Sachverständigen gestreift. Am 6. Mai 1993 wurde eine Anhörung auf Antrag der SPD-Mitglieder der Gemeinsamen Verfassungskommission durchgeführt, in der Vertreter von vier nationalen oder ethnischen Minderheiten, und zwar der Dänen, Sorben, Friesen und der deutschen Sinti und Roma, Stellungnahmen abgaben und auf Fragen antworteten (siehe Arbeitsunterlagen Nr. 113—116 und das Protokoll der 9. Öffentlichen Anhörung). Zuvor hatten die Kommissionsvorsitzenden bereits im Frühjahr 1992 Gespräche mit Vertretern nationaler Minderheiten geführt.

Wie die vier von der Gemeinsamen Verfassungskommission angehörten Minderheiten in Deutschland bei der 9. Öffentlichen Anhörung am 6. Mai 1993 als einhelliges Ziel angaben, wünschten sie — also die Dänen, Friesen, Sorben und die Sinti und Roma — eine verfassungsrechtliche Absicherung zumindest durch eine Staatszielbestimmung im Grundgesetz, wenn auch zum Teil unterschiedliche Vorstellungen über die Formulierung und die Tragweite einer entsprechenden Bestimmung bestanden.

Die SPD stellte den Antrag, folgende Ergänzung nach Artikel 20 einzufügen (Kommissionsdrucksache Nr. 27):

„Der Staat achtet die Identität der ethnischen, kulturellen und sprachlichen Minderheiten. Er schützt und fördert Volksgruppen und nationale Minderheiten deutscher Staatsangehörigkeit."

Der Abgeordnete Dr. Hirsch stellte mit Billigung der F.D.P.-Fraktion den mit Satz 1 des SPD-Vorschlages identischen Antrag (Kommissionsdrucksache Nr. 85). Das BÜNDNIS 90/DIE GRÜNEN beantragte, einen Artikel 16a in das Grundgesetz einzufügen, in dem das „Recht im Bundesgebiet lebender ethnischer Minderheiten auf Erhaltung und Pflege ihrer Kultur und ihrer Sprache gewährleistet" sein sollte (Kommissionsdrucksache Nr. 42). Wegen des Austritts des Abgeordneten Dr. Ullmann aus der Kommission am 6. Mai 1993 wurde jedoch über diesen Antrag nicht abgestimmt.

Satz 1 des SPD-Antrages sowie der Antrag des Abgeordneten Dr. Hirsch erhielten in der 25. Sitzung der Gemeinsamen Verfassungskommission am 1. Juli 1993 mit 45 Ja-Stimmen bei 12 Nein-Stimmen und 1 Enthaltung die nötige Zweidrittelmehrheit. Der Satz 2 des SPD-Antrages (die Schutz- und Förderungsklausel für nationale Minderheiten deutscher Staatsangehörigkeit) erhielt 31 Ja-Stimmen, 25 Nein-Stimmen bei 5 Enthaltungen und damit nicht die Zweidrittelmehrheit für eine Empfehlung.

IV. Begründung

1. Allgemeine Begründung einer Minderheitenschutzklausel

Eine solche Ergänzung des Grundgesetzes entspricht nach Ansicht der Befürworter deutscher Verfassungstradition. Die Paulskirchenverfassung sah in ihrem Abschnitt VI (Die Grundrechte des deutschen Volkes), Artikel XIII, § 188 mit Blick auf ethnische beziehungsweise sprachliche Minderheiten folgendes vor:

„Den nicht Deutsch redenden Volksstämmen Deutschlands ist ihre volkstümliche Entwicklung gewährleistet, namentlich die Gleichberechtigung ihrer Sprachen, soweit deren Gebiete reichen, in dem Kirchenwesen, dem Unterricht, der inneren Verwaltung und der Rechtspflege".

Die Weimarer Reichsverfassung von 1919 enthielt in ihrem 2. Hauptteil (Grundrechte und Grundpflichten der Deutschen) folgenden Artikel 113:

„Die fremdsprachigen Volksteile des Reiches dürfen durch die Gesetzgebung und Verwaltung nicht in ihrer freien volkstümlichen Entwicklung, besonders nicht im Gebrauch ihrer Muttersprache beim Unterricht sowie bei der inneren Verwaltung und der Rechtspflege beeinträchtigt werden."

Das Grundgesetz hat sich dagegen in Artikel 3 Abs. 3 GG auf das Benachteiligungsverbot für die Merkmale Abstammung und Sprache beschränkt.

Heute ist der Minderheitenschutz in ganz Europa ein Thema von grundsätzlicher Bedeutung geworden, insbesondere nach dem Zusammenbruch der kommunistischen Herrschaftsordnung in Ost- und Südosteuropa.

Wie ein Kommissionsmitglied ausführte, zeige sich dies besonders an der bedrückenden Verfolgung und Vertreibung von nationalen Minderheiten im ehemaligen Jugoslawien, in Teilen der ehemaligen Sowjetunion und der ungewissen Lage der Rußlanddeutschen. Aus den Umwälzungen in Ost- und Südosteuropa könnten Wanderungsbewegungen ungeahnten Ausmaßes entstehen, die dann naturgemäß die Zahl der bisher schon in westeuropäischen Ländern bestehenden Minderheiten weiter anwachsen lassen würden.

Diese Problematik spiegelt sich in der internationalen Rechtsentwicklung, insbesondere im europäischen Raum: Der bereits oben zitierte Artikel 27 des UN-Pakts über bürgerliche und politische Rechte verpflichtete bereits 1966 die UN-Staaten, den Angehörigen ethnischer, religiöser oder sprachlicher Minderheiten nicht das Recht vorzuenthalten, zusammen mit anderen Angehörigen ihrer Gruppe ihre eigene Kultur zu pflegen, ihre Religion auszuüben und sich ihrer eigenen Sprache zu bedienen.

Im Rahmen des KSZE-Prozesses bekräftigten die Teilnehmerstaaten im Kopenhagener Abschlußdokument vom 29. Juni 1990 (in Teil IV, Ziffern 30 ff.) die Rechte nationaler Minderheiten, insbesondere ihre ethnische, kulturelle, sprachliche und religiöse Identität frei zum Ausdruck zu bringen, zu bewahren und weiterzuentwickeln und ihre Kultur in all ihren Aspekten zu erhalten und zu entwickeln, frei von jeglichen Versuchen, gegen ihren Willen assimiliert zu werden (Ziffer 32).

Der Entwurf eines Zusatzprotokolls zur Europäischen Menschenrechtskonvention über Rechte nationaler Minderheiten und ihrer Angehörigen von der Parlamentarischen Versammlung des Europarates vom 1. Februar 1993, zu deren Zielsetzung und Inhalten sich der Deutsche Bundestag am 1. Juli 1993 einstimmig bekannt hat, geht in die gleiche Richtung (vgl. Protokoll der 168. Sitzung vom 1. Juli 1993 zum interfraktionellen Antrag BT-Drucksache 12/5227 vom 22. Juni 1993).

In diese europäische und internationale Rechtsentwicklung paßt sich eine Minderheitenklausel in der deutschen Bundesverfassung gut ein und ist zugleich ein Beitrag zu dieser Entwicklung.

Mit einer Minderheitenklausel im Grundgesetz leistet die Bundesrepublik Deutschland einen bedeutsamen Beitrag zur Stärkung des deutschen Ansehens in Europa und zur Unterstützung deutschsprachiger Minderheiten in den Ländern Osteuropas, deren Förderung sich die Bundesrepublik zu einem wesentlichen außenpolitischen Anliegen gemacht hat. Die Bundesrepublik Deutschland hat in internationalen Diskussionen stets dem Minderheitenschutz ein besonderes Gewicht gegeben: Im deutsch-polnischen Vertrag zum Beispiel (Artikel 21) verpflichten sich Polen und Deutschland in detaillierter Weise, „die ethnische, kulturelle, sprachliche und religiöse Identität der jeweiligen Minderheiten zu schützen und Bedingungen für die Förderung dieser Identität zu schaffen."

Gerade gegenüber den Ländern, in denen deutsche Minderheiten leben, wäre eine Norm in der eigenen Verfassung ein deutliches Zeichen für die Glaubwürdigkeit deutscher Minderheitenpolitik. Auch sollte die Bundesregierung nicht hinter Ländern wie der Tschechischen Republik oder Ungarn zurückzubleiben, die in ihren Verfassungen oder Verfassungsentwürfen ihren Minderheiten umfassenden Schutz ihrer Identität und staatliche Förderung zugesichert haben.

Schließlich ist eine bundesstaatliche Regelung nach Ansicht der Befürworter nicht durch bestehende Normen in den Landesverfassungen — etwa von Brandenburg, Sachsen, Schleswig-Holstein — überflüssig: Bereits die Kommission Verfassungsreform des Bundesrates war (BR-Drucksache 360/92 Rz. 126) der Ansicht, daß entsprechende Regelungen in den Landesverfassungen einzelner Bundesländer durch eine Minderheitenschutzklausel in der Bundesverfassung „gesamtstaatlich überwölbt" würden. Eine solche bundesrechtliche Absicherung sollte auch solchen Minderheiten zugute kommen, die nicht in geschlossenen Siedlungsgebieten leben, und darüber hinaus einen gemeinsamen Standard auch in denjenigen Bundesländern gewährleisten, in denen keine der traditionellen nationalen Minderheiten in Deutschland ansässig sind und deren Verfassungen deshalb auch keine entsprechenden Rechtsgrundsätze enthalten. Auch die besondere länderübergreifende Bedeutung dieser Aufgabe spricht dafür, daß der Minderheitenschutz nicht nur in wenigen einzelnen Landesverfassungen enthalten sein sollte. Das bundesstaatliche Kompetenzgefüge wird durch eine solche Staatszielbestimmung in keiner Weise geändert, die Länder sind weiterhin — etwa im Schulbereich — für die detaillierte Regelung, die Anwendung und Durchsetzung eines solchen Staatszieles aufgrund ihrer Kulturhoheit zuständig.

2. Begründung der „Achtensklausel" im einzelnen

Entscheidend ist die Achtung der Identität einer ethnischen, kulturellen und sprachlichen Minderheit: Das bedeutet den Ausschluß jeglichen Assimilationsdruckes und die Gewährleistung staatlichen „Identitätsschutzes" auch für in Deutschland bestehende ausländische Minderheiten (BR-Drucksache 360/92, Rz. 128). Dieser Assimilationsdruck geht normalerweise von der Kraft eines sich nach wie vor national verstehenden Staates und seiner alle Lebensbereiche durchdringenden Kultur, der Kultur des Mehrheitsvolkes aus, die langfristig strukturell überlegen ist.

Die Formulierung orientiert sich an Artikel 27 des UN-Paktes über bürgerliche und politische Rechte aus dem Jahre 1966, einer Konvention, die heute praktisch universelle Geltung besitzt. Von den Befürwortern wurde in diesem Zusammenhang vor allem geltend gemacht, diese Bestimmung werde überwiegend dahin ausgelegt, daß zu den geschützten Minderheiten auch diejenigen Ausländergruppen oder Staatenlosen zu rechnen seien, die bereits seit längerer Zeit in diesem Staat ansässig sind. Sie soll ein Zeichen kultureller Toleranz setzen. Im Grundgesetz soll angesichts von über 5 Millionen auf Dauer bei uns lebender und zur kulturellen Vielfalt beitragender Ausländer entsprechende Vorsorge getroffen werden.

Die Achtensklausel ist im Grunde nichts anderes als eine besondere Ausprägung des Gebots der Achtung der Menschenwürde mit Bezug auf Minderheiten. Sie hat jedoch keinen individualrechtlichen Charakter und soll nicht den Schutz einzelner Menschen und deren unverletzte Identität sichern; das ist Aufgabe der Menschenrechte in dem Grundrechtskatalog des Grundgesetzes mit seinen Freiheits- und Gleichheitsrechten einschließlich der Diskriminierungsverbote des Artikel 3 Abs. 3 GG.

Mit der „Achtensklausel" soll dagegen ein Gruppenschutz erreicht werden; die ethnische oder kulturelle Identität von Minderheiten als Gruppe soll kollektivrechtlich geachtet werden. Das hat zur Folge, daß Versuche, etwa die Sprache oder andere kulturelle Besonderheiten der betreffenden Gruppe von Staats wegen zu beeinflussen oder gar wegzudrängen — mehr als dies nicht ohnehin und unvermeidlich geschieht — dem Mehrheitsvolk untersagt sind.

Allerdings ist die Achtensklausel eine schwächere Form der staatlichen Zuwendung, insbesondere Förderungsansprüche sind damit nicht ausgedrückt. Da die Schutz- und Förderungsklausel des Satzes 2 keine Zweidrittelmehrheit in der Gemeinsamen Verfassungskommission bekommen hat, ist diese im internationalen Rahmen hauptsächlich erhobene Forderung nach Schutz und Förderung nationaler Minderheiten nicht enthalten. Es ist mehrfach darauf hingewiesen worden, daß Satz 1 und Satz 2 — also Achtensklausel und Schutz- und Förderungsklausel — zusammengehören; dies ist jedoch von der Mehrheit nicht so beschlossen worden.

Mit dem ursprünglich aus zwei Sätzen bestehenden Antrag war eine klare Aufteilung verbunden: Satz 1, die Achtensklausel, sollte für alle Minderheiten unabhängig von der Staatsangehörigkeit gelten, die sich auf eine gemeinsame ethnische, kulturelle oder sprachliche Identität berufen können, die sich als eine solche Gruppe nach ihrem klar definierten Selbstverständnis und deutlich unterschieden von der Mehrheitsbevölkerung „seit längerer Zeit" verstehen. Satz 2, die Schutz- und Förderungsklausel, sollte innerhalb dieser Gruppen als schutz- und förderungswürdig — also mit einer stärkeren Intensität als nur der Achtung der Identität — die traditionellen Minderheiten deutscher Staatsangehörigkeit besonders herausheben. Der Wegfall dieser besonderen Förderungswürdigkeit deutscher nationaler Minderheiten und Volksgruppen in Satz 2 verändert das Verständnis des Satzes 1 nicht.

3. Argumente der ablehnenden Minderheit

Die ablehnende Minderheit ist der Auffassung, daß eine Ergänzung der Bundesverfassung um einen Minderheitenschutzartikel sachlich nicht erforderlich sei, da aufgrund der Festschreibung des Minderheitenschutzes in den dafür relevanten Landesverfassungen in der Bundesrepublik Deutschland kein Regelungsdefizit bestehe. Wenn Mängel im Minderheitenschutz vorgetragen würden, so handele es sich regelmäßig um bloße Vollzugsdefizite, die auf einfachgesetzlicher beziehungsweise administrativer Ebene behoben werden müßten.

Der Schutz nationaler Minderheiten sei schon heute ein wesentliches Element der verfassungsmäßigen Ordnung der Bundesrepublik Deutschland. Dadurch sei den Angehörigen der Minderheit personale Entfaltung und kulturelle Identität gesichert. Als eine nationale Minderheit kämen nur Personen in Frage, die Staatsangehörige des Aufenthaltsstaates seien, seit jeher in einem abgrenzbaren Teil des Staatsgebietes (geschlossenes Siedlungsgebiet) ansässig seien und die sich von der überwiegenden Mehrheit des Staatsvolkes deutlich in volkstumsmäßiger oder nationaler Hinsicht unterschieden. Außerdem dürften sie in dem Aufenthaltsstaat keine beherrschende Rolle spielen. In der Bundesrepublik Deutschland treffe dies nur auf die dänische Minderheit, die Friesen und die Sorben zu. Ihr Schutz als nationale Minderheit sei bereits verfassungsrechtlich gewährleistet durch einschlägige Regelungen in den Verfassungen der Länder Schleswig-Holstein, Brandenburg und Sachsen. Da im Bundesstaat Staatsaufgaben auf verschiedenen Ebenen wahrgenommen würden, und zuständigkeitsgemäß erlassene landesrechtliche und bundesrechtliche Regelungen daher die gleiche Verbindlichkeit hätten, sei ein zusätzlicher Minderheitenschutzartikel in der Bundesverfassung nicht erforderlich.

Hinter dem von der SPD vorgelegten Minderheitschutzartikel verberge sich eine neue gesellschaftspolitische Konzeption, nämlich die einer multikulturellen Gesellschaft. Der darin enthaltene Begriff der nationalen Minderheit solle bewußt offengehalten werden, um jeder zuwandernden oder sich neu formierenden Minderheitengruppe Anerkennung sowie Schutz und Förderung als nationale Minderheit zu eröffnen. Statt eines Modells der Integration von Zuwanderern in Staat und Gesellschaft unseres Landes würde damit das Modell eines Nebeneinanders weitestgehend eigenständiger Kulturen gefördert. Es könne jedoch nicht unsere Aufgabe sein, auf dem Staatsgebiet der Bundesrepublik Deutschland verfassungsrechtlich das Nebeneinander möglichst vieler eigenständiger Kulturen zu organisieren, sondern es müsse erwartet werden, daß Zuwanderer sich in Staat und Gesellschaft unseres Landes integrieren.

Aus dem gleichen Grunde könne auch eine bloße Achtensklausel nicht befürwortet werden:

Wenn der Staat die Identität der ethnischen, kulturellen und sprachlichen Minderheiten als Gruppe achte, erkläre er damit, daß er sie als eigenständige Kultur im Aufenthaltsland anerkenne und darauf verzichte, Integrationsbereitschaft zu fordern, weil dies die Identität der Minderheiten in Frage stellen könnte.

Die Bundesrepublik schütze ihre nationalen Minderheiten sowohl individuell wie als Gruppe. Der Individualrechtsschutz sei durch die allgemeinen Freiheitsrechte des Grundgesetzes gewährleistet und der gruppenrechtliche Minderheitenschutz, bei dem es um den Schutz und die Förderung der Minderheit als Gruppe gehe, werde durch die Landesverfassungen der drei Länder gewährleistet, in denen die nationalen Minderheiten ansässig seien, also Schleswig-Holstein, Sachsen und Brandenburg. Der Schutz und die Förderung von nationalen Minderheiten als Gruppen sei originäre Aufgabe der Länder, da diese Aufgabe zur Kulturhoheit der Länder gehöre. Unterschiede zwischen den Angehörigen nationaler Minderheit gegenüber der Mehrheitsbevölkerung lägen allein in ihrer kulturellen Identität. Jegliche Förderung, die der Minderheit als Gruppe zugute komme, müsse an diesem kulturellen Aspekt ansetzen.

Die außenpolitische Relevanz des Themas Minderheitenschutz sei unbestritten und die Bundesrepublik fühle sich zu Recht zur Fürsorge für die deutschen Minderheiten in den Staaten Ost- und Südosteuropas verpflichtet. Daher sei auch die Verwirklichung eines effektiven, das heißt durchführbaren und kontrollierbaren Minderheitenschutzes auf internationaler Ebene, insbesondere im Rahmen der Vereinten Nationen und des Europarates eine vordringliche Aufgabe. Die Bundesrepublik habe mit dem UN-Pakt von 1966 auch dessen Artikel 27 ratifiziert und sei demgemäß gehalten, den Angehörigen dieser Minderheiten nicht das Recht vorzuenthalten, gemeinsam mit anderen Angehörigen ihrer Gruppe ihr eigenes kulturelles Leben zu pflegen und sich ihrer eigenen Sprache zu bedienen.

Die Bundesrepublik Deutschland erfülle ihre Verpflichtung gegenüber den nationalen Minderheiten, die sich aus internationalen Abkommen und Verträgen ergeben. Aus den Nachbarschaftsverträgen mit den osteuropäischen Staaten ergebe sich keine Verpflichtung, einen Minderheitenschutzartikel in die Bundesverfassung aufzunehmen. Den Vertragsparteien bleibe es vorbehalten, in welcher rechtlichen Form sie den Minderheitenschutz gewährleisteten.

Die Bemühungen der Bundesregierung um eine Verbesserung der Lage der deutschen Minderheiten in Osteuropa hätten zum Abschluß der Nachbarschaftsverträge mit der Republik Polen, der Tschechischen und Slowakischen Föderativen Republik, Rumänien und der Republik Ungarn geführt. In diesen Verträgen gehe es u. a. auch um die Rechtsstellung der deutschen Minderheiten in diesen Ländern. Diese Vereinbarungen seien erzielt worden, ohne daß eine bundesverfassungsrechtliche Verankerung des Minderheitenschutzes in Deutschland zur Bedingung gemacht wurde. Es sei nicht zu erwarten, daß eine Verankerung eines Minderheitenschutzartikels in der deutschen Verfassung wegen einer darin gesehenen „Vorbildfunktion" des deutschen Rechts zu konkreten Vorteilen für die Deutschen in Osteuropa führen würde. Dort komme es vielmehr darauf an, die Verpflichtungen aus den Nachbarschaftsverträgen in innerstaatliches Recht und vor allem innerstaatliche Praxis umzusetzen.

4.4. Soziale Staatsziele

I. Empfehlung

Die Gemeinsame Verfassungskommission gibt im Bereich sozialer Staatsziele keine Empfehlungen ab.

II. Problemstellung

Die Auseinandersetzung darüber, ob und insbesondere in welcher Form und mit welcher Verbindlichkeit in einer Verfassung Staatsziele oder soziale Grundrechte enthalten sein sollten, besteht, seitdem moderne Verfassungen überhaupt versuchen, das Verhältnis Bürger — Staat und die Organisation des Staates durch rechtliche Normierung zu regeln, also seit der Declaration of Rights of Virginia von 1776 und den Französischen Verfassungen beziehungsweise Verfassungsentwürfen von 1791 und 1793. In Deutschland ist ein verfassungsrechtlicher Durchbruch sozialer Positionen in der Weimarer Reichsverfassung von 1919 zu verzeichnen. Auch in den ersten Landesverfassungen nach 1945 finden sich mehr oder weniger umfangreiche Normierungen im sozialen Bereich etwa in der bayerischen, der hessischen oder der rheinland-pfälzischen Landesverfassung.

Das Grundgesetz hat sich 1949 dagegen bei Staatszielbestimmungen zurückgehalten und soziale Grundrechte nicht aufgenommen. Im sozialen Bereich wurde — neben einzelnen Bestimmungen im Grundrechtsbereich, wie Artikel 6 Abs. 4 (Mutterschutz) und Abs. 5 GG (Gleichstellungsauftrag für nichteheliche Kinder) oder Artikel 14 Abs. 2 GG (Sozialverpflichtung des Eigentums) — insbesondere in den Artikel 20 Abs. 1 und 28 Abs. 1 GG die Formulierung des „sozialen Bundesstaates“ und des „sozialen Rechtsstaates“ aufgenommen, dessen Konkretisierung nach allgemeinem Verständnis in erster Linie dem Gesetzgeber obliegt. 1967 wurde u. a. mit Artikel 109 Abs. 2 GG ein weiteres Staatsziel in das Grundgesetz eingefügt, das bei der Haushaltswirtschaft von Bund und Ländern die Beachtung der Erfordernisse des gesamtwirtschaftlichen Gleichgewichts fordert.

In den siebziger Jahren setzte die Diskussion über soziale Staatsziele verstärkt wieder ein. Die Bundesregierung unter dem damaligen Bundeskanzler Helmut Schmidt setzte 1981 eine siebenköpfige Sachverständigenkommission ein, die nach umfangreichen Beratungen im September 1983 den ausführlichen Bericht „Staatszielbestimmungen/Gesetzgebungsaufträge“ vorlegte. Die Sachverständigenkommission (SVK 1983) schlug eine Ergänzung des Grundgesetzes in drei wesentlichen Bereichen vor: Arbeit, Umweltschutz und Kulturstaat, ohne sich allerdings einstimmig auf eine bestimmte Formulierung einigen zu können (vgl. Bericht der SVK 1983, Vorwort sowie Rz. 56ff., 87ff., 130ff.). Eine konkrete Grundgesetzänderung folgte diesen Empfehlungen nach 1983 jedoch nicht.

Im Rahmen der deutschen Einigung wurde durch Artikel 5 des Einigungsvertrages ausdrücklich der Auftrag erteilt, sich auch mit Fragen „zur Aufnahme von Staatszielbestimmungen in das Grundgesetz“ zu befassen. Die Kommission Verfassungsreform des Bundesrates hatte sich daher bereits im Herbst 1991 und im Frühjahr 1992 in mehreren Sitzungen mit der Problematik Staatsziele und soziale Grundrechte beschäftigt (vgl. Kommissionsdrucksachen der Kommission Verfassungsreform des Bundesrates Nr. 7 und Nr. 15), ohne sich auf einen gemeinsamen Vorschlag mit der nötigen Mehrheit von zwei Dritteln der Länder einigen zu können: Die von zehn Ländern gewünschte Konkretisierung des

Sozialstaatsgebotes im Bereich Arbeit und Wohnen wurde von sechs Ländern abgelehnt (vgl. BR-Drucksache 360/92, Rz. 131).

An den dahinterstehenden kontroversen Positionen hat sich auch in der Gemeinsamen Verfassungskommission von Bundestag und Bundesrat 1992/1993 im Grunde nichts geändert.

Wichtige gesellschaftliche Organisationen haben gerade in diesem Bereich — inhaltlich ebenfalls kontrovers — ihr besonderes Interesse artikuliert: So hat der DGB in seinen „Verfassungspolitischen Leitlinien zu einer gesamtdeutschen Verfassung" vom April 1992 großen Wert auf eine „Stärkung und Konkretisierung" der sozialen Dimension des Grundgesetzes gelegt, insbesondere in den Bereichen Arbeit, soziale Sicherung, Chancengleichheit für Frauen und Männer, Bildung und Wohnen, während die Spitzenverbände der Wirtschaft, insbesondere der der Arbeitgeberverbände, in entsprechenden Stellungnahmen vor eben einer solchen Ergänzung des Grundgesetzes entschieden gewarnt haben.

III. Anträge

In der Gemeinsamen Verfassungskommission haben SPD und BÜNDNIS 90/DIE GRÜNEN Anträge zu sozialen Staatszielen eingebracht. Zu einem Staatsziel Arbeit beantragte das BÜNDNIS 90/DIE GRÜNEN einen neuen Artikel 12 a GG, der eine Schutzpflicht des Staates für „das Recht jedes Menschen auf Arbeit" beinhaltet, außerdem den Beitrag des Staates zur Erhaltung und Schaffung von Arbeitsplätzen, zur Sicherung eines hohen Beschäftigungsstandes „soweit dies sozial verantwortbar und ökologisch verträglich ist". In einem Absatz 2 sollte das Recht jedes Bürgers normiert werden auf Arbeitsförderungs-, Weiterbildungs- und Umschulungsmaßnahmen „sowie im Falle der Arbeitslosigkeit das Recht auf angemessene Lohnersatzleistungen" (Kommissionsdrucksache Nr. 40).

Die SPD beantragte in Kommissionsdrucksache Nr. 24 folgende knappe Ergänzung nach Artikel 20 GG, die im wesentlichen der Formulierung der SVK 1983 entspricht (siehe dort, Rz. 89):

„Der Staat trägt zur Schaffung und Erhaltung von Arbeitsplätzen bei. Er sichert im Rahmen des gesamtwirtschaftlichen Gleichgewichts einen hohen Beschäftigungsstand."

Zu einem Staatsziel Wohnen beantragte die Gruppe BÜNDNIS 90/DIE GRÜNEN folgende Einfügung eines Artikel 13 a GG (Kommissionsdrucksache Nr. 39):

„Der Staat schützt das Recht jedes Menschen auf eine angemessene Wohnung. Er fördert sozialen und ökologischen Wohnungsbau und Wohnungserhaltung. Er sorgt für einkommensgerechte Mieten und gewährleistet gesetzlichen Kündigungsschutz, wie er der besonderen Bedeutung der Wohnung für ein menschenwürdiges Leben entspricht".

Die SPD beantragte (Kommissionsdrucksache Nr. 23) folgende knappe Ergänzung nach Artikel 20 GG:

„Der Staat fördert die Schaffung und Erhaltung von angemessenem Wohnraum. Er sichert das Wohnrecht von Mietern."

Zu einem Staatsziel soziale Sicherheit beantragte die Gruppe BÜNDNIS 90/DIE GRÜNEN, folgenden Artikel 12 b GG (Kommissionsdrucksache Nr. 41) einzufügen:

„Der Staat schützt das Recht jeder Bürgerin und jedes Bürgers auf soziale Sicherung. Er sorgt insbesondere für eine Grundsicherung im Alter und bei Krankheit, Pflegebedürftigkeit, Erwerbsunfähigkeit, Obdachlosigkeit und Mittellosigkeit."

Die SPD beantragte (Kommissionsdrucksache Nr. 28) folgende kurze Ergänzung nach Artikel 20 GG:

„Der Staat gewährleistet ein System der sozialen Sicherheit."

Das Land Berlin wollte statt des Begriffes der sozialen Sicherheit den der „sozialen Sicherung" einfügen (Kommissionsdrucksache Nr. 43).

Zu einem Staatsziel Bildung und Kultur beantragte die Gruppe BÜNDNIS 90/DIE GRÜNEN einen neuen ausführlichen Artikel 7 GG (Kommissionsdrucksache Nr. 44), der jedem Menschen das Recht auf Bildung zuweist sowie auf freien Schulzugang und der verschiedene Pflichten enthält, zum Beispiel die Schüler entsprechend ihren Neigungen zu fördern, ebenso die Durchlässigkeit der Bildungswege, die pädagogische Freiheit der Lehrkräfte u. a. m. Außerdem sollten Mitwirkungsrechte von Eltern, Schülern, Lehrern und Schulträgern geregelt werden, sowie in Absatz 5 das Recht zur Errichtung von Schulen in freier Trägerschaft.

Die SPD beantragte (Kommissionsdrucksache Nr. 34) folgende Ergänzung nach Artikel 20 GG:

1. „Der Staat schützt und fördert den Zugang eines jeden Menschen zur Bildung. Dieser ist allen Menschen zu Schulen, Hochschulen, Aus- und Weiterbildungseinrichtungen in gleicher Weise zu eröffnen, unabhängig von ihrer wirtschaftlichen und sozialen Lage und politischen Überzeugung."
2. „Er schützt und fördert das kulturelle Leben seiner Bürger."

Zu dem Problemfeld des Artikel 9 Abs. 3 GG, zu Streikrecht, Aussperrung und Mitbestimmung gaben die SPD-Mitglieder in der 17. Sitzung der Gemeinsamen Verfassungskommission am 11. Februar 1993 eine Erklärung zu Protokoll (siehe Arbeitsunterlage Nr. 109 und Protokoll der 17. Sitzung, S. 20).

IV. Verfahrensablauf

Die Gemeinsame Verfassungskommission hat die Problematik der sozialen Staatsziele in der 6. Sitzung vom 14. Mai 1992 und in der 12. Sitzung vom 12. November 1992 erörtert. Außerdem wurde am 16. Juni 1992 die 2. Öffentliche Anhörung u. a. zu diesem Thema durchgeführt.

Am 8. Oktober 1992 fand ein Berichterstattergespräch zu der Thematik statt, ohne daß sich eine Einigung oder nur eine Annäherung zwischen den kontroversen Positionen erkennen ließ. Dementsprechend erreichte auch keiner der Anträge bei der Abstimmung in der 17. Sitzung am 11. Februar 1993 die nötige Zweidrittelmehrheit, um eine Empfehlung der Gemeinsamen Verfassungskommission abgeben zu können. Die Anträge der Gruppe BÜNDNIS 90/DIE GRÜNEN (Kommissionsdrucksachen Nr. 39, 40, 41, 44) erreichten jeweils 2 Ja-Stimmen und sehr viele Nein-Stimmen bei wenigen Enthaltungen (außer bei Kommissionsdrucksache Nr. 41 und 44, die 19 bzw. 12 Enthaltungen erhielten).

Die SPD-Anträge Arbeit, Wohnen und soziale Sicherheit (Kommissionsdrucksachen Nr. 23, 24, 28 bzw. 43 (Berlin)), erreichten zwar starke relative Mehrheiten zwischen 29 und 32 Ja-Stimmen bei 20 bis 22 Nein-Stimmen und 0 bis 3 Enthaltungen, aber für eine Zweidrittelmehrheit reichten auch diese Ergebnisse nicht.

Der SPD-Antrag zur Förderung von Bildung und Kultur (Kommissionsdrucksache Nr. 34) wurde dagegen mit mehr Nein- als Ja-Stimmen abgelehnt.

V. Gemeinsame Positionen

Trotz der inhaltlich kontroversen Positionen ließen sich einige Gemeinsamkeiten feststellen:

Bei der Definition von Staatszielbestimmungen wird weithin die Umschreibung der SVK 1983 als zutreffend angesehen (siehe Bericht der SVK 1983, Rz. 7):

„Staatszielbestimmungen sind Verfassungsnormen mit rechtlich bindender Wirkung, die der Staatstätigkeit die fortdauernde Beachtung oder Erfüllung bestimmter Aufgaben — sachlich umschriebener Ziele — vorschreiben. Sie umreißen ein bestimmtes Programm der Staatstätigkeit und sind dadurch eine Richtlinie oder Direktive für das staatliche Handeln, auch für die Auslegung von Gesetzen und sonstigen Rechtsvorschriften. Im Regelfall wendet sich eine Staatszielbestimmung an den Gesetzgeber, ohne daß damit ausgeschlossen sein muß, daß die Norm auch eine Auslegungsrichtlinie für Exekutive und Rechtsprechung ist. ... Eine Staatszielbestimmung überläßt es der politischen Gestaltungsfreiheit des Gesetzgebers, in welcher Weise und zu welchem Zeitpunkt er die ihm eingeschärfte Staatsaufgabe durch Gesetz erfüllt und dabei etwa auch Ansprüche einzelner auf öffentliche Leistungen oder gegen Dritte entstehen läßt."

Staatszielbestimmungen sind von den Gesetzgebungsaufträgen, die sich nur an den Gesetzgeber richten, von Programmsätzen mit bloßen Anregungen an den Gesetzgeber, in bestimmten Gebieten tätig zu werden und von sozialen Grundrechten, die klagbare, individuelle Rechtspositionen schaffen, zu unterscheiden.

Im Rahmen dieser gemeinsamen Begrifflichkeit wurden allerdings — auch in der Sachverständigenanhörung am 16. Juni 1992 — unterschiedliche Akzente gesetzt in bezug auf den Adressatenschwerpunkt einer Staatszielbestimmung; einige Sachverständige sahen auch einen Bedeutungszuwachs für die Gerichte.

Einigkeit herrschte — wie auch schon in der SVK 1983 (siehe Bericht der SVK 1983, Rz. 57) und in der Kommission Verfassungsreform des Bundesrates — mit Ausnahme der PDS/LL auch darüber, daß klagbare soziale Grundrechte in der Verfassung nicht normiert werden sollen, da der Staat damit überfordert wäre und sich solche Rechte nur unter den Bedingungen einer zentralen Verwaltungswirtschaft und damit „um den Preis der Freiheit" einführen ließen. Nach ganz überwiegender Ansicht sollte schon bei der Formulierung jeder Schein individueller Einklagbarkeit vermieden werden, wenn etwa von „Recht auf Arbeit" oder „Recht auf eine angemessene Wohnung" gesprochen würde.

Gemeinsam wurde auch der Überzeugung Ausdruck gegeben, daß die sachlichen (Politik-)Ziele nicht kontrovers sind: Alle Beteiligten wollen eine gute Wohnraumversorgung, einen hohen Beschäftigungsstand, ein stabiles System sozialer Sicherheit usw., aber über den Weg ist man sich nicht einig: Sollen solche Politikziele als verfassungsrechtliche Konkretisierung der Sozialstaatlichkeit aufgenommen werden oder soll man es bei der augenblicklichen abstrakten Festschreibung der Sozialstaatsverpflichtung in Artikel 20 und 28 GG belassen, und insbesondere dem Gesetzgeber und des weiteren der Verwaltung und der Rechtsprechung die Konkretisierung zu gegebener Zeit unter den jeweils dann gegebenen Bedingungen überlassen.

Übereinstimmend wurde schließlich vor einer Inflationierung von Staatszielbestimmungen gewarnt: Man entwerte die wenigen im Grundgesetz vorhandenen Staatszielbestimmungen, wenn man ihnen beliebig weitere hinzufüge, nur weil einzelne Gruppen dieses wünschten. Der Wert von Verfassungsnormen hinge auch von dem Realitätsgehalt ab, den sie im Alltag — wenn auch vielleicht mit Hilfe des Bundesverfassungsgerichts — zu gewinnen vermögen. Zu viele Staatszielbestimmungen würden sich gegenseitig wieder aufheben, und ihre jeweiligen Konturen verlieren.

VI. Argumente der Befürworter von weiteren sozialen Staatszielbestimmungen

1. Problematik sozialer Staatsziele allgemein

Ansatzpunkt für die Befürworter ist zunächst die Überzeugung, daß eine moderne Verfassung nicht nur Organisationsnormen für den Staatsaufbau, die Kompetenzabgrenzung usw., sondern auch Aussagen über die grundsätzlichen Staatsziele und Zwecke enthalten sollte, also darüber, wofür der Staat da ist und welche elementaren Ziele er zugunsten seiner Bürger verfolgt. Über das Formale und Organisatorische, aber auch die Freiheits- und Gleichheitsrechte, über Recht und Ordnung hinaus müsse eine Verfassung auch über das Ethos eines Staates Auskunft und inhaltliche Orientierung für die nächsten Jahrzehnte geben, so wie es das Grundgesetz 1949 für die damalige Zeit getan habe. Die gesellschaftliche Situation habe sich aber innen- wie außenpolitisch seitdem so geändert — insbesondere mit dem epochalen Ereignis der deutschen Einigung — daß eine Modernisierung und Neuorientierung auch in der Verfassung not tue.

Dabei müsse man bei der Auswahl neuer Staatsziele sorgsam vorgehen. Neben dem von allen gewollten neuen Staatsziel Umweltschutz kämen im sozialen Bereich nur solche in Betracht, die existentielle menschliche Bedürfnisse ansprächen und über deren Notwendigkeit weitgehend Konsens herrsche. Nur dort, wo es um solche Grundbedürfnisse von Menschen gehe, die auch nicht in wenigen Jahren wieder anders zu bewerten seien, sei eine Ergänzung des Grundgesetzes anzuraten. Dieser Filter der existentiellen Bedürfnisse verhindere im übrigen auch eine abzulehnende Inflationierung von Staatszielen. Diese Voraussetzungen seien aber gerade bei den Bereichen Arbeit, Wohnen und soziale Sicherheit gegeben. Diese den Alltag prägenden Fragen seien nicht für irgendeine kleine Gruppe, sondern für fast alle Menschen von geradezu fundamentaler Bedeutung. Aus der Geschichte des Arbeits- oder des Mietrechts gebe es hierfür reichlich Beispiele. In diesen Gebieten dem staatlichen Handeln Direktiven zu geben, Prioritäten im Katalog staatlicher Aufgaben zu setzen, dabei aber dem Gesetzgeber den nötigen Gestaltungsraum zu belassen und der Verwaltung sowie der Rechtsprechung Auslegungshilfen und Kontrollmaßstäbe zu liefern, sei ein gebotenes und unverzichtbares Ziel. Der erreichte Stand an verfassungsrechtlicher Sozialstaatlichkeit sollte auch im Wortlaut der Verfassung so sichtbar gemacht werden, daß sich die Menschen mit ihren Sorgen darin wiedererkennen könnten.

Eine Einschränkung der Handlungsfreiheit des Gesetzgebers könne darin nur derjenige sehen, der sich vorbehalte, den Sozialstaat in seiner Leistungsfähigkeit und Ausprägung deutlich unter das heute als Mindeststandard angesehene Niveau zu reduzieren.

Soziale Rechte und Ziele spiegelten den in der Rechtsprechung des Bundesverfassungsgerichts längst anerkannten Gedanken wider, daß Freiheit und Gerechtigkeit für den einzelnen nur dann einen Sinn haben, wenn das unerläßliche soziale Minimum gewährleistet ist. Dies wurde unter Berufung auf Konrad Hesse wie folgt ausgedrückt: Soziale Staatsziele oder Verpflichtungen zur Sicherung der Lebensgrundlagen — jedenfalls auch der Menschen — stellen zweifellos Voraussetzungen für eine effektive und chancengleiche Inanspruchnahme von Freiheitsrechten dar. In diesem Zusammenhang sei auf die Rechtsprechung des Bundesverfassungsgerichts im Numerus-Clausus-Urteil (BVerfGE 33, 303, 330) hinzuweisen: Neben die grundrechtliche Freiheitssicherung trete zunehmend „die komplementäre Forderung nach grundrechtlicher Verbürgung der Teilhabe an staatlichen Leistungen“. Die Gewährung staatlicher Leistungen werde heute vielfach als Vorbedingung für eine effektive Grundrechtsverwirklichung gesehen.

Wenn die Menschen — wie von den Befürwortern gefordert — ihre existentiellen Bedürfnisse zwar nicht durch Verfassungsnormen erfüllt sähen, weil dies keine

Verfassungsnorm oder Rechtsnorm leisten könne, aber doch erkennen könnten, daß der Staat ihre Sorgen ernst nehme, könnten sie sich stärker mit „ihrer" Verfassung identifizieren. Ohne solche konkreten Staatszielbestimmungen bleibe der „soziale Rechtsstaat" des Grundgesetzes für die große Mehrheit der Bevölkerung ein zu abstrakter Begriff. Nach 40 Jahren Abstinenz in der Konkretisierung der Sozialstaatlichkeit sei es nun an der Zeit, etwas konkretere Ausprägungen auch mit Verfassungsrang auszustatten und so einen Rückfall in dahinterliegende Positionen zu vermeiden. Auch die Rechtsprechung könne entlastet werden, wenn sie nicht ohne entsprechende Abstützung im Verfassungstext faktische Voraussetzungen für möglichst chancengleiche Grundrechtsausübung formulieren müßte. Diese verstärkten Identifikationsmöglichkeiten würden gerade in Zeiten politischen Umbruchs und gerade in den neuen Bundesländern von großer Bedeutung für eine demokratische Orientierung sein und ost-west-integrierende Wirkungen entfalten auch im Sinne eines wohlverstandenen „Verfassungspatriotismus".

Neben etlichen entsprechenden Landesverfassungsnormen in den alten Bundesländern zeige gerade die Verfassungsgebung in den größtenteils CDU-regierten neuen Ländern, daß dort wichtige soziale Staatsziele in den Landesverfassungen verankert werden konnten, das Staatsziel Arbeit zum Beispiel in allen fünf Ländern (Artikel 28 in der brandenburgischen, Artikel 39 in der sachsen-anhaltinischen, Artikel 7 in der sächsischen, Artikel 17 in dem abschließenden Entwurf der mecklenburg-vorpommerschen, und Artikel 36 im interfraktionellen Entwurf der thüringischen Landesverfassung). Wenn in dieser Form Sozialverpflichtungen auf Landesebene gälten bzw. gerade in den ostdeutschen Verfassungen solche neu eingeführt worden seien, könne dies für die Bundesverfassung nicht abgelehnt werden, etwa mit dem Argument, eine solche Konkretisierung entspreche nicht dem Rechtscharakter von Verfassungen oder wecke Illusionen.

Der jetzige Versuch einer Verfassungsreform werde gemäß Artikel 5 des Einigungsvertrages gerade wegen und infolge des deutschen Einigungsprozesses gemacht, und deswegen sei auch die Gemeinsame Verfassungskommission eingerichtet worden: Dann sei es besonders wichtig, ostdeutsche Befindlichkeiten — die nun gerade in den neuen Landesverfassungen zum Ausdruck kämen — im Revisionsprozeß einer nun gesamtdeutschen Bundesverfassung angemessen zu berücksichtigen. Auch neueste Umfrageergebnisse zeigten den hohen Stellenwert solcher sozialen Zusicherungen in der ostdeutschen Bevölkerung.

Es stehe der Bundesrepublik Deutschland gut an, das, was andere EG-Staaten, zuletzt etwa Dänemark, in ihre Verfassung aufgenommen hätten und die Bundesrepublik durch Ratifikation internationaler Abkommen auch zu ihrem Ziel völkerrechtlich verbindlich anderen Staaten gegenüber erklärt habe — Europäische Sozialcharta, Internationale Konvention über wirtschaftliche, soziale und kulturelle Rechte — in ihre eigene Bundesverfassung zu übernehmen.

Die Anträge insbesondere in Kommissionsdrucksachen Nr. 23, 24, 28 seien bewußt so knapp und grundsätzlich formuliert, daß die nötige Offenheit des

Grundgesetzes erhalten bleibe und damit dem Gesetzgeber auch genügend Spielraum eingeräumt sei, um seine Vorstellungen über Art, Ausmaß und Zeitpunkt konkreter Maßnahmen durchzusetzen. Von einer unangemessenen Gewichtsverschiebung zugunsten der Gerichte könne man nicht ausgehen.

Dem könne nicht entgegengehalten werden, damit würden Illusionen erweckt. Neben der eindeutigen Formulierung als Staatsziel und nicht als Grundrecht sei darauf hinzuweisen, daß zum Beispiel auch bei dem — vom Gesetzesvorbehalt abgesehen — unumstrittenen Staatsziel Umweltschutz mit dem Inkrafttreten einer entsprechenden Verfassungsnorm das Wasser noch nicht klarer, die Luft noch nicht sauberer geworden sei, sondern dies als langfristige Folge erst erwartet werde. Diese Erwartung richte sich also auf die Zukunft und sei mit der Hoffnung verbunden, daß sich später eine andere Realität einmal entwickeln werde. Nichts anderes wolle man bei den sozialen Staatszielen erreichen.

Auch das Argument, dies sei alles schon im Sozialstaatsgebot enthalten, sei wenig überzeugend, da — abgesehen davon, daß solch eine Argumentation auch schon bei der Diskussion zu Artikel 3 Abs. 2 „Frauengleichberechtigung" vorgebracht worden sei und auch dort schon die Realität nicht habe verändern helfen — sich die Gegenseite fragen lassen müsse, was sie eigentlich daran hindere, die schon enthaltenen Ziele in die Verfassung auch ausdrücklich aufzunehmen.

Zum Gewichtsverschiebungs- oder Schlagseitenargument — also wenn man ein Ziel, zum Beispiel Arbeit besonders betone, vernachlässige man die anderen Ziele — sei zu sagen, daß Zielkonflikte im Recht nichts Neues seien. Es stelle sich die Aufgabe, im Rahmen der „Einheit der Verfassung" eine Auslegung mit dem Ziel wechselseitiger Optimierung zu verfolgen.

2. Einzelne Staatsziele

a) Arbeit

Unstreitig sei der existentielle Charakter der Arbeit für das Leben der meisten Menschen. Daher sei auch unbestritten, daß aus dem Sozialstaatsgebot schon heute die Aufgabe des Staates abzuleiten sei, für Beschäftigungsmöglichkeiten zu sorgen und auch Arbeitslosen Unterstützungsleistungen zukommen zu lassen. Der Gesetzgeber habe dies in vielfältiger Form im Arbeitsförderungsgesetz aufgenommen. Es sei aber immer wieder streitig, in welchem Umfang und mit welcher Ernsthaftigkeit dieses Ziel verfolgt werden solle. Dies gelte auch nach Einfügung des Artikel 109 Abs. 2 in das Grundgesetz und der Verabschiedung des Gesetzes zur Förderung der Stabilität und des Wachstums der Wirtschaft von 1967, das in § 1 als eines von vier Zielen einen „hohen Beschäftigungsstand" aufführt. Gerade unter Berücksichtigung der verfassungsrechtlichen Wertung in Artikel 1 GG, dem Schutz der Menschenwürde, dem obersten Wert unserer Verfassung, sei die

Vollbeschäftigung im Rahmen des „magischen Vierecks" des § 1 Stabilitätsgesetz angesichts der Bedeutung der Arbeit für eine menschenwürdige Existenz doch mit besonderem Gewicht und mit einem leichten Vorrang vor den anderen Zielen dieser Vorschrift zu versehen.

b) Wohnung

Die Wohnung sei für jedermann Mittelpunkt seiner privaten Existenz. Der einzelne sei auf ihren Gebrauch zur Befriedigung seiner elementaren Lebensbedürfnisse sowie zur Sicherung seiner Freiheit und Entfaltung seiner Persönlichkeit angewiesen. Dieses Grundbedürfnis wiege eher noch schwerer als das der Arbeit, da letztere zwar einen Teil der Lebenszeit des Menschen beanspruche, die Notwendigkeit einer angemessenen Wohnung sich jedoch nahezu über die ganze Zeit seines Lebens erstrecke. Für viele Menschen seien inzwischen aufgrund der bekannten Wohnungsknappheit Notlagen eingetreten. Dies müsse auch für die Politik Anlaß zu entsprechenden Maßnahmen sein. Wenn der Schutz des Eigentums durch das Grundrecht aus Artikel 14 GG in hohem Maße gesichert sei, auf der anderen Seite — bei der Wohnung und den Mietern — aber noch nicht einmal die schwache Gewährleistungsform des Staatsziels aufgenommen werde, sei dies eine unerträgliche Disparität in der Verfassung Gerade für die ostdeutsche Bevölkerung, der die ungerechte Eigentumsverteilung stärker auffalle als der daran schon länger gewöhnten westdeutschen Bevölkerung, sei dies auch eine Frage moralischer Rechtfertigung der sozialen Marktwirtschaft.

c) Soziale Sicherheit

Auch die Aufgabe der Aufrechterhaltung eines Systems sozialer Sicherheit sei inzwischen anerkanntermaßen eine solche des Staates. Deshalb sei es auch hier an der Zeit, dies im Verfassungstext zu konkretisieren. Man habe überlegt, ob einzelne besonders wichtige Teilaufgaben explizit genannt werden sollten, so insbesondere die Grundsicherung im Alter, bei Krankheitsfällen, bei Pflegebedürftigkeit, Erwerbsunfähigkeit [siehe zum Beispiel Artikel 45 GG der brandenburgischen Landesverfassung und Antrag der Gruppe BÜNDNIS 90/DIE GRÜNEN zu Artikel 12 b GG (Kommissionsdrucksache Nr. 41)], jedoch sprächen Gesichtspunkte der Offenheit für weitere Entwicklungen, der Einpassung in die Sprache des Grundgesetzes sowie die mögliche Akzeptanz bei den anderen Parteien gegen eine detaillierte Aufzählung.

d) Bildung und Kultur

Bei den Fragen von Bildung und Kultur gehe es zwar nicht um materielle, aber um geistige Existenzbedingungen der Menschen, durch die die Grundlagen für die Achtung der Menschenwürde und für Chancengleichheit gelegt würden. Letztlich gehe es darum, in dieser Zeit des Umbruchs unsere politische Kultur und den zivilisatorischen Standard in Deutschland zu sichern gegen rechtsextreme Bedrohungen und Gewaltakte gegen Ausländer und andere Minderheiten.

Zwar lasse sich ein Recht auf gleichen Zugang zu Bildungs- und Ausbildungseinrichtungen schon aus der jetzigen Rechtslage in Bund und Ländern ableiten, insbesondere aus den Grundrechten der Artikel 12 und 3 GG, aber es sei immer wieder umstritten, ob und wieweit eine staatliche Hilfe zur Gewährleistung und Inanspruchnahme dieses Rechts gegeben werden müsse. Der Staat müsse als Signal gerade für jüngere Menschen klar machen, daß Chancengleichheit im Bildungsbereich — die Anfang der siebziger Jahre noch von allen Parteien gefordert wurde — unabhängig von der wirtschaftlichen und sozialen Lage sowie der politischen Überzeugung ein vorrangiges soziales Staatsziel darstelle. Gerade angesichts der zu erwartenden Herausforderungen unseres Bildungssystems müsse auch der Bund durch ein solches Staatsziel Orientierung geben, etwa für die Ausbildungsförderung, für die er auch zuständig sei.

Im übrigen sei auch den Befürwortern klar, daß selbstverständlich die Länder kompetenzrechtlich für Bildung und Kultur zuständig und verantwortlich seien und dies auch bleiben sollten. Die vorgeschlagenen Staatszielbestimmungen berührten in keiner Weise die bestehende Kompetenzordnung des Grundgesetzes (siehe entsprechende Protokollerklärung der SPD-Mitglieder in der Gemeinsamen Verfassungskommission, abgegeben in der 17. Sitzung der Gemeinsamen Verfassungskommission am 11. Februar 1993, Protokoll Seite 21/22, Arbeitsunterlage Nr. 106).

Das Staatsziel Kultur müsse schließlich gerade in Zeiten wirtschaftlicher Sparsamkeit gesichert werden, da es leider allzuoft das erste Opfer der Finanzknappheit öffentlicher Hände werde. Dieses Staatsziel endlich in der Verfassung zu verankern, biete sich auch deswegen an, weil die SVK bereits 1983 mehrheitlich einen entsprechenden Vorschlag gemacht habe (siehe dort, Rz. 169 zu Artikel 20 Abs. 1 und Artikel 28 Abs. 1 GG). Darüber hinaus habe der Begriff des Kulturstaates — auch infolge von Artikel 35 des Einigungsvertrages — an Bedeutung und Akzeptanz in den letzten Jahren stets gewonnen.

VII. Argumente der Gegner von weiteren sozialen Staatszielbestimmungen

1. Soziale Staatszielbestimmungen allgemein

Das Grundgesetz habe nach Ansicht der Gegner weiterer sozialer Staatszielbestimmungen fast vollständig auf Programmsätze verzichtet, in denen Staatsziele in appellativer Form oder als Verheißungen beschrieben werden. Das Sozialstaatsprinzip des Artikel 20 Abs. 1 GG und des Artikel 28 Abs. 1 GG stelle hier — neben dem gesamtwirtschaftlichen Gleichgewicht des Artikel 109 Abs. 2 GG — eine der ganz wenigen Ausnahmen dar. Dahinter stehe die sehr bewußte Entscheidung der Väter und Mütter des Grundgesetzes für „justitiable Grundrechte, für hartes Verfassungsrecht, gegen nicht justitiable Staatsziele, gegen weiches Verfassungsrecht", oder anders ausgedrückt für eine unmittelbar anwendbare und vollziehbare Verfassung als Rechtsgesetz. Dies werde vor allem in Artikel 1 Abs. 3 GG in bezug auf die unmittelbar normativ wirkenden Grundrechte deutlich (zum Grundgesetzverständnis als Rechtsgesetz siehe schon Bericht der SVK 1983, Rz. 14).

Der weitgehende Verzicht auf programmatische Vorgaben gebe dem Parlament einen weitgehenden gesetzgeberischen Gestaltungsspielraum, der im offenen, demokratisch-politischen Prozeß ausgefüllt werden müsse. In der laufenden Verfassungsdiskussion gehe es im Kern um die Frage, ob das Grundgesetz seinen bewährten Charakter als Rechtsgesetz behalten oder den Charakter eines „Verheißungsprogramms" annehmen solle, das einen Katalog von Staatszielen und Staatsaufgaben vorschreibe.

Verfassungsrechtliche Zielvorstellungen für die staatliche Tätigkeit schwächten letztlich die parlamentarische Demokratie und trügen zu einem Macht- und Autoritätsverlust des Parlaments bei. In der Demokratie sei es Aufgabe des Parlaments, die politischen Leitlinien staatlichen Handelns festzulegen und sie jeweils den sich wandelnden Bedürfnissen des Gemeinwesens anzupassen. Würden diese staatlichen Leitlinien in der Verfassung festgeschrieben, verlöre das Parlament seine wichtigste Gestaltungsaufgabe.

Gerade die bisherige Sparsamkeit an Konkretisierungen der Sozialstaatlichkeit habe die Anpassung an neue Staatsaufgaben erleichtert. Es wäre falsch, hier einen bestimmten status quo oder bestimmte Prioritäten festzuschreiben. Durch die Nennung von Staatszielen in der Verfassung verlagere sich im übrigen der politische Prozeß des Setzens von Prioritäten und des Abwägens politischer Ziele und Interessen aus dem Parlament in den Bereich der Gerichtsbarkeit. Der Bürger verliere damit die Möglichkeit, diesen politischen Prozeß durch Wahlen zu kontrollieren und zu beeinflussen. Überhaupt werde durch eine große Gewichtsverlagerung die Gewaltenbalance der Verfassung ohne Not verändert.

Eine Konkretisierung von Staatszielen werfe schließlich die Frage der Prioritätensetzung zugunsten eben dieser bestimmten, einzelnen Staatsziele auf zu Lasten anderer Ziele, die damit in den Hintergrund gedrängt würden. Auch könne durch die Festlegung einer Rangfolge in der Verfassung eine flexible, der gesellschaftlichen Situation angepaßte Sozialpolitik erschwert werden.

Einklagbare soziale Grundrechte etwa auf eine Wohnung oder auf einen Arbeitsplatz könne es in einer freiheitlichen Verfassung nicht geben, da die Erfüllung solcher Rechte nur durch dirigistische Eingriffe in Arbeitsvertragsfreiheit und Tarifautonomie, oder etwa durch eine konsequente Wohnraumbewirtschaftung denkbar wäre, was wiederum für die Bürger eine Einschränkung ihrer — insbesondere wirtschaftlichen — Freiheitsrechte bedeute. Wie ungeeignet solche

Zusicherungen seien, sehe man an der Verfassung der ehemaligen DDR, die trotz entsprechender Bestimmungen weder einer desolate Wohnungssituation noch eine versteckte Arbeitslosigkeit habe verhindern können.

Auch durch eine noch so gut formulierte Verfassungsänderung könne man keine einzige Wohnung und keinen einzigen Arbeitsplatz in der sozialen Realität schaffen. Nur durch eine entsprechende Ausgestaltung der Wirtschaftspolitik des Gesetzgebers und der Regierung und nicht durch unerfüllbare Verheißungen in der Verfassung sei dies in einer freiheitlichen marktwirtschaftlichen Ordnung zu erreichen, in der der Staat nur mittelbar Einfluß auf den Arbeits- und Wohnungsmarkt nehmen könne. Die Umsetzung von Zielen, zu denen sich alle bekennen würden, könne auch deswegen nur durch den Gesetzgeber erfolgen, weil nur der zusammen mit der Regierung etwa Kriterien der Machbarkeit und der Finanzierbarkeit berücksichtigen könne.

Schließlich trage eine solche Diskrepanz zwischen Verfassungstext und Verfassungswirklichkeit in erheblicher Weise zur Politikverdrossenheit bei, da eine für den Bürger erkennbare Lücke klaffe zwischen dem, was die Politik fortlaufend dem Bürger verspreche und dem, was sie halten könne. Staatszielbestimmungen wie solche für Arbeit und Wohnen erweckten bei den Menschen unerfüllbare Erwartungen, förderten Illusionen, denen unweigerlich die Enttäuschung folgen müsse und die dann um so schädlicher auch für Autorität und Akzeptanz der Verfassung insgesamt wirken müßten. Auch die von den Befürwortern behauptete Integrationswirkung sozialer Staatsziele — auch in Richtung der ostdeutschen Bevölkerung — sei insofern äußerst fraglich. Eher erwachse aus solchen enttäuschten Erwartungen Distanzierung und Mißtrauen gegenüber Staat und Verfassung.

Insgesamt sei auch darauf hinzuweisen, daß der Auftrag des Gesetzgebers zur Schaffung einer gerechten Sozialordnung bereits gegenwärtig aus dem Sozialstaatsgebot der Artikel 20 und 28 GG abzuleiten sei. Dieser Regelungsauftrag umfasse die Sorge um ausreichende Arbeitsplätze und angemessenen Wohnraum. Auch die SVK 1983 habe in bezug auf Arbeits- und Ausbildungsplätze auf diese Verpflichtung des Staates bereits hingewiesen (Bericht, a. a. O., Rz. 94). Außerdem werde dieser Auftrag durch die Grundrechtsgewährleistungen der Artikel 12, 9 Abs. 3, 33 Abs. 2 GG und die Verfassungsverpflichtung des Artikel 109 Abs. 2 GG ergänzt und verstärkt. Einer weiteren Konkretisierung auf Bundesebene bedürfe es nicht.

Schließlich sei darauf hinzuweisen, daß die Verpflichtungen aus internationalen Pakten und Abkommen, soweit sie einer Umsetzung bedürften, auf der Ebene einfachen Gesetzesrechtes umgesetzt würden. Dies sei ein wesentlicher Unterschied zu auch textgleichen Regelungen auf Verfassungsebene, da bei einfachgesetzlicher Realisierung immer die Vorgaben der Verfassung, insbesondere die aus den Grundrechten der Berufs-, Eigentums- und Koalitionsfreiheit, eingehalten werden müßten.

2. Zur Problematik einzelner Staatsziele

Arbeit, Wohnen und soziale Sicherheit

Zu diesen drei Konkretisierungen seien in vollem Umfang die oben aufgeführten allgemeinen Gegenargumente zutreffend. Darüber hinaus sei bei der Frage „Schaffung von Arbeitsplätzen“ auch auf Artikel 109 Abs. 2 GG hinzuweisen: Eine Hervorhebung gerade des Teilziels „Vollbeschäftigung“ könne das gesamtwirtschaftliche Gleichgewicht gefährden, und führe unter Umständen zu ökonomischen Ungleichgewichten, die wiederum zu weiterer Arbeitslosigkeit beitrügen.

Bei den Staatszielen Arbeit und Wohnen sei insbesondere eine strategische Durchbrechung der wirtschaftspolitischen Neutralität des Grundgesetzes zu befürchten.

Bildung und Kultur

Hier sei insbesondere auf die bildungsbezogenen Rechte des Grundgesetzes hinzuweisen (Artikel 6 Abs. 2, Artikel 7 Abs. 1, Artikel 3 und 12 GG), die bereits einen vereinheitlichenden Einfluß auf die Gesetzgebung der Länder ausübten, und darauf, daß über die Kompetenznormen der Artikel 74 Nr. 13 GG (Ausbildungs- und Forschungsförderung), 75 Nr. 1 a GG (Hochschulrahmengesetzgebung) und 91 a, b GG (Gemeinschaftsaufgaben) von seiten des Bundes sinnvolle Ergänzungen gegenüber Regelungen und Maßnahmen der Hauptverantwortlichen im Bildungs- und Kulturbereich, also den Ländern, erlaubt seien. Damit sei die Schaffung einer einzelprogrammatischen Verfassungsverbürgung nicht erforderlich. Im Kulturbereich komme hinzu, daß durch die Rechtsprechung des Bundesverfassungsgerichts das Staatsverständnis der Bundesrepublik Deutschland als „Kulturstaat“ ausdrücklich anerkannt sei, so daß auch hier kein Regelungsdefizit auf Verfassungsebene vorliege.

Das Hauptbedenken liege aber in der auch von einigen SPD-regierten Bundesländern geteilten Sorge, daß eine solche Staatszielbestimmung — trotz aller gut gemeinten Absichten und Protokollerklärungen — dahin verstanden werden könnte, daß der Bund sich zu weitergehenden Aktivitäten im Bereich Bildung, Ausbildung und Kultur berechtigt und verpflichtet sehe. Damit aber sei ein Eingriff in die föderalen Belange verbunden, der zu einem Kompetenzeinbruch für die Länderseite führen und die Kulturhoheit der Länder aushöhlen könne.

4.5. Mitmenschlichkeit und Gemeinsinn

I. Empfehlungen

Die Gemeinsame Verfassungskommission gibt keine Empfehlung für die Aufnahme eines Aufrufs zu „Mitmenschlichkeit und Gemeinsinn“ im Grundgesetz ab.

II. Problemstellung

Der Ausgangspunkt der Novellierungsüberlegungen war gesellschaftskritischer Natur: Vor dem Hintergrund der schweren Nachkriegszeit waren die ersten Jahre der jungen Bundesrepublik durch die gemeinsame Aufgabe des Wiederaufbaus von einem stärkeren Miteinander der Menschen und der gesellschaftlichen Gruppierungen geprägt. Solidarität, Hilfsbereitschaft und Gemeinschaftsorientierung waren damals allgemein wertprägende Elemente. Heute hingegen werden mitunter ein Übermaß an Egoismus und ein bedenklicher Rückzug ins Private als Ausdruck individueller Selbstverwirklichung beklagt. Dem müsse auch von Verfassungs wegen gegengesteuert werden.

III. Verfahrensablauf

Im April 1993 wurde seitens der sozialdemokratischen Kommissionsmitglieder der Antrag angekündigt, in Artikel 7 Abs. 1 GG als Satz 2 anzufügen:

„Grundlegendes Bildungsziel ist Persönlichkeitsbildung zu Selbstbestimmung und Mitmenschlichkeit.“

Auf dieser inhaltlichen Grundlage beriet die Kommission über die Aufnahme des Begriffs der Mitmenschlichkeit in das Grundgesetz. Die Beratungen wurden aufgenommen in der 20. Sitzung am 22. April 1993. Es folgten Berichterstattergespräche, deren Ergebnis der gemeinsame Antrag der Abgeordneten Dr. Elmer (SPD) und Frau Rahardt-Vahldieck (CDU/CSU) (Kommissionsdrucksache Nr. 93) für eine Ergänzung des Grundgesetzes um einen Artikel 2 a GG mit folgendem Inhalt war:

„Jeder ist zu Mitmenschlichkeit und Gemeinsinn aufgerufen.“

Dieser Antrag erhielt bei der Abstimmung in der 25. Sitzung der Gemeinsamen Verfassungskommission am 1. Juli 1993 36 Ja-Stimmen und 21 Nein-Stimmen bei 2 Enthaltungen und erreichte damit nicht die erforderliche Zweidrittelmehrheit.

IV. Begründung

Im Vordergrund der Kommissionsberatungen stand zunächst die in die Diskussion gebrachte Aufnahme des Begriffs der Mitmenschlichkeit in das Grundgesetz. Eine mögliche verfassungsrechtliche Verankerung der Selbstbestimmung als grundlegendes Bildungsziel schied rasch aus dem Kreis weiterer Überlegungen aus. Doch wurde die individuelle Kategorie der Mitmenschlichkeit um die allgemeine Kategorie des Gemeinsinns als Ausdruck der Verantwortung des einzelnen für Staat und Gesellschaft einschließlich der Verantwortung für Umwelt und Lebensqualität zukünftiger Generationen als ein wünschenswerter neuer Faktor der Werteordnung des Grundgesetzes ergänzt. Auf diese Weise soll zugleich der Zusammenhang von Politik und Moral im Sinne der Ethik von Kant zum Ausdruck gebracht werden. „Mitmenschlichkeit und Gemeinsinn“ sind als Gebote und Tugenden ethische

Postulate. Dem entsprach der appellhafte Charakter des Antrags. Gleichwohl werden derartige Appelle durchaus auch Folgewirkungen für die Rechtsauslegung haben.

Vor dem Hintergrund eines gelegentlich anzutreffenden Mißbrauchs der verfassungsrechtlich verbürgten Freiheitsrechte werden in den ethischen Postulaten der Mitmenschlichkeit und des Gemeinsinns deutliche Signale für eine notwendige Neuorientierung individuellen Bewußtseins und persönlicher Verhaltensweisen gesehen, die der kommunikativ-sozialen Seite des Menschseins entsprechen.

Zum Standort einer solchen möglichen Verfassungsbestimmung wurde alsbald Einvernehmen darüber erzielt, das Gebot der Mitmenschlichkeit nicht im Artikel 7 GG über das Schulwesen zu verankern, da dem föderale Bedenken der Länder entgegenstanden. Die Länder befürchteten, bei einer bundesverfassungsrechtlichen Begründung von Bildungszielen mögliche Kompetenzverlagerungen im Schul- und Bildungsbereich auf den Bund und damit einen Eingriff in ihre Kulturhoheit. Bildungsziele seien typische Regelungsmaterien der Länderverfassungen. Hier seien sie in reichhaltigem Maße und in verschiedenartiger Ausgestaltung verankert. Vor diesem Hintergrund bestanden auch Bedenken gegen eine verfassungsrechtliche Hervorhebung von nur zwei Bildungszielen. Vielmehr müßten wegen der Natur der Sache entsprechend den Regelungen in den Länderverfassungen weitere Bildungsziele aufgenommen werden. Ferner wurde die Einstufung der Mitmenschlichkeit als — schulisches — Bildungsziel für zu eng empfunden. Mitmenschlichkeit richte sich als Tugend und Gebot an alle und habe allgemeine Bewußtseinshaltungen und Verhaltensweisen der Nächstenliebe und Rücksichtnahme zum Inhalt.

Vor diesem Hintergrund wurde die Sozialpflichtigkeit der Freiheit als neue verfassungsrechtliche Parallele zur Sozialpflichtigkeit des Eigentums entwickelt. Die Kategorie der Menschenwürde, die sich auf der Grundlage der Artikel 1 und 2 GG als Abwehrrecht entfaltet habe, müsse nunmehr durch positive Konkretisierungen eine weitere Verdeutlichung erfahren. Freiheitsverbürgungen und Freiheitsbegrenzungen berührten das Menschenbild, das hinter einer Verfassung steht. Hierzu hatte das Bundesverfassungsgericht bereits 1954 festgestellt [BVerfGE 4, 7 (15 f)]: „Das Menschenbild des Grundgesetzes ist nicht das eines isolierten souveränen Individuums; das Grundgesetz hat vielmehr die Spannung Individuum — Gemeinschaft im Sinne der Gemeinschaftsbezogenheit und Gemeinschaftsgebundenheit der Person entschieden, ohne dabei deren Eigenwert anzutasten".

Diese verfassungsgerichtliche Konkretisierung des im Grundgesetz auf Gemeinschaftsorientierung angelegten Menschenbildes sollte durch die Aufnahme von „Mitmenschlichkeit und Gemeinsinn" im Grundgesetz verdeutlicht werden. Dabei wurde eine Assoziation an die Postulate der Französischen Revolution durchaus als legitim empfunden. Während die in der Menschenwürde begründeten Kategorien der Freiheit und der Gleichheit durch einen Satz der Verfassung tragende Elemente der grundrechtlichen Werteordnung seien, sei dies bei der sich ebenfalls aus der Menschenwürde ergebenden Kategorie der Brüderlichkeit nicht der Fall.

Im Hinblick auf ein kodifikatorisches Gleichgewicht aller drei Kategorien im Grundgesetz wurde deshalb die ausdrückliche Verankerung von „Mitmenschlichkeit und Gemeinsinn" für notwendig erachtet. Überdies habe der Parlamentarische Rat seinerzeit auch gleichfalls ethisch orientierte Postulate wie die „Menschenwürde" und das „Sittengesetz" in das Grundgesetz aufgenommen, um dessen Charakter als Werteordnung zu verdeutlichen. Weiter wurde betont, daß eine solche Verfassungsergänzung der Integration der neuen Bundesländer dienen könne. Schließlich stammten die ersten Anstöße für diese Grundgesetzänderung aus den neuen Bundesländern, offenbar weil dort der Prozeß der deutschen Einheit in besonderer Weise unter mangelnder Mitmenschlichkeit und fehlendem Gemeinsinn leide. Deshalb würde eine verfassungsrechtliche Verankerung dieser beiden Gebote und Tugenden die Identifikation und Akzeptanz der Ostdeutschen mit dem Grundgesetz verstärken und zugleich der Stimmung entgegenwirken, als sei im Osten nicht nur das frühere politische System, sondern auch das persönliche Leben gescheitert.

Doch stieß diese Forderung einer Verfassungsergänzung auf Widerspruch. Es handele sich keineswegs um eine spezifisch ostdeutsche Forderung. Vor allem aber wurde betont, das Grundgesetz sei eine strikt juridische Verfassung mit der Hauptaufgabe der Konstituierung, Distribution und Kontrolle staatlicher Macht und der Begründung einklagbarer Rechte. Deshalb könne die Orientierung des ethischen Verhaltens der Bürger untereinander und gegenüber dem Gemeinwesen nicht Gegenstand eines Satzes der Verfassung sein. Auch sei es nicht angebracht, ethische Appelle in die Verfassung aufzunehmen. Diese seien weder durchsetzbar, noch sanktionsfähig, noch justitiabel und insgesamt Fremdkörper im Grundgesetz, das kein Tugendkatalog, sondern strikte Rechtsverfassung ist. Eines gesonderten Aufrufs von Verfassungs wegen zu „Mitmenschlichkeit und Gemeinsinn" bedürfe es auch deshalb nicht, weil der ethische Gehalt bereits in der Menschenwürde enthalten sei.

5. Kapitel

Volksinitiative, Volksbegehren, Volksentscheid

I. Empfehlung

Die Gemeinsame Verfassungskommission gibt keine Empfehlung zur Einführung von Volksinitiative, Volksbegehren und Volksentscheid oder von anderen Formen unmittelbarer Demokratie ins Grundgesetz ab.

II. Problemstellung

Die Diskussion um die Einführung von Formen unmittelbarer Demokratie in das Grundgesetz ist seit der Entscheidung des Parlamentarischen Rates für das demokratisch-repräsentative System nicht verstummt. Durch die Herstellung der deutschen Einheit und insbesondere durch die Verfassungsgebung in den neuen Ländern erhielt diese Diskussion neue Nahrung. Nach der Kommission Verfassungsreform des Bundesrates (BR-Drucksache 360/92, Rz. 177 ff) nahm sich daher auch die Gemeinsame Verfassungskommission dieses Themas an. Sie stieß damit auf ein außerordentliches öffentliches Interesse, wie mehr als 266 000 Eingaben belegen. Kein anderes Thema hatte eine solche Resonanz.

III. Verfahrensablauf

Die Beratungen der Gemeinsamen Verfassungskommission zu dieser Thematik wurden in der 6. Sitzung am 14. Mai 1992 aufgenommen. Dabei bestand Einigkeit darüber, daß die Grundentscheidung des Grundgesetzes für die parlamentarisch-repräsentative Demokratie nicht in Frage gestellt werden sollte, weil diese sich nach übereinstimmender Auffassung prinzipiell bewährt habe. Meinungsunterschiede bestanden nur darüber, ob dieses gegebene System der parlamentarisch-repräsentativen Demokratie um Elemente unmittelbarer Demokratie, insbesondere um Volksinitiative, Volksbegehren und Volksentscheid, ergänzt werden könne und solle.

Die Gemeinsame Verfassungskommission fand zu keiner einheitlichen Beurteilung. Nach einer Anhörung von Sachverständigen am 17. Juni 1992 und einem Berichterstattergespräch erreichte in der abschließenden Beratung der 17. Sitzung vom 11. Februar 1993 keiner der von der Gruppe BÜNDNIS 90/DIE GRÜNEN und der SPD eingereichten Anträge die erforderliche Zweidrittelmehrheit:

Der Antrag der Gruppe BÜNDNIS 90/DIE GRÜNEN (Kommissionsdrucksache Nr. 32), der ein abgestuftes Verfahren von Volksinitiative, Volksbegehren und Volksentscheid vorsah, wurde bei 4 Ja-Stimmen und 8 Enthaltungen abgelehnt.

Über den Antrag der SPD (Kommissionsdrucksache Nr. 35) wurde absatzweise abgestimmt. Dabei votierten für die Einführung der Volksinitiative 29 Kommissionsmitglieder, 27 lehnten die Einführung ab, Enthaltungen gab es nicht. Für die Einführung von Volksbegehren und Volksentscheid stimmten 28 Kommissionsmitglieder, 27 stimmten dagegen. Es gab keine Enthaltung. Da somit der Antrag insgesamt nicht die erforderliche Zweidrittelmehrheit erhielt, wurde die Folgeänderung in Artikel 76 Abs. 1 GG mit 27 Nein-Stimmen bei 26 Ja-Stimmen und 1 Enthaltung abgelehnt.

Der weitere Antrag der SPD (Kommissionsdrucksache 51), der vorsah, daß auf Verlangen von einem Viertel der Mitglieder des Bundestages über ein verfassungsänderndes Gesetz ein Volksentscheid stattfinden solle (Fakultatives Verfassungsreferendum), wurde von 23 Kommissionsmitgliedern unterstützt. 29 stimmten dagegen, es gab 1 Enthaltung.

Ein dritter Antrag der SPD (Kommissionsdrucksache Nr. 36) richtete sich auf eine Ergänzung von Artikel 45 c GG. Der Petitionsausschuß sollte danach verpflichtet werden, bei sogenannten Massenpetitionen, die von mindestens 50 000 Stimmberechtigten unterzeichnet sind, die Petenten oder ihre Vertreter anzuhören. Dieser Antrag erhielt 28 Stimmen bei 28 Gegenstimmen und wurde damit ebenfalls nicht angenommen.

IV. Begründung

1. Die Befürworter von Volksinitiative, Volksbegehren, Volksentscheid und anderen Formen unmittelbarer Demokratie begründeten ihre Vorschläge damit, daß die Zeit gekommen sei, den Bürgerinnen und Bürgern über die Teilnahme an Wahlen hinaus weitere Möglichkeiten unmittelbarer Einflußnahme auf die politische Willensbildung und staatliche Entscheidungen einzuräumen. Viele Bürgerbewegungen und -initiativen auf kommunaler wie auf Landes- und Bundesebene zeigten den Willen der Bevölkerung, sich aktiv für das Gemeinwesen einzusetzen und an seiner Ausgestaltung mitzuwirken. Auf der anderen Seite müßten der zunehmende Anteil von Nichtwählern und die Hinwendung zu radikalen Parteien als deutliche Hinweise dafür aufgenommen werden, daß wachsende Teile der Bevölkerung sich von den etablierten Parteien und ihren Vertretern in den Staatsorganen nicht mehr hinlänglich repräsentiert fühlten. Diesem Zustand der Entfremdung zwischen Politikern und Bürgern, zwischen Repräsentanten und Repräsentierten, vielfach als Politik- oder Parteienverdrossenheit bezeichnet, könne dadurch begegnet werden, daß der bestehenden Bereitschaft zur Teilhabe an der Politikgestaltung erweiterte Handlungsmöglichkeiten eröffnet würden.

   Als Handlungsformen kämen insbesondere die Volksinitiative, das Volksbegehren und der Volksentscheid in Betracht. Auch an Verfassungsreferenden, d. h. Volksabstimmungen über verfassungsändernde Gesetze, sei zu denken. Diese

Formen direkter Bürgerbeteiligung stellten das parlamentarisch-repräsentative System des Grundgesetzes nicht in Frage, sondern ergänzten es sinnvoll und entwickelten es zu einer partizipativen Demokratie fort. Das Parlament bleibe der Hort der politischen Auseinandersetzung und Entscheidung; das Volk als Träger der Staatsgewalt gewinne aber einen effektiveren Einfluß auf deren Ausübung, indem es das Parlament zwingen könne, sich mit bestimmten Themen zu befassen, oder indem es Entscheidungen an seiner Stelle treffe.

Da die Demokratie auf aktive, interessierte und verantwortungsbewußte Bürgerinnen und Bürger angewiesen sei, führe ein Mehr an direkter Bürgerbeteiligung auch unmittelbar zur Festigung und Belebung der parlamentarischen Demokratie. Ihre Schwächung sei dagegen nicht zu gewärtigen. Anders als bei der Verabschiedung des Grundgesetzes könne sie sich auf ein in 40 Jahren gefestigtes demokratisches Selbstverständnis des deutschen Volkes stützen. Zudem habe die friedliche Revolution in der ehemaligen DDR, die als gelungenes Beispiel unmittelbarer Demokratie („Wir sind das Volk!") durch die Einführung verstärkter Bürgerbeteiligung honoriert werden müsse, gezeigt, daß die Bevölkerung reif sei, verantwortlich und rational von ihren Gestaltungsmöglichkeiten Gebrauch zu machen. Dem könnten auch nicht angeblich negative Erfahrungen aus der Zeit der Weimarer Republik entgegengehalten werden. Diese sei keinesfalls an Volksentscheiden gescheitert, was schon die historische Tatsache belege, daß keiner der beiden reichsweiten Volksentscheide Erfolg gehabt habe.

Die Erfahrungen in Staaten des — vor allem europäischen — Auslandes, deren Verfassungen Formen direkter Bürgerbeteiligung kennen, ließen erkennen, daß auch schwierige und komplexe Sachverhalte vom Volk sachgerecht beurteilt und entsprechend entschieden werden könnten. Insofern stelle eine entsprechende Ergänzung des Grundgesetzes auch einen Schritt zu mehr europäischer Gemeinsamkeit dar. Zudem gebe es bereits in 9 der 11 alten Länder der Bundesrepublik Deutschland die Möglichkeit des Volksentscheides, und alle neuen Bundesländer hätten ihn ebenfalls in ihren Verfassungen bzw. Verfassungsentwürfen vorgesehen. Es gebe keinen Grund, das, was sich auf Länderebene bewährt habe, auf Bundesebene nicht zuzulassen.

Daher sei das folgende gestufte Verfahren der direkten Demokratie ins Grundgesetz einzufügen:

— Mit der Volksinitiative erhalten die Bürgerinnen und Bürger die Möglichkeit, den Deutschen Bundestag mit bestimmten Gegenständen der politischen Willensbildung zu befassen; Gegenstand einer Volksinitiative kann auch ein mit Gründen versehener Gesetzentwurf sein.

— Stimmt der Deutsche Bundestag innerhalb einer bestimmten Frist einem solchen Gesetzentwurf nicht zu, findet auf Antrag der Vertreterinnen und Vertreter der Initiative ein Volksbegehren statt.

— Kommt es — durch Zustimmung eines festzulegenden Anteils der Wahlbevölkerung (Quorum) — zustande, so ist ein Volksentscheid über den Gesetzentwurf durchzuführen. Bei positivem Ausgang des Volksentscheides, d. h. bei Zustimmung einer — gegebenenfalls qualifizierten — Mehrheit der Abstimmenden, ist der Gesetzentwurf angenommen.

Die Einzelheiten könnten so festgelegt werden, daß Mißbräuche ausgeschlossen seien. So könnte man bestimmte Gegenstände der politischen Willensbildung, z. B. den Bundeshaushalt oder öffentliche Abgaben, von der Volksinitiative ausnehmen. Durch die Höhe der Abstimmungsquoren und die Bestimmung von Untergrenzen für die Beteiligung könne die Durchsetzung von Sonderinteressen verhindert werden. Genügend lange Fristen könnten für eine umfassende Information der und Diskussion in der Bevölkerung vorgesehen werden; sie seien auch geeignet, Manipulationen durch starke Interessenverbände und einseitige Berichterstattung oder Entscheidungen aufgrund momentaner Stimmungen entgegenzuwirken. Dem Deutschen Bundestag könne das Recht eingeräumt werden, einen Alternativ-Entwurf zur Abstimmung zu stellen. Schließlich werde durch Länderquoren auch der föderalen Struktur der Bundesrepublik Deutschland und damit Artikel 79 Abs. 3 GG Rechnung getragen.

Es sei nicht erkennbar, was aus den Einwänden, die gegen den Volksentscheid und damit gegen eine Volksgesetzgebung gerichtet werden, gegen die Volksinitiative hergeleitet werden könne. Diese sei unbedingt zu befürworten, da sie bürgernahe Entscheidungen der Staatsorgane fördere.

2. Gegen die Aufnahme von Volksinitiative, Volksbegehren, Volksentscheid und anderen Formen unmittelbarer Demokratie ins Grundgesetz wurden sowohl verfassungssystematische als auch verfassungspolitische Gründe geltend gemacht.

   Der Parlamentarische Rat habe gerade mit seinem strikten Bekenntnis zur parlamentarisch-repräsentativen Demokratie die entscheidenden Konsequenzen aus dem Scheitern der Weimarer Demokratie gezogen. Selbst wenn in der Weimarer Republik nur relativ wenig plebiszitäre Entscheidungen getroffen wurden, habe die parlamentarische Demokratie damals doch unter dem permanenten Druck plebiszitärer Entscheidungsmöglichkeiten gestanden, was entscheidend zu ihrer Schwächung beigetragen habe. Gerade auf der Grundlage dieser historischen Erfahrung habe der Parlamentarische Rat für das Grundgesetz auf Formen unmittelbarer Demokratie bewußt verzichtet — von den Ausnahmen im Bereich der kommunalen Selbstverwaltung (Artikel 28 GG) und im Bereich der Neugliederung (Artikel 29 GG) abgesehen.

   Diese Entscheidung des Parlamentarischen Rates sei auch heute noch richtunggebend. Denn das bewährte System der parlamentarisch-repräsentativen Demokratie könne durch plebiszitäre Verfahren nachhaltig geschwächt werden — Verfahren, die die Gefahr einer schleichenden Abwertung des Parlaments in sich trügen. Wegen des Anscheins einer „höheren Legitimität des unmittelbaren Volksgesetzes" gegenüber dem „nur mittelbaren Parlamentsgesetz" könne eine Entwicklung dahin gehend eintreten, das Parlament nur noch in weniger wichtigen Fragen entscheiden zu lassen. Entscheidungsfähigkeit und Verantwortungsbereitschaft des Parlaments könnten auch dadurch beeinträchtigt werden, daß in schwierigen, politisch sensiblen Fragen Plebiszite dem parlamentarischen Entscheidungsträger die Flucht aus der Verantwortung ermöglichten.

Plebiszite seien der modernen pluralistischen Gesellschaft und Demokratie nicht gemäß. Denn Plebiszite seien nur dem Ja oder Nein zugänglich. Gerade die pluralistische Demokratie fordere jedoch Entscheidungs- und Gesetzgebungsverfahren, die auf ein Höchstmaß an Kompromißfindung und Kompromißsuche angelegt seien. Solche Verfahren ermögliche nur das parlamentarische Verfahren. Zudem wäre der Minderheitenschutz gefährdet, da weder die Gruppen, die für die „richtige" Entscheidung werben, noch die Stimmbürger dem Gemeinwohl verpflichtet seien. Angesichts der Komplexität politischer Entscheidungen bestehe die Gefahr, daß sich die Bürger nicht von objektiven Kriterien, sondern von der subjektiven Betroffenheit oder von mediengeprägten Stimmungen leiten ließen. Damit seien eine Entrationalisierung von Entscheidungen und Populismus zu befürchten. Tagesstimmungen der Bevölkerung gelangten unmittelbar zu rechtlicher Wirkung.

Plebiszite gäben darüber hinaus aktiven Minderheiten und gut organisierten Vertretern partikularer Interessen das Instrumentarium, ihre Macht noch stärker als bisher auf Bundesebene durchzusetzen. Die Bürger könnten angesichts der erforderlichen Quoren ihre Initiativen in aller Regel nicht selbst vorantreiben, sondern wären auf die Unterstützung von Verbänden und Vereinigungen angewiesen. Infolgedessen bestehe die Gefahr der Bevormundung des Bürgers durch demokratisch nicht legitimierte Vereinigungen.

Die Erfahrung mit Plebisziten in den Nachbarstaaten und den Bundesländern ließen sich nicht verallgemeinern und schon gar nicht auf den Bund übertragen. So seien Plebiszite auf Länder- oder kommunaler Ebene wegen der besseren Überschaubarkeit der Verhältnisse und der geringeren Komplexität der Probleme eher praktikabel als auf Bundesebene. Erfahrungen im Ausland ließen überdies befürchten, daß zahlreiche Plebiszite neben regelmäßigen Wahlen zu Abstimmungsmüdigkeit führten. Auch die Vorgänge in der ehemaligen DDR aus dem Herbst 1989 könnten die Einführung von mehr Bürgerbeteiligung ins Grundgesetz nicht rechtfertigen, da die Situation dort mit der des demokratischen Rechtsstaates Bundesrepublik Deutschland nicht zu vergleichen sei.

Plebiszite zögen unweigerlich die Schwächung föderaler Strukturen nach sich. Daran ändere sich auch nichts durch die Einführung eines Länderquorums. Dem Bundesrat, der nicht lediglich eine Summe der Länder, sondern eine selbständige Einheit innerhalb unseres Systems sei, wäre die Möglichkeit der Mitgestaltung genommen. Damit ginge die ausgewogene Balance zwischen zentral- und gliedstaatlichen Entscheidungsbefugnissen in der Bundesgesetzgebung, vermittelt durch das Miteinander von Bundestag und Bundesrat, verloren.

Schließlich werde der Ausschluß bestimmter, insbesondere finanzwirksamer Politikbereiche wie Haushalt und Steuern wahrscheinlich dazu führen, die Politikverdrossenheit zu vergrößern. Es sei zu befürchten, daß sich das Volk dadurch bevormundet fühle.

Es sei schließlich illusionär zu erwarten, daß die Einführung plebiszitärer Verfahren die sogenannte Parteienverdrossenheit überwinden könne. Eher sei das Gegenteil zu befürchten. Denn wenn Volksinitiative, Volksbegehren und Volksentscheid mit in das Grundgesetz aufgenommen würden, so würden sich künftig — legitimerweise — auch die politischen Parteien dieser Verfahren bedienen — nicht zuletzt auch deshalb, weil die Durchführung solcher Verfahren in aller Regel der Organisation und Initiierung bedürfe. Wenn die politischen Parteien aber die freie Entscheidung darüber hätten, ob sie ein bestimmtes Anliegen auf plebiszitärem oder parlamentarischem Wege verfolgen sollten, drohe erneut die Flucht aus der parlamentarischen Verantwortung. Darüber hinaus wüchse die Macht der politischen Parteien gegenüber dem heutigen Rechtszustand noch dadurch, daß ihnen neben ihren parlamentarischen Entfaltungsmöglichkeiten auch die Wege zur Anrufung wie die Organisation von Volksinitiative, Volksbegehren und Volksentscheid eröffnet würden.

6. Kapitel

Parlamentsrecht

I. Empfehlung

Die Gemeinsame Verfassungskommission spricht weder eine Empfehlung zur Änderung des Parlamentsverfassungsrechts noch zur Ergänzung des Parlamentsrechts durch den einfachen Gesetzgeber aus.

II. Allgemeiner Verfahrensablauf

Das Parlamentsrecht wurde in der 9. Sitzung am 9. Juli 1992, der 13. Sitzung am 26. November 1992 und in der diesen Beratungsgegenstand abschließenden 24. Sitzung am 17. Juni 1993 behandelt. Darüber hinaus war das Parlamentsrecht auch Gegenstand der am 10. September 1992 durchgeführten öffentlichen Sachverständigenanhörung sowie mehrerer Berichterstattergespräche.

6.1. Selbstauflösungsrecht des Bundestages

I. Problemstellung

Schon die Enquete-Kommission Verfassungsreform hat in ihrem Schlußbericht 1976 vor dem Hintergrund einer bisher sehr restriktiven Regelung im Grundgesetz die Frage einer vorzeitigen Beendigung der Wahlperiode des Deutschen Bundestages aufgeworfen (siehe BT-Drucksache 7/5924, Kapitel 3, Ziff. 3, S. 32 ff., 39 ff.). Das Grundgesetz kennt bisher — aufgrund der häufigen Auflösungen in der Weimarer Zeit — nur zwei Möglichkeiten der vorzeitigen Beendigung der Legislaturperiode: Gemäß Artikel 63 Abs. 4 im Falle des Nichtzustandekommens der Wahl eines Bundeskanzlers mit der Mehrheit der Mitglieder des Bundestages und im Falle einer abgelehnten Vertrauensfrage des Bundeskanzlers gemäß Artikel 68 GG. Um eine Patt-Situation wie die vom Frühjahr 1972 leichter überwinden zu können, hatte die Enquete-Kommission daher vorgeschlagen, einen Artikel 39 Abs. 2 in das Grundgesetz einzufügen, der einem Viertel der Mitglieder des Deutschen Bundestages das Antragsrecht und einer Zweidrittelmehrheit die Entscheidung zugunsten einer vorzeitigen Beendigung der Wahlperiode einräumte. Diese Überlegungen sowie die Vorgänge um die vorzeitige Auflösung des Bundestages im Jahr 1983 waren Auslöser der jetzigen Diskussion in der Gemeinsamen Verfassungskommission.

II. Verfahrensablauf

Die SPD-Mitglieder in der Gemeinsamen Verfassungskommission stellten im Februar 1993 den Antrag (Kommissionsdrucksache Nr. 59), Artikel 39 GG durch einen neuen Absatz 1 a wie folgt zu ergänzen:

„Auf Antrag eines Drittels seiner Mitglieder kann der Bundestag mit einer Mehrheit von zwei Dritteln seiner Mitglieder beschließen, die Wahlperiode vorzeitig zu beenden. Zwischen dem Antrag und der Abstimmung müssen zweiundsiebzig Stunden liegen. Absatz 1 Satz 4 gilt entsprechend."

Die PDS/LL stellte im Rahmen eines sehr umfangreichen Antrags (Kommissionsdrucksache Nr. 30) u. a. einen neuen Artikel 39 Abs. 2 GG zur Diskussion. Dieser Antrag wurde jedoch in der Abstimmungssitzung am 17. Juni 1993 zurückgezogen.

Die Veränderungsbegehren zur Einführung eines Selbstauflösungsrechts des Deutschen Bundestages waren zusammen mit anderen Themen des Parlamentsrechts Gegenstand der 9. Sitzung der Gemeinsamen Verfassungskommission am 9. Juli 1992 und der 13. Kommissionssitzung am 26. November 1992 sowie mehrerer Berichterstattergespräche. Außerdem fand am 10. September 1992 die 5. Öffentliche Anhörung zu diesen Themen statt.

Während zunächst Einigkeit in bezug auf ein Selbstauflösungsrecht des Bundestages herrschte (siehe Äußerungen in der Sitzung der Gemeinsamen Verfassungskommission vom 9. Juli und 26. November 1992) ließ sich dieser Konsens bis zur Abstimmung am 17. Juni 1993 nicht aufrecht erhalten:

Der SPD-Antrag (Kommissionsdrucksache Nr. 59) zum Selbstauflösungsrecht erhielt mit 21 Ja-Stimmen und 15 Nein-Stimmen bei 3 Enthaltungen nicht die nötige Zweidrittelmehrheit.

III. Begründung

1. Hauptausgangspunkt der Überlegungen zur Einfügung eines Selbstauflösungsrechtes in das Grundgesetz waren die Ereignisse zum Jahresende 1982. Das damalige Vorgehen, nach dem gelungenen Mißtrauensvotum vom Oktober 1982 am 17. Dezember 1982 über den Artikel 68 GG eine gewollt scheiternde Vertrauensfrage zu stellen, um anschließend über den Bundespräsidenten eine Bundestagsauflösung und Neuwahlen zu erreichen, sei von allen Beteiligten als „ungute Sache" empfunden worden. Dieser problematische Umweg habe zu den bekannten Schwierigkeiten und zu dem Urteil des Bundesverfassungsgericht vom 16. Februar 1983 (BVerfGE 62, 1 ff.) geführt, das „nur" mit einer Mehrheit von fünf zu drei Richtern die Auflösung für rechtmäßig erklärt habe. Die abweichenden Voten der drei Richter sprächen eine sehr deutliche Sprache („Entscheidung außerhalb der Verfassung", „manipulierte Selbstauflösung" usw.). Bei einer so zentralen Frage, die die Legitimation des gesamten

Parlaments betreffe, sollten nicht einige Richterstimmen, sondern die Zweidrittelmehrheit der vom Volk gewählten Abgeordneten entscheiden.

Die angestrebte Regelung dürfe allerdings nicht zum Mißbrauch führen, sondern die vorzeitige Auflösung müsse weiter die absolute Ausnahme bleiben. Deshalb müßten hohe Hürden aufgestellt werden, damit die Regierung sich nicht den für sie günstigsten Wahltermin aussuchen könne; diese Hürde stelle die Zweidrittelmehrheit dar, die nur mit der Opposition, nicht gegen sie erreicht werden könne. Auch dürfe der Antrag nicht von einzelnen Abgeordneten, auch nicht vom Bundeskanzler gestellt werden, sondern nur von einem Viertel oder einem Drittel des Deutschen Bundestages.

Der Bundespräsident solle nicht in die Entscheidung einbezogen werden, da in einem entsprechenden Fall der Beurteilungsspielraum und die Entscheidung in der Hand des vom Volk direkt gewählten Parlaments selbst verbleiben solle. Dies entspreche der Ausgestaltung der politischen Gewichtsverteilung zwischen Parlament, Regierung und Staatsoberhaupt im Grundgesetz (so auch schon Enquete-Kommission Verfassungsreform 1976, a. a. O., Ziffer 3.3., S. 40 f). Die längere Frist von zweiundsiebzig Stunden (statt der achtundvierzig Stunden im Rahmen des Artikel 68 Abs. 2) solle der stärkeren Diskussion in der Öffentlichkeit dienen.

2. Hauptargument der Gegner einer entsprechenden Ergänzung in Artikel 39 Abs. 1 a war die Befürchtung, bei Einräumung einer entsprechenden Möglichkeit zur vorzeitigen Beendigung der Wahlperiode entfalle der politische Zwang, sich auch in schwierigen Situationen einigen zu müssen. Ein solcher Druck entspreche dem Grundgedanken der vierjährigen Legislaturperiode gemäß Artikel 39 und dem gesamten Parlamentsrecht. Gegebenenfalls müßten neue Koalitionen gefunden werden, neue Gespräche geführt werden, auch wenn erste Kontakte gescheitert seien. Es könne ohne einen solchen Einigungszwang eventuell zur bequemen Ausflucht werden, sein Heil in Neuwahlen zu suchen. Die Abgeordneten seien aber für vier Jahre gewählt und sollten sich ihrer Aufgabe auch für diese Zeit stellen.

   Die zur Zeit im Grundgesetz vorhandene Regelung sei durchaus vernünftig; der Artikel 67 erlaube über das konstruktive Mißtrauensvotum einen Machtwechsel auch innerhalb der Legislaturperiode und gebe damit genügend Flexibilität für die politische Entwicklung.

   Eine Selbstauflösung des Bundestages würde die Gewichte zwischen den Verfassungsorganen verschieben und Risiken für die Stabilität des politischen Systems mit sich bringen: Das Grundgesetz habe in bewußter Abkehr von der Weimarer Reichsverfassung in Artikel 63 Abs. 4 und Artikel 68 GG hohe Hürden aufgerichtet, um eine vorzeitige Beendigung der Legislaturperiode möglichst auszuschließen. Es solle den politischen Parteien verwehrt sein, bei politischen Schwierigkeiten sich der Verantwortung durch Ausschreibung von Neuwahlen zu entziehen. Wenn der Bundestag — ohne die Mitwirkung weiterer Verfassungsorgane — die Legislaturperiode vorzeitig beenden könne, gehe ein stabilisierendes Element unseres politischen Systems verloren.

Die mit einer vorzeitigen Beendigung der Legislaturperiode angestrebten Neuwahlen führten in der Regel auch nicht zu den klaren Mehrheitsverhältnissen, die die Antragsteller erhofften. Dies zeigten die Erfahrungen in den europäischen Nachbarstaaten Italien, Belgien und Dänemark.

Bei einem Antragsquorum unterhalb der sogenannten Kanzlermehrheit werde das Antragsrecht zu einem wirkungsvollen Agitationsinstrument für die Opposition. Antragsberechtigte parlamentarische Minderheiten könnten die Regierungsmehrheit zu einer klaren Aussage dazu zwingen, ob sie Neuwahlen wolle oder nicht. Die Ablehnung dieses Antrags zu begründen, werde der parlamentarischen Mehrheit um so schwerer fallen, je schwieriger sich ihre politische Situation darstelle.

Zudem könnte die Opposition nach Belieben kurzfristig politische Grundsatzdebatten erzwingen, an deren Ende jeweils eine Art Vertrauens-Abstimmung stünde. Diese Möglichkeit habe sie bisher nach der Geschäftsordnung des Bundestages nicht.

6.2. Abgeordnetenentschädigung

I. Problemstellung

Die geltende Diätenregelung zieht seit langem den Vorwurf der Entscheidung in eigener Sache („Selbstbedienung") auf sich. Die Gemeinsame Verfassungskommission hat sich im Hinblick auf diesen Vorwurf mit der Frage befaßt, ob nicht die Zuständigkeit und Verantwortung für die jeweilige Anpassung der Diäten aus dem parlamentarischen Raum herausverlagert werden sollte.

Im Mittelpunkt der Beratungen standen vor allem folgende Fragen:

Zum einen — ob überhaupt und grundsätzlich in Zukunft eine unabhängige Diätenkommission, angesiedelt etwa beim Bundespräsidenten, Aussagen zur Entschädigung und Ausstattung der Abgeordneten machen soll.

Zum anderen — ob diese Diäten-Kommission gegebenenfalls verbindlich entscheiden oder ob sie nur beratend Vorschläge unterbreiten soll.

Weiterhin — ob die Entscheidungsbefugnis gegebenenfalls unmittelbar durch die Verfassung und damit für den einfachen Gesetzgeber unwiderruflich an die Diäten-Kommission delegiert wird oder ob nicht im Wege einer Kann-Bestimmung der Gesetzgeber lediglich zu einer solchen Delegation ermächtigt werden sollte (wodurch ihm die jederzeitige Rückholmöglichkeit eröffnet bliebe).

Schließlich — ob die Diäten-Kommission lediglich über die jährlichen, prozentualen Veränderungen der Bezüge entscheiden soll oder auch über Strukturfragen, wie etwa Ausstattung und Versorgung.

II. Begründung

Die Berichterstatter erzielten am 4. Februar 1993 grundsätzliches Einvernehmen, durch eine Neufassung von Artikel 48 Abs. 3 GG einer vom Bundespräsidenten eingesetzten unabhängigen Kommission die Entscheidung über die Höhe der Diäten zu übertragen. Die Entscheidungskompetenz dieser mit Verbindlichkeit entscheidenden Kommission soll allerdings auf eine eventuelle jährliche Anpassung zu beschränkt werden, während die Struktur der Diäten weiterhin durch einfaches Bundesgesetz geregelt werden soll.

Bei der Frage, ob die Entscheidung über die Höhe der Diäten auf eine Kommission übertragen werden soll, bestehe ein Konflikt zwischen dem Demokratieprinzip und dem Rechtsstaatsprinzip. Das Demokratieprinzip gebete, daß zwischen dem Volk und dem mit staatlichen Aufgaben betrauten Organen und Amtswaltern eine ununterbrochene Legitimationskette bestehe. Hiernach müßten die Abgeordneten selbst über die Diäten entscheiden und dürften diese Entscheidung nicht auf eine ernannte, vom Volk nicht legitimierte und diesem auch nicht verantwortliche Kommission übertragen. Andererseits widerspreche es dem Grundgedanken des Rechtsstaatsprinzips, wenn die Abgeordneten über ausschließlich sie selbst begünstigende Regelungen entscheiden sollten, weil sie gewissermaßen zu Richtern in eigener Sache würden. Diesen Konflikt wolle man zugunsten des Rechtsstaatsprinzips auflösen, indem man die Entscheidungskompetenz auf eine unabhängige Kommission übertrage.

Der gemeinsame Vorschlag der Berichterstatter zur Neufassung von Artikel 48 Abs. 3 GG lautete:

> „Die Abgeordneten haben Anspruch auf eine angemessene, ihre Unabhängigkeit sichernde Entschädigung *und auf die zur Wahrnehmung ihrer Aufgaben erforderlichen Ausstattung.* Sie haben das Recht zur freien Benutzung aller staatlichen Verkehrsmittel. *Über die jeweilige Höhe der Entschädigung und der zur persönlichen Ausstattung gehörenden Geldleistungen entscheidet eine vom Bundespräsidenten eingesetzte unabhängige Kommission.* Das Nähere regelt ein Bundesgesetz."

Das Land Sachsen hat — insoweit über den Vorschlag der Berichterstatter hinausgehend — vorgeschlagen, die unabhängige Kommission in die Lage zu versetzen, über die Gesamtleistungen an die Abgeordneten zu entscheiden. Die mit dem Vorschlag der Berichterstatter angestrebte Objektivierung des Entscheidungsverfahrens über die Diäten mache nur Sinn, wenn der Kommission nicht nur die Entscheidung über die Höhe der Entschädigung, sondern auch die Entscheidung über die sachliche Ausstattung der Abgeordneten übertragen werde (Kommissionsdrucksache Nr. 60).

Die SPD-Mitglieder der Gemeinsamen Verfassungskommission haben den Vorschlag der Berichterstatter zum förmlichen Antrag erhoben (Kommissionsdrucksache Nr. 54). Bei der Abstimmung in der 24. Sitzung am 17. Juni 1993 erhielt der Antrag 20 Ja-Stimmen, 4 Nein-Stimmen und 15 Enthaltungen.

Die Stimmenthaltungen, vornehmlich aus den Reihen der CDU/CSU, wurden damit begründet, daß die Frage, ob der Gesetzgeber die Verantwortung für die Diätenregelung auf ein anderes Gremium übertragen könne, ungeachtet des Votums der Berichterstatter derzeit noch nicht entscheidungsreif sei. Verwiesen wurde dazu insbesondere auf das zwischenzeitlich vorgelegte Gutachten der vom Bundespräsidenten eingesetzten „Kommission Unabhängiger Sachverständiger zur Finanzierung der Parteien“ (BT-Drucksache 12/4425) sowie auf den jüngst veröffentlichten Zwischenbericht der von der Präsidentin des Deutschen Bundestages berufenen „Unabhängigen Kommission zur Überprüfung des Abgeordnetenrechts“. Beide Kommissionen erheben gegen die Übertragung des Letztentscheidungsrechts in der Diätenfrage auf ein parlamentsexternes Gremium nicht nur verfassungspolitische, sondern auch erhebliche verfassungsrechtliche Bedenken: Der Gesetzesvorbehalt für die Abgeordnetenentschädigung gehöre zu den „Essentialien des demokratischen Prinzips“ (BVerfGE 40, 296, 319), er sei deshalb im Hinblick auf Artikel 79 Abs. 3 GG „wohl“ sogar einer Verfassungsänderung entzogen; von Verfassungs wegen müsse es damit bei der Entscheidung des Gesetzgebers in eigener Sache bleiben. Im Lichte dieser Voten sei eine abschließende Entscheidung der Diätenfrage derzeit noch nicht möglich. Sowohl in verfassungspolitischer wie auch in verfassungsrechtlicher Hinsicht bestehe weiterer Beratungsbedarf. Aus demselben Grund zog auch Sachsen seinen Antrag zurück.

6.3. Oppositions- und Fraktionsrechte

I. Problemstellung

Regelungen zu Fraktionen finden sich in der Mehrheit der Landesverfassungen der alten und in allen Landesverfassungen der neuen Bundesländer, zur Opposition in vier der alten und ebenfalls in allen neuen Bundesländern. Diese Tatsache sowie die immer wieder auch in der Literatur diskutierte Frage nach der Rechtsstellung der Fraktionen sowie zuletzt die Empfehlung der „Kommission Unabhängiger Sachverständiger zur Finanzierung der Parteien“ (BT-Drucksache 12/4425) waren Ausgangspunkte für entsprechende Überlegungen in der Gemeinsamen Verfassungskommission.

II. Verfahrensablauf

Die SPD-Mitglieder in der Gemeinsamen Verfassungskommission stellten im Februar 1993 den Antrag (Kommissionsdrucksache Nr. 55), folgenden neuen Artikel 49 GG einzufügen:

„(1) Die Fraktionen sind freiwillige Zusammenschlüsse von Abgeordneten. Sie wirken an der parlamentarischen Willensbildung mit. Artikel 38 Abs. 1 bleibt unberührt. Das Nähere regelt ein Bundesgesetz.

(2) Das Recht auf Bildung und Ausübung parlamentarischer Opposition wird gewährleistet."

Der Antrag der PDS/LL zur umfassenden Neuregelung des Parlamentsrechts (Kommissionsdrucksache Nr. 30) enthielt auch Regelungen zu den Rechten und der Stellung der Fraktionen und Opposition. Dieser Antrag gelangte indes nicht zur Abstimmung, da er in der 24. Sitzung am 17. Juni 1993 zurückgezogen wurde.

Auch die Aufnahme von Rechten der Fraktionen und Opposition gehörte zu den Themen der 9. Sitzung der Gemeinsamen Verfassungskommission am 9. Juli 1992 und der 13. Kommissionssitzung am 12. November 1992. Die verschiedenen Aspekte wurden in der 4. Öffentlichen Anhörung am 10. September 1992 diskutiert. Darüber hinaus waren die Veränderungsbegehren zum Recht der Fraktionen und Opposition Gegenstand mehrerer Berichterstattergespräche.

Auch eine Annäherung in bezug auf eine Fraktions/Oppositions-Regelung, die noch in den Sitzungen der Gemeinsamen Verfassungskommission vom 9. Juli und 26. November 1992 festzustellen war, ließ sich bis zur Abstimmung am 17. Juni 1993 nicht aufrechterhalten: Der SPD-Antrag (Kommissionsdrucksache Nr. 55) zu Fraktionen/Opposition erhielt mit 20 Ja-Stimmen und 17 Nein-Stimmen bei 3 Enthaltungen nicht die erforderliche Zweidrittelmehrheit.

III. Begründung

1. Argumentation der Befürworter der Aufnahme von Oppositions- und Fraktionsregelungen

Bisher seien die Fraktionen nur in Artikel 53 Abs. 1 a GG (Regelung über den Gemeinsamen Ausschuß) im Grundgesetz eher nebenbei genannt. Es sei sinnvoll, im Zusammenhang mit der Grundregel des Artikel 38 GG, dem freien Mandat des Abgeordneten, eine Regelung einzufügen, um endlich Rechtssicherheit für die Fraktionen zu erreichen und den Verfassungstext der Verfassungsrealität anzupassen. Aus dem Koalitionsrecht des einzelnen Abgeordneten, nicht aus der Geschäftsordnungsautonomie des Bundestages, entspringe die Möglichkeit, sich freiwillig mit anderen Abgeordneten zu einer Fraktion zusammenzuschließen und gemeinsam an der parlamentarischen Willensbildung mitzuwirken. Dadurch werde weder das freie Mandat des Artikel 38 Abs. 1 GG berührt, noch die unterschiedlichen Stärkeverhältnisse der Fraktionen.

Die Einzelheiten sollten nicht im Grundgesetz, sondern in einem Fraktionsgesetz oder im Abgeordnetengesetz geregelt werden; zu ersterem läge bereits ein interfraktioneller Gesetzentwurf vor (BT-Drucksache 12/4756).

Es sei nicht nur eine Forderung von Politikwissenschaftlern, sondern entspreche der Entwicklung des parlamentarischen Systems in den letzten Jahrzehnten, der veränderten Rolle der Opposition auch durch entsprechende verfassungsrechtliche Normierung Rechnung zu tragen.

Im Gegensatz zur früheren Auffassung, daß eine strikte Gewaltenteilung zwischen Parlament und Regierung bestehe — dies sei für die Verhältnisse zur Zeit der Bismarck'schen Reichsverfassung zutreffend gewesen — sei heute anerkannt, daß die entscheidenden Kontrollrechte des Parlaments wesentlich der Opposition zugewachsen seien. Die Parlamentsmehrheit sei in einem parlamentarisch gebundenen Regierungssystem, wie es das Grundgesetz nun mal vorsehe, viel stärker mit der Regierung verwoben, trage und stütze diese bei Gesetzesvorhaben und anderen politischen Entscheidungen, als es das eher theoretische Modell der Dreiteilung der Gewalten einmal vorgesehen habe. Zwar gebe es wirksame informelle Kontrollrechte der Mehrheitsfraktionen über Arbeitsgruppen, Ausschuß- und Fraktionssitzungen; dies gehe aber „auf Kosten der repräsentativen Rolle des Parlaments". Deswegen solle die längst wirklich die Kontrolle nach außen erkennbar ausübende Opposition auch als Institution verfassungsrechtlich abgesichert und die Rolle der Opposition als strukturelles Verfassungselement damit festgeschrieben werden. In beiden Bereichen — Fraktionen und Opposition — sollten durch eine verfassungsrechtliche Verankerung jedenfalls Verschlechterungen gegenüber der jetzigen Situation verhindert werden.

Es gebe für die Aufnahme einer grundsätzlichen Oppositionsregelung im Grundgesetz noch einen weiteren Grund: In den Landesverfassungen aller neuen Bundesländer gebe es eine entsprechende Erwähnung der Opposition. Dies entspreche nicht nur der bereits aufgezeigten verfassungshistorischen Entwicklung, sondern zeige spezifisch die Erfahrung der letzten vierzig Jahre aus der damaligen DDR. Die vorgetäuschte Demokratie ohne wirkliche Oppositionsmöglichkeit habe nach der Wende das verständliche Bedürfnis geweckt, nunmehr die Opposition ausdrücklich in der Verfassung zu benennen. Diese besondere Erfahrung sollte im augenblicklichen Reformprozeß, der nur durch die ostdeutsche friedliche Revolution und die deutsche Einigung ermöglicht wurde, besonders beachtet werden.

2. Argumentation der Gegner der Aufnahme von Oppositions- und Fraktionsregelungen

Für die vorgeschlagenen Fraktions- wie die Oppositionsregelung gelte im wesentlichen ein gemeinsames Gegenargument: Es sei für beide Anliegen nicht notwendig, die Verfassung zu ändern, beziehungsweise diese in die Verfassung aufzunehmen, da eine einfachgesetzliche Normierung im Fraktions- oder Abgeordnetengesetz ausreiche oder die Probleme bereits im geltenden Verfassungsrecht und durch die Rechtsprechung des Bundesverfassungsgerichts abgedeckt seien. Die Fraktionen seien als notwendige Einrichtungen des Verfassungslebens anerkannt, das Recht zur Bildung von Fraktionen finde sich einschlußweise bereits in Artikel 21 GG (vgl. BVerfGE 43, 142, 148 f.). Es gelte weiter der Grundsatz, nur dann eine Grundgesetzänderung vorzunehmen, wenn sie zwingend erforderlich sei. Dies sei aber nicht der Fall.

Insbesondere bei der Fraktionsregelung bestünden Bedenken im Hinblick auf die Gleichberechtigung der Fraktionen. Die Mehrheitsverhältnisse, die sich aus den Wahlergebnissen ergeben hätten, dürften nicht verwischt werden. Wenn damit besondere Rechte verbunden sein sollten, müßten diese genannt und diskutiert und bei Einigung im Fraktionsgesetz verankert werden. Einer ausdrücklichen Erwähnung in der Verfassung bedürfe es nicht.

Die Oppositionsregelung sei ebenfalls nicht erforderlich; die tatsächliche Praxis, wie sie sich unter der Geltung des Grundgesetzes entwickelt habe, sei gut und eine Aufnahme in das Grundgesetz habe nur deklaratorische Bedeutung. Das Recht, als parlamentarische Opposition zu wirken, werde bereits durch die Artikel 20 Abs. 1 und 21 GG gewährleistet. Im übrigen beschreibe der Begriff „parlamentarische Opposition" als Begriff der politischen Wissenschaft den Gegenpol zur der die Regierung tragenden parlamentarischen Mehrheit. Er sei, jedenfalls bisher, kein Rechtsbegriff, der als solcher ein Rechtssubjekt oder eine klar abgrenzbare Organisationseinheit beschreiben könne. Werde der Begriff jetzt in das Grundgesetz aufgenommen, werde er zu einem Rechtsbegriff, dem ein sachlich klar umschriebener Inhalt zukommen müsse. Dies werfe viele ungeklärte Fragen auf, ob es zum Beispiel als Gegensatz zur Regierung und der sie tragenden Mehrheit begrifflich nur eine parlamentarische Opposition geben könne. Auch weitere Fragen seien ungeklärt: Gebe es eine Pflicht zur Opposition? Wäre eine Allparteienregierung ausgeschlossen? Wer solle gestärkt werden, die Opposition als Gruppe(-n) oder die einzelnen Abgeordneten der Opposition? Wer ist dann Oppositionsführer?

Der häufig zitierte Artikel 40 der sächsischen Landesverfassung („Das Recht auf Bildung und Ausübung der parlamentarischen Opposition ist wesentlich für die freiheitliche Demokratie") stamme aus einem Urteil des Bundesverfassungsgerichts; es sei deshalb nicht nötig, ihn noch einmal in das Grundgesetz als die Verfassung des Bundes zu schreiben.

Schließlich erklärten sich die Oppositionsregelungen in den ostdeutschen Landesverfassungen einfach dadurch, daß die dortige SPD es verlangt habe und zur Verfassungsverabschiedung eben die Stimmen der SPD gebraucht worden seien. Damit könne man keine Notwendigkeit begründen, solche Regelungen auch in das Grundgesetz zu übernehmen.

6.4. Stärkung der Rechte einzelner Abgeordneter — Parlamentarische Anfragen

I. Problemstellung

Durch den in Artikel 38 Abs. 1 Satz 2 GG festgelegten Grundsatz des freien Mandats wird an zentraler Stelle das dem parlamentarischen System der Bundesrepublik Deutschland zugrundeliegende Prinzip der Repräsentativdemokratie verdeutlicht, nach dem die Abgeordneten Vertreter des ganzen Volkes sind.

Ein Aspekt aus dem damit zusammenhängenden Problemkreis ist, ob und inwieweit die Stellung des einzelnen Abgeordneten gegenüber der Exekutive zu stärken ist. Bereits die Enquete-Kommission Verfassungsreform forderte eine entsprechende Stärkung der Rechte des einzelnen Abgeordneten gegenüber der Exekutive (vgl. Bericht der Enquete-Kommission Verfassungsreform BT-Drucksache 7/5924, S. 23f.).

Dieser Gedanke liegt auch den Artikeln X und Y der Empfehlung der Landtagspräsidentinnen und Landtagspräsidenten zugrunde, die die Verankerung von detaillierten Regelungen über die Beantwortung von Fragen, Erteilung von Auskünften und Aktenvorlage sowie über die Informationspflicht der Landesregierung in den Länderverfassungen vorschlagen (vgl. Protokoll vom 11. Mai 1992, S. 56). Die Verfassungen der neuen Bundesländer enthalten weitergehende Regelungen über die Rechtsstellung der einzelnen Abgeordneten (vgl. Artikel 40 mecklenburg-vorpommersche Verfassung, Artikel 56 brandenburgische Verfassung, Artikel 51 sächsische Verfassung, Artikel 53 sachsen-anhaltinische Verfassung und § 7 der vorläufigen Landessatzung für das Land Thüringen).

II. Verfahrensablauf

In der 24. Kommissionssitzung am 17. Juni 1993 wurde über den Antrag der SPD-Mitglieder der Gemeinsamen Verfassungskommission zur Ergänzung des Artikel 43 „Parlamentarische Anfragen" (Kommissionsdrucksache Nr. 56) abgestimmt:

In Artikel 43 Abs. 1 GG wird folgender Satz 2 eingefügt:

„Parlamentarische Anfragen und Fragen einzelner Bundestagsabgeordneter sind unverzüglich und vollständig zu beantworten."

Der Antrag fand bei 17 Ja-Stimmen, 20 Nein-Stimmen und 3 Enthaltungen nicht die erforderliche Zweidrittelmehrheit.

Weiterhin gab es zum Parlaments- und Wahlrecht einen Antrag des Vertreters der Gruppe PDS/LL (Kommissionsdrucksache Nr. 30), der jedoch nicht zur Abstimmung gestellt wurde.

III. Begründung

Von Anfang an wurde die Frage nach einer Stärkung der verfassungsrechtlichen Stellung des einzelnen Abgeordneten vor allem unter dem Aspekt der Informationsrechte gegenüber der Bundesregierung gesehen. Demgegenüber wurden die ebenfalls in diesem Zusammenhang diskutierten Gesichtspunkte wie z. B. ein erweitertes Zitierrecht oder ein Recht zur Aktenvorlage bzw. Akteneinsicht des einzelnen Abgeordneten in den Beratungen nicht mehr weiterverfolgt.

Die Befürworter der Aufnahme einer Grundgesetznorm zur Regelung parlamentarischer Anfragen belegten die Notwendigkeit einer ausdrücklichen verfassungsrechtlichen Ausgestaltung der Informationspflichten der Bundesregierung mit dem Hinweis auf ein bestehendes Defizit in diesem Bereich. Dieses habe infolge der sogenannten „Kanzlerdemokratie" seine Ursache in der Machtverteilung zwischen Regierung und den sie tragenden Parteien einerseits und den übrigen Parlamentsabgeordneten andererseits. Die Bundesregierung dürfe ihr amtliches Wissen nicht ausschließlich unter parteipolitischen Gesichtspunkten weitergeben oder zurückhalten. Bei Mißbräuchen müßten Sanktionen angedroht werden können. Weiterhin wurde auf die Rechtslage in den Bundesländern verwiesen, wo insbesondere in den Verfassungen der neuen Länder detaillierte Regelungen über die Auskunftspflichten der Landesregierungen aufgenommen wurden. Dies zeige deutlich, daß zumindest auf Landesebene für das Recht der parlamentarischen Anfragen verfassungspolitischer Handlungsbedarf anerkannt worden sei. Zur Sicherung der effektiven Teilhabe am demokratischen Prozeß sollten ferner den fraktionslosen Abgeordneten besondere Informationsrechte verfassungsrechtlich verbrieft werden. Die Aufnahme eines ausdrücklichen Auskunftsrechts der Abgeordneten könne im übrigen ein wichtiger Schritt weg von der „Parlamentsblindheit des Grundgesetzes" sein, das in dieser Beziehung noch dem 19. Jahrhundert verhaftet sei.

Eine Regelung dieser Problematik nur durch die Geschäftsordnung des Deutschen Bundestages sei keinesfalls ausreichend, da nur die verfassungsrechtliche Absicherung des parlamentarischen Auskunftsrechts alle Beteiligten genügend in die Pflicht nehmen könne. Die Geschäftsordnung sei der richtige Ort, die Sanktionen, die bei einer Verletzung der Informationspflicht zu deren Durchsetzung notwendig werden, festzulegen. Als geeignetes Organ komme hier der Ältestenrat des Deutschen Bundestages in Betracht.

Ein formelles Akteneinsichtsrecht wurde jedoch auch von den Befürwortern einer grundsätzlichen verfassungsrechtlichen Stärkung der Abgeordnetenrechte abgelehnt, da dieses mit einer beamtenrechtsgleichen Geheimhaltungspflicht korrespondieren müßte, die mit dem Status des Abgeordneten nicht zu vereinbaren sei.

Von anderer Seite wurde die vorgeschlagene Grundgesetzergänzung abgelehnt, da ein Recht der Abgeordneten auf unverzügliche und vollständige Antwort der Bundesregierung dem Verhältnis von Parlament und Regierung nicht gerecht werde. Vielmehr sei die Trennung, die die Verfassung grundsätzlich zwischen Parlament und Regierung — also zwischen Legislative und Exekutive — gezogen habe, auch weiterhin sinnvoll. Ein besonderes Auskunftsrecht könne diese Grenze überschreiten, in unverhältnismäßiger Weise in die Kompetenz der Regierung eingreifen und damit die Eigenverantwortlichkeit der Bundesregierung gefährden. Ein solches Recht sollte nur den Untersuchungsausschüssen eingeräumt werden. Überdies sei ein Recht auf wahrheitsgemäße Auskünfte durch die Bundesregierung in einem demokratischen Staat eine Selbstverständlichkeit und kaum justitiabel.

6.5. Enquete-Kommissionen

I. Problemstellung

Das Recht der Enquete-Kommissionen ist im Grundgesetz nicht normiert. Regelungen über Enquete-Kommissionen im heutigen Sinne wurden erst 1970 in der Folge eines Antrags der SPD-Fraktion (BT-Drucksache V/3991) in die Geschäftsordnung des Deutschen Bundestages als § 74a aufgenommen. Heute unterliegt das Recht der Enquete-Kommissionen den Vorschriften des § 56 der Geschäftsordnung des Deutschen Bundestages (GO-BT) i. V. m. § 74 GO-BT.

In der 6. Wahlperiode brachte die SPD-Fraktion erneut einen Entwurf eines Gesetzes über die Befugnisse von Enquete-Kommissionen ein (BT-Drucksache VI/546), nach dessen Empfehlung die Kommissionen im Rahmen eines besonderen Gesetzes mit Befugnissen ausgestattet werden sollten, die alle Personen und Stellen, die zur vollen Sachinformation über den die Beratungen der jeweiligen Enquete-Kommission betreffenden Fragenbereich von Bedeutung sind, zur Aktenvorlage und Auskunftserteilung verpflichten. Auch die Enquete-Kommission Verfassungsreform sprach sich 1976 für ein Gesetz zur Ausgestaltung des Verfahrens der Enquete-Kommission aus, das seine Grundlage in einer besonderen Verfassungsnorm (Artikel 44 a GG) haben sollte. Mit diesem Vorschlag sollte das Ziel verfolgt werden, die Tätigkeit des Parlaments in dem Bereich der gesetzesvorbereitenden, von Sachverständigen analytisch begleitenden Beratungen verfassungsrechtlich zu institutionalisieren. Vor allem sollten Auskunftsansprüche gegenüber Privaten und die Frage der personellen Besetzung auf der Grundlage einer Verfassungsänderung gesetzlich geregelt werden können (BT-Drucksache 7/5924, S. 57).

II. Verfahrensablauf

In der 24. Kommissionssitzung am 17. Juni 1993 wurde über den Antrag der SPD-Mitglieder der Gemeinsamen Verfassungskommission zur Einfügung eines Artikel 44 a „Enquete-Kommissionen“ (Kommissionsdrucksache Nr. 58) abgestimmt:

Es wird folgender Artikel 44 a GG eingefügt:

„Zur Vorbereitung von Entscheidungen über umfangreiche und bedeutsame Sachkomplexe kann der Bundestag eine Enquete-Kommission einsetzen. Auf Antrag eines Viertels seiner Mitglieder ist er dazu verpflichtet. Der Kommission können auch Sachverständige angehören, die nicht Mitglieder des Deutschen Bundestages sind. Das Nähere regelt die Geschäftsordnung.“

Der Antrag fand bei 21 Ja-Stimmen, 18 Nein-Stimmen und einer Enthaltung nicht die erforderliche Zweidrittelmehrheit.

III. Begründung

Die bereits in der Enquete-Kommission Verfassungsreform aufgestellte Forderung nach einer verfassungsrechtlichen Verankerung des Rechts der Enquete-Kommissionen wurde im wesentlichen mit drei Argumenten in die Beratungen der Gemeinsamen Verfassungskommission eingebracht. Einmal könne nur durch eine ausdrückliche Verfassungsnorm sichergestellt werden, daß die Erörterung von Sachproblemen nahe am Parlament angesiedelt werde und nicht, wie es bei den sogenannten Präsidialkommissionen der Fall sei, außerhalb der parlamentarischen Verantwortung stattfinde. Bei den Präsidialkommissionen sei zudem zu befürchten, daß andere Verfassungsorgane zu Lasten des Parlaments aufgewertet werden würden. Zweitens bestünden bei einer Reihe von Themen, insbesondere im Bereich der Technik, der Technikfolgen, der Wissenschaft und der Folgen der SED-Diktatur, erhebliche Probleme bei der Einrichtung solcher Kommissionen. Schließlich sei es notwendig, grundsätzlich zu klären, wie die Stellung der hinzugezogenen Sachverständigen ausgestaltet werden müsse. Wenn diese Probleme auf Verfassungsebene gelöst seien, sei die weitere Ausgestaltung des Rechts der Enquete-Kommissionen ein typischer Regelungsgegenstand der Geschäftsordnung des Deutschen Bundestages.

Gegen die verfassungsrechtliche Verankerung des Rechts der Enquete-Kommissionen wurde insbesondere auf die geltende Rechtslage hingewiesen, die sich bewährt habe. Die Möglichkeiten des Parlaments, im weiteren Rahmen der gesetzesvorbereitenden Arbeit eigenen und fremden Sachverstand miteinander zu kombinieren, seien ausreichend. Auch wurde darauf verwiesen, daß ohnehin die Neigung bestünde, zu viele Enquete-Kommissionen einzurichten, so daß die ausdrückliche Normierung des Rechts der Enquete-Kommissionen im Grundgesetz diese Entwicklung nur noch fördern würde.

6.6. Eckwerte für ein Untersuchungsausschußgesetz

I. Problemstellung

Artikel 44 GG bildet die verfassungsrechtliche Grundlage für das Recht der Untersuchungsausschüsse. Mit Ausnahme des § 55 GO BT gibt es keine weiteren Bestimmungen, die unmittelbar die Einsetzung und das Verfahren der Untersuchungsausschüsse regeln. Dies hat in der parlamentarischen Praxis zu vielfachen Rechtsunsicherheiten geführt. Schwerpunkte der Kritik an der gegenwärtigen Rechtslage ist zum einen die konfliktträchtige Verweisung des Artikel 44 Abs. 2 Satz 1 GG auf das Strafprozeßrecht und zum anderen die verfahrensrechtliche Stellung der parlamentarischen Minderheit im Verfahren. Es wird daher schon seit geraumer Zeit der Erlaß eines besonderen Untersuchungsausschußgesetzes als Ausführungsgesetz zu Artikel 44 GG gefordert.

Ein erster Entwurf für ein Ausführungsgesetz wurde 1969 von der Interparlamentarischen Arbeitsgemeinschaft für das Recht der parlamentarischen Untersuchungsausschüsse vorgeschlagen („IPA-Regeln"; BT-Drucksache V/4209), der Regelungen über die Untersuchungsgegenstände, Einsetzung, Einzelbefugnisse und Minderheitenschutz enthielt. Nach diesen Empfehlungen wird seitdem im Rahmen der Grundsätze des autonomen Parlamentsrechts von den Untersuchungsausschüssen des Deutschen Bundestages verfahren.

Das Untersuchungsausschußrecht war bereits Gegenstand der Beratungen der Enquete-Kommission Verfassungsreform (BT-Drucksache 7/5924), die neben einer umfangreichen Änderung des Artikel 44 GG ebenfalls ein Ausführungsgesetz zur Normierung des Untersuchungsausschußrechts empfahl und dafür Eckwerte aufstellte. Die Empfehlungen wurden zum einen als verfassungsändernder Gesetzentwurf (BT-Drucksache 8/1180) und zum anderen als Entwurf eines Ausführungsgesetzes (BT-Drucksache 8/1181) in die politischen Beratungen eingebracht. Diese Entwicklung fand ihren vorläufigen Abschluß in den Gesetzesentwürfen der 10. als auch in der 11. Wahlperiode (BT-Drucksache 10/6587, 11/1896 sowie der Entwurf der SPD-Fraktion BT-Drucksache 11/2025).

II. Verfahrensablauf

In der 24. Kommissionssitzung am 17. Juni 1993 wurde über den Antrag der SPD-Mitglieder der Gemeinsamen Verfassungskommission für Eckwerte für ein Untersuchungsausschußgesetz (Kommissionsdrucksache Nr. 57) abgestimmt:

In einem noch zu verabschiedenden Untersuchungsausschußgesetz sollte folgende Regelung enthalten sein:

„Hält ein Gericht den Untersuchungsauftrag (des Untersuchungsausschusses) für verfassungswidrig, so ist das Verfahren auszusetzen und die Sache dem Bundesverfassungsgericht zur Entscheidung vorzulegen."

Der Antrag fand bei 22 Ja-Stimmen, 16 Nein-Stimmen und 3 Enthaltungen nicht die erforderliche Zweidrittelmehrheit.

III. Begründung

Der Antrag griff in der Form einer Eckwertempfehlung für ein noch zu verabschiedendes Ausführungsgesetz die bereits in § 24 des Gesetzentwurfes der SPD-Fraktion in der 11. Wahlperiode (BT-Drucksache 11/2025) für die Fälle der amtsrichterlichen Überprüfung der Verfassungsmäßigkeit des Untersuchungsauftrages anläßlich eines Beweiserhebungsverfahrens im Rahmen der Tätigkeit eines Untersuchungsausschusses enthaltene Zuständigkeitsregel zugunsten des Bundesverfassungsgerichts inhaltlich modifiziert erneut auf.

Gemeinsame Auffassung war, daß die Frage, ob ein Untersuchungsgegenstand mit dem Grundgesetz vereinbar ist, von dem Bundesverfassungsgericht und nicht von einem Instanzgericht entschieden werden sollte. Dies sollte in einem künftigen Untersuchungsausschußgesetz klargestellt werden. Meinungsverschiedenheiten wurden allerdings bei der Frage erkennbar, ob darüber hinaus noch ein Änderungsbedarf für Artikel 44 GG besteht oder ob insoweit ein einfaches Ausführungsgesetz ausreicht.

In der abschließenden Beratung in der 24. Sitzung am 17. Juni 1993 traten Meinungsverschiedenheiten bei der Frage auf, ob die Gemeinsame Verfassungskommission der Entscheidungsfindung des einfachen Gesetzgebers vorgreifen sollte. Trotz der allgemeinen Überzeugung der Kommissionsmitglieder von der Notwendigkeit eines Ausführungsgesetzes zu Artikel 44 GG, in dessen Rahmen auch die ausschließliche Überprüfungsbefugnis des Untersuchungsauftrages auf das Bundesverfassungsgericht übertragen werden sollte, überwogen bei vielen Mitgliedern letztlich die Bedenken gegen eine solche Einengung des einfachen Gesetzgebers.

6.7. Erweiterung des Petitionsrechts (Massenpetitionen)

I. Problemstellung

Dem Petitionsausschuß des Deutschen Bundestages gehen fortlaufend Eingaben in größerer Zahl mit dem selben Anliegen zu, deren Text ganz oder im wesentlichen übereinstimmt (Massenpetitionen). Diese Petenten wollen das Petitionsrecht nach Artikel 17 GG direktdemokratisch funktionalisieren und auf die politische Willensbildung des Staates unmittelbar einwirken. Versucht wird damit, dem individuellen Grundrecht des Artikels 17 GG einen kollektiven Charakter zu geben.

II. Verfahrensablauf

Die Frage der petitionsrechtlichen Behandlung von Masseneingaben wurde sowohl unter dem Beratungsgegenstand „Bürgerbeteiligung/Plebiszite" als auch unter dem Beratungsgegenstand „Parlamentsrecht" beraten. Bei der Abstimmung in der 17. Sitzung am 11. Februar 1993 erhielt der Antrag der SPD-Fraktion zur Ergänzung des Artikels 45c GG „Massenpetitionen" (Kommissionsdrucksache Nr. 36) nicht die erforderliche Zweidrittelmehrheit. Bei den Abstimmungen zum Beratungsgegenstand „Parlamentsrecht" in der 24. Sitzung am 17. Juni 1993 wurde ein gesonderter Antrag, der über den Antrag der SPD-Mitglieder zur Ergänzung des Artikels 45c GG vom 14. Januar 1993 hinausginge, nicht gestellt.

III. Begründung

Die Befürworter einer Ergänzung des Artikels 45c GG mit dem Ziel, den Petitionsausschuß zu verpflichten, bei Masseneingaben, die von mindestens 50 000 Stimmberechtigten unterzeichnet sind, die Petenten oder ihre Vertreter anzuhören, waren der Ansicht, daß das bisher dem Petitionsausschuß eingeräumte Recht, die Petenten persönlich anzuhören, nicht ausreichend genutzt werde. Es sei daher auch im wohlverstandenen Interesse der Abgeordneten notwendig, bei Eingaben, die von einer so großen Anzahl von Bürgern unterstützt werden, die Petenten persönlich zu hören. Damit sei auch ein wichtiger Schritt des Parlaments im Sinne eines direkten Zugangs zu den Bürgern getan.

Bei anderen Kommissionsmitgliedern bestanden hingegen Bedenken, da der Petitionsausschuß in Folge der vorgeschlagenen Verfassungsänderung direktdemokratisch instrumentalisiert werden könnte, was das Parlament als demokratisch legitimiertes Repräsentativorgan des Bundes und die Stellung des einzelnen Abgeordneten, als Vertreter des ganzen Volkes, der nicht an Aufträge und Weisungen gebunden ist, abwerten könne. Darüber hinaus eröffne § 4 des Gesetzes über die Befugnisse des Petitionsausschusses des Deutschen Bundestages auch bisher schon die Möglichkeit, Petenten jederzeit anzuhören, was bereits die Ad-hoc-Kommission Parlamentsreform betont habe (BT-Drucksache 10/3600, S. 14). Im übrigen sei durch die Beratungen der Petitionen im Plenum des Deutschen Bundestages eine Rückkoppelung zwischen Ausschuß und Gesamtparlament und die Publizität der Arbeit und Willensbildung in Ausschuß und Plenum gewährleistet.

6.8. Ostdeutsche Kammer

I. Problemstellung

Nach Wiederherstellung der staatlichen Einheit Deutschlands befindet sich die Bundesrepublik in einem langfristigen Prozeß der wirtschaftlichen, sozialen und gesellschaftlichen Einigung. Dem Selbstverständnis der Gemeinsamen Verfassungskommission entsprach es zu prüfen, ob zur Erlangung der inneren Einheit besondere auf die Situation der Menschen in den neuen Bundesländern zugeschnittene Verfassungsergänzungen, insbesondere im Bereich des Parlamentsrechts, notwendig sind.

II. Verfahrensablauf

In der 24. Kommissionssitzung am 17. Juni 1993 wurde über den Antrag des PDS/LL-Mitglieds der Gemeinsamen Verfassungskommission (Kommissionsdrucksache Nr. 26) zur Einfügung eines Artikels 116a GG entschieden. Auf Wunsch des Antragstellers wurde über Abs. 1 des Antrages gesondert abgestimmt. Dieser fand bei 5 Ja-Stimmen, 18 Nein-Stimmen und 16 Enthaltungen nicht die erforderliche Zweidrittelmehrheit. Die folgenden Absätze des Antrages wurde bei nur einer Ja-Stimme von den Mitgliedern der Gemeinsamen Verfassungskommission abgelehnt.

III. Begründung

Der Antragsteller führte aus, bis zur Vollendung der inneren Einheit Deutschlands seien die Menschen in den neuen Bundesländern sozia benachteiligt, so daß man nicht von „gleichwertigen Lebensverhältnissen" sprechen könne. Daher bedürfe es neben der Aufnahme eines Staatsziels zur Herstellung gleichwertiger sozialer und wirtschaftlicher Lebensverhältnisse auch einer institutionellen Absicherung der Interessen der Bürger in den neuen Ländern durch de Bildung einer „Ostdeutschen Kammer".

Die überwiegende Mehrheit der Mitglieder der Gemeinsamen Verfassungskommission war der Ansicht, daß eine wie auch immer ausgestaltete Ostdeutsche Kammer nicht geeignet sei, die innere Einheit Deutschlands zu fördern. Im übrigen sei die Einrichtung einer „Ostdeutschen Kammer" dem System des Grundgesetzes fremd, das den Abgeordneten als Vertreter des ganzen Volkes sieht.

6.9. Verlängerung der Wahlperiode

I. Problemstellung

Die Dauer der Wahlperiode bestimmt sich in einem demokratischen Staat nach zwei Gesichtspunkten. Einmal muß der Zeitraum so bemessen sein, daß das Parlament seiner Stellung und Funktion als zentrales Verfassungsorgan gerecht werden kann, ohne daß seine legislatorische Arbeit und seine Kontrollaufgabe gegenüber der Exekutive durch zu häufige Neuwahlen behindert wird. Zum zweiten muß jedoch die Notwendigkeit einer regelmäßigen Erneuerung der demokratischen Legitimation durch einen Wahlakt der Bürger beachtet werden. Unter Berücksichtigung dieser Spannungslage wird der Deutsche Bundestag gemäß Artikel 39 GG — ebenso wie die Parlamente in den meisten demokratischen Staaten des europäischen Rechtskreises — auf vier Jahre gewählt. In einzelnen Ländern ist allerdings eine fünfjährige Wahlperiode vorgesehen wie etwa in den Verfassungen der Länder Nordrhein-Westfalen, Saar and, Rheinland-Pfalz.

II. Verfahrensablauf

Ein Antrag zur Verlängerung der Wahlperiode auf fünf Jahre wurde in der Gemeinsamen Verfassungskommission nicht zur Abstimmung gestellt.

III. Begründung

Zu Beginn der Beratungen der Kommission zu der Problematik der Verlängerung der Wahlperiode auf fünf Jahre stand zunächst der Aspekt der Effektivität der Parlamentsarbeit im Vordergrund. Trotz der von allen Kommissionsmitgliedern vertretenen Ansicht, daß alles getan werden müsse, um eine wirksame und kontinuierliche Arbeit des Bundestages zu garantieren, bestand keine Einigkeit darüber, ob eine Verlängerung der Wahlperiode diesem Ziel dienen würde. Zwar gäbe es bei einer Verlängerung der Legislaturperiode mehr Zeit für die eigentliche Parlamentsarbeit, doch bestehe auf der anderen Seite die Gefahr, daß ohne einen u. U. „heilsamen Zeitdruck" viele und insbesondere politisch unbequeme Gesetzesvorhaben unnötig verzögert würden.

Viele Befürworter einer Wahl des Bundestages auf fünf Jahre sahen allerdings mit einer solchen Regelung die Gefahr eines Defizits der Repräsentation des Wählerwillens verbunden, der nur durch die gleichzeitige Aufnahme einer plebiszitären Komponente zu begegnen sei. Ohne die gleichzeitige Einführung einer unmittelbaren Mitwirkung der Bürger an Gesetzgebungsinitiativen und -verfahren auch während der Wahlperiode, sei letztlich eine Verminderung des Einflusses des Volkes die Konsequenz der vorgeschlagenen Neuregelung. Die Verlängerung der Wahlperiode wurde daher von den Vertretern dieser Ansicht von einem Konsens bei der Aufnahme von Volksinitiative, Volksbegehren und Volksentscheid in das Grundgesetz abhängig gemacht.

Andere Mitglieder lehnten die Verbindung der Länge der Wahlperiode mit der Aufnahme von Volksinitiative, Volksbegehren und Volksentscheid jedoch ab, da hier ein sachlich nicht gebotenes Junktim zwischen unterschiedlichen Regelungsmaterien hergestellt werde.

Nachdem sich in der 17. Sitzung der Gemeinsamen Verfassungskommission am 11. Februar 1993 nicht die erforderlichen zwei Drittel der Mitglieder der Kommission für die Aufnahme von Volksinitiative, Volksbegehren und Volksentscheid in das Grundgesetz ausgesprochen hatten, wurden die Beratungen zur Verlängerung der Wahlperiode nicht mehr fortgesetzt.

6.10. Öffentlichkeit der Ausschußsitzungen und Einführung von erweiterten Ausschußberatungen (Hauptausschuß)

I. Problemstellung

Gemäß § 69 Abs. 1 GO BT sind die Beratungen der Ausschüsse des Deutschen Bundestages grundsätzlich nicht öffentlich. Jeder Ausschuß kann jedoch beschließen, für einen bestimmten Verhandlungsgegenstand oder Teile desselben die Öffentlichkeit zuzulassen. Aus der grundsätzlichen Nichtöffentlichkeit der Ausschußberatungen kann jedoch nicht gefolgert werden, daß die Ausschußberatungen vertraulich wären. Vielmehr entspricht die Einflußnahme maßgeblich interessierter Kräfte — Verbände, Organisationen, Exekutive — der gängigen Parlamentspraxis. Tatsächlich sind die Ausschußberatungen des Deutschen Bundestages daher in weiten Bereichen „teilöffentlich". Die allgemeine Öffentlichkeit ist erst wieder in der Zweiten Lesung zugelassen, in der die in den Ausschüssen bereits ausgetauschten Standpunkte der Fraktionen erneut, und nicht selten in politisch zugespitzter Form, vorgetragen werden. Der politische Entscheidungsprozeß, dessen wesentlicher Kern die Ausschußberatungen bilden, ist somit für den Bürger wenig transparent.

Diese Problematik wurde bereits von der Ad-hoc-Kommission Parlamentsreform (BT-Drucksache 10/3600, S. 10) und von dem Antrag der Abg. Frau Dr. Hamm-Brücher und weiterer Abgeordneter (BT-Drucksache 11/411 [neu]) aufgegriffen.

Unter Fortführung dieser Gedanken wird im Anschluß zu den Empfehlungen der Enquete-Kommission Verfassungsreform (BT-Drucksache 7/5924, S. 82 ff.) überlegt, ob auf Grundlage des geltenden Parlamentsverfassungsrechts erweiterte öffentliche Ausschußberatungen eingeführt werden sollten. Nach diesen Vorschlägen solle ein sog. Hauptausschuß gebildet werden, der sich jeweils aus den Mitgliedern des federführenden und der beteiligten Ausschüsse zusammensetzt — also keine festen Mitglieder hat — und in dem in öffentlicher Sitzung die abschließende Ausschußberatung und die Abstimmung über die Beschlußempfehlung an das Plenum erfolgen soll. Rederecht hätten danach die Mitglieder des federführenden und der mitberatenden Ausschüsse; Antrags- und Stimmrecht nur die Mitglieder des federführenden Ausschusses. Im Anschluß an die Beschlußfassungen des Hauptausschusses über die Empfehlung an das Plenum sollen sich alle Mitglieder des Bundestages mit Redebeiträgen und gegebenenfalls mit Änderungsanträgen an den Beratungen beteiligen können, um dem Mitwirkungsrecht aller Abgeordneten genüge zu tun. Die Einrichtung eines sog. beschließenden Hauptausschusses ist nach diesen Vorschlägen nicht beabsichtigt.

II. Verfahrensablauf

Die sich im Ergebnis ergänzenden Themenkomplexe der Öffentlichkeit der Ausschußsitzungen und der Einführung von erweiterten Ausschußberatungen (Hauptausschuß) wurden von der Gemeinsamen Verfassungskommission getrennt beraten.

Ein Antrag für eine zwingende Öffentlichkeit der Ausschußsitzungen und die Einführung von erweiterten Ausschußberatungen (Hauptausschuß) wurde in der Gemeinsamen Verfassungskommission nicht gestellt.

III. Begründung

Die Befürworter von grundsätzlich öffentlichen Ausschußsitzungen wiesen auf die bessere Transparenz und die daraus folgende Akzeptanz der Entscheidungen des Deutschen Bundestages durch die Bevölkerung hin, wenn die Öffentlichkeit an den eigentlichen Fachberatungen teilnehmen könne. Eine zutreffendere Einschätzung der parlamentarischen Arbeit und ein Abbau erhöhter Erwartungen an die Beratungen des Plenums des Deutschen Bundestages könnten durch einen Zugang der allgemeinen Öffentlichkeit zu den Ausschußberatungen gefördert werden. Eine Entsachlichung der Ausschußberatungen sei hingegen kaum zu befürchten, wie die bayerische Staatspraxis zeige. Auch sei eine Verfassungsrechtsänderung hierfür nicht notwendig. Die Öffentlichkeit von Ausschußsitzungen sei ein erster Schritt hin zu einer neuen Bedeutung von Plenar- und Ausschußdebatten und deren Vorbereitung sowie der Art der Präsentation von Politik in der Öffentlichkeit. Am Ende dieser Entwicklung könnte eine Reform der Art und Weise der Gesetzesberatungen stehen, in dem ein sog. Hauptausschuß, der sich aus den Mitgliedern des federführenden und der mitberatenden Ausschüsse zusammensetzt, ein fachlich begründetes Votum für das Plenum des Deutschen Bundestages beschließen könnte.

Jedoch sprachen sich auch die Befürworter der Öffentlichkeit der Ausschußsitzungen und der Einführung von erweiterten Ausschußberatungen wie auch die übrigen Kommissionsmitglieder gegen einen die Willensbekundung des Deutschen Bundestages ersetzenden beschließenden Hauptausschuß aus.

Von anderer Seite wurden jedoch Bedenken gegen die generelle Zulassung der Öffentlichkeit in den Ausschußsitzungen vorgetragen, da die Gefahr bestünde, daß dann auch in den fachlich orientierten Ausschußsitzungen sog. „Fensterreden" gehalten würden. Eine fachlich geprägte kollegiale Zusammenarbeit zwischen Vertretern verschiedener Fraktionen, die im Interesse einer erfolgreichen politischen Arbeit unbedingt notwendig sei, sei nicht mehr zu erwarten. Vertreter der Parteien würden angesichts der Öffentlichkeit dazu neigen, ihre politischen Positionen in zugespitzter Form vorzutragen, was der politischen Kompromißfindung nicht zuträglich sei.

6.11. Einrichtung eines Ökologischen Rates

I. Problemstellung

Der Schutz der natürlichen Lebensgrundlagen hat in der politischen Diskussion einen hohen Stellenwert. Neben den Beratungen um die Aufnahme eines Staatsziels Umweltschutz in das Grundgesetz wurden Stimmen laut, die diejenigen Argumente, Tatsachen und Meinungen, die den Schutz der Umwelt betreffen, bereits in den Arbeiten zur Vorbereitung von Gesetzgebungsverfahren bzw. im Gesetzgebungsverfahren selbst institutionell stärker berücksichtigt sehen möchten.

II. Verfahrensablauf

Ein Antrag zur Einrichtung eines Ökologischen Rates wurde in der Gemeinsamen Verfassungskommission nicht zur Abstimmung gestellt.

III. Begründung

Der den Beratungen zugrundeliegende Entwurf der Gruppe BÜNDNIS 90/DIE GRÜNEN zur Einrichtung eines Ökologischen Rates durch Einfügung eines

Artikels 53b GG (Kommissionsdrucksache Nr. 48) war mit dem Artikel 53b des Verfassungsentwurfs des Kuratoriums für einen demokratisch verfaßten Bund deutscher Länder identisch. Zur Begründung der Errichtung eines „Ökologischen Rates" wurde ausgeführt, daß dieser Rat bei der Gesetzgebung und Verwaltung des Bundes in der Funktion einer dritten Kammer mitwirken solle. Er sei, auch wenn er selbst keine legislative Befugnis habe, zur Sicherung ökologischer Anliegen in jedes Gesetzgebungsverfahren einzubeziehen.

Nach Auffassung der Mehrzahl der Kommissionsmitglieder war die Einrichtung eines Ökologischen Rates jedoch abzulehnen, da ein solcher Rat als Nebenparlament keine Legitimation durch den Wählerauftrag habe. Es führe letztlich zu einer Schwächung der repräsentativen Demokratie, wenn das Parlament mit der Flut von Räten außerhalb des parlamentarischen Bereichs umgeben wäre. Ein Ökologischer Rat könne allenfalls Empfehlungs- oder Gutachtenkompetenzen haben, und insofern nur diejenigen Funktionen wahrnehmen, die innerhalb des parlamentarischen Verfahrens Enquete-Kommissionen wahrnehmen könnten. Es fand sich daher kein Mitglied bereit, den Antrag der Kommissionsdrucksache Nr. 48 nach dem Ausscheiden des Abg. Dr. Ullmann zu übernehmen.

6.12. Einrichtung eines Parlamentsfernsehkanals (Elektronisches Protokoll)

I. Problemstellung

Seit geraumer Zeit wird die Frage erörtert, ob der Deutsche Bundestag im Rahmen der Außenrepräsentation des Parlaments und zur Unterstützung der Informations- und Öffentlichkeitsarbeit einen eigenen Parlamentsfernsehkanal einrichten soll, dessen Programm ausschließlich aus Übertragungen der Plenar- und evt. der Ausschußdebatten bestehen soll, ohne daß die Fernsehanstalten wie bisher abschließend selbst darüber entscheiden, ob und in welchem Umfang sie Debatten des Deutschen Bundestages übertragen. Der gegenwärtige bundestagseigene Fernseh-Hauskanal ist nur als ein hausinternes visuelles Informations- und Dokumentationssystem konzipiert.

II. Verfahrensablauf

Ein Antrag für die Einrichtung eines Parlamentsfernsehkanals wurde in der Gemeinsamen Verfassungskommission nicht gestellt.

III. Begründung

Die Einrichtung eines Parlamentsfernsehkanals zur Übertragung der Debatten sowohl des Plenums des Bundestages als auch seiner Ausschüsse wurde von den Mitgliedern der Gemeinsamen Verfassungskommission als zeitgerechtes Instrument der Außenrepräsentation des Parlamentes für wichtig gehalten.

Problematisiert wurde allerdings, ob der Deutsche Bundestag überhaupt von Verfassungs wegen berechtigt sei, als Rundfunkveranstalter aufzutreten und direkt Fersehbilder an den Schlußempfänger zu leiten. Insbesondere sei fraglich, ob die Annexkompetenz aus Artikel 42 GG zur Öffentlichkeitsarbeit des Bundestages als Verfassungsrechtsgrundlage für einen solchen eigenen Parlamentsfernsehkanal herangezogen werden könne, oder ob dies ein Eingriff in die Kompetenz der Länderparlamente sei. Es bestand jedoch die überwiegende Auffassung, daß im Rahmen des geltenden Verfassungsrechts die Einrichtung eines Parlamentsfernsehkanals jedenfalls als „Elektronisches Protokoll" verfassungsrechtlich zulässig sei. Daher erschien den Kommissionsmitgliedern eine Änderung oder eine Klarstellung der Verfassungsbestimmungen in diesem Bereich entbehrlich.

7. Kapitel

Verschiedene Aspekte zum Wahlrecht

7.1. Allgemeines kommunales Ausländerwahlrecht

I. Empfehlung

Die Gemeinsame Verfassungskommission spricht keine Empfehlung für eine Einführung eines allgemeinen kommunalen Ausländerwahlrechts aus.

II. Problemstellung

Ausgehend von der erheblich gestiegenen Zahl der in der Bundesrepublik lebenden Ausländerinnen und Ausländer wurde in den letzten Jahren die Forderung erhoben, den längere Zeit in Deutschland lebenden Ausländerinnen und Ausländern das Kommunale Wahlrecht einzuräumen. Die in Hamburg und Schleswig-Holstein erlassenen Landesgesetze, die entsprechende Pläne umsetzten, wurden vom Bundesverfassungsgericht wegen Verstoßes gegen Artikel 28 Abs. 1 Satz 2 GG für verfassungswidrig erklärt (vgl. BVerfGE 83, 37 und 83, 60). Daraufhin wurde erwogen, die verfassungsrechtlichen Voraussetzungen für die Einführung eines allgemeinen Kommunalwahlrechts für Ausländer durch eine entsprechende Änderung des Artikels 28 Abs. 1 GG zu schaffen, zumal die durch den Vertrag von Maastricht vorgesehene Einführung des Kommunalwahlrechts für EG-Bürger ohnehin eine Anpassung des Artikels 28 Abs. 1 GG erforderlich gemacht hat.

III. Verfahrensablauf

Die Freie und Hansestadt Hamburg sowie die SPD-Mitglieder der Gemeinsamen Verfassungskommission stellten den Antrag, Artikel 28 Abs. 1 GG dahin zu ergänzen, daß alle Ausländer mit ständigem Wohnsitz in Deutschland das kommunale Wahlrecht erhalten; hilfsweise beantragten sie, die Gewährung des kommunalen Wahlrechts nicht obligatorisch durch das Grundgesetz selbst vorzusehen, sondern der Entscheidung des jeweiligen Landesgesetzgebers zu überlassen (Kommissionsdrucksache Nr. 3 bzw. Kommissionsdrucksache Nr. 4 (neu)). Diese Anträge wurden später zurückgezogen und durch den Antrag der SPD-Mitglieder der Gemeinsamen Verfassungskommission ersetzt, Artikel 28 Abs. 1 Satz 3 wie folgt zu fassen (Kommissionsdrucksache Nr. 65):

„Bei Wahlen in Gemeinden und Gemeindeverbänden sind auch Personen, die die Staatsangehörigkeit eines Mitgliedstaates der Europäischen Gemeinschaft besitzen, nach Maßgabe von Recht der Europäischen Gemeinschaft, andere Ausländer mit ständigem Wohnsitz im Bundesgebiet Deutschland nach Maßgabe des Landesrechts wahlberechtigt und wählbar."

Bereits in der Generalaussprache in der 2. Sitzung am 13. Februar 1992 wurde das allgemeine kommunale Ausländerwahlrecht angesprochen. Im Rahmen des Beratungsgegenstandes „Grundgesetz und Europa" wurde über ein kommunales Wahlrecht für EG-Bürger diskutiert und eine entsprechende Grundgesetzänderung in Artikel 28 Abs. 1 Satz 3 GG beschlossen. Dabei bestand Übereinstimmung, daß die Einführung eines kommunalen Wahlrechts für andere Ausländer erst später debattiert werden sollte. Bei dieser Debatte in der 18. Sitzung am 4. März 1993 standen sich die Positionen unvereinbar gegenüber. Während sich die Befürworter nachhaltig für die Einführung eines allgemeinen kommunalen Ausländerwahlrechts aussprachen, lehnten die Gegner eine Grundgesetzänderung mit Nachdruck ab.

Bei der Abstimmung in der 24. Sitzung am 17. Juni 1993 erhielt der Antrag der SPD bei 27 Ja-Stimmen, 19 Nein-Stimmen und 4 Enthaltungen nicht die erforderliche Zweidrittelmehrheit.

Der Antrag der PDS/LL (Kommissionsdrucksache 62) wurde bei 1 Ja-Stimme und 1 Enthaltung mit großer Mehrheit abgelehnt.

IV. Begründung

Die Befürworter einer Grundgesetzänderung verwiesen auf die Notwendigkeit, alle Möglichkeiten auszuschöpfen, um eine zuverlässige Integration der ausländischen Mitbürgerinnen und Mitbürger sicherzustellen, die auf Dauer in Deutschland lebten. Es entspreche der demokratischen Idee, insbesondere dem in ihr enthaltenen Freiheitsgedanken, eine Kongruenz zwischen den Inhabern demokratischer politischer Rechte und den dauerhaft einer Herrschaft Unterworfenen herzustellen. Auf diesen Gesichtspunkt habe auch das Bundesverfassungsgericht (BVerfGE 83, 37, 52) hingewiesen.

Es gehe nicht an, daß jeder EG-Bürger grundsätzlich das kommunale Wahlrecht erhalte, andere Ausländer aber nicht — auch wenn sie schon lange bei uns lebten. Wenn auf diese Weise zwei Klassen von Ausländern geschaffen würden, werde dies die Integration von Nicht-EG-Bürgern nicht nur nicht erleichtern, sondern eher noch weiter erschweren und zu sozialem Unfrieden führen.

Verfassungsrechtliche Bedenken aus Artikel 79 Abs. 3 i. V. m. mit Artikel 20 GG seien nicht durchgreifend: Das Bundesverfassungsgericht habe in seinen Entscheidungen zu den schleswig-holsteinischen und hamburgischen Gesetzen zur Einführung eines Ausländerwahlrechts lediglich festgestellt, daß die damaligen Regelungen mit Artikel 28 Abs. 1 Satz 2 GG a.F. nicht vereinbar waren. Es habe ausdrücklich hinzugefügt, daß daraus nicht folge, „daß die derzeit im Bereich der Europäischen Gemeinschaft erörterte Einführung eines Kommunalwahlrechts für

Ausländer nicht Gegenstand einer nach Artikel 79 Abs. 3 GG zulässigen Verfassungsänderung sein kann.“ (BVerfGE 83, 37, 59). Für die Beantwortung der Frage, was nach Artikel 79 Abs. 3 und Artikel 20 GG zulässig sei, könne und dürfe es keinen Unterschied machen, ob ein Wahlrecht für nichtdeutsche Staatsangehörige auf kommunaler Ebene auf dem Umweg über die europäische Ebene eingeführt werde oder ob dies, losgelöst von unseren europäischen Vertragspflichten, im Wege der Verfassungsänderung stattfinde.

Die Gegner einer solchen Änderung betonten zunächst, es sei verfassungsrechtlich nicht unproblematisch, ob die Einführung eines allgemeinen kommunalen Ausländerwahlrechts nicht doch gegen Artikel 79 Abs. 3 GG verstoße.

Das Wahlrecht, durch dessen Ausübung das Volk in erster Linie die ihm zukommende Staatsgewalt wahrnehme, setze nach der Konzeption des Grundgesetzes die Eigenschaft als Deutscher voraus. Artikel 20 Abs. 2 GG bestimme, daß das Staatsvolk der Bundesrepublik Deutschland Träger und Subjekt der Staatsgewalt sei. Das Staatsvolk werde nach dem Grundgesetz von den Deutschen, also den deutschen Staatsangehörigen und den ihnen nach Artikel 116 Abs. 1 GG gleichgestellten Personen gebildet. Eine Ausweitung des Kommunalwahlrechts auf Ausländer könnte deshalb die Grundsätze des Artikels 20 Abs. 2 GG berühren.

Unabhängig davon wäre aber eine Erweiterung des Wahlrechts auf Ausländer über den EG-Bereich hinaus verfassungspolitisch nicht richtig. Die Integration von Ausländern erfolge nicht dadurch, daß sie das Wahlrecht erhielten. Das Wahlrecht sollte vielmehr das Ergebnis der Integration und der damit verbundenen Einbürgerung sein. Wer an der politischen Willensbildung teilnehmen möchte, müsse sich auf Dauer zum jeweiligen Gemeinwesen bekennen. Der Weg zum kommunalen Wahlrecht müsse deshalb über die Einbürgerung und gegebenenfalls deren Erleichterung führen.

Falsch sei auch der Einwand, es gebe dann zwei Klassen von Ausländern. Es gebe schließlich Unterschiede zwischen EG-Bürgern als Inhaber der Unionsbürgerschaft und Bürgern der übrigen europäischen Staaten. Dies zeige sich etwa in der unterschiedlichen Behandlung bei Freizügigkeit und freiem Warenaustausch.

Zu 7.2. bis 7.5.

I. Empfehlung

Die Gemeinsame Verfassungskommission spricht keine Empfehlung für eine Verringerung der Abgeordnetenzahl, für eine Zusammenlegung von Landtagswahlterminen, für eine Stärkung der Rechte der Wähler und der Parteimitglieder sowie für eine Änderung der Wahl und Amtszeit des Bundespräsidenten aus.

II. Allgemeine Problemstellung

Im Rahmen des von der Gemeinsamen Verfassungskommission in Anspruch genommenen Selbstbefassungsrechts behandelte die Kommission auch Problemkreise, die zwar nicht zum Parlamentsrecht im engen Sinne gerechnet werden können, aber dennoch im weiteren Sinne zum Staatsorganisationsrecht zählen und zumindest inhaltlich einen Parlamentsrechtsbezug aufweisen. Mit Ausnahme des Beratungsgegenstandes „Amtszeit des Bundespräsidenten" hatte keiner der in diesem Zusammenhang behandelten Themenkomplexe eine Änderung des Grundgesetzes zum Ziel.

III. Verfahrensablauf

Diese Beratungsgegenstände wurden von den Mitgliedern der Gemeinsamen Verfassungskommission im Zusammenhang mit den Beratungen zum Parlamentsrecht in der 9. Sitzung am 9. Juli 1992, der 13. Sitzung am 26. November 1992 und zum Teil auch in der 24. Sitzung am 17. Juni 1993 behandelt. Darüber hinaus waren sie auch Gegenstand mehrerer Berichterstattergespräche. Die Beratungsgegenstände der Kandidatenaufstellung innerhalb der Parteien (Urwahl), der Zusammenlegung der Landtagswahltermine und einer Verlängerung der Amtszeit des Bundespräsidenten waren auch Gegenstand der 4. Öffentlichen Anhörung am 10. September 1992 zum Parlamentsrecht. Anträge wurden zu diesen Beratungsgegenständen nicht gestellt. Die SPD-Mitglieder der Gemeinsamen Verfassungskommission gaben jedoch in der 24. Sitzung am 17. Juni 1993 eine Protokollerklärung zu diesem Beratungsgegenstand ab.

7.2. Zusammenlegung von Landtagswahlterminen

I. Problemstellung

Infolge der Wiederherstellung der staatlichen Einheit ist die Zahl der Länder der Bundesrepublik Deutschland auf 16 gestiegen, so daß befürchtet wird, daß das politische Leben in der Bundesrepublik Deutschland durch einen „permanenten Wahlkampf" der politischen Parteien geprägt werden könnte, da die Landtagswahlen, insbesondere bei großen Ländern, als Testwahlen für die Bundespolitik angesehen werden. Es wurde vorgeschlagen, die Landtagswahltermine auf einen, zwei oder drei feste Termine innerhalb einer einheitlichen vierjährigen Wahlperiode festzulegen.

Sowohl die Konferenz der Präsidentinnen und Präsidenten der deutschen Landesparlamente (Protokoll der 70. Konferenz vom 11. Mai 1992, S. 62) als auch die Kommission Verfassungsreform des Bundesrates (BR-Drucksache 360/92, Rz. 97 ff.) sprechen sich jedoch gegen eine Konzentration der Landtagswahltermine aus, da der Bund aufgrund des durch Artikel 79 Abs. 3 GG bundesstaatlichen Prinzips nicht befugt sei, in die verfassungsmäßige Ordnung der Länder einzugreifen. Die Kommission Verfassungsreform des Bundesrates schlug vor, die Landtagswahltermine auf freiwilliger Basis durch Vereinbarung zwischen den Ländern zu koordinieren.

II. Begründung

Die Mitglieder der Gemeinsamen Verfassungskommission teilten übereinstimmend die Auffassung der Kommission Verfassungsreform des Bundesrates, daß die Zusammenlegung bzw. weitgehende Konzentration von Landtagswahlterminen auf ein, zwei oder drei feste Termine nicht Gegenstand einer Regelung in der Bundesverfassung sein könne, da das durch Artikel 79 Abs. 3 GG geschützte bundesstaatliche Prinzip gemäß Artikel 20 Abs. 1 GG den Ländern die freie Bestimmung ihrer verfassungsmäßigen Ordnung im Rahmen des Artikels 28 Abs. 1 GG garantiere. Ein Eingriff des Bundes in die Organisationshoheit der Länder über die Bestimmung ihrer Wahltermine sei ein Verstoß gegen die vom Grundgesetz gewollte vertikale Gewaltenteilung. Die Bestimmung der Wahltermine zu den Landtagen sei daher ausschließlich Sache der Länder selbst.

7.3. Verringerung der Zahl der Bundestagsabgeordneten

I. Problemstellung

Im Zusammenhang mit der deutschen Einheit und der damit verbundenen Vergrößerung des Deutschen Bundestages auf zur Zeit 662 Abgeordnete ist in der Öffentlichkeit und von Mitgliedern des Deutschen Bundestages verschiedentlich die Forderung nach einer Reduzierung der Zahl der Abgeordneten erhoben worden. Auf der anderen Seite wird jedoch immer wieder darauf hingewiesen, daß die Wahlkreise der Bundesrepublik Deutschland mit schon jetzt ca. 240 000 Einwohnern die größten im europäischen Vergleich sind, so daß eine Vergrößerung der Wahlkreise problematisch wäre.

II. Begründung

Die Mitglieder der Gemeinsamen Verfassungskommission waren sich einig, daß es richtig sei, es bei der verfassungsrechtlichen Normierung der Wahlrechtsgrundsätze in Artikel 38 Abs. 1 GG zu belassen, und die wahlrechtlichen Details einschließlich der Zahl der Bundestagsabgeordneten im Bundeswahlgesetz, also durch einfaches Gesetz, zu regeln. Diese Grundentscheidung des Parlamentarischen Rates habe sich seit Bestehen der Bundesrepublik Deutschland bewährt. Die Verringerung der Zahl der Bundestagsabgeordneten solle daher nicht im verfassungsrechtlichen Zusammenhang, sondern im Rahmen einer Reform des Bundeswahlgesetzes erörtert werden.

7.4. Stärkung der Rechte der Wähler und der Parteimitglieder

I. Problemstellung

Um der sog. Partei- und Politikverdrossenheit der Bevölkerung entgegenzuwirken, wird gegenwärtig in allen großen Parteien diskutiert, ob den Parteimitgliedern selbst bzw. der Partei nahestehende Bürger, und nicht wie bisher nur die Delegierten auf Parteitagen, das Recht gegeben werden soll, über die Auswahl der Kandidaten zu bestimmen (Urwahl) und ob die Rechte der Wähler durch Einführung der Möglichkeit der Änderung der Reihenfolge der Kandidaten auf den Wahllisten gestärkt werden sollten. Beide Vorschläge zielen auf eine größere politische Verantwortung des einzelnen Parteimitgliedes bzw. des Wählers, als deren Folge ein stärkeres Engagement im politischen Leben erwartet wird.

II. Begründung

Die Kommissionsmitglieder waren — mit Ausnahme des Vertreters der PDS/LL — der übereinstimmenden Auffassung, daß der Bereich der Stärkung der Rechte der Wähler und der Parteimitglieder trotz seiner hohen verfassungspolitischen Bedeutung keiner Regelung im Grundgesetz zugänglich sei. Regelungen in diesem Bereich seien vielmehr Aufgabe des einfachen Gesetzgebers. Dennoch wurde aufgrund des Selbstbefassungsrechts die Möglichkeit wahrgenommen, auch diese Themenkomplexe in den Beratungen der Gemeinsamen Verfassungskommission anzusprechen.

Die Befürworter einer Stärkung der Rechte der Wähler durch die Einräumung der Möglichkeit, auf die Reihenfolge der Kandidaten auf der Liste, die von den Parteien dem Wähler zur Abstimmung vorgelegt werden, Veränderungen in der Reihenfolge vorzunehmen, erwarten hierdurch eine stärkere politische Einflußnahme des Wählerwillens auf die Kandidatenwahl. Auch sei dies ein erster Schritt hin zu dem Ziel einer stärkeren Beteiligung der Bürger am politischen Prozeß und stehe deshalb in einem inhaltlichen Bezug zu dem Beratungsgegenstand „Bürgerbeteiligung/Plebiszite" — Volksinitiative, Volksbegehren, Volksentscheid.

Eine Stärkung der Rechte des einzelnen Parteimitgliedes sei als Konsequenz aus der Forderung einer stärkeren Bürgerbeteiligung sinnvoll. Doch sei zu beachten, daß die Stärkung der Rechte der einzelnen Parteimitglieder nicht zu einem System von Vorwahlen führen dürfe, wie es die Primaries im US-amerikanischen Wahlkampf seien.

In diesem Zusammenhang ist der Gedanke aufgebracht worden, in die Bestimmung des Artikels 21 Abs. 1 Satz 3 GG, der zufolge die innere Ordnung der Parteien demokratischen Grundsätzen entsprechen muß, die darin bereits enthaltene innerparteiliche Meinungs-, Versammlungs- und Organisationsfreiheit ausdrücklich in den Verfassungswortlaut aufzunehmen. Überdies wurde es für denkbar erachtet, das Parteiengesetz dahin gehend zu ändern, daß Bewerber einer Partei um politische Spitzenämter von den hierzu wahlberechtigten Mitgliedern der Partei direkt gewählt werden können.

Anträge wurden zu diesem Beratungsgegenstand nicht gestellt, doch gaben die sozialdemokratischen Mitglieder der Gemeinsamen Verfassungskommission in der 24. Sitzung am 17. Juni 1993 eine Protokollerklärung zum Thema „Verstärkung innerparteilicher Willensbildung und stärkere Beteiligung der Wählerinnen und Wähler bei Listenwahlen" mit folgendem Wortlaut ab:

> „Im Parteiengesetz soll wörtlich oder sinngemäß folgender Gedanke eingefügt werden:
>
> Die Parteien müssen bei der Aufstellung der Kandidatinnen und Kandidaten für Parlamente und bei Entscheidungen von grundsätzlicher Bedeutung ihren Mitgliedern die Möglichkeit der Urwahl eröffnen.
>
> Im Bundeswahlgesetz soll ein neuer Passus eingefügt werden:
>
> Bei Listenwahlen müssen die Wählerinnen und Wähler die Möglichkeit erhalten, unter den Kandidaten eine Einzelentscheidung zu treffen."

Zu diesem Beratungsgegenstand wurden von der PDS/LL im Rahmen ihres ursprünglichen Antrages „Zur Neufassung von Bestimmungen des Parlaments- und Wahlrechts" (Kommissionsdrucksache Nr. 30) weitere Vorschläge, u. a. zur Gleichberechtigung von Frauen und Männern sowie zur Gleichstellung von Bürgerbewegungen und Parteien, unterbreitet. Diese Vorschläge wurden aber nicht zur Abstimmung gestellt.

7.5. Wahl und Amtszeit des Bundespräsidenten

I. Problemstellung

Eine Verlängerung der Amtszeit des Bundespräsidenten ist mit Ausnahme der Regelung des Artikels 115 h Abs. 1 GG nur durch eine Änderung des Artikels 54 Abs. 2 Satz 1 GG möglich. Die Bemessung der Amtsperiode auf fünf Jahre wurde vom Parlamentarischen Rat bewußt anders als die Legislaturperiode des Bundestages gewählt, um die Wahl des Bundespräsidenten möglichst nicht in allzu großer zeitlicher Nähe zu der Neuwahl des Bundestages stattfinden zu lassen. Werden die im Grundgesetz vorgesehenen Amts- und Wahlperioden von Bundespräsident und Bundestag eingehalten, tritt der Fall einer zeitlichen Kollision der Wahl des Bundespräsidenten und des Bundestages nur alle 20 Jahre einmal auf.

Die geltende Regelung mit der nur einmal möglichen Wiederwahl des Bundespräsidenten wurde vom Parlamentarischen Rat bewußt im Gegensatz zu der Regelung der Verfassung der Weimarer Republik vorgesehen. Eine dominierende Stellung einer Person an der Spitze des Staates sollte so verhindert werden. Bisher hat es in der Bundesrepublik nur 1959 eine politische Diskussion um eine dritte Amtsperiode des Bundespräsidenten Heuss gegeben, die jedoch keinen Niederschlag in einem verfassungsändernden Gesetzentwurf fand.

II. Begründung

Ausgangspunkt der Beratungen war die Überlegung, die Amtszeit des Bundespräsidenten unter gleichzeitigem Ausschluß der Möglichkeit der Wiederwahl erheblich zu verlängern, wobei eine Amtszeit von sieben Jahren als angemessen angesehen wurde. Dieser Gedanke wurde von einigen Kommissionsmitgliedern zunächst unterstützt.

Die Kommissionsmitglieder kamen jedoch im Ergebnis zu der Überzeugung, daß eine weitere Befassung mit diesem Thema nicht notwendig ist.

8. Kapitel

Bundeswehreinsätze, Rüstung, Wehrdienst, Kriegsdienstverweigerung

I. Empfehlungen

Die Gemeinsame Verfassungskommission spricht zu diesem Beratungsgegenstand keine Empfehlungen aus.

II. Problemstellung

Die grundlegenden weltpolitischen Veränderungen der letzten Jahre stellen die Bundesrepublik Deutschland vor neue Herausforderungen. Die Beendigung des Ost-West-Konflikts hat einerseits zur Folge, daß die Weltlage insgesamt durch eine Phase wachsender Instabilität, vor allem durch sich verstärkende ethnische und religiöse Konflikte sowie ökonomische und soziale Auseinandersetzungen geprägt wird. Andererseits hat durch die globale Konfliktbeendigung im Ost-West-Verhältnis die Weltorganisation der Vereinten Nationen eine größere Bedeutung und Handlungsfähigkeit erreicht, in deren Rahmen sie — entsprechend den Zielen ihrer Charta — den Weltfrieden und die internationale Sicherheit wirksamer zu wahren sucht. Hierzu steht ihr ein weitgefächertes Instrumentarium politischer Möglichkeiten, wirtschaftlicher Sanktionen und äußerstenfalls auch militärischer Maßnahmen zur Verfügung. Mit den militärischen Maßnahmen der Vereinten Nationen zur Friedenserhaltung und — auf der Grundlage der Kapitel VII und VIII der Charta — zur Friedensherstellung rücken auch mögliche Einsätze der Bundeswehr im Rahmen der Vereinten Nationen in den Blickpunkt des nationalen und internationalen Interesses. Damit stellt sich die Frage, ob und inwieweit die jetzt in vollem Umfang souveräne Bundesrepublik Deutschland außenpolitisch und auch sicherheitspolitisch herausgefordert ist, ihren auch militärischen Beitrag zur Wahrung des Weltfriedens und der internationalen Sicherheit zu leisten, zumal sie nunmehr gegenüber der Staatengemeinschaft in der Welt eine gewachsene politische Verantwortung hat.

Dabei ist umstritten, ob das Grundgesetz eine solche militärische Beteiligung zuläßt. Im Kern geht der Streit darum, ob Auslandseinsätze der Streitkräfte im Rahmen der Vereinten Nationen sowie im Rahmen vertraglich vereinbarter über den NATO- und WEU-Vertrag hinausgehende Beistands- und Bündnisverpflichtungen bereits nach der gegenwärtigen Verfassungslage in der Sache zulässig sind, so daß es allenfalls einer „klarstellenden Ergänzung" des Grundgesetzes bedarf, oder ob hierfür eine ausdrückliche Ermächtigung in der Verfassung — und damit eine entsprechende Änderung und Ergänzung des Grundgesetzes — notwendig ist. Diese Kontroversen haben 1992 und 1993 zu drei Verfahren vor dem

Bundesverfassungsgericht geführt — „Adria", „AWACS" und „Somalia" —, das in zwei einstweiligen Anordnungen die jeweiligen Bundeswehreinsätze vorbehaltlich der Entscheidungen in der Hauptsache nicht als offensichtlich verfassungswidrig erachtet hat.

Darüber hinaus wird insbesondere die Frage aufgeworfen, ob eine Konkretisierung des Friedensgebotes in Artikel 26 GG erforderlich ist. In diesem Zusammenhang wird die Forderung nach einer Verschärfung der Genehmigungspflicht für die Rüstungsproduktion, einer Einschränkung des Rüstungsexports sowie einer ausdrücklichen Festschreibung des Verzichts auf ABC-Waffen im Grundgesetz erhoben.

III. Verfahrensablauf

Der Beratungsgegenstand „Staatliche Souveränität und militärische Verteidigung" stand mit dem ersten Einzelthema „Auslandseinsätze der Bundeswehr" (Artikel 24 Abs. 2, 87 a Abs. 2 GG) in der 15. Sitzung der Gemeinsamen Verfassungskommission am 21. Januar 1993 auf der Tagesordnung.

Parallel zur Kommissionsarbeit beriet der Bundestag sachgleiche Gesetzentwürfe der Fraktionen der CDU/CSU und F.D.P. (BT-Drucksachen 12/4107 und 12/4135), der SPD (BT-Drucksachen 12/2895 und 12/4534) und der Gruppe PDS/LL (BT-Drucksache 12/3055) sowie einen Antrag der Gruppe BÜNDNIS 90/DIE GRÜNEN (BT-Drucksache 12/3014). Die ersten Beratungen dieser Vorlagen im Bundestag endeten mit deren Überweisungen federführend an den Rechtsausschuß.

Am 11. Februar 1993 führte die Gemeinsame Verfassungskommission ihre 7. Öffentliche Anhörung gemeinsam mit dem Rechtsausschuß zum Beratungsgegenstand „Staatliche Souveränität und militärische Verteidigung" durch. Die weiteren Einzelthemen dieses Beratungsgegenstandes wurden in der 18. Sitzung der Gemeinsamen Verfassungskommission am 4. März 1993 beraten, und zwar „Friedensfähigkeit des Staates", „Verzicht auf ABC-WAffen einschließlich ihrer Herstellung und entsprechender Forschungsvorhaben", „Verbot von Waffenexporten", „Spannungsfall, Bündnisfall, Verteidigungsfall" sowie „gleiche Dauer von Wehrdienst und Zivildienst".

Die Abstimmungen zu diesem Beratungsgegenstand fanden in der 25. Sitzung der Gemeinsamen Verfassungskommission am 1. Juli 1993 statt.

Bei den Abstimmungen erreichte keiner der Anträge die erforderliche Zweidrittelmehrheit. Im einzelnen wurden folgende Abstimmungsergebnisse erzielt.

Anträge der Mitglieder der SPD:

Kommissionsdrucksache Nr. 8 („Einsatz der Bundeswehr out of area/Blauhelme") Ziff. 1 (zu Artikel 24 GG) — 20 Ja-Stimmen, 24 Nein-Stimmen, 8 Enthaltungen,

Kommissionsdrucksache Nr. 8 („Einsatz der Bundeswehr out of area/ Blauhelme") Ziff. 2 (zu Artikel 87 a Abs. 2 GG) — 22 Ja-Stimmen, 24 Nein-Stimmen, 8 Enthaltungen,

Kommissionsdrucksache Nr. 87 („Friedensstaatlichkeit") — 26 Ja-Stimmen, 22 Nein-Stimmen, 5 Enthaltungen.

Kommissionsdrucksache Nr. 90 („Bündnisfall") — 21 Ja-Stimmen, 23 Nein-Stimmen, 9 Enthaltungen,

Kommissionsdrucksache Nr. 91 („Kriegsdienstverweigerung") Ziff. 1 (zu Artikel 4 Abs. 3 GG) — 26 Ja-Stimmen, 21 Nein-Stimmen, 7 Enthaltungen,

Kommissionsdrucksache Nr. 91 („Kriegsdienstverweigerung") Ziff. 2 (zu Artikel 12 a Abs. 1 und 2 GG) — 26 Ja-Stimmen, 22 Nein-Stimmen, 5 Enthaltungen.

Der Antrag der Gruppe PDS/LL (Kommissionsdrucksache Nr. 64 — „Zur Neufassung von Bestimmungen des Friedensprinzips und der Wehrverfassung") wurde bei einer Ja-Stimme und keiner Enthaltung abgelehnt.

Der Antrag der Mitglieder der CDU/CSU (Kommissionsdrucksache Nr. 33 — „Zu Artikel 24 Abs. 2 a GG (neu)") wurde nicht zur Abstimmung gestellt.

IV. Begründung

1. Auslandseinsätze der Bundeswehr (Artikel 24 Abs. 2, 87 a Abs. 2 GG)

a) Der Antrag der Mitglieder der SPD „Einsatz der Bundeswehr out of area/ Blauhelme" (Kommissionsdrucksache Nr. 8) sah die Einfügung eines Absatzes 3 in Artikel 24 GG vor:

„(3) Der Bund kann den Vereinten Nationen Angehörige der Streitkräfte nur für friedenserhaltende Maßnahmen ohne Kampfauftrag unterstellen; den Vereinten Nationen oder betroffenen Staaten sollen auf Anforderung unbewaffnete Angehörige der Streitkräfte zur Bekämpfung von Umweltschäden, für humanitäre Hilfeleistungen und Maßnahmen der Katastrophenhilfe zur Verfügung gestellt werden."

Für Artikel 87 a Abs. 2 GG war folgende Neufassung vorgesehen:

„(2) Außer zur Landesverteidigung und zur Verteidigung im Rahmen vertraglich vereinbarter Beistandspflichten dürfen die Streitkräfte nur eingesetzt werden, soweit dieses Grundgesetz es ausdrücklich zuläßt. Für friedenserhaltende Maßnahmen nach Artikel 24 Absatz 3 kann der Bund dem Generalsekretär der Vereinten Nationen auf sein Ersuchen und bei Vorliegen eines Beschlusses des Sicherheitsrates sowie mit Zustimmung der am Konflikt beteiligten Staaten Angehörige der Streitkräfte unterstellen, die nur mit leichten Waffen zum Selbstschutz ausgerüstet sind und sich als Berufs- und Zeitsoldaten für solche Maßnahmen freiwillig gemeldet haben. Zur Beteiligung an derartigen Maßnahmen bedarf die Bundesregierung der Zustimmung des Bundestages."

Ausgangspunkt der Begründung war die Feststellung, daß Artikel 24 Abs. 2 GG keine Ermächtigung zum Einsatz der Streitkräfte jenseits des Verteidigungsfalls und der Erfüllung von vertraglich vereinbarten Beistandspflichten enthalte. Dies ergebe sich aus der Entstehungsgeschichte und aus dem Wortlaut dieser Bestimmung, der seit 1949 unverändert geblieben sei: Der Parlamentarische Rat habe seinerzeit bei der Erarbeitung dieser Vorschrift nicht an militärische Auslandseinsätze deutscher Streitkräfte denken können. Auch die Wehrverfassung von 1956 und die Notstandsverfassung von 1968, bei denen eine mögliche Ergänzung von Artikel 24 Abs. 2 GG nahe gelegen hätte, hätten eine Änderung nicht einmal in Erwägung gezogen. Deshalb komme die Auslegung von Artikel 24 Abs. 2 GG als eine Ermächtigung zum Streitkräfteeinsatz einer durch Artikel 79 Abs. 1 GG verbotenen Verfassungsdurchbrechung gleich. Die verfassungsrechtliche Zulässigkeit eines militärischen Auslandseinsatzes der Streitkräfte bemesse sich vielmehr allein nach dem — auf dem Prinzip von Regel und Ausnahme beruhenden — Artikel 87 a GG. Da die geplante Erweiterung des Einsatzspektrums der Streitkräfte weder unter die Regel — „zur Verteidigung" — noch unter die ausdrücklichen grundgesetzlichen Ausnahmen falle, sei eine Ergänzung des Grundgesetzes aus Rechtsgründen notwendig.

Sie sei auch politisch notwendig, damit die Vereinten Nationen zur Antwort auf massive Völkerrechts- und Menschenrechtsverletzungen die Möglichkeiten zu militärischen Maßnahmen unter deutscher Beteiligung bekämen. Dabei handele es sich um die Mitwirkung der Bundeswehr an friedenserhaltenden Maßnahmen im Rahmen von „Blauhelm-Einsätzen" einschließlich der Sicherung von humanitären Hilfsaktionen und Schutzzonen sowie der Überwachung von Embargo- und Blockademaßnahmen. Wie die Wirklichkeit zeige, könnten Soldaten bei „Blauhelm-Einsätzen" zwar auch zur Selbstverteidigung in Kampfhandlungen verwickelt werden. Gleichwohl sei eine ausdrückliche verfassungsrechtliche Gestattung darüber hinausgehender Kampfeinsätze nicht geboten, da die als Voraussetzungen für derartige Kampfeinsätze von Truppen der Vereinten Nationen in Artikel 43 der Charta erwähnten Sonderabkommen bisher nicht abgeschlossen wurden. Diese müßten von den Vereinten Nationen mit Mitgliedstaaten geschlossen und von diesen nach Maßgabe des nationalen Verfassungsrechts ratifiziert werden. Deshalb sei auch in Zukunft davon auszugehen, daß die Vereinten Nationen zur Erfüllung ihrer Aufgaben, den Weltfrieden und die internationale Sicherheit zu wahren, selber keine Kampfeinsätze durchführten. Darum brauche innerstaatlich hierfür auch keine verfassungsrechtliche Vorsorge getroffen zu werden.

In personeller Hinsicht könnten an derartigen Einsätzen der Bundeswehr als Friedenstruppen der Vereinten Nationen nur Berufs- und Zeitsoldaten auf Grund freiwilliger Meldung teilnehmen. Wehrpflichtige dürften hierzu nicht herangezogen werden, da die Wehrpflicht nur zum militärischen Dienst für die Landesverteidigung legitimiere.

Im übrigen bedürften militärische Aktionen — vor allem im Ausland — der parlamentarischen Legitimation. Schließlich handele es sich um eine schicksalhafte Entscheidung, durch die es für die im Einsatz befindlichen Soldaten um Leben und Tod gehen könne. Bereits die verfassungsgerichtlich entwickelte Wesentlichkeitstheorie, nach der alle wesentlichen Grundrechtsbeeinträchtigungen vom Gesetzgeber legitimiert sein müssen, erfordere, daß die Frage des Streitkräfteeinsatzes nur vom Parlament entschieden werden könne und nicht in den Bereich exekutivischer Eigenverantwortung falle. Deshalb sei für die Entscheidung der Bundesregierung für eine deutsche Beteiligung an „Blauhelm-Einsätzen" der Vereinten Nationen die Zustimmung des Bundestages von Verfassungs wegen notwendig.

Insgesamt sollen nach diesem Antrag über den Verteidigungsfall und die Erfüllung vertraglich vereinbarter Bündnispflichten sowie den Einsatz für friedenserhaltende Maßnahmen im Rahmen der Vereinten Nationen hinaus keine weiteren Streitkräfteeinsätze außerhalb des Bundesgebietes erlaubt sein.

b) Hingegen sah der ursprüngliche — in der Gemeinsamen Verfassungskommission gestellte — Antrag der Mitglieder der CDU/CSU „Artikel 24 Abs. 2a GG (neu)" (Kommissionsdrucksache Nr. 33) für Artikel 24 GG einen neuen Absatz 2a vor:

„(2a) Streitkräfte des Bundes können unbeschadet des Artikels 87a eingesetzt werden

1. bei friedenserhaltenden Maßnahmen gemäß einem Beschluß des Sicherheitsrates oder im Rahmen von regionalen Abmachungen im Sinne der Charta der Vereinten Nationen, soweit ihnen die Bundesrepublik Deutschland angehört,
2. bei friedensherstellenden Maßnahmen auf Grund der Kapitel VII und VIII der Charta der Vereinten Nationen gemäß einem Beschluß des Sicherheitsrates,
3. in Ausübung des Rechts zur kollektiven Selbstverteidigung gemäß Artikel 51 der Charta der Vereinten Nationen gemeinsam mit anderen Staaten im Rahmen von Bündnissen und anderen regionalen Abmachungen, denen die Bundesrepublik Deutschland angehört.

Diese Einsätze bedürfen in den Fällen der Nummern 1 und 2 der Zustimmung der Mehrheit, im Fall der Nummer 3 der Zustimmung von zwei Dritteln der Mitglieder des Bundestages."

Die Antragsteller betonten, ihrer Ansicht nach erfordere die derzeitige Verfassungsrechtslage keine Ergänzung für Auslandseinsätze der Bundeswehr. Sie sahen in ihrem Antrag eine Lösung zur Beseitigung der politischen Kontroversen über die Zulässigkeit derartiger Streitkräfteeinsätze. Sie hoben hervor, daß die Bundesrepublik Deutschland ihre eingegangenen internationalen und völkerrechtlichen Verpflichtungen in vollem Umfang erfüllen müsse und sich nicht ihrer Verantwortung entziehen dürfe. Die durch den Beitritt der Bundesrepublik

Deutschland und der ehemaligen DDR zu den Vereinten Nationen bedingte zwischenzeitliche deutsche „Doppelmitgliedschaft“ in der Weltorganisation und die durch alliierte Vorbehalte eingeschränkte deutsche Souveränität hätten zu einer Zurückhaltung aller Bundesregierungen geführt, die deutschen Verpflichtungen aus der Charta der Vereinten Nationen auch militärisch zu erfüllen. Diese Gründe seien mit der Einigung Deutschlands und mit der Erlangung der vollen nationalen Souveränität nunmehr fortgefallen. Erst mit der Erfüllung aller Verpflichtungen werde die Bundesrepublik Deutschland dem Auftrag der Präambel des Grundgesetzes gerecht, als gleichberechtigtes Glied in einem vereinten Europa dem Frieden der Welt zu dienen. Dem müsse eine entsprechende Grundgesetzergänzung Rechnung tragen, die sich deshalb nicht auf die verfassungsrechtliche Legitimation nur von „Blauhelm-Einsätzen“ beschränken dürfe.

Die Bundesrepublik Deutschland habe von den durch Artikel 24 Abs. 1 und 2 GG eingeräumten Möglichkeiten, durch Gesetz Hoheitsrechte auf zwischenstaatliche Einrichtungen zu übertragen und sich zur Wahrung des Friedens einem System gegenseitiger kollektiver Sicherheit einzuordnen, in vielfältiger Weise Gebrauch gemacht — vor allem durch den 1973 erfolgten Beitritt zu den Vereinten Nationen. Damit besäßen die Satzungen derartiger Systeme — und damit auch die Kapitel VII und VIII der Satzung der Vereinten Nationen — über Artikel 24 Abs. 2 GG innerstaatliche Geltung.

Zu den einzelnen Alternativen des Antrags wurde hervorgehoben, daß mit den friedenserhaltenden Maßnahmen der Nummer 1 eine deutsche Beteiligung an den „Blauhelm-Einsätzen“ der Vereinten Nationen gemäß einem Beschluß des Sicherheitsrates verfassungsrechtlich abgedeckt seien. Die Bestimmung in Nummer 2 des Antrags stelle klar, daß die Bundeswehr bei friedensherstellenden Maßnahmen auf Grund der Kapitel VII und VIII der Charta der Vereinten Nationen gemäß einem Beschluß des Sicherheitsrates eingesetzt werden könne. Dabei handele es sich um die in Artikel 42 der Charta erwähnten militärischen Sanktionen. Hierzu seien die Mitglieder auf Ersuchen des Sicherheitsrates verpflichtet. Dem stehe nicht entgegen, daß die in Artikel 43 der Charta vorgesehen Sonderabkommen noch nicht abgeschlossen seien, da es sich hierbei im wesentlichen um Ausführungsbestimmungen einer noch nicht vorhandenen „ständigen Streitmacht“ handeln würde. Der Einsatz der Streitkräfte nach Nummer 3 des Antrags in Ausübung des Rechtes zur kollektiven Selbstverteidigung gemäß Artikel 51 der Charta als militärische Unterstützung für einen angegriffenen Mitgliedstaat der Vereinten Nationen sei nur zulässig, wenn mindestens ein weiterer Staat, mit dem die Bundesrepublik Deutschland im Rahmen von Bündnissen und regionalen Abmachungen verbunden sei, sich ebenfalls für diese Unterstützung entscheide. In der Antragsbegründung wurde das Erfordernis der parlamentarischen Zustimmung hervorgehoben, das in den Fällen der Nummern 1 und 2 an das Quorum der Mehrheit, im Fall der Nummer 3 an das von zwei Dritteln der Mitglieder des Bundestages gebunden sei. Dies werde der Bedeutung des Bundestages als Kontrollorgan im militärischen Bereich gerecht.

Der Antrag der Gruppe der PDS/LL „Zur Neufassung von Bestimmungen des Friedensprinzips und der Wehrverfassung“ (Kommissionsdrucksache Nr. 64) schloß durch eine Änderung von Artikel 24 Abs. 2 GG „die Übertragung von Hoheitsrechten über den militärischen und nichtmilitärischen Einsatz von Streitkräften des Bundes . . . außer im Verteidigungsfall nach Artikel 115 a Abs. 1“ aus. Diese verfassungspolitische Zielvorstellung des Streitkräfteeinsatzes nur „zur Verteidigung des Bundesgebietes“ wurde durch einen entsprechenden Vorschlag zur Änderung von Artikel 87a Abs. 2 GG bekräftigt.

Mit dem Antrag solle die wiedergewonnene Souveränität Deutschlands zu einer umfassenden Verpflichtung des Staates auf den Frieden genutzt werden. Dementsprechend beschränkte sich der Einsatz der Streitkräfte auf den Verteidigungsfall, und zwar nur zur Verteidigung des Bundesgebietes. Damit werde ausdrücklich bekräftigt, daß eine verfassungsrechtliche Legitimation für militärische Auslandseinsätze nicht gegeben sei.

2. Friedensstaatlichkeit (Artikel 26 GG)

Der Antrag der Kommissionsmitglieder der SPD „Friedensstaatlichkeit“ (Kommissionsdrucksache Nr. 87) sah für Artikel 26 Abs. 1 GG folgende Neufassung vor:

„(1) Die Bundesrepublik Deutschland verpflichtet sich, dem Frieden der Welt zu dienen. Sie trägt zur Abrüstung und zur Verhütung von Kriegen bei.“

Zur Begründung wurde die Notwendigkeit betont, über die Präambel hinaus die Friedenspflicht der Bundesrepublik Deutschland ausdrücklich im Grundgesetz zu verankern. Auch mit Blick auf das Ausland sei es geboten, die staatliche Verpflichtung zum Frieden an herausgehobener Stelle der Verfassung zu erwähnen.

Der Antrag der PDS/LL Kommissionsdrucksache Nr. 64 enthielt darüber hinaus als Ziel des Bundes die Beseitigung der Streitkräfte.

Die Begründung wies darauf hin, daß das staatlich vereinigte Deutschland von Verfassungs wegen auf das Ziel einer Welt ohne Kriege und Waffen hinwirken müsse, und daß hierzu mit der Verpflichtung zur Abrüstung deutsche Vorleistungen festzulegen seien.

Von der Gegenseite wurde unter Hinweis auf die Präambel und auf die Artikel 24 Abs. 2, 25 und 26 Abs. 1 GG der bereits jetzt mehrfach zum Ausdruck kommende Friedenswille der Bundesrepublik Deutschland für ausreichend gehalten. Eine darüber hinausgehende entsprechende Ergänzung des Grundgesetzes könnte zudem die Schlußfolgerung nahelegen, das deutsche Volk sei trotz der verfassungsrechtlichen Friedenspflicht nicht friedensgeneigt. Im übrigen widerspreche die beantragte Ergänzung dem Grundsatz jeglicher Kodifikation, nur das zu regeln, was geregelt werden müsse und nicht schon geregelt sei.

3. Kriegswaffen und Rüstungsgüter, ABC-Waffen

Hierzu sah der Antrag der Mitglieder der SPD der Gemeinsamen Verfassungskommission (Kommissionsdrucksache Nr. 87) die Aufnahme folgender neuer Absätze 3 und 4 in Artikel 26 GG vor:

„(3) Zur Kriegführung geeignete Waffen und sonstige Rüstungsgüter dürfen nur mit Genehmigung der Bundesregierung entwickelt, hergestellt, befördert und in Verkehr gebracht werden. Dies gilt auch für die hierauf gerichtete Forschung und die Weitergabe entsprechender Kenntnisse. Die Ausfuhr der in Satz 1 genannten Waffen und Güter und die Weitergabe entsprechender Kenntnisse bedarf der Genehmigung der Bundesregierung; sie ist nur in Staaten erlaubt, mit denen die Bundesrepublik Deutschland ein Bündnis zur kollektiven Selbstverteidigung geschlossen hat. Der Endverbleib muß gesichert sein. Über erteilte Genehmigungen ist der Bundestag zu unterrichten. Bei der Ausfuhr in andere als die in Satz 3 genannten Staaten kann die Bundesregierung die Genehmigung nur mit Zustimmung von zwei Dritteln der Mitglieder des Bundestages erteilen. Das Nähere regelt ein Bundesgesetz, das weitere Einschränkungen vorsehen kann.

(4) Die Entwicklung, Herstellung, Lagerung, Beförderung, das in Verkehr bringen, die Aufstellung und Anwendung von atomaren, bakteriologischen, chemischen und anderen Massenvernichtungswaffen sowie die Drohung mit ihrer Anwendung sind verfassungswidrig. Sie sind unter Strafe zu stellen. Bestehende Bündnisverpflichtungen bleiben unberührt."

In der Begründung wurde zum Export von Kriegswaffen und Rüstungsgütern betont, daß in der Vergangenheit Kriege und Bürgerkriege mit der Folge großer Flucht- und Wanderungsbewegungen oft erst durch die auf Rüstungsexporten beruhende Hochrüstung von Staaten der Dritten Welt ermöglicht worden seien. Um dies zu verhindern, müsse der Rüstungsexport insgesamt restriktiver gehandhabt werden. Hierzu biete sich einerseits die parlamentarische Zustimmung auf entsprechenden Antrag der Bundesregierung an. Andererseits sollte — auch zur Sicherung des Endverbleibs — der Rüstungsexport nur in Staaten erlaubt sein, mit denen die Bundesrepublik Deutschland ein Bündnis zur kollektiven Selbstverteidigung geschlossen hat — wie die NATO und WEU. Zur Erhaltung der außen- und sicherheitspolitischen Flexibilität — hierzu wurde auf die deutschen Waffenlieferungen an Israel während des Golfkriegs hingewiesen — könnten von dem Katalog der Empfängerstaaten Ausnahmen gemacht werden, die der Zustimmung von zwei Dritteln der Mitglieder des Bundestages bedürften.

Das in Artikel 26 Abs. 4 (neu) GG vorgesehene Verbot der ABC-Waffen würde die Ernsthaftigkeit und die Bedeutung des Verzichts von Verfassungs wegen unterstreichen, den die Bundesrepublik Deutschland völkerrechtlich bereits mehrfach ausgesprochen habe. Die bestehende Rechtslage würde nicht verändert, vielmehr der Verzicht auf ABC-Waffen unabhängig von dem Bestand völkerrechtlicher Verträge verfassungsrechtlich verankert werden.

Der Antrag der Gruppe PDS/LL (Kommissionsdrucksache Nr. 64) zielte darüber hinaus in neuen Absätzen 3 bis 6 für Artikel 26 GG auf ein vollständiges Verbot des Exports und des Handels mit Kriegswaffen ab und wollte Verstöße hiergegen mit Enteignung sanktionieren. Ferner sollte der Bund mit der Abschaffung der Rüstungsproduktion beginnen und dabei soziale Aspekte und die Konversion berücksichtigen.

Nach der Begründung war der Verzicht auf ABC-Waffen und das Verbot von Rüstungsexporten Ausdruck der auf eine umfassende Pazifizierung angelegten Intention dieses Antrages.

Demgegenüber wurde unter Hinweis auf das Verbot der Vorbereitung eines Angriffskrieges in Artikel 26 Abs. 1 GG und auf die unter Gesetzgebungsvorbehalt stehende Genehmigungspflicht der Bundesregierung hinsichtlich der Kriegswaffen in Artikel 26 Abs. 2 GG die in dem Antrag Kommissionsdrucksache Nr. 87 geforderte Neufassung von Artikel 26 GG nicht nur für nicht notwendig, sondern für schädlich gehalten. Die Beschränkung von Waffenlieferungen und Rüstungsexporten auf Staaten, mit denen die Bundesrepublik Deutschland durch ein Bündnis zur kollektiven Selbstverteidigung verbunden sei, werde den deutschen außen- und sicherheitspolitischen Interessen nicht gerecht. Das gleiche gelte für die Bindung einschlägiger Regierungsentscheidungen an eine vorherige parlamentarische Zustimmung.

Ein zusätzlicher verfassungsrechtlicher Verzicht auf ABC-Waffen wurde von der Koalition angesichts der bestehenden völkerrechtlichen Verträge nicht für erforderlich gehalten. Zudem würde hierdurch die Bündnis- und Verteidigungskooperation in der NATO und in Europa erschwert.

4. Bündnisfall

Hierzu haben die Kommissionsmitglieder der SPD folgenden Antrag „Bündnisfall" (Kommissionsdrucksache Nr. 90) für die Einfügung eines neuen Absatzes 3 in Artikel 87a GG gestellt:

> „(3) Die Entscheidung über den Einsatz der Streitkräfte zur Verteidigung im Rahmen vertraglich vereinbarter Beistandspflichten trifft auf Antrag der Bundesregierung der Bundestag mit Zustimmung des Bundesrates. Die Entscheidung bedarf einer Mehrheit von zwei Dritteln der abgegebenen Stimmen, mindestens der Mehrheit der Mitglieder des Bundestages".

Die Begründung wies auf die strengen Voraussetzungen — vor allem auf die parlamentarischen Kompetenzen — bei der Feststellung des Verteidigungsfalls hin: Wenn schon für die Verteidigung des eigenen Territoriums qualifizierte parlamentarische Mehrheiten notwendig seien, müsse dies erst recht für militärische Einsätze im Bündnisfall — mithin außerhalb des eigenen Territoriums — gelten. Da der Bündnisfall keine Prärogative der Bundesregierung sein dürfe, biete sich für den Bündnisfall eine parallele Regelung zum Verteidigungsfall an.

Die Gegenseite hielt im Interesse der außenpolitischen Handlungsfähigkeit und militärischen Reaktionsfähigkeit der Bundesrepublik Deutschland gegenüber den Bündnispartnern die mit dem Antrag erstrebte Kodifizierung des Bündnisfalles im Sinne einer Parlamentarisierung weder aus rechtlichen Gründen für notwendig noch aus politischen Gründen für wünschenswert. Deshalb müsse es bei der derzeitigen Rechtslage mit der Vorrangstellung der Regierung bleiben.

5. Wehrdienst — Kriegsdienstverweigerung — Ersatzdienst

Zur Neuregelung des Rechts der Kriegsdienstverweigerung haben die Mitglieder der SPD mit ihrem Antrag „Kriegsdienstverweigerung" (Kommissionsdrucksache Nr. 91 Ziff. 1) folgende Fassung für Artikel 4 Abs. 3 Satz 1 GG vorgeschlagen:

„Jeder hat das Recht, unter Berufung auf sein Gewissen den Kriegsdienst mit der Waffe zu verweigern."

Erkenntnisleitendes Interesse für diesen Antrag war die Verbesserung der Rechtsstellung des Kriegsdienstverweigerers. Insbesondere ging es den Antragstellern darum, mehr Gerechtigkeit bei der Ausübung der Gewissensentscheidung zu gewährleisten. Dabei kam auch der innere Zusammenhang mit der Verteidigungsfähigkeit in den Blick: Je größer die Möglichkeiten zur Verteidigungsverweigerung aus Gewissensgründen, desto glaubhafter die Verteidigungswürdigkeit und desto besser die Verteidigungsfähigkeit des Staates. Mit dem Antrag werde keine Wahlfreiheit zwischen Wehrpflicht und Ersatzdienst begründet.

Dies indes wird von der Gegenseite befürchtet. Verfassungsrechtliche Grundlagen und verfahrensrechtliche Ausgestaltung des Rechts der Kriegsdienstverweigerung genügten allen rechtsstaatlichen Anforderungen, so daß kein Bedarf für eine kodifikatorische Neuerung zu erkennen sei. Vor allem seien keine Einwände gegen die Rechtsprechung des Bundesverfassungsgerichts zum Recht der Kriegsdienstverweigerung zu erheben.

Zur gleichen Dauer von Wehrdienst und Ersatzdienst haben die Kommissionsmitglieder der SPD mit dem Antrag „Kriegsdienstverweigerung" (Kommissionsdrucksache Nr. 91 Ziff. 2) eine Änderung von Artikel 12 a Abs. 2 Satz 2 GG in der Weise gefordert, daß die Dauer des Ersatzdienstes die tatsächliche durchschnittliche Dauer des Dienstes nach Absatz 1 nicht übersteigen dürfe.

Die Antragsbegründung trat den herkömmlichen Argumenten für die längere Dauer des Ersatzdienstes gegenüber dem Wehrdienst entgegen: Auch der Ersatzdienst erfordere schwere körperliche Anstrengungen, vor allem im Pflegebereich, und bringe psychische Belastungen mit sich. Auch müßten die Ersatzdienstleistenden wie die Wehrpflichtigen im Kriegsfall verfügbar sein. Ferner habe seit 1968 kein Wehrpflichtiger Wehrdienst in der Verfügungsbereitschaft leisten müssen. Schließlich beruhe die zeitlich höhere Belastung bei Soldaten auf unterschiedlichen Berechnungsweisen gegenüber den Dienstleistungen im Ersatzdienst. Eine gleiche Dauer sei erreicht, wenn die Dauer des Ersatzdienstes der tatsächlichen durchschnittlichen Dauer des Wehrdienstes entspräche.

Für die Gegenseite hingegen gibt es durchaus unterschiedliche Belastungen zwischen Wehrdienst und Ersatzdienst, und zwar vor allem hinsichtlich der Dauer und der äußeren Umstände der Dienstgestaltung. Schließlich umfasse der auf Grund der Wehrpflicht zu leistende Wehrdienst von Gesetzes wegen in Friedenszeiten neben dem Grundwehrdienst auch den Wehrdienst in der Verfügungsbereitschaft und die Wehrübungen. Deren zeitlich kaum vorhersehbare und häufig schwankende Dauer verbiete deshalb die Berechnung einer durchschnittlichen Belastung des gesamten Wehrdienstes. Dieser besonderen Ausgestaltung der Erfüllung der Wehrpflicht werde mit den gegenwärtigen Rechtsinstrumenten in befriedigender Weise Rechnung getragen — wie dies auch die maßgebende Entscheidung des Bundesverfassungsgerichts (BVerfGE 48, 127 ff) bestätige. Deshalb bestehe in dieser Frage kein Änderungsbedarf.

9. Kapitel

Staatskirchenrecht

I. Empfehlung

Die Gemeinsame Verfassungskommission gibt im Bereich des Staatskirchenrechts keine Empfehlung ab.

II. Problemstellung

Anlaß für die Diskussion des geltenden Staatskirchenrechts im Umfeld zu Artikel 140 GG war — neben mehr als 4 000 Eingaben aus der Bevölkerung, die sich vornehmlich kritisch mit dem geltenden Kirchensteuersystem auseinandersetzen — insbesondere die seit längerem aus gewerkschaftlicher Sicht vorgebrachte Kritik, daß die Arbeitnehmerrechte und die Rechte der Gewerkschaften im kirchlichen Bereich nicht gewährleistet seien, der soziale Schutz kirchlicher Mitarbeiter dem des allgemeinen Arbeits- und Sozialrechts im staatlichen Geltungsbereich nicht entspreche, und das Zutrittsrecht der Gewerkschaften zu kirchlichen Dienststellen behindert werde. Diese Situation entspreche nicht dem klaren Wortlaut des Artikels 140 GG in Verbindung mit Artikel 137 Abs. 3 Weimarer Reichsverfassung (WRV), wonach die kirchliche Selbstverwaltung nur „innerhalb der Schranken des für alle geltenden Gesetzes" bestehe.

Daneben gibt es — ebenfalls seit langer Zeit — die Diskussion um eine grundsätzliche Reform des Staatskirchenrechts, sei es aus prinzipiell kirchenkritischer Sicht, oder aus der Sicht bestimmter innerkirchlicher „Reformer" (etwa der „Initiative Kirche von unten"). Auch im wissenschaftlichen Schrifttum und in der Rechtsprechung hat diese Debatte ihre Spuren hinterlassen, wobei — mit unterschiedlicher Bewertung — sowohl auf den Kompromißcharakter der Übernahme der Weimarer Staatskirchenartikel hingewiesen wird als auch auf die neuere Rechtsprechung des Bundesverfassungsgerichtes zum kirchlichen Selbstbestimmungsrecht.

III. Verfahrensablauf

Diese vorwiegend kritischen Positionen schlugen sich in verschiedenen Anträgen einzelner Mitglieder der Gemeinsamen Verfassungskommission nieder. Diese haben entweder — wie der Antrag der Gruppe BÜNDNIS 90/DIE GRÜNEN (Kommissionsdrucksache Nr. 37) — eine grundsätzliche Neuordnung des Verhältnisses von Staat und Kirche vorgeschlagen oder sahen nur — wie der Antrag des Abg. Dr. Hirsch (F.D.P.) (Kommissionsdrucksache Nr. 70) eine „redaktionelle Überarbeitung" im Sinne einer direkten Übernahme der bisher nur über Artikel 140

GG inkorporierten Artikel 136 bis 139 und 141 WRV in das Grundgesetz vor. Die ganz überwiegende Zahl der Mitglieder in der Gemeinsamen Verfassungskommission wollte dagegen an den Verfassungsnormen des Artikels 140 in Verbindung mit Artikel 137 ff. WRV selbst nichts ändern. Die Mitglieder der SPD in der Gemeinsamen Verfassungskommission wollten aber eine veränderte Auslegung dieser Bestimmungen durch das Bundesverfassungsgericht, insbesondere im Bereich des Arbeitsrechtes, anregen und gaben hierzu in der 18. Sitzung am 4. März 1993 eine Protokollerklärung ab (Arbeitsunterlage Nr. 108).

Die Problematik des Staatskirchenrechts wurde in der 18. Sitzung der Gemeinsamen Verfassungskommission am 4. März 1993 erörtert, die Bezugnahme auf Gott in der Präambel auch in der 20. Sitzung am 22. April 1993. Über beides wurde in der 25. Sitzung am 1. Juli 1993 abgestimmt. Für die Abstimmung wurde der Antrag (Kommissionsdrucksache Nr. 37) wegen des Ausscheidens von Abg. Dr. Ullmann (BÜNDNIS 90/DIE GRÜNEN) wörtlich von dem Vertreter der Gruppe PDS/LL übernommen (Kommissionsdrucksache Nr. 89). Ein Berichterstattergespräch oder eine Anhörung fand zu diesem Beratungsgegenstand nicht statt, da die Ausgangspositionen zu unterschiedlich waren und eine Einigung von vornherein unwahrscheinlich war.

Von den eingebrachten Anträgen konnte keiner auch nur eine relative Mehrheit erreichen; die für eine Empfehlung nötige Zweidrittelmehrheit wurde weit verfehlt. Die Anträge erreichten lediglich zwischen 2 und 5 Ja-Stimmen und zwischen 2 und 6 Enthaltungen, aber sehr viele — wegen der eindeutigen Mehrheitsverhältnisse nicht näher ausgezählte — Nein-Stimmen. Der vorgetragenen Protokollerklärung wurde von anderen Mitgliedern der Gemeinsamen Verfassungskommission ausdrücklich widersprochen.

IV. Begründung

Die wenigen Befürworter der Anträge mit grundsätzlicher Neuordnungstendenz (Kommissionsdrucksachen Nr. 37 und Nr. 89) wollten — neben dem Verzicht auf die Bezugnahme auf Gott in der Präambel, weil eine solche „unspezifische Rede von Gott" in einem staatlichen Verfassungstext „nichts zu suchen" habe — insbesondere die Artikel 7 Abs. 2 und 3, die Artikel 140 und 141 GG streichen und dafür einen neuen Artikel 9a GG einfügen, der bei grundsätzlicher Trennung von Staat und Kirche für alle Kirchen und Religionsgesellschaften gleiche Freiheiten im Sinne der in Artikel 4 GG verbürgten Glaubens- und Gewissensfreiheit aller Menschen vorsieht und auf die bisherige staatsnahe Stellung und den Erhalt überkommener Privilegien verzichtet. Eine Überarbeitung der weitgehend unverändert gebliebenen Weimarer Kirchenverfassung sei notwendig geworden, da nach 1949 ein tiefgreifender Wandel der gesellschaftlichen Bedingungen eingetreten sei, der eine Anpassung des Verfassungsrechtes an die moderne, polyreligiöse Gesellschaft erfordere, auch im Interesse der Unabhängigkeit der Kirche selbst.

Die ganz überwiegende Mehrheit in der Gemeinsamen Verfassungskommission war dagegen der Auffassung, daß eine grundsätzliche Neuordnung nicht angezeigt sei, da sich das staatskirchenrechtliche System des Grundgesetzes bewährt habe oder jedenfalls eine grundsätzliche Reform in diesem Sektor der Verfassung den Zeitrahmen der Gemeinsamen Verfassungskommission übersteige.

Auch die nur redaktionelle Überarbeitung im Sinne einer direkten Übernahme der Artikel 136 bis 139, 141 der WRV in das Grundgesetz (Kommissionsdrucksache Nr. 70) wurde von der großen Mehrheit abgelehnt, da dies — entgegen dem ersten Anschein — nicht nur ein redaktionelles Problem beinhalte, sondern der historische Bezug der Materie mit einer solchen Überarbeitung verloren gehen könne. Außerdem wollte die Mehrheit der Gemeinsamen Verfassungskommission sich die in Artikel 140 GG in Bezug genommenen Artikel der Weimarer Reichsverfassung nicht durch Inkorporation inhaltlich zu eigen machen.

In der Protokollerklärung der SPD-Mitglieder in der Gemeinsamen Verfassungskommission (Arbeitsunterlage Nr. 108) wurde die derzeitige Rechtsprechung des Bundesverfassungsgerichtes zur Auslegung des Artikels 140 GG in Verbindung mit Artikel 137 Abs. 3 WRV in bezug auf die Wahrnehmung von Arbeitnehmer- und Gewerkschaftsrechten im Sinne des Artikels 9 Abs. 3 GG in kirchlichen Einrichtungen kritisiert und eine andere Auslegung angeregt. Das Bundesverfassungsgericht nehme bei der Auslegung des kirchlichen Selbstverwaltungsrechtes weitgehende Einschränkungen der Arbeitnehmerrechte in Kauf, da es auf die Maßgabe des Glaubens- und Kirchenverständnisses der jeweiligen Religionsgemeinschaft abstelle. Diese Auslegung verfehlt nach Ansicht der Befürworter der Protokollerklärung den Sinn und Zweck der einschlägigen Verfassungsbestimmungen, da Artikel 137 Abs. 3 WRV den Religionsgemeinschaften Autonomie zur selbständigen Ordnung und Verwaltung ihrer Angelegenheiten nur innerhalb der Schranken des für alle geltenden Gesetzes einräume, was den Religionsgemeinschaften nicht erlaube, für ganze Rechtsgebiete, deren Regelung aufgrund verfassungsrechtlicher Kompetenzzuweisungen beim Staat liegt, etwa für das Kündigungsschutzrecht, das staatliche Recht durch eigene Normen zu ersetzen. Spannungsverhältnisse, die sich im Einzelfall zwischen dem durch Artikel 4 Abs. 1 und 2 GG gewährleisteten Verkündigungsauftrag der jeweiligen Kirche und konkreten Rechtsnormen ergäben, mußten nach den Prinzipien der Konkordanz und der Abwägung aufgelöst werden. Das auch vom Bundesverfassungsgericht zu Recht betonte Schutzbedürfnis der Arbeitnehmer, dem dabei ein sehr hoher Rang zukomme (so etwa BVerfGE 70, 138, 170), dürfe nicht durch die Überbetonung des Selbstbestimmungsrechts der Kirchen faktisch leerlaufen.

Dies ergebe sich bereits aus dem Wortlaut der geltenden Verfassungsbestimmungen, so daß es keiner Änderung im Text, sondern nur einer solchen in der Rechtsprechung bedürfe, die sich in Entscheidungen einzelner Fachgerichte bereits anbahne.

Dieser Auffassung widersprachen die CDU/CSU-Mitglieder in der Gemeinsamen Verfassungskommission ausdrücklich. Sie waren der Auffassung, daß Artikel 140

GG und die darauf aufbauende Rechtsprechung des Bundesverfassungsgerichtes klar und eindeutig die Position der Kirchen in einem freiheitlichen, pluralistischen Gemeinwesen beschreibe. Dem Grundgesetz liege der Gedanke der Koordination von Staat und Kirchen zugrunde. Die Eigenständigkeit der Kirche sei ein Prinzip unserer Verfassung, das im Sinne praktischer Konkordanz auf andere Verfassungsbereiche ausstrahle, etwa auf Artikel 9 Abs. 3 GG, also auf Koalitionsrecht und Tarifautonomie. Dies habe entsprechende Auswirkungen auf den innerkirchlichen Bereich, also auch auf den des kirchlichen Dienst- oder Arbeitsvertragsrechtes. Diese Verfassungsentscheidung habe das Bundesverfassungsgericht zutreffend gewürdigt, indem es den Artikel 140 GG in Verbindung mit Artikel 137 Abs. 3 WRV so auslege, daß die Rechte der Arbeitnehmer und Gewerkschaften in kirchlichen Einrichtungen nach Maßgabe des Glaubens- und Kirchenverständnisses der jeweiligen Religionsgemeinschaft besonderen Loyalitätspflichten unterlägen. Es sei nicht Aufgabe der Gemeinsamen Verfassungskommission, Urteilsschelte zu betreiben und dem Bundesverfassungsgericht letztlich vorzuwerfen, es habe die Verfassung falsch ausgelegt.

10. Kapitel

Präambel und Artikel 146 GG

1. Teil — Präambel

I. Empfehlung

Die Gemeinsame Verfassungskommission gibt zur Änderung der Präambel keine Empfehlung ab.

II. Problemstellung

Im Rahmen der Präambel waren drei mögliche Änderungen Gegenstand eingehender Diskussionen:

a) Einfügung der Formulierung „der Gerechtigkeit und der Solidarität in der einen Welt" zu dienen

Der Nord-Süd-Konflikt zwischen den armen Staaten des Südens und den reichen des Nordens hat nach dem Zusammenbruch der kommunistischen Systeme in Osteuropa und damit dem Wegfall des Ost-West-Konflikts an Schärfe und Prägnanz zugenommen. Es wird immer klarer, daß verantwortliches staatliches Handeln sich nicht mehr darin erschöpfen kann, das eigene Gemeinwesen zu fördern und zu pflegen, sondern daß die internationale Verantwortung der leistungsfähigen Industriestaaten neu definiert werden muß (vgl. dazu Entschließung 1006 (1993) der Parlamentarischen Versammlung des Europarates, 29. Juni bis 2. Juli 1993, abgedruckt im Bericht in BT-Drucksache 12/5489, S. 39 ff.). Die Frage ist, ob sich dies in Verfassungsänderungen — speziell in der Präambel — niederschlagen soll.

b) Einfügung der Wendung „in dem Bestreben, die innere Einheit Deutschlands zu vollenden"

Der entscheidende Anlaß der Verfassungsreform ist die deutsche Einigung, wie dies vor allem in Artikel 5 des Einigungsvertrages zum Ausdruck kommt. Nach der Vollendung der staatlichen Einheit wird diskutiert, ob das Ziel des inneren Zusammenwachsens Deutschlands in die Präambel aufgenommen werden soll.

c) Streichung der Bezugnahme auf Gott

Im Rahmen der staatskirchenrechtlichen Debatte wurde die Frage aufgeworfen, ob in der Präambel im Sinne einer stärkeren Trennung von Kirche und Staat die Bezugnahme auf Gott gestrichen werden soll.

III. Verfahrensablauf

Die SPD hatte bereits im November 1992 den Antrag gestellt, die Präambel durch einen Zusatz zu erweitern, in dem der Wille bekundet wird, nicht nur dem Frieden, sondern auch „der Gerechtigkeit und der Solidarität in der einen Welt“ zu dienen (Kommissionsdrucksache Nr. 22). Im Verlauf der weiteren Beratungen kam die Absicht hinzu, das „Bestreben, die innere Einheit Deutschlands zu vollenden“ ebenfalls in die Präambel aufzunehmen. Beide Anliegen wurden im Antrag vom 4. März 1993 zusammengefaßt (Kommissionsdrucksache Nr. 68).

Das BÜNDNIS 90/DIE GRÜNEN stellte am 21. April 1993 den Antrag, die Präambel völlig neu zu fassen und die Verantwortung vor der deutschen Geschichte, die besondere Verpflichtung gegenüber den Opfern deutscher Gewaltherrschaft, einen Hinweis auf die „durch eine demokratische Revolution vollendete deutsche Einheit“ und anderes mehr aufzunehmen (Kommissionsdrucksache Nr. 72). Eine Bezugnahme auf Gott war in diesem Präambelentwurf nicht mehr enthalten; das entsprach dem Streichungsbegehren in dem staatskirchenrechtlichen Antrag (Kommissionsdrucksache Nr. 37).

Die Präambelvorschläge wurden in der 12. Sitzung der Gemeinsamen Verfassungskommission am 12. November 1992 kurz sowie ausführlich in der 20. Sitzung am 22. April 1993 debattiert, über die Bezugnahme auf Gott auch im Rahmen der Diskussion über Artikel 140 GG in der 18. Sitzung am 4. März 1993.

Über den Präambelantrag gemäß Kommissionsdrucksache Nr. 72 wurde nicht abgestimmt, da Abg. Dr. Ullmann am 6. Mai 1993 die Kommission verlassen und kein anderes Kommissionsmitglied diesen Antrag übernommen hatte. Über den Antrag gemäß Kommissionsdrucksache Nr. 37, der von der PDS/LL übernommen worden war (Kommissionsdrucksache Nr. 89), wurde in der 25. Sitzung am 1. Juli 1993 abgestimmt. Er wurde bei 4 Ja-Stimmen und 4 Enthaltungen durch zahlreiche Nein-Stimmen abgelehnt.

Der SPD-Antrag, „der Gerechtigkeit und Solidarität in der einen Welt“ zu dienen (Kommissionsdrucksache Nr. 68), erhielt mit 30 Ja-Stimmen und 26 Nein-Stimmen bei 2 Enthaltungen eine relative Mehrheit. Die Formulierungsvariante „Gerechtigkeit und Solidarität in der Welt“ erhielt mit 36 Ja-Stimmen und 21 Nein-Stimmen bei 2 Enthaltungen eine absolute Mehrheit. Die Ergänzung der Präambel um das „Bestreben die inneren Einheit Deutschlands zu vollenden“ (Kommissionsdrucksache Nr. 68) erhielt mit 38 Ja-Stimmen bei 22 Nein-Stimmen ebenfalls eine absolute Mehrheit. In keinem der drei Fälle reichte es jedoch zu der für eine Empfehlung nötigen Zweidrittelmehrheit.

IV. Begründung

1. Argumentation der Befürworter von Präambelergänzungen

a) „. . . der Gerechtigkeit und Solidarität in der einen Welt“ zu dienen

Die Befürworter dieser Ergänzung der Präambel sind der Auffassung, die Erfahrung der letzten Jahrzehnte habe gezeigt, wie eng die Interessen der Menschheit zusammenhingen, daß es zur Wahrung und Förderung des Friedens in der Welt nicht nur außenpolitischer oder militärischer Mittel bedürfe, sondern die Herstellung von Gerechtigkeit und die Unterstützung der schwächeren Glieder der Völkergemeinschaft zur Friedenssicherung unerläßlich sei. Wir seien nicht nur moralisch verpflichtet, uns der Interessen hilfsbedürftiger Länder anzunehmen, sondern aktives Handeln in dieser Richtung liege auch in unserem eigenen Interesse. Wenn wir frühzeitige Hilfe versäumten, würden die Folgen uns „in mannigfacher Form“ treffen, eben bis zur Bedrohung des Friedens. Dieses neue Friedensverständnis koste zwar als selbst auferlegte Verpflichtung Rücksichtnahme, Geld und Verzicht, sei aber im Sinne einer vorausschauenden Politik erforderlich. Die Väter und Mütter des Grundgesetzes hätten die Problematik 1949 noch nicht so sehen können. Außerdem hätten sich die Menschen damals kaum vorstellen können, anderen Staaten zu helfen, da Deutschland zu dieser Zeit selbst schwach gewesen sei. Heute sei die Situation aber anders. Deswegen sei eine verfassungsrechtliche Stützung des Solidaritätsgedankens sinnvoll, auch damit nationalem Egoismus Grenzen gezogen würden. Mit welchen Mitteln, auf welche Weise diese Selbstverpflichtung zur Solidarität realisiert werde, sei Sache der politischen Praxis.

Die Befürworter wiesen darauf hin, daß die beiden großen Kirchen durch ihre Bevollmächtigten dieses Anliegen sehr unterstützten. Schließlich könne dem Antrag auch nicht entgegengehalten werden, im „Frieden“ seien Gerechtigkeit und Solidarität schon enthalten, da in Artikel 1 Abs. 2 GG das Grundgesetz selbst Frieden und Gerechtigkeit nebeneinander aufzähle.

b) . . . das „Bestreben die innere Einheit Deutschlands zu vollenden“

Die Befürworter einer entsprechenden Ergänzung sind der Auffassung, die Vollendung der inneren Einheit Deutschlands dauere sehr viel länger, als alle zunächst gedacht hätten. Die Vorstellung, diese Einheit sei nach der Wiedervereinigung auch im wirtschaftlichen und sozialen Bereich in einem kurzem Zeitraum zu erreichen, sei längst widerlegt. Eine sichere Voraussage über den zu erwartenden Zeitraum sei zwar nicht möglich, aber die unterschiedlichen Lebensverhältnisse würden nach heutiger Erkenntnis auch noch länger als ein Jahrzehnt nach der Wiedervereinigung bestehen. Diese langfristige Aufgabe der inneren Annäherung der beiden Teile Deutschlands sollte durch eine Formulierung in der Verfassung abgestützt werden. So wie die frühere Präambelformulierung zur Vollendung der staatlichen Einheit beigetragen habe, solle jetzt durch die vorgeschlagene neue

Formulierung eine Dynamik hineingebracht werden zugunsten der inneren Einheit.

Auch gebe es eine Relation zwischen der zeitlichen Perspektive und dem Rang und der Bedeutung eines solchen Ziels. Handele es sich um ein Ziel von so besonderer Höhe und besonderem Rang, wie es die Vollendung der inneren Einheit für das deutsche Volk im Rahmen unserer Verfassung darstelle, so gehöre dieses Ziel in die Verfassung, auch wenn die Realisierung nicht 50 oder 100 Jahre in Anspruch nehme. Auch wer meine, in 10 oder 20 Jahren sei diese Aufgabe abgeschlossen, müsse sehen, daß die Vollendung der inneren Einheit auch danach noch Anstrengungen erfordere; es bleibe eine Daueraufgabe, einzelne Regionen und Bevölkerungsgruppen nicht zu vernachlässigen.

Schließlich sei darauf hinzuweisen, daß auch der langjährige Außenminister und F.D.P.-Vorsitzende Hans-Dietrich Genscher diese Präambelergänzung wiederholt öffentlich gefordert habe.

c) Streichung der Bezugnahme auf Gott

Die wenigen Befürworter des Antrages, die Bezugnahme auf Gott in der Präambel zu streichen, begründeten dies damit, daß eine solche „unspezifische Rede von Gott" in einem staatlichen Verfassungstext nichts zu suchen habe. Man müsse sagen, was Verantwortung vor Gott sei und nicht behaupten, wir verantworteten uns vor Gott. Bei allem Respekt vor den Verfassungsgebern von 1949 und deren Absichten, sich mit solchen Formulierungen von dem Nationalsozialismus abzugrenzen, müsse man sehen, daß diese Abgrenzung unvollständig sei und es gerade in der nationalsozialistischen Zeit zahlreiche mißbräuchliche Berufungen auf Gott gegeben habe. Heute sehe man, was für eine „höchst verhängnisvolle Rolle bei Konflikten die Religion und die Berufung auf Gott" spiele. Auch stehe ein Reden von Gott in dieser Form nicht mehr im Einklang mit Ergebnissen „tiefen theologischen Nachdenkens".

2. Argumentation der Gegner von Präambelergänzungen

Von den Gegnern wurde grundsätzlich geltend gemacht:

Die Präambel sei als Vorspruch dem Text des Grundgesetzes vorangestellt, um sowohl die Beweggründe der Verfassungsgebung wie auch Ziel und Zweck des Grundgesetzes darzulegen. Über ihre rechtliche Bedeutung hinaus sei die Präambel insoweit auch ein politisches Dokument darüber, in welchem Geist und in welchem Bewußtsein der Akt der Verfassungsgebung vollzogen worden sei.

Der verbale Rahmen („Im Bewußtsein . . . hat sich das Deutsche Volk kraft seiner verfassungsgebenden Gewalt dieses Grundgesetz gegeben"), in den die inhaltlichen Aussagen der Präambel gestellt seien, mache deutlich, daß die Präambel Bestandteil der Verfassungsgebung sei. Nach diesem Akt der Verfassungsgebung sollte die Präambel nicht jederzeit beliebig um neue Inhalte angereichert werden, um nicht ihren Charakter als politisches Dokument zu verfälschen. Von daher spreche nichts dafür, jetzt die Präambel aus eher tagespolitischen Erwägungen heraus abzuändern.

Eine Ausnahme stelle in dieser Beziehung die im Zusammenhang mit der deutschen Einheit unabwendbar erforderliche und durch Artikel 4 des Einigungsvertrages bereits vollzogene Änderung der Präambel dar, weil diese einen bedeutenden historischen und politischen Markstein bildete.

a) Speziell gegen die Ergänzung der Präambel um den Dienst für Gerechtigkeit und Solidarität in der einen Welt spreche ferner, daß eine solche Formulierung Anlaß zu Mißdeutungen geben könne:

Nach dem völkerrechtlichen Prinzip der souveränen Gleichheit der Staaten diene staatliches Handeln in erster Linie dem eigenen Staatsvolk und nicht so sehr der Einwirkung auf die Lebensverhältnisse außerhalb der eigenen Staatsgrenzen. Dieser Zusammenhang werde in Frage gestellt, wenn „die eine Welt" zum Bezugspunkt staatlichen Handelns gemacht werde. Eine Staatszielbestimmung „Dienst für Gerechtigkeit und Solidarität in der einen Welt" werfe daher die Frage auf, inwieweit es noch gerechtfertigt sei, den überwiegenden Teil der staatlichen Handlungskapazitäten und Ressourcen für die Verwirklichung der Gerechtigkeit und der Solidarität im eigenen Lande einzusetzen, anstatt ihn gerecht der gesamten Welt zur Verfügung zu stellen. In jedem Fall verpflichte eine solche Staatszielbestimmung die im Staate Handelnden dazu, in einem größeren Maße als bisher durch aktives Handeln und auch durch wirtschaftliche Leistungen die Geschicke in der Welt mitzugestalten.

Eine Ausrichtung des staatlichen Handelns an den Bedürfnissen der „einen Welt" gehe über den bisher bekannten Rahmen der internationalen Zusammenarbeit der Staatenwelt hinaus, wobei zwangsläufig unklar bleiben müsse, ob und wann die Politik in die unerbetene und unerwünschte Einmischung in innere Angelegenheiten anderer Staaten umschlage oder als solche verstanden werde. Eine Ausrichtung des staatlichen Handelns auf die Gerechtigkeits- und Solidaritätsvorstellungen in der „einen Welt" lasse sich auch politisch-praktisch nicht verwirklichen, da es keinen Konsens darüber gebe, was Gerechtigkeit und Solidarität in der „einen Welt" bedeute.

b) Von einer Ergänzung der Präambel um die Staatszielbestimmung . . . das „Bestreben die innere Einheit Deutschlands zu vollenden" sollte insbesondere auch deshalb abgesehen werden, weil sich mit der Aufnahme einer solchen Staatszielbestimmung das Mißverständnis verbinden könne, die Politik halte eine Vollendung der inneren Einheit Deutschlands in überschaubaren Zeiträumen nicht für möglich und erkläre sie daher zu einer dauerhaften Staatsaufgabe. Stattdessen könne man davon ausgehen, daß dieses Ziel in mittelfristiger Zeit erreicht werde. Eine Verankerung in der Präambel sei deshalb wenig sinnvoll. Verfassungsrechtliche Staatszielbestimmungen sollten vielmehr nur dauerhafte Staatsaufgaben beschreiben.

c) Die zahlreichen Gegner des Streichungsantrages der Bezugnahme auf Gott argumentierten, bei dieser Bezugnahme handele es sich schon sachlich nicht um eine „invocatio dei". Die Verfassung ergehe nicht im Namen Gottes; die Präambel bedeute weder eine Verpflichtung des einzelnen auf das Christentum noch charakterisiere sie die Bundesrepublik Deutschland als christlichen Staat. Eine solche Deutung der Präambel verbiete sich schon im Hinblick auf die in Artikel 4 GG verbürgte individuelle und kollektive Glaubensfreiheit. Vielmehr beinhalte diese Bezugnahme zunächst die Erinnerung daran, daß die Mütter und Väter des Grundgesetzes unter dem Eindruck der nationalsozialistischen Gewaltherrschaft und ihrer Verbrechen sich von dieser Diktatur mit ihrer menschenverachtenden Ideologie distanzieren wollten, daß sie damit deutlich machen wollten, daß der Mensch nicht allmächtig und nicht die letzte Instanz sei; es handele sich um eine Selbsterinnerung an die Grenzen menschlichen Tuns.

   Die „Verantwortung vor Gott" sei zugleich eine Absage an einen relativistischen Gesetzespositivismus, der alles — unabhängig vom materiellen Gerechtigkeitsgehalt der Norm — als Recht und damit auch als rechtmäßig ansehe, was als Gesetz beschlossen sei. Damit sollte das Grundverständnis der Mitglieder des Parlamentarischen Rates dokumentiert werden, daß es überstaatliche Normen und Werte gebe, über die auch der Verfassungsgeber nicht verfügen könne.

2. Teil — Artikel 146 GG

I. Empfehlung

Im Zusammenhang mit Artikel 146 GG wurden keine Anträge gestellt und keine Empfehlungen der Gemeinsamen Verfassungskommission ausgesprochen.

II. Verfahrensablauf

Nach Artikel 5 des Einigungsvertrages sollen sich die gesetzgebenden Körperschaften u. a. mit der Frage der Anwendung des Artikels 146 GG und in diesem Zusammenhang mit der Frage einer Volksabstimmung über das Grundgesetz befassen. Die mit der Wiedervereinigung durch Artikel 4 des Einigungsvertrages neugefaßte Schlußbestimmung des Artikels 146 GG lautet:

„Dieses Grundgesetz, das nach Vollendung der Einheit und Freiheit Deutschlands für das gesamte deutsche Volk gilt, verliert seine Gültigkeit an dem Tage, an dem eine Verfassung in Kraft tritt, die von dem deutschen Volke in freier Entscheidung beschlossen worden ist."

Die Gemeinsame Verfassungskommission hat die Problematik des Artikels 146 GG in ihrer 20. Sitzung am 22. April 1993 diskutiert. Anträge — etwa auf Streichung des Artikels 146 GG oder zur Ermöglichung eines Volksentscheides nach der Beschlußfassung über die Verfassungsänderungen — sind nicht gestellt worden.

Die Thematik ist weder in einem Berichterstattergespräch noch — wie ursprünglich vorgesehen — in einer weiteren Plenardebatte der Gemeinsamen Verfassungskommission vertieft worden.

III. Begründung

Folgende Themen wurden — zumeist kontrovers — angesprochen:

Es wurde vorgetragen, daß — nach den Materialien des Parlamentarischen Rates — Artikel 146 GG (alt) auch für den Fall Orientierung geben sollte, daß die Einheit nach Artikel 23 GG (alt) zustande komme. Von anderer Seite wurde hervorgehoben, daß Artikel 146 GG (neu) zunächst einmal die Aussage enthalte, daß nach Vollendung der Einheit das Grundgesetz Geltung für das wiedervereinigte Deutschland habe. Hinzu trete die zweite Aussage, daß dieses Grundgesetz dann außer Kraft trete, wenn das deutsche Volk in freier Entscheidung eine neue Verfassung beschließen sollte. Diese Aussage habe lediglich deklaratorische Bedeutung, da sie auf den staatsrechtlichen Grundsatz hinweise, daß der Erlaß einer neuen Verfassung in der freien Entscheidung des Volks- und Verfassungssouveräns liege und Verfassungen der verfassungsgebenden Gewalt keine Vorgaben zu machen vermögen.

Zur Frage eines eventuellen Legitimationsmangels des Grundgesetzes wurde vorgetragen, daß ein demokratisches Legitimationsdefizit des Grundgesetzes nicht bestehe. Das Grundgesetz sei bereits jetzt uneingeschränkt demokratisch legitimiert. Durch die Beschlüsse der Volkskammer und des Bundestages und Bundesrates, die mit verfassungsändernder Mehrheit getroffen worden seien, sei eindeutig zum Ausdruck gebracht worden, daß das Grundgesetz die gesamtdeutsche Verfassung sei. Eine Volksabstimmung könne der Legitimation des Grundgesetzes mithin nichts Wesentliches mehr hinzufügen. Das Argument, das Grundgesetz leide an dem „Geburtsfehler", daß es nie förmlich vom Volk beschlossen wurde, entbehre der rechtlichen Grundlage. Ein demokratisches Naturgesetz, daß das Volk seine verfassunggebende Gewalt jeweils in der Form des Referendums ausüben müsse, gebe es nicht. So sei auch die Verfassung der Vereinigten Staaten von Amerika von 1787 oder aber die Weimarer Reichsverfassung keinem Volksentscheid unterworfen worden. Das Grundgesetz sei bei seiner Entstehung im Wege der Annahme durch die Volksvertretungen der beteiligten deutschen Länder demokratisch legitimiert worden (Artikel 144 Abs. 1 GG). Selbst wenn von einer dem Grundgesetz bis zum 3. Oktober 1990 fehlenden gesamtdeutschen Legitimation auszugehen wäre, sei diese jedenfalls durch das freie Votum der Deutschen in der früheren DDR, dem Geltungsbereich des Grundgesetzes beizutreten, geschaffen worden. Damit sei das Grundgesetz auch als gesamtdeutsche Verfassung zweifelsfrei legitimiert. Es wurde in diesem Zusammenhang aber auch auf die integrierende Wirkung eines Volksentscheides hingewiesen.

Zur Frage einer eventuellen Verfassungspflicht zur Ablösung des Grundgesetzes wurde dargelegt, daß Artikel 146 GG weder das Recht noch gar die Verpflichtung, das Grundgesetz durch eine neue Verfassung abzulösen, begründe. Eine solche Regelung könne wegen der Ewigkeitsgarantie des Artikels 79 Abs. 3 GG auch gar nicht durch die gesetzgebenden Körperschaften in den Verfassungstext eingefügt werden. Den Gesetzgebungsorganen komme lediglich die verfassungsändernde Gewalt zu. Als Verfassungsorgane könnten sie nur innerhalb der vorgegebenen Verfassungsordnung wirken, sie könnten sie aber nicht zur Disposition stellen. Artikel 146 GG in seiner jetzigen Fassung sei aber das Ergebnis eines verfassungsändernden Gesetzes, nämlich des Einigungsvertragsgesetzes. Seine Bedeutung reduziere sich darauf, deklaratorisch auf den staatsrechtlichen Grundsatz hinzuweisen, daß die Ablösung und Neuerrichtung einer Verfassung in den Händen der verfassungsgebenden Gewalt, also des Volkes liege. Das schließe aber — so wurde auch vorgetragen — eine Verfassungsergänzung des Inhalts nicht aus, daß die beschlossenen Änderungen in diesem Fall durch das Volk in Kraft gesetzt und das Grundgesetz auf diesem Wege zur Bundesverfassung werde. Eine Rechtspflicht bestehe insoweit nicht. Artikel 146 GG tendiere aber in Richtung einer Volksbeteiligung.

Abweichend vom Vorstehenden wurde von einem Mitglied der Gemeinsamen Verfassungskommission die Auffassung vertreten, daß Artikel 146 GG eine neue Verfassung oder eine Generalrevision in Aussicht stelle und dieser Auftrag nach wie vor bestehe. Zum anderen wurde erklärt, daß Artikel 146 GG weder das Recht noch die Verpflichtung begründe, das Grundgesetz durch eine neue Verfassung abzulösen.

Zur Anwendbarkeit des Artikels 146 GG auf Verfassungsänderungen wurde vorgetragen, daß dieser nach seinem insoweit eindeutigen Wortlaut ausschließlich den Fall einer Verfassungsablösung betreffe. Verfassungsänderungen unterlägen dagegen allein Artikel 79 GG. Verfassungsänderungen bzw. -ergänzungen — auch die auf der Grundlage des Prüfauftrages aus Artikel 5 des Einigungsvertrages — bedürften also auch weiterhin in jedem Fall einer Zweidrittelmehrheit in den gesetzgebenden Körperschaften.

Zur Frage des verfassungspolitischen Sinns eines Verfassungsreferendums wurde dargelegt, daß ein geeignetes Thema für eine im Zusammenhang mit Artikel 146 GG erwogene Volksabstimmung allein die Frage wäre, ob Verfassungsänderungen die Zustimmung des Volkes finden. Über die Geltung oder Nichtgeltung des Grundgesetzes selbst könne wegen Artikel 79 Abs. 3 GG nicht abgestimmt werden. Im Rahmen der laufenden Verfassungsdiskussion müsse dann aber die Frage gestellt werden, ob das Gewicht der jetzt in Aussicht genommenen Verfassungsänderungen überhaupt ein Verfassungsreferendum lohne. Zwar werde das Grundgesetz etwa durch den Europa-Artikel substantiell verändert, allein dieser Artikel sei inzwischen bereits in geltendes Verfassungsrecht umgesetzt, mithin nicht mehr tauglicher Gegenstand für ein Verfassungsreferendum. Im Hinblick auf die übrigen in Aussicht genommenen Verfassungsänderungen wurden erhebliche Zweifel geäußert, ob sich insoweit ein Verfassungsplebiszit verfassungspolitisch lohne. Im Ergebnis führten diese Zweifel dazu, daß sich in der Gemeinsamen Verfassungskommission die Auffassung durchsetzte, die Frage einer Anwendung des Artikels 146 GG im gegenwärtigen Zeitpunkt nicht weiter zu verfolgen.

11. Kapitel

Weitere Einzelfragen

11.1. Staatsangehörigkeit

I. Empfehlung

Die Gemeinsame Verfassungskommission spricht keine Empfehlung zur Änderung des Staatsangehörigkeitsrechts aus.

II. Problemstellung

Artikel 116 GG enthält eine Legaldefinition, wer Deutscher ist. Vor allem im Hinblick auf die in Osteuropa lebenden deutschen Volkszugehörigen entstand eine Diskussion, ob Artikel 116 GG einzuschränken sei. Das hätte auch Auswirkungen auf das Staatsangehörigkeitsrecht gehabt. Deshalb kam es nicht zu Änderungsvorschlägen zu Artikel 116 GG. Die Erörterung war jedoch Anlaß für die Frage, ob die Erlangung der deutschen Staatsangehörigkeit auf eine andere Grundlage gestellt werden sollte. Dabei könnte die Möglichkeit geschaffen werden, daß Ausländer der zweiten und dritten Generation die deutsche Staatsangehörigkeit erhalten. Für den Erwerb der deutschen Staatsangehörigkeit käme in Betracht, auf das Territorialprinzip (ius soli) und nicht mehr allein auf das Abstammungsprinzip (ius sanguinis) abzustellen. Dies könnte dadurch geschehen, daß in einem neuen Artikel 16 Abs. 1 GG die Voraussetzungen für den Erwerb der deutschen Staatsangehörigkeit verankert werden.

III. Verfahrensablauf

Das Land Hessen beantragte, Artikel 16 Abs. 1 GG wie folgt zu fassen (Kommissionsdrucksache Nr. 52):

„Die deutsche Staatsangehörigkeit wird erworben, wenn die Geburt im Geltungsbereich des Grundgesetzes erfolgt und ein Elternteil ein gesichertes Daueraufenthaltsrecht besitzt oder wenn ein Elternteil die deutsche Staatsangehörigkeit innehat. Das Nähere regelt ein Gesetz."

Außerdem stellte die PDS/LL den Antrag zur umfassenden Änderung des Artikels 116 GG, insbesondere mit dem Inhalt, daß Bürger im Sinne der Verfassung jeder deutsche Staatsangehörige und jeder Ausländer ist, der seit mindestens fünf Jahren seinen Wohnsitz in Deutschland hat (Kommissionsdrucksache Nr. 62).

Über die Fragen des Staatsangehörigkeitsrechts wurde in der 18. Sitzung am 4. März 1993 beraten. Der Vorschlag Hessens stieß auf Ablehnung bei den Vertretern der CDU/CSU aus Bundestag und Bundesrat.

In der 24. Sitzung am 17. Juni 1993 wurde über die Anträge abgestimmt. Der Antrag des Landes Hessen erhielt bei 17 Ja-Stimmen, 22 Nein-Stimmen und 10 Enthaltungen nicht die erforderliche Zweidrittelmehrheit. Auch der Antrag der PDS/LL erhielt bei 1 Ja-Stimme, 1 Enthaltung bei Ablehnung aller anderen Mitglieder keine Mehrheit.

IV. Begründung

Die Befürworter einer Grundgesetzänderung wiesen darauf hin, daß ein entscheidender Hemmschuh für die angemessene gesellschaftliche Eingliederung der zweiten und dritten Ausländergeneration beseitigt sei, wenn für den Erwerb der deutschen Staatsangehörigkeit auf das Territorialprinzip abgestellt werde. Dieses Prinzip sei als Anknüpfungspunkt für den Erwerb der Staatsangehörigkeit völkerrechtlich anerkannt und präge das Staatsangehörigkeitsrecht vieler Staaten, auch der meisten europäischen Nachbarstaaten. Man könne hier ein positives Zeichen in der Zuwanderungsdiskussion setzen. Durch das Kriterium des gesicherten Daueraufenthaltsrechts zumindest eines Elternteils als Voraussetzung für den Erwerb der deutschen Staatsangehörigkeit aufgrund einer Geburt im Inland würde die vorgeschlagene Regelung auch nicht uferlos sein. Daß das Grundgesetz bisher keine Regelungen über die Voraussetzungen des Erwerbs der deutschen Staatsangehörigkeit enthalte, spreche nicht gegen die Verfassungswürdigkeit der vorgeschlagenen Regelung, weil dies im wesentlichen auf den besonderen Umständen der deutschen Teilung beruht habe.

Viele Mitglieder der Kommission betonten demgegenüber, daß die vorgeschlagene Grundgesetzänderung zur Lösung der Probleme nichts beitragen würde. Mit einer auch nur partiellen Einführung des ius soli-Grundsatzes würde auch das deutsche Staatsangehörigkeitsrecht grundlegend verändert. Bisher beruhe der Staatsangehörigkeitserwerb sowohl durch Geburt als auch durch Einbürgerung auf dem Gedanken der Zuordnung zu unserem Gemeinwesen. Beim Geburtserwerb sei die Zuordnung durch die Abstammung von jedenfalls einem deutschen Elternteil gewährleistet, bei der Einbürgerung durch die Erfüllung bestimmter Voraussetzungen. Der ius soli-Erwerb führe demgegenüber unabhängig von einer Zuordnung — also auch bei ernsthafter Absicht, in die Heimat zurückzukehren — automatisch zum Erwerb der deutschen Staatsangehörigkeit. Der Wille der Eltern oder des Betroffenen werde allenfalls durch ein Ausschlagsrecht berücksichtigt.

Daneben ergebe sich auch sehr häufig eine Doppel- oder Mehrfachstaatsangehörigkeit. Doppel- oder Mehrfachstaatsangehörigkeiten sollten jedoch möglichst vermieden werden, vor allem deshalb, weil Mehrstaatigkeit oftmals mit Nachteilen verbunden sei, wie z. B. Loyalitätskonflikten, Rechtsunsicherheit und vermindertem Auslandsschutz. Im übrigen sei Mehrstaatigkeit der Integration nicht förderlich; sie laufe zudem dem Grundgedanken zuwider, daß die Staatsangehörigkeit die engste und verpflichtendste Beziehung zwischen Staat und Bürger darstelle.

Schließlich sei eine Regelung der Materie im Grundgesetz nicht zwingend. Die bevorstehende einfachrechtliche Reform des Staatsangehörigkeitsrechts erlaube, wo erforderlich, sachgerechte Weiterentwicklungen auf der Grundlage der bewährten Prinzipien.

11.2. Kündigung völkerrechtlicher Verträge

I. Empfehlung

Die Gemeinsame Verfassungskommission spricht keine Empfehlung zur Änderung des Artikels 59 Abs. 2 Satz 1 GG aus.

II. Problemstellung

Gemäß Artikel 59 Abs. 2 Satz 1 GG bedürfen völkerrechtliche „Verträge [. . .] der Zustimmung oder der Mitwirkung der jeweils für die Bundesgesetzgebung zuständigen Körperschaften in Form eines Bundesgesetzes". Die Kündigung eines völkerrechtlichen Vertrages soll als einseitige Willenserklärung hingegen nicht unter Artikel 59 Abs. 2 Satz 1 GG fallen. In der Staatspraxis der Bundesrepublik Deutschland nimmt die Bundesregierung daher die Kompetenz zur Kündigung völkerrechtlicher Verträge ausschließlich für sich selbst in Anspruch. Damit steht die Bundesrepublik in der Tradition einer Staatspraxis, wie sie bereits von den Reichsregierungen unter der Herrschaft des Artikels 11 der Reichsverfassung 1871 bzw. Artikel 45 WRV geübt wurde. Jüngstes Beispiel für die Kündigung eines völkerrechtlichen Vertrages durch die Bundesregierung ohne Mitwirkung des Staatsoberhauptes und des Deutschen Bundestages ist die Kündigung des ILO-Übereinkommens Nr. 96 vom 1. Juli 1949 mit Wirkung zum 17. Juni 1992.

III. Verfahrensablauf

In der 24. Sitzung der Gemeinsamen Verfassungskommission vom 17. Juni 1993 beantragten die SPD-Mitglieder der Gemeinsamen Verfassungskommission, daß Artikel 59 Abs. 2 Satz 1 GG wie folgt ergänzt werden sollte: „Der Abschluß und die Kündigung von Verträgen, . . ." Der Antrag wurde in der 25. Sitzung der Gemeinsamen Verfassungskommission am 1. Juli 1993 abschließend beraten und zur Abstimmung gebracht. Er erreichte mit 25 Ja-Stimmen, 24 Nein-Stimmen und 5 Enthaltungen nicht die erforderliche Zweidrittelmehrheit.

IV. Begründung

Eine Änderung des Artikels 59 Abs. 2 Satz 1 GG im Sinne eines Zustimmungserfordernisses der für die Bundesgesetzgebung zuständigen Körperschaften auch bei der Kündigung völkerrechtlicher Verträge wurde von den Antragstellern insbesondere aus drei Gründen für notwendig gehalten. Einmal sei es nicht einzusehen, warum die Kündigung eines völkerrechtlichen Vertrages anders behandelt werde, als der Abschluß eines solchen Vertrages. Völkerrechtliche Verträge räumten der Bundesrepublik Rechte ein, deren Wegfall durch eine Kündigung des Vertrages erhebliche innenpolitische Konsequenzen haben könne. Es sei daher eine zu große Machtbefugnis für die Bundesregierung, wenn sie eine solche Entscheidung, die zudem noch im Gegensatz zu der vorausgegangenen Billigung des Vertragsabschlusses durch das Parlament stehe, ausschließlich für sich in Anspruch nehme. Hier bestehe die Gefahr, innerstaatlich erhebliche Veränderungen ohne Mitwirkung der Volksvertretung herbeizuführen. Im übrigen sei die Beteiligung des Parlaments bei der Kündigung politischer Verträge in anderen Staaten eine erfolgreich praktizierte Übung.

Die Gegner der angestrebten Grundgesetzänderung hielten eine Mitwirkung des Parlaments nicht für notwendig. Die Kündigungsvoraussetzungen seien zumeist in dem Vertrag selbst festgelegt, der zuvor die parlamentarische Zustimmung erfahren habe. Auch müsse die Kündigung eines völkerrechtlichen Vertrages durch die Regierung rasch und ohne Diskussion entschieden werden können. Zudem sei die Ankündigung und Drohung mit einer Kündigung ein wirksames außenpolitisches Instrument in der Hand der Regierung, dessen Wirksamkeit durch ein vorheriges parlamentarisches Zustimmungsverfahren zunichte gemacht würde. Auch entspreche die gegenwärtige Rechtslage der Staatspraxis des überwiegenden Teils der Staatengemeinschaft. Der Bundesregierung müsse daher durch das innerstaatliche Recht die gleiche außenpolitische Handlungsfähigkeit garantiert werden wie den Vertragspartnern der Bundesrepublik. Da die Regierung im übrigen ohnehin von dem Vertrauen der parlamentarischen Mehrheit getragen sei, sei ein Ausschluß der Volksvertretung von außenpolitischen Entscheidungen mit wichtigen innenpolitischen Konsequenzen nicht zu befürchten.

11.3. Finanzverfassung

I. Empfehlung

Die Gemeinsame Verfassungskommission spricht keine Empfehlung zur Änderung des Finanzverfassungsrechts aus.

II. Problemstellung

Das Finanzverfassungsrecht ist seit langem aufgrund der unterschiedlichen Interessenlagen des Bundes einerseits und der Länder andererseits, aber auch wegen der unterschiedlichen Interessen der Länder untereinander, heftig umstrittenes Element der föderalen Struktur der Bundesrepublik Deutschland. Insbesondere die Veränderungen in der Leistungsfähigkeit der Länder lösten bereits vor der Wiedervereinigung zahlreiche Verfassungsrechtsstreite aus. Diese bildeten, nachdem sie vom Bundesverfassungsgericht entschieden worden waren, die Basis für den Versuch einer Neuordnung des horizontalen und vertikalen Finanzausgleichs.

Da die neuen Länder gemäß Artikel 7 des Einigungsvertrages zwar nach dem 31. Dezember 1994 in den bundesstaatlichen Finanzausgleich miteinbezogen werden sollen, sich jedoch nicht ohne weiteres nahtlos in die bestehende Struktur einfügen lassen, ist es notwendig geworden, die Finanzbeziehungen zwischen Bund und Ländern einer grundlegenden Prüfung zu unterziehen. In dem gemeinsamen Beschluß der Ministerpräsidenten vom 5. Juli 1990, auf den Artikel 5 des Einigungsvertrages Bezug nimmt, sind einige Themen angesprochen, die einer gründlichen Analyse bedürfen, um die Voraussetzungen entsprechend Artikel 7 Abs. 3 des Einigungsvertrages zu schaffen. Dieser Forderung schloß sich auch die Konferenz der Präsidentinnen und Präsidenten der deutschen Länderparlamente im Grundsatz an, nicht ohne eine Stärkung der Stellung der Länder im Finanzverfassungsrecht zu fordern (vgl. Beschluß vom 24. September 1991).

Darüber hinaus wurde im Zusammenhang mit der fortschreitenden Integration der Bundesrepublik Deutschland in die Europäischen Gemeinschaften gefordert, daß die Beteiligung der Länder auf Grundlage des neugefaßten Artikel 23 GG bei der finanziellen Lastenverteilung im Rahmen der Erfüllung von Aufgaben für die Europäische Gemeinschaft mitberücksichtigt werden sollte.

III. Verfahrensablauf

Auf der Grundlage der auf Anregung der Gemeinsamen Verfassungskommission abgegebenen Stellungnahmen der Bundesregierung, des Präsidenten des Bundesrates und des Vorsitzenden der Ministerpräsidentenkonferenz billigten die Kommissionsmitglieder auf der 23. Sitzung am 27. Mai 1993 einvernehmlich folgende Erklärung:

„Im Hinblick auf die Stellungnahmen der Bundesregierung und der Länder, denen zufolge zu den Fragen der Finanzverfassung noch keine hinlängliche Entscheidungsreife besteht, wird die Gemeinsame Verfassungskommission Fragen der Finanzverfassung nicht auf die Tagesordnung setzen."

Ein Antrag wurde nicht gestellt.

IV. Begründung

Zwar hatten die Mitglieder der Gemeinsamen Verfassungskommission ein starkes Interesse daran, im Rahmen ihrer Beratungen zur Stärkung des Föderalismus auch das Finanzverfassungsrecht zu überprüfen, weil es ein wesentliches konstitutives

Element der bundesstaatlichen Ordnung darstellt. Doch waren sie sich im Ergebnis darin einig, daß die Fragen der Finanzverfassung trotzdem nicht im Rahmen der Kommissionsarbeit beraten werden sollten. Die Mitglieder waren übereinstimmend der Ansicht, daß es der eng bemessene zeitliche Rahmen für die Beratungen der Gemeinsamen Verfassungskommission unmöglich mache, die mit erheblichen rechtlichen und tatsächlichen Schwierigkeiten verbundenen Fragen der Finanzverfassung angemessen zu behandeln. In dieser Auffassung wurden die Kommissionsmitglieder durch die zurückhaltende Stellungnahme insbesondere des Vorsitzenden der Ministerpräsidentenkonferenz bestärkt, der von einer Behandlung dieses Beratungsgegenstandes im Hinblick auf die in dieser Frage bereits laufenden Beratungen der Finanzminister abriet. Die Bundesregierung schloß sich im Ergebnis dieser Auffassung an. Die Mitglieder der Gemeinsamen Verfassungskommission entschlossen sich daher, von einer Beratung des Themenkomplexes Finanzverfassung abzusehen.

Inzwischen ist es gelungen, im Rahmen der Gesetzgebung zum Solidarpakt (Gesetz zur Umsetzung des Föderalen Konsolidierungsprogramms — FKPG vom 26. Juni 1993, BGBl. I S. 933) den bundesstaatlichen Finanzausgleich in der Praxis teilweise neu zu regeln und zwar auf der Grundlage des geltenden Finanzverfassungsrechts und des Finanzausgleichsgesetzes. Mit den sich aus der fortschreitenden Integration der Bundesrepublik Deutschland in die Europäischen Gemeinschaften ergebenden Probleme für das Bund-Länder-Verhältnis soll sich eine Bund-Länder-Arbeitsgruppe befassen.

11.4. Privatisierung der Deutschen Bahnen und der Bundespost

I. Empfehlung

Die Gemeinsame Verfassungskommission spricht keine Empfehlung zu der Frage einer Privatisierung der Deutschen Bahnen und der Deutschen Bundespost aus.

II. Problemstellung

1. Privatisierung der Deutschen Bahnen

Deutschlands zentrale Lage in Europa, eine fortschreitende europäische Integration sowie die Wiedervereinigung werden in den nächsten Jahren ein wachsendes Verkehrsaufkommen zur Folge haben. Es ist zu erwarten, daß die Deutschen Bahnen, die zur Zeit noch gemäß Artikel 87 Abs. 1 GG in bundeseigener Verwaltung geführt werden, ohne eine Neuordnung ihrer Strukturen diesen gestiegenen Anforderungen nicht gerecht werden können. Erst wenn die Bundeseisenbahnen in den Stand versetzt werden, unternehmerisch zu handeln, werden sie in dem neuen Umfeld angemessen leistungs- und wettbewerbsfähig sein. Die

Sondervermögen Deutsche Bundesbahn und Deutsche Reichsbahn sollen daher im Zuge einer Trennung von unternehmerischer Verantwortung und staatlicher Aufgabenerfüllung in diesem Bereich der Infrastruktur in eine handelsrechtlich geführte Deutsche Bahn AG, also in ein privatrechtliches Wirtschaftsunternehmen, umgewandelt werden, um sie in die Lage zu versetzen, eigenverantwortlich im Wettbewerb zu bestehen (vgl. Entwurf eines Gesetzes zur Änderung des Grundgesetzes, BT-Drucksache 12/4610).

Um die verfassungsrechtliche Grundlage für die Privatisierung der Bundeseisenbahnen zu schaffen, wäre eine Änderung des Artikels 73 Nr. 6 und des Artikels 87 Abs. 1 GG notwendig. Zur Vorbereitung dieser rechtlichen Neuordnung wurde in jüngster Zeit die Bahnstrukturreform im Rahmen einer Änderung der einfachgesetzlichen Grundlagen eingeleitet (BT-Drucksache 12/4609 [neu]).

2. Privatisierung der Deutschen Bundespost

Aus den bereits oben im Rahmen der Privatisierung der Deutschen Bahnen genannten Gründen muß die Bundesrepublik Deutschland mit einer wachsenden Beanspruchung ihrer Kommunikationsdienste rechnen. Die Bundespost wird gemäß Artikel 87 Abs. 1 GG in bundeseigener Verwaltung geführt. Da diese umfangreiche Monopolrechte auf den Märkten des Post- und Fernmeldewesens genießt, so daß ein freier Wettbewerb auf diesem Gebiet weitgehend ausgeschlossen ist, kann der neuen Entwicklung nicht in ausreichendem Maße Rechnung getragen werden.

Eine größere Leistungs- und Wettbewerbsfähigkeit der Post könnte dadurch herbeigeführt werden, daß sie im unternehmerischen Bereich in eine oder mehrere handelsrechtliche Gesellschaften umstrukturiert wird (vgl. die Begründung des Entwurfs eines Gesetzes zur Neustrukturierung des Post- und Fernmeldewesens und der Deutschen Bundespost, BT-Drucksache 11/4365). Verfassungsrechtliche Voraussetzung für eine solche Reform ist eine Änderung der Artikel 73 Nr. 7 und Artikel 87 Abs. 1 GG.

III. Verfahrensablauf

Während die Frage der verfassungsrechtlichen Voraussetzungen für eine Privatisierung der Bundeseisenbahnen in der 22. Sitzung am 13. Mai 1993 beraten wurde, kam die Problematik der Privatisierung der Deutschen Bundespost auf den Sitzungen der Gemeinsamen Verfassungskommission nicht zur Sprache. Anträge wurden nicht gestellt.

IV. Begründung

Die Mitglieder der Gemeinsamen Verfassungskommission waren übereinstimmend der Ansicht, daß erst nach Abschluß der weiteren Beratungen zur Bahnstrukturreform und der Postreform II ersichtlich sein werde, in welchem

Umfang Grundgesetzänderungen erforderlich sind, die gleichsam Folgeerscheinungen der grundsätzlichen konzeptionellen und strukturellen Umstellungen seien. Es sei nicht sinnvoll, dem Verfassungsgesetzgeber Grundgesetzänderungen zu empfehlen, ohne den wirklich bestehenden verfassungsrechtlichen Reformbedarf abschätzen zu können. Die Bahnstrukturreform und die Postreform II müßten daher zunächst im Rahmen des einfachen Gesetzgebungsverfahrens Gestalt gewinnen. Diese Reformen hatten zum Zeitpunkt der 25. Sitzung am 1. Juli 1993 noch nicht das Stadium erreicht, das von den Mitgliedern der Gemeinsamen Verfassungskommission für die Beratung entsprechender Grundgesetzänderungen als Voraussetzung angesehen wurde.

11.5. Staatshaftungsrecht

I. Empfehlung

Die Gemeinsame Verfassungskommission spricht keine Empfehlung zur Änderung der Artikel 14, 34 und 104a GG im Rahmen eines neuzuschaffenden Staatshaftungsgesetzes aus.

II. Problemstellung

Das in seinen Grundzügen aus dem letzten Jahrhundert stammende geltende Staatshaftungsrecht ist nach Rechtsqualität und Grundanschauungen durch unterschiedliche, nicht aufeinander abgestimmte Elemente geprägt, die dem heutigen Verfassungsverständnis nicht mehr entsprechen. Hinzu kommt, daß wichtige Bereiche nur gewohnheitsrechtlich oder richterrechtlich ausgebildet sind, was die Rechtssicherheit auf diesem Gebiet und die Akzeptanz der auf diesem Recht begründeten staatlichen Entscheidungen durch die Bürger beeinträchtigt. Alle im Bundestag vertretenen Parteien sind daher der Ansicht, daß der Schutz des Bürgers vor den Folgen fehlerhaft ausgeübter Staatsgewalt durch eine grundlegende Überarbeitung des Staatshaftungsrechts verbessert werden muß.

Das in der 9. Wahlperiode verabschiedete Staatshaftungsgesetz vom 26. Juni 1981 (BGBl. I S. 553) wurde vom Bundesverfassungsgericht (BVerfGE 61, 149 ff.) als mit Artikel 70 GG unvereinbar angesehen und für nichtig erklärt. Seither war das Staatshaftungsrecht nicht mehr Gegenstand eines Gesetzgebungsverfahrens.

Nach Wiederherstellung der staatlichen Einheit Deutschlands ist eine bundeseinheitliche Neuregelung des Staatshaftungsrecht unausweichlich geworden, da nach dem Einigungsvertrag das in seinen Regelungen über das bundesdeutsche Staatshaftungsrecht hinausgehende Staatshaftungsrecht der ehemaligen DDR in den neuen Ländern noch immer in Kraft ist. Diese Rechtszersplitterung wird zunehmend als problematisch empfunden. Die Mitglieder der Gemeinsamen Verfassungskommission haben daher im Rahmen des Beratungsgegenstandes „Gesetzgebungskompetenzen und -verfahren im Bundesstaat" in der 11. Sitzung der Gemeinsamen Verfassungskommission vom 15. Oktober 1992 beschlossen, den gesetzgebenden Körperschaften zu empfehlen, als Artikel 74 Abs. 1 Nr. 25 GG die Staatshaftung in die konkurrierende Gesetzgebungskompetenz des Bundes mitaufzunehmen. Damit soll die verfassungsrechtliche Voraussetzung für die Kompetenz des Bundes im Hinblick auf ein umfassendes bundeseinheitliches Staatshaftungsrecht unter Berücksichtigung der Rechtsprechung des Bundesverfassungsgerichtes geschaffen werden. Empfehlungen, die auf eine weitergehende, inhaltliche Ausgestaltung des noch zu schaffenden Staatshaftungsrechts abzielen würden, wurden im Zusammenhang der Kommissionsberatungen zu diesem Beratungsgegenstand nicht ausgesprochen.

III. Verfahrensablauf

Die Frage der inhaltlichen Ausgestaltung eines bundeseinheitlichen Staatshaftungsrecht wurde von der Gemeinsamen Verfassungskommission in ihrer 21. Sitzung am 6. Mai 1993 beraten. Ein Antrag wurde nicht gestellt.

IV. Begründung

Die Mitglieder der Gemeinsamen Verfassungskommission waren sich darin einig, daß die Verabschiedung eines bundeseinheitlichen Staatshaftungsgesetzes auf der Grundlage des neuzufassenden Artikels 74 Abs. 1 Nr. 25 GG gerade auch im Hinblick auf die Fortgeltung des früheren DDR-Rechts in den neuen Bundesländern eine vordringliche gesetzgeberische Aufgabe ist. Das neuzuschaffende Staatshaftungsrecht kann nach Auffassung der Kommissionsmitglieder auch Auswirkungen auf die Verfassung, namentlich auf Artikel 34 GG, aber auch auf Artikel 104a und Artikel 14 GG, haben. Es bestand jedoch die übereinstimmende Auffassung, daß die Verfassungskommission keine Änderungsempfehlungen zu den Artikeln 14, 34 und 104a GG aussprechen könne, da zuerst ein tragfähiger Entwurf eines Staatshaftungsgesetzes entwickelt werden müsse, damit die genannten Grundgesetzänderungen bzw. -ergänzungen im Rahmen eines Gesamtkonzeptes vorgenommen werden könnten. Es sei nicht sinnvoll, dem Verfassungsgesetzgeber von seiten der Kommission Grundgesetzänderungen zu empfehlen, ohne daß bis zum Ende der Kommissionsberatungen abgesehen werden könne, welche Grundgesetzänderungen zur Sicherstellung des gesetzgeberischen Ziels im einzelnen vorgenommen werden müssen. Im übrigen sei die Beratungszeit der Gemeinsamen Verfassungskommission zu eng bemessen, um eine inhaltliche Diskussion dieses komplexen Rechtsgebietes, dem eine Vielzahl tatsächlicher aber auch politischer Probleme innewohnen, angemessen durchzuführen.

Die Gemeinsame Verfassungskommission sprach somit keine Empfehlung zur Änderung der Artikel 14, 34 und 104a GG im Rahmen eines neuzuschaffenden Staatshaftungsgesetzes aus. Die Mitglieder brachten aber einmütig ihre Auffassung zum Ausdruck, daß auf dem Gebiet des Staatshaftungsrechts ein dringender Handlungsbedarf für den Gesetzgeber besteht.

11.6. Persönliche Einstellung zur früheren DDR

I. Empfehlung

Die Gemeinsame Verfassungskommission gibt keine Empfehlung zur Einfügung von Sonderregelungen wegen der persönlichen Einstellung zur früheren DDR in das Grundgesetz ab.

II. Problemstellung

Bei der Überführung von Verwaltungsorganen oder sonstigen der öffentlichen Verwaltung oder Rechtspflege dienenden Einrichtungen der ehemaligen DDR in Organe des Bundes oder der Länder oder bei deren Abwicklung gemäß Artikel 13, 14 des Einigungsvertrages kam es gemäß Artikel 20 des Einigungsvertrages in Verbindung mit der Anlage 1, Kapitel XIX Sachgebiet A, Abschnitt III, Ziff. 1, Abs. 2 bis 5 zu zahlreichen Nichtübernahmen oder außerordentlichen Kündigungen bei Arbeitnehmern des öffentlichen Dienstes, insbesondere wenn diese gegen die Grundsätze der Menschlichkeit bzw. Rechtsstaatlichkeit verstoßen hatten oder für das frühere Ministerium für Staatssicherheit/Amt für nationale Sicherheit tätig waren und deshalb ein Festhalten am Arbeitsverhältnis unzumutbar erschien.

Diese Entlassungen sowie Nachfolgeregelungen im Rentenrecht und laufende strafrechtliche Ermittlungsverfahren waren Anlaß für die PDS/LL, einen Antrag zur Einfügung eines Artikels 116 b in das Grundgesetz zu stellen, der betroffene Personen vor „Diskriminierung wegen ihrer Haltung zur DDR" schützen sollte.

III. Verfahrensablauf

Die PDS/LL stellte den Antrag, den folgenden Artikel 116 b in das Grundgesetz einzufügen (Kommissionsdrucksache Nr. 88):

„(1) Keine natürliche oder juristische Person darf ungeachtet ihrer Staatsangehörigkeit und ihres Aufenthalts, wegen ihrer politischen Haltung, die sie bis zum 3. Oktober 1990 zur Deutschen Demokratischen Republik bekundet hat, durch irgendwelche allgemeinen oder besonderen Maßnahmen der öffentlichen Gewalt in ihren Rechten beeinträchtigt werden.

(2) Keine strafrechtliche, disziplinarische oder sozialrechtliche Maßnahme kann allein wegen der politischen Haltung der in Absatz 1 genannten Personen, die sie zur Deutschen Demokratischen Republik bekundet hat, getroffen werden."

Der Antrag wurde am 1. Juli 1993 in der 25. Sitzung der Gemeinsamen Verfassungskommission diskutiert und bei 1 Ja-Stimme von allen anderen Mitgliedern der Gemeinsamen Verfassungskommission abgelehnt.

IV. Begründung

Die PDS/LL sieht nach den zahlreichen Entlassungen von Angehörigen des öffentlichen Dienstes der ehemaligen DDR und einem Rentenrecht (Rentenüberleitungsgesetz), das sie als „Rentenstrafrecht" bezeichnet, jetzt die weitere Gefahr einer Flut von zehntausenden oder gar hunderttausenden strafrechtlichen Ermittlungsverfahren gegen Repräsentanten der ehemaligen DDR, gegen Bürger, die in der DDR politische Funktionen ausfüllten oder auch nur bestimmte ihrer Gesetze befolgt hätten.

Erforderlich sei eine „Wende der Rechtspolitik, die im Interesse der Gestaltung der deutschen Einheit auf gleiche Rechte und Versöhnung setze", und nicht die Ausgrenzung und Diskriminierung einer ganzen Reihe von „staatsnahen" Personen betreibe. Nötig sei eine „Toleranzregelung mit Verfassungsrang, die den inneren Frieden wiederherstelle und mit der Diskriminierung aus politischen Gründen Schluß mache" und nicht einen Beitrag zur Verschärfung der innerdeutschen Widersprüche beinhalte.

Vorbild für die zur Abstimmung gestellte Formulierung sei das Gesetz über die Eingliederung des Saarlandes vom 23. Dezember 1956, das aufgrund des Vertrages zwischen Frankreich und der Bundesrepublik Deutschland vom 27. Oktober 1956 verabschiedet worden sei (vgl. Artikel 1 der Anlage 1 — Vereinbarung über den Schutz von Personen — zum Deutsch-Französischen Vertrag zur Regelung der Saarfrage, BGBl. 1956, Teil II, S. 1639).

Die Gegenposition wurde von den Mitgliedern der Gemeinsamen Verfassungskommission insbesondere wie folgt begründet:

Dieser Antrag käme einer „Generalamnestie ehemals politisch Verantwortlicher der SED/DDR-Diktatur mit Verfassungsrang gleich" und liefe jedem rechtsstaatlichen Prinzip zuwider. Damit solle eine Rechtsstaatlichkeit der DDR vorgetäuscht werden, obwohl in der DDR „Staatskriminalität von Staats wegen auf Geheiß der monopolistischen SED" begangen worden sei; hier finde „bewußte Legendenbildung und Geschichtsfälschung" statt. Es müsse an die ca. 200 000 hauptamtlichen und die zahllosen nebenamtlichen und informellen Mitarbeiter des MfS erinnert werden, sowie an deren zahllose und alltägliche Verbrechen und Vergehen. Eine solche Generalamnestie hätte nur von der ersten frei gewählten Volkskammer durchgeführt werden können; dies habe sie aber bewußt nicht getan. In dem Antrag stecke Zynismus, der die Opfer nur empören könne, wenn die „persönliche Verantwortlichkeit derjenigen, die organisierte Verantwortungslosigkeit legitimierten", jetzt aufgehoben werden solle.

Es sei außerordentlich schwierig, einem so „komplexen, fast undurchdringlichen System von Unrecht", einem nahezu „absolutistischen Regime mit all seiner Gemeinheit und Überwachungsstaatlichkeit", wie es das SED-Unrechtsregime dargestellt habe, mit strafrechtlichen Mitteln zu Leibe zu rücken, es nach den Regeln des Rechtsstaates in den Griff zu bekommen. Dies habe auch das frühere Bemühen gezeigt, auf diese Weise den Nationalsozialismus aufzuarbeiten. Es sei aber untragbar, nunmehr nachträglich allen beteiligten Personen eine strafrechtliche Freistellung zu garantieren.

Der Antrag sei als „durchsichtiges politisches Manöver" zu bewerten, da er nicht etwa in versöhnender Absicht gestellt worden sei. Vielmehr solle er bestimmten potentiellen Wählern den Eindruck vermitteln, in der Bundesrepublik würden Menschen wegen ihrer politischen Gesinnung bestraft und ihrer Ämter entkleidet, weil sie die SED-Ideologie vertreten hätten. Die Bundesrepublik als Rechtsstaat verhalte sich jedoch anders als der SED-Unrechtsstaat: In der Bundesrepublik habe kein Richter, kein Staatsanwalt, kein Lehrer seine Stelle verloren, nur weil er Mitglied der SED gewesen sei. In der ehemaligen DDR seien dagegen zum Beispiel Lehrer aus dem Dienst entfernt oder sogar bestraft worden, weil sie einen Ausreiseantrag gestellt hätten oder nur die ständige Vertretung der Bundesrepublik hätten besuchen wollen. Auch die vor Gericht gestellten Mitglieder des Nationalen Verteidigungsrates und andere SED-Funktionäre seien nicht etwa wegen ihrer politischen Gesinnung angeklagt und verurteilt worden, sondern wegen Totschlag, Körperverletzung, Freiheitsberaubung, Wahlfälschung und anderer Straftaten; diese Taten seien auch nach dem Strafgesetzbuch der DDR Verbrechen oder Vergehen gewesen.

Die tausendfachen Zeugnisse der DDR-Unrechtsjustiz belegten, daß das DDR-Strafrecht uferlos jede kritische Meinungs- und Willenskundgabe kriminalisiert habe. Es sei ein Schlag in das Gesicht der Opfer und des Widerstands, wenn jetzt die Parteigänger dieses totalitären Herrschaftsapparates zu einer schutzbedürftigen gesellschaftlichen Gruppe hochstilisiert würden. Man habe „mehr Scham und Selbstkritik" von denjenigen erwartet, die vor 1989 das damalige Unrechtsregime aktiv gestützt hätten; in dieser Erwartung sei man jedoch enttäuscht worden.

Anhang

Gemeinsame Verfassungskommission
— Einsetzungsbeschluß —

Die Gemeinsame Verfassungskommission ist durch übereinstimmende Beschlüsse des Bundestages vom 28. November 1991 und des Bundesrates vom 29. November 1991 eingesetzt worden:

„1. **Einsetzung der Gemeinsamen Verfassungskommission**

Deutscher Bundestag und Bundesrat setzen eine Gemeinsame Verfassungskommission ein, in die sie je 32 ihrer Mitglieder sowie 32 Stellvertreter entsenden.

2. **Bestimmung der Mitglieder des Bundestages**

Die der Gemeinsamen Verfassungskommission angehörenden Abgeordneten und ihre Stellvertreter werden vom Deutschen Bundestag durch Beschluß bestimmt. Die Fraktion der CDU/CSU schlägt 15, die Fraktion der SPD 11, die Fraktion der F.D.P. 4 Mitglieder und Stellvertreter, die Gruppe der PDS/Linke Liste und die Gruppe BÜNDNIS 90/DIE GRÜNEN je ein Mitglied und einen Stellvertreter vor.

3. **Bestimmung der Mitglieder des Bundesrates**

Jede Landesregierung bestimmt aus ihren Mitgliedern und stellvertretenden Mitgliedern des Bundesrates zwei zu Mitgliedern der Gemeinsamen Verfassungskommission. Sie bestimmt darüber hinaus zwei Mitglieder oder stellvertretende Mitglieder des Bundesrates oder die Bevollmächtigte bzw. den Bevollmächtigten beim Bund zum Stellvertreter.

4. **Stellvertretung in den Sitzungen**

Die Stellvertreter dürfen an den Sitzungen nur teilnehmen, soweit eine Vertretung notwendig ist.

5. **Aufgaben der Gemeinsamen Verfassungskommission**

Die Kommission berät über Verfassungsänderungen und -ergänzungen, die den gesetzgebenden Körperschaften vorgeschlagen werden sollen. Sie soll sich insbesondere mit den in Artikel 5 des Einigungsvertrages genannten Grundgesetzänderungen befassen sowie mit Änderungen, die mit der Verwirklichung der Europäischen Union erforderlich werden.

6. **Vorsitz**

Die Kommission wählt je ein Mitglied des Bundestages und des Bundesrates, die den Vorsitz gemeinsam ausüben. Das Nähere regelt die Kommission.

7. **Wechsel der Mitglieder und Stellvertreter**

Die Mitglieder und ihre Stellvertreter können abberufen werden.

8. **Bundesregierung**

Die Mitglieder der Bundesregierung haben das Recht und auf Beschluß der Kommission die Pflicht, an den Sitzungen teilzunehmen.

9. **Teilnahme anderer Personen**

Anderen Personen kann die Teilnahme an den Sitzungen nur durch Beschluß der Kommission gestattet werden.

10. **Verfahren**

Für das Verfahren gilt die Geschäftsordnung des Deutschen Bundestages. Die Kommission entscheidet mit Zweidrittelmehrheit.

11. **Bericht**

Der Bericht der Kommission soll bis zum 31. März 1993 vorgelegt werden. Der Bericht ist Grundlage für Initiativen zur Änderung des Grundgesetzes aus der Mitte des Deutschen Bundestages, durch die Bundesregierung oder durch den Bundesrat."

Die Mitglieder der Gemeinsamen Verfassungskommission

Folgende Mitglieder des Deutschen Bundestages wurden auf Vorschlag der Fraktionen und Gruppen in die Gemeinsame Verfassungskommission entsandt:

CDU/CSU-Fraktion

Abgeordneter Eylmann
Abgeordneter Dr. Friedrich
Abgeordneter Geis
Abgeordneter Dr. Geißler
* Abgeordneter Dr. Jahn (Münster) [ab 12. Februar 1992 als Nachfolger für Abgeordneten Dr. Laufs]
Abgeordneter Dr. Kappes [verstorben am 24. August 1992]
Abgeordneter Klein (Bremen)
Abgeordneter Dr. Laufs [ausgeschieden zum 12. Februar 1992]
Abgeordneter Marschewski [ordentliches Kommissionsmitglied bis zum 21. Februar 1992; anschließend stellvertretendes Mitglied]
Abgeordnete Dr. Meseke
Abgeordneter Dr. Möller
Abgeordnete Rahardt-Vahldieck
Abgeordneter Reichenbach [ab 17. Juni 1992 als Nachfolger für Abgeordneten Dr. Stavenhagen]
Abgeordneter Dr. Reinartz [ab 21. Februar 1992 als Nachfolger für Abgeordneten Marschewski]
Abgeordneter Dr. Rüttgers [ausgeschieden zum 12. März 1992]
Abgeordneter Dr. Scholz
Abgeordneter Spilker
Abgeordneter Dr. Stavenhagen [ab 12. März 1992 als Nachfolger für Abgeordneten Dr. Rüttgers; verstorben am 31. Mai 1992]
Abgeordnete Steinbach-Hermann [ordentliches Kommissionsmitglied ab 29. Oktober 1992 als Nachfolgerin für Abgeordneten Dr. Kappes; zuvor stellvertretendes Mitglied]
Abgeordneter Dr. Frhr. von Stetten

SPD-Fraktion

Abgeordnete Dr. Däubler-Gmelin
Abgeordneter Dr. Elmer
Abgeordnete Fuchs (Köln)

Abgeordnete Mascher
Abgeordneter Dr. Penner
Abgeordneter Rappe (Hildesheim)
Abgeordneter Dr. Schmude
Abgeordneter Thierse
Abgeordneter Verheugen
* Abgeordneter Dr. Vogel
Abgeordnete Dr. Wegner

F.D.P.-Fraktion

Abgeordneter Dr. Hirsch
Abgeordneter Irmer [ab 11. Dezember 1992 als Nachfolger für Abgeordneten Dr. Solms]
* Abgeordneter Kleinert (Hannover)
Abgeordneter Mischnick [ausgeschieden zum 26. Juni 1992]
Abgeordneter Otto (Frankfurt) [ab 26. Juni 1992 als Nachfolger für Abgeordneten Mischnick]
Abgeordneter Dr. Solms [ordentliches Mitglied bis zum 11. Dezember 1992; anschließend stellv. Mitglied]

Gruppe PDS/LL

Abgeordneter Dr. Gysi [ausgeschieden zum 29. April 1992]
* Abgeordneter Dr. Heuer [ab 29. April 1992 als Nachfolger für Abgeordneten Dr. Gysi]

Gruppe BÜNDNIS 90/DIE GRÜNEN

* Abgeordneter Dr. Ullmann [Mitgliedschaft in der Gemeinsamen Verfassungskommission niedergelegt am 6. Mai 1993]

Als stellvertretende Mitglieder der Gemeinsamen Verfassungskommission wurden auf Vorschlag der Fraktionen und Gruppen seitens des Deutschen Bundestages benannt:

CDU/CSU-Fraktion

Abgeordnete Baumeister
Abgeordneter Belle [ab 17. Juni 1992 als Nachfolger für Abgeordnete Roitzsch (Quickborn)]
Abgeordneter Dr. Blank
Abgeordneter Dr. Blens [ab 29. Oktober 1992 als Nachfolger für Abgeordnete Steinbach-Hermann]

Abgeordnete Dr. Hellwig [ab 4. März 1993 als Nachfolgerin für Abgeordneten Scharrenbroich]

Abgeordneter Hörster

Abgeordneter Lamers [ab 22. Juli 1992 als Nachfolger für Abgeordneten Schwalbe]

Abgeordneter Marschewski [stellvertretendes Kommissionsmitglied ab 21. Februar 1992; zuvor ordentliches Mitglied]

Abgeordneter Dr. Olderog

Abgeordneter Dr. Paziorek

Abgeordneter Dr. Pfennig

Abgeordneter Pofalla

Abgeordnete Roitzsch (Quickborn) [ausgeschieden zum 17. Juni 1992]

Abgeordneter Scharrenbroich [ausgeschieden zum 4. März 1993]

Abgeordneter Scheu

Abgeordneter Graf von Schönburg-Glauchau

Abgeordneter Schwalbe [ausgeschieden zum 22. Juli 1992]

Abgeordnete Steinbach-Hermann [stellvertretendes Kommissionsmitglied bis zum 29. Oktober 1992]; anschließend ordentliches Mitglied]

Abgeordneter Dr. Wittmann

Abgeordnete Yzer
[ausgeschieden zum 21. Februar 1992]

SPD-Fraktion

Abgeordneter Bachmaier

Abgeordnete Barbe [ab 4. März 1993 als Nachfolgerin für Abgeordneten Weis (Stendal)]

Abgeordnete Hanewinckel

Abgeordnete Marx [ab 4. März 1993 als Nachfolgerin für Abgeordneten Dr. Zöpel]

Abgeordneter Meckel

Abgeordnete Dr. Niehuis

Abgeordnete Odendahl

Abgeordneter Schily

Abgeordneter Dr. Soell

Abgeordneter Dr. Struck

Abgeordneter Weis (Stendal) [ausgeschieden zum 4. März 1993]

Abgeordneter Dr. de With

Abgeordneter Dr. Zöpel
[ausgeschieden zum 4. März 1993]

F.D.P.-Fraktion

Abgeordneter Baum

Abgeordneter Gattermann

Abgeordnete Leutheusser-Schnarrenberger [ausgeschieden im Mai 1992]

Abgeordneter Dr. Menzel

Abgeordneter Irmer [ab 26. Juni 1992 als Nachfolger für Abgeordnete Leutheusser-Schnarrenberger; stellvertretendes Kommissionsmitglied bis zum 11. Dezember 1992; anschließend ordentliches Mitglied]

Abgeordneter Dr. Solms [ab 11. Dezember 1992; zuvor ordentliches Kommissionsmitglied]

Gruppe PDS/LL

Abgeordneter Dr. Heuer [stellvertretendes Kommissionsmitglied bis 29. April 1992; anschließend ordentliches Mitglied]

Abgeordneter Dr. Riege [verstorben am 15. Februar 1992]

Gruppe BÜNDNIS 90/DIE GRÜNEN

Abgeordneter Dr. Poppe [ausgeschieden zum 6. Mai 1993]

Für den Bundesrat wurden von den Regierungen der einzelnen Bundesländer in die Gemeinsame Verfassungskommission entsandt:

Baden-Württemberg

ordentliche Mitglieder:

Ministerpräsident Teufel (CDU)

Minister Dr. Ohnewald (CDU) [ausgeschieden zum 11. Juni 1992]

Minister Dr. Spöri (SPD) [ab 16. Juni 1992]

stellvertretende Mitglieder:

Minister Birzele (SPD) [ab 16. Juni 1992]

Minister Dr. Eyrich (CDU) [ausgeschieden zum 11. Juni 1992]

Minister Dr. T. Schäuble (CDU) [ab 16. Juni 1992]

Minister Schlee (CDU) [ausgeschieden zum 11. Juni 1992]

Bayern

ordentliche Mitglieder:

Staatsministerin Dr. Berghofer-Weichner (CSU) [ausgeschieden zum 17. Juni 1993]

Staatsminister Leeb (CSU) [ab 17. Juni 1993]

Ministerpräsident Dr. Stoiber (CSU)

stellvertretende Mitglieder:

Staatssekretär Böhm (CSU) [ab 17. Juni 1993]

Staatsminister Dr. Goppel (CSU)

Staatssekretär Dr. Wilhelm (CSU) [ausgeschieden zum 17. Juni 1993]

Berlin

ordentliche Mitglieder:

Regierender Bürgermeister Diepgen (CDU)

Senatorin Dr. Limbach (SPD)

stellvertretende Mitglieder:

Bürgermeisterin und Senatorin Dr. Bergmann (SPD)

Senator Dr. Heckelmann (CDU) [ausgeschieden zum 15. Juni 1993]

Senator Radunski (CDU) [ab 15. Juni 1993]

Brandenburg

ordentliche Mitglieder:

Ministerpräsident Dr. Stolpe

Ministerin Birthler (BÜNDNIS 90/DIE GRÜNEN) [bis zum 15. Oktober 1992]

Minister Resch (BÜNDNIS 90/DIE GRÜNEN) [ab 26. Januar 1993]

stellvertretende Mitglieder:

Minister Dr. Bräutigam (parteilos)

Minister Hirche (F.D.P.)

Bremen

ordentliche Mitglieder:

Präsident des Senats, Bürgermeister Wedemeier (SPD)

Senator Dr. Scherf (SPD)

stellvertretende Mitglieder:

Senator Fücks (BÜNDNIS 90/DIE GRÜNEN) [ausgeschieden zum 1. Juli 1993]

Bürgermeister Jäger (F.D.P.) [ab 1. Juli 1993]

Senator van Nispen (F.D.P.) [ausgeschieden zum 9. Februar 1993; erneut benannt mit Wirkung vom 1. Juli 1993]

Senatorin Uhl (SPD) [ab 9. Februar 1993; ausgeschieden zum 1. Juli 1993]

Hamburg

ordentliche Mitglieder:

Präsident des Senats, Erster Bürgermeister Dr. Voscherau (SPD)

Zweiter Bürgermeister Dr. Krupp (SPD) [ordentliches Kommissionsmitglied bis zum 10. März 1992; anschließend stellvertretendes Mitglied]
Senatorin Dr. Peschel-Gutzeit (SPD) [ab 10. März 1992]

stellvertretende Mitglieder:
Senator Curilla (SPD)
Zweiter Bürgermeister Dr. Krupp (SPD) [ab 10. März 1992; zuvor ordentliches Mitglied]
Senatorin Dr. Peschel-Gutzeit (SPD) [bis zum 10. März 1992; anschließend ordentliches Mitglied]

Hessen

ordentliche Mitglieder:
Staatsminister Fischer (BÜNDNIS 90/DIE GRÜNEN)
* Staatsministerin Dr. Hohmann-Dennhardt (SPD)

stellvertretende Mitglieder:
Staatsminister Dr. Günther (SPD)
Staatssekretärin Riedel (BÜNDNIS 90/DIE GRÜNEN)

Mecklenburg-Vorpommern

ordentliche Mitglieder:
Ministerpräsident Dr. Gomolka (CDU) [bis zum März 1992]
Ministerpräsident Dr. Seite (CDU) [ab 10. April 1992]
Minister Dr. Born (CDU) [bis zum März 1992]
* Minister Helmrich (CDU) [ab 10. April 1992]

stellvertretende Mitglieder:
Minister Dr. Diederich (CDU) [ausgeschieden im März 1992]
Minister Geil (CDU) [ab 4. März 1993; ausgeschieden im Mai 1993]
Minister Dr. Gollert (F.D.P.)
Minister Kupfer (CDU) [ab 10. April 1992; ausgeschieden im Februar 1993]
Staatssekretär Staudacher (CDU) [ab 26. Mai 1993]

Niedersachsen

ordentliche Mitglieder:
Ministerpräsident Schröder (SPD)
Ministerin Alm-Merk (SPD)

stellvertretende Mitglieder:
Ministerin Schoppe (BÜNDNIS 90/DIE GRÜNEN)
Minister Trittin (BÜNDNIS 90/DIE GRÜNEN)

Nordrhein-Westfalen

ordentliche Mitglieder:

Ministerpräsident Dr. h. c. Rau (SPD)
Minister Dr. Schnoor (SPD)

stellvertretende Mitglieder:

Staatssekretärin Dörrhöfer-Tucholski (SPD)
Minister Dr. Krumsiek (SPD)

Rheinland-Pfalz

ordentliche Mitglieder:

Ministerpräsident Scharping (SPD)
Staatsminister Caesar (F.D.P.)

stellvertretende Mitglieder:

Staatsminister Brüderle (F.D.P.)
Staatsminister Gerster (SPD)

Saarland

ordentliche Mitglieder:

Ministerpräsident Lafontaine (SPD)
Minister Dr. Walter (SPD)

stellvertretende Mitglieder:

Minister Kopp (SPD)
Minister Läpple (SPD) [ausgeschieden im November 1992]
Staatssekretär Weber (SPD) [ab 26. November 1992]

Sachsen

ordentliche Mitglieder:

Ministerpräsident Dr. Biedenkopf (CDU)
Staatsminister Heitmann (CDU)

stellvertretende Mitglieder:

Staatssekretär Dr. Ermisch (CDU)
Staatsminister Vaatz (CDU)

Sachsen-Anhalt

ordentliche Mitglieder:

Minister Kaesler (F.D.P.)
Minister Remmers (CDU)

stellvertretende Mitglieder:
Minister Perschau (CDU)
Minister Schreiber (CDU)

Schleswig-Holstein
Ministerpräsident Engholm (SPD) [bis zum Mai 1993]
Ministerpräsidentin Simonis (SPD) [ab 19. Mai 1993]
Minister Dr. Bull (SPD)

stellvertretende Mitglieder:
Ministerin Böhrk (SPD) [ab 5. Mai 1992]
Minister Dr. Klingner (SPD)
Ministerin Rühmkorf (SPD) [ausgeschieden zum 5. Mai 1992]

Thüringen

ordentliche Mitglieder:
Ministerpräsident Dr. B. Vogel (CDU)
Minister Dr. Jentsch (CDU)

stellvertretende Mitglieder:
Minister Böck (CDU) [ausgeschieden im September 1992]
Minister Sieckmann (F.D.P.)
Minister Schuster (CDU) [ab 22. September 1992]

* Obleute/verfassungspolit. Sprecher

Eingaben

	beantwortet	unbeantwortet
Parlamentsrecht		
Regelung der Abgeordnetendiäten	23	
Parteienfinanzierung	1	
Einfluß der Parteien	11	
Dauer der Wahlperiode	3	
Begrenzung der Wiederwahlmöglichkeit von Bundeskanzler und Abgeordneten	5	
Trennung von Ministeramt und Abgeordnetenmandat	3	
Direktwahl des Bundestagspräsidenten	1	
Amtseid von Ministern soll auch straf- und zivilrechtliche Konsequenzen nach sich ziehen können, wenn der Betreffende sich nicht seinem Eid entsprechend verhält	2	
Recht auf Beantwortung von Eingaben und Petitionen	1	
Unvereinbarkeitsklausel hinsichtlich des Abgeordnetenmandats und einer bezahlten Nebentätigkeit	5	
Wahlgesetze		
Senkung der 5%-Hürde bei Bundestagswahlen	3	
Herabsetzung des Wahlalters	1	

	beantwortet	unbeantwortet
Gleichberechtigung und Gleichstellung der Frauen		
Gleichstellung	1 512	106 077 (17 918 Eingaben übergeben in der Anhörung am 5. November 1992)
Frauenquote	1 249	106 077 (17 918 Eingaben übergeben in der Anhörung am 5. November 1992)
Plebiszitäre Elemente		
Volksentscheid	155	266 469 (265 000 Eingaben übergeben in der Anhörung am 17. Juni 1992)
Volksbegehren	54	266 469 (265 000 Eingaben übergeben in der Anhörung am 17. Juni 1992)
Volksinitiative	27	266 469 (265 000 Eingaben übergeben in der Anhörung am 17. Juni 1992)
Abstimmung über das reformierte GG, evtl. mit Alternativvorschlägen	50	103
gegen stärkere Bürgerbeteiligung	8	

	beantwortet	unbeantwortet
Finanzverfassung		
Beschränkung der staatlichen Kreditaufnahme	1	
Geldpolitik der Bundesrepublik Deutschland	1	
Föderalismus	18	
weniger Bundesländer	8	
stärkere Beteiligung der Länder an der Gesetzgebung etc.	2	1
einzelne Änderungen innerhalb der Art. 70 ff. GG	18	
stärkere zentralisierte Ausprägung	1	4
Aufteilung des Bundesgebietes in kleinere Bezirke statt der bisherigen Bundesländer	2	
Stärkung der Landesparlamente	1	
Friedensstaatlichkeit		
Blauhelmeinsätze		
— pro	6	
— contra	2	
out-of-area-Einsätze		
— pro	15	
— contra	1	

	beantwortet	unbeantwortet
Verzicht auf ABC-Waffen	2	
Waffenexportverbot	5	52 729
Gleichstellung Zivildienst/Wehrdienst	5	
Wehrpflicht/Berufsarmee	3	
Abschaffung der Bundeswehr	1	201
Dienstpflicht für Frauen	6	
Staat und Kirche	18	
Bindung der Kirche an die Grundrechte		510
Entfernung religiöser Elemente aus dem GG	3	21
Reform des derzeitigen Kirchensteuersystems	7	3 989
Beibehaltung des derzeitigen Kirchensteuersystems	1	
Tierschutz Verankerung des Tierschutzes im GG	432	144 349 (86 000 Eingaben übergeben in der Sitzung am 4. Juni 1992)
gegen Verankerung des Tierschutzes im GG	15	45
Bewahrung der Mitgeschöpflichkeit	26	27 911

	beantwortet	unbeantwortet
Umweltschutz		
Verankerung des Umweltschutzes im GG	250	59 250
Verbandsklagerecht für Umweltverbände		22
Minderheitenrechte		
Grundrechtsschutz für Minderheiten	2 016	95 262 (17 918 Eingaben übergeben in der Anhörung am 5. November 1992)
Schutz der Behinderten	12	35 842
Mitmenschlichkeit	6	354
Ehe, Lebensgemeinschaft und Familie		
Gleichstellung der nichtehelichen Lebensgemeinschaft mit der Ehe	1 567	103 645 (17 918 Eingaben übergeben in der Anhörung am 5. November 1992)
Gleichstellung der gleichgeschlechtlichen Lebensgemeinschaften	21	3 927
staatliche Förderung der Lebensgemeinschaften mit Kindern	7	25 305

	beantwortet	unbeantwortet
Asylrecht		
Abschaffung/Änderung des Art. 16 II GG	22	284
Beibehaltung des Artikels 16 II GG		11 585
Erweiterung des Asylrechts	2	
Art. 116 GG	4	838
Allgemeines kommunales Ausländerwahlrecht	2	
§ 218		
Freigabe	2 129	99 240 (17 918 Eingaben übergeben in der Anhörung am 5. November 1992)
Fristenregelung		66
Indikationsregelung		
völliges Verbot der Abtreibung	5	10
GVK	72	
paritätische Besetzung	252	
Anhörung von Bürgerinitiativen	12	
Öffentlichkeit der Sitzungen	15	

	beantwortet	unbeantwortet
Sonstige Grundrechte	36	301
Kinderrecht	521	335
Recht auf würdiges Sterben	8	20
Achtung der Würde des schwachen Menschen	1	
Recht auf informationelle Selbstbestimmung	5	
Sonstige Staatsziele		
Festschreibung der sozialen Marktwirtschaft	22	
Kultur	7	
Sport	2	
Arbeit	30	74
Wohnen	31	1 590
Kollektives Arbeitsrecht		
Verbot der Aussperrung	1	
gegen Verbot der Aussperrung		
Einschränkung der Tariffreiheit		1
Abschaffung der Tariffreiheit	1	

	beantwortet	unbeantwortet
Gerichtsverfassungsrecht		
Schaffung einer Kontrollinstitution, die richterliche Entscheidungen überprüfen und ggf. revidieren kann	1	
Verankerung des Berufs „Rechtspfleger“ als Teil der unabhängigen richterlichen Gewalt im GG	3	
Sonstiges		
Bekämpfung der Bodenspekulation	129	
Beschränkung des Beamtenstatus auf wenige Berufsgruppen	2	
„Verantwortung der Deutschen nach Auschwitz“ in die Präambel	3	
Europäische Einigung	10	

Synopse der Bestimmungen des Grundgesetzes und der von der Kommission empfohlenen Änderungen

Geltendes Recht	Vorschlag der Gemeinsamen Verfassungskommission
Artikel 3 GG	**Artikel 3 GG**
(2) Männer und Frauen sind gleichberechtigt.	(2) Männer und Frauen sind gleichberechtigt. **Der Staat fördert die tatsächliche Durchsetzung der Gleichberechtigung von Frauen und Männern und wirkt auf die Beseitigung bestehender Nachteile hin.**
	Artikel 20 a GG
	Der Staat schützt auch in Verantwortung für die künftigen Generationen die natürlichen Lebensgrundlagen im Rahmen der verfassungsmäßigen Ordnung durch die Gesetzgebung und nach Maßgabe von Gesetz und Recht durch die vollziehende Gewalt und die Rechtsprechung.
	Artikel 20 b GG
	Der Staat achtet die Identität der ethnischen, kulturellen und sprachlichen Minderheiten.
	Artikel 23 GG
	(1) Zur Verwirklichung eines vereinten Europas wirkt die Bundesrepublik Deutschland bei der Entwicklung der Europäischen Union mit, die demokratischen, rechtsstaatlichen, sozialen und föderativen Grundsätzen und dem Grundsatz der Subsidiarität verpflichtet ist und einen diesem Grundgesetz im wesentlichen vergleichbaren Grundrechtsschutz gewährleistet. Der Bund kann hierzu durch Gesetz mit Zustimmung des Bundesrates Hoheitsrechte über-

tragen. Für die Begründung der Europäischen Union und Änderungen ihrer vertraglichen Grundlagen durch die dieses Grundgesetz seinem Inhalt nach geändert oder ergänzt wird oder solche Änderungen oder Ergänzungen ermöglicht werden, gilt Artikel 79 Abs. 2 und 3.

(2) In Angelegenheiten der Europäischen Union wirken der Bundestag und durch den Bundesrat die Länder mit. Die Bundesregierung hat den Bundestag und den Bundesrat umfassend und zum frühestmöglichen Zeitpunkt zu unterrichten.

(3) Die Bundesregierung gibt dem Bundestag Gelegenheit zur Stellungnahme vor ihrer Mitwirkung an Rechtsetzungsakten der Europäischen Union. Die Bundesregierung berücksichtigt die Stellungnahmen des Bundestages bei den Verhandlungen. Das Nähere regelt ein Gesetz.

(4) Der Bundesrat ist an der Willensbildung des Bundes zu beteiligen, soweit er an einer entsprechenden innerstaatlichen Maßnahme mitzuwirken hätte oder soweit die Länder innerstaatlich zuständig wären.

(5) Soweit in einem Bereich ausschließlicher Zuständigkeiten des Bundes Interessen der Länder berührt sind oder soweit im übrigen der Bund das Recht zur Gesetzgebung hat, berücksichtigt die Bundesregierung die Stellungnahme des Bundesrates. Wenn im Schwerpunkt Gesetzgebungsbefugnisse der Länder, die Einrichtung ihrer Behörden oder ihre Verwaltungsverfahren betroffen sind, ist bei der Willensbildung des Bundes insoweit die Auffassung des Bundesrates maßgeblich zu berücksichtigen; dabei ist die gesamtstaatliche Verantwortung des Bundes zu wahren. In Angelegenheiten, die zu Ausgabenerhöhungen oder Einnahmeminderungen für den Bund führen können, ist die Zustimmung der Bundesregierung erforderlich.

Geltendes Recht	Vorschlag der Gemeinsamen Verfassungskommission
	(6) Wenn im Schwerpunkt ausschließliche Gesetzgebungsbefugnisse der Länder betroffen sind, soll die Wahrnehmung der Rechte, die der Bundesrepublik Deutschland als Mitgliedstaat der Europäischen Union zustehen, vom Bund auf einen vom Bundesrat benannten Vertreter der Länder übertragen werden. Die Wahrnehmung der Rechte erfolgt unter Beteiligung und in Abstimmung mit der Bundesregierung; dabei ist die gesamtstaatliche Verantwortung des Bundes zu wahren.
	(7) Das Nähere zu den Absätzen 4 bis 6 regelt ein Gesetz, das der Zustimmung des Bundesrates bedarf.
Artikel 24 GG	**Artikel 24 GG**
(1) Der Bund kann durch Gesetz Hoheitsrechte auf zwischenstaatliche Einrichtungen übertragen.	(1) Der Bund kann durch Gesetz Hoheitsrechte auf zwischenstaatliche Einrichtungen übertragen.
	(1 a) Soweit die Länder für die Ausübung der staatlichen Befugnisse und die Erfüllung der staatlichen Aufgaben zuständig sind, können sie mit Zustimmung der Bundesregierung Hoheitsrechte auf grenznachbarschaftliche Einrichtungen übertragen.
(2) Der Bund kann sich zur Wahrung des Friedens einem System gegenseitiger kollektiver Sicherheit einordnen; er wird hierbei in die Beschränkungen seiner Hoheitsrechte einwilligen, die eine friedliche und dauerhafte Ordnung in Europa und zwischen den Völkern der Welt herbeiführen und sichern.	(2) Der Bund kann sich zur Wahrung des Friedens einem System gegenseitiger kollektiver Sicherheit einordnen; er wird hierbei in die Beschränkungen seiner Hoheitsrechte einwilligen, die eine friedliche und dauerhafte Ordnung in Europa und zwischen den Völkern der Welt herbeiführen und sichern.
Artikel 28 GG	**Artikel 28 GG**
(1) Die verfassungsmäßige Ordnung in den Ländern muß den Grundsätzen des republikanischen, demokratischen und sozialen	(1) Die verfassungsmäßige Ordnung in den Ländern muß den Grundsätzen des republikanischen, demokratischen und sozialen

Geltendes Recht	Vorschlag der Gemeinsamen Verfassungskommission
Rechtsstaates im Sinne dieses Grundgesetzes entsprechen. In den Ländern, Kreisen und Gemeinden muß das Volk eine Vertretung haben, die aus allgemeinen, unmittelbaren, freien, gleichen und geheimen Wahlen hervorgegangen ist. In Gemeinden kann an die Stelle einer gewählten Körperschaft die Gemeindeversammlung treten.	Rechtsstaates im Sinne dieses Grundgesetzes entsprechen. In den Ländern, Kreisen und Gemeinden muß das Volk eine Vertretung haben, die aus allgemeinen, unmittelbaren, freien, gleichen und geheimen Wahlen hervorgegangen ist. In Gemeinden kann an die Stelle einer gewählten Körperschaft die Gemeindeversammlung treten. **Bei Wahlen in Kreisen und Gemeinden sind auch Personen, die die Staatsangehörigkeit eines Mitgliedstaates der Europäischen Gemeinschaft besitzen, nach Maßgabe von Recht der Europäischen Gemeinschaft wahlberechtigt und wählbar.**
(2) Den Gemeinden muß das Recht gewährleistet sein, alle Angelegenheiten der örtlichen Gemeinschaft im Rahmen der Gesetze in eigener Verantwortung zu regeln. Auch die Gemeindeverbände haben im Rahmen ihres gesetzlichen Aufgabenbereiches nach Maßgabe der Gesetze das Recht der Selbstverwaltung.	(2) Den Gemeinden muß das Recht gewährleistet sein, alle Angelegenheiten der örtlichen Gemeinschaft im Rahmen der Gesetze in eigener Verantwortung zu regeln. Auch die Gemeindeverbände haben im Rahmen ihres gesetzlichen Aufgabenbereiches nach Maßgabe der Gesetze das Recht der Selbstverwaltung. **Die Gewährleistung der Selbstverwaltung umfaßt auch die Grundlagen der finanziellen Eigenverantwortung.**
(3) Der Bund gewährleistet, daß die verfassungsmäßige Ordnung der Länder den Grundrechten und den Bestimmungenrechten und den Bestimmungen der Absätze 1 und 2 entspricht.	(3) Der Bund gewährleistet, daß die verfassungsmäßige Ordnung der Länder den Grundrechten und den Bestimmungenrechten und den Bestimmungen der Absätze 1 und 2 entspricht.
Artikel 29 GG	**Artikel 29 GG**
(7) Sonstige Änderungen des Gebietsstandes der Länder können durch Staatsverträge der beteiligten Länder oder durch Bundesgesetz mit Zustimmung des Bundesrates erfolgen, wenn das Gebiet, dessen Landeszugehörigkeit geändert werden soll, nicht mehr als *10 000* Einwohner hat. Das Nähere regelt ein Bundesgesetz, das der Zustimmung des Bundesrates und der Mehrheit des Mitglieder des Bundestages bedarf. Es muß die Anhörung der betroffenen Gemeinden und Kreise vorsehen.	(7) Sonstige Änderungen des Gebietsstandes der Länder können durch Staatsverträge der beteiligten Länder oder durch Bundesgesetz mit Zustimmung des Bundesrates erfolgen, wenn das Gebiet, dessen Landeszugehörigkeit geändert werden soll, nicht mehr als **50 000** Einwohner hat. Das Nähere regelt ein Bundesgesetz, das der Zustimmung des Bundesrates und der Mehrheit des Mitglieder des Bundestages bedarf. Es muß die Anhörung der betroffenen Gemeinden und Kreise vorsehen.

Geltendes Recht	Vorschlag der Gemeinsamen Verfassungskommission
	(8) Die Länder können eine Neugliederung für das jeweils von ihnen umfaßte Gebiet oder für Teilgebiete abweichend von den Vorschriften der Absätze 2 bis 7 durch Staatsvertrag regeln. Die betroffenen Gemeinden und Kreise sind zu hören. Der Staatsvertrag bedarf der Bestätigung durch Volksentscheid in jedem beteiligten Land. Betrifft der Staatsvertrag Teilgebiete der Länder, kann die Bestätigung auf Volksentscheide in diesen Teilgebieten beschränkt werden; Satz 5 2. Halbsatz findet keine Anwendung. Bei einem Volksentscheid entscheidet die Mehrheit der abgegebenen Stimmen, wenn sie mindestens ein Viertel der zum Bundestag Wahlberechtigten umfaßt; das Nähere regelt ein Bundesgesetz. Der Staatsvertrag bedarf der Zustimmung des Bundestages.
	Artikel 45 GG **Der Bundestag bestellt einen Ausschuß für die Angelegenheiten der Europäischen Union. Er kann ihn ermächtigen, die Rechte des Bundestages gemäß Artikel 23 gegenüber der Bundesregierung wahrzunehmen.**
Artikel 50 GG Durch den Bundesrat wirken die Länder bei der Gesetzgebung und Verwaltung des Bundes mit.	**Artikel 50 GG** Durch den Bundesrat wirken die Länder bei der Gesetzgebung und Verwaltung des Bundes mit **und in Angelegenheiten der Europäischen Union** mit.
Artikel 52 GG (3) Der Bundesrat faßt seine Beschlüsse mit mindestens der Mehrheit seiner Stimmen. Er gibt sich eine Geschäftsordnung. Er verhandelt öffentlich. Die Öffentlichkeit kann ausgeschlossen werden.	**Artikel 52 GG** (3) Der Bundesrat faßt seine Beschlüsse mit mindestens der Mehrheit seiner Stimmen. Er gibt sich eine Geschäftsordnung. Er verhandelt öffentlich. Die Öffentlichkeit kann ausgeschlossen werden.

Geltendes Recht	Vorschlag der Gemeinsamen Verfassungskommission
	(3a) Für Angelegenheiten der Europäischen Union kann der Bundesrat eine Europakammer bilden, deren Beschlüsse als Beschlüsse des Bundesrates gelten; Artikel 51 Abs. 2 und 3 Satz 2 gelten entsprechend.
(4) Den Ausschüssen des Bundesrates können andere Mitglieder oder Beauftragte der Regierungen der Länder angehören.	(4) Den Ausschüssen des Bundesrates können andere Mitglieder oder Beauftragte der Regierungen der Länder angehören.
Artikel 72 GG	**Artikel 72 GG**
(1) Im Bereiche der konkurrierenden Gesetzgebung haben die Länder die Befugnis zur Gesetzgebung, solange und soweit der Bund von seinem Gesetzgebungsrechte keinen Gebrauch macht.	(1) Im Bereiche der konkurrierenden Gesetzgebung haben die Länder die Befugnis zur Gesetzgebung, **solange und soweit der Bund von seiner Gesetzgebungszuständigkeit nicht durch Gesetz Gebrauch gemacht hat.**
(2) Der Bund hat in diesem Bereich das Gesetzgebungsrecht,soweit ein Bedürfnis nach bundesgesetzlicher Regelung besteht, weil 1. eine Angelegenheit durch die Gesetzgebung einzelner Länder nicht wirksam geregelt werden kann oder 2. die Regelung einer Angelegenheit durch ein Landesgesetz die Interessen anderer Länder oder der Gesamtheit beeinträchtigen könnte oder 3. die Wahrung der Rechts- oder Wirtschaftseinheit, insbesondere die Wahrung der Einheitlichkeit der Lebensverhältnisse über das Gebiet eines Landes hinaus sie erfordert.	(2) Der Bund hat in diesem Bereich das Gesetzgebungsrecht, **wenn und soweit die Herstellung gleichwertiger Lebensverhältnisse im Bundesgebiet oder die Wahrung der Rechtseinheit im gesamtstaatlichen Interesse eine bundesgesetzliche Regelung erforderlich macht.**
	(3) Durch Bundesgesetz kann bestimmt werden, daß eine bundesgesetzliche Regelung, für die eine Erforderlichkeit im Sinne von Absatz 2 nicht mehr besteht, durch Landesrecht ersetzt werden kann.

Geltendes Recht	Vorschlag der Gemeinsamen Verfassungskommission
Artikel 74 GG	**Artikel 74 GG**
Die konkurrierende Gesetzgebung erstreckt sich auf folgende Gebiete:	Die konkurrierende Gesetzgebung erstreckt sich auf folgende Gebiete:
5. den Schutz deutschen Kulturgutes gegen Abwanderung in das Ausland;	**5. —; [Überführung der Materie in die Rahmengesetzgebungskompetenz des Bundes als Art. 75 Abs. 1 Nr. 6 (neu)]**
8. die Staatsangehörigkeit in den Ländern;	**8. —;**
18. den Grundstücksverkehr, das Bodenrecht und das landwirtschaftliche Pachtwesen, das Wohnungswesen, das Siedlungs- und Heimstättenwesen;	18. den Grundstücksverkehr, das Bodenrecht **(ohne das Recht der Erschließungsbeiträge)** und das landwirtschaftliche Pachtwesen, das Wohnungswesen, das Siedlungs- und Heimstättenwesen;
	25. die Staatshaftung;
	26. die künstliche Befruchtung beim Menschen sowie die Untersuchung und die künstliche Veränderung von Erbinformationen sowie Regelungen zur Transplantation von Organen und Geweben;
	(2) Gesetze nach Absatz 1 Nr. 25 bedürfen der Zustimmung des Bundesrates.
Artikel 75 GG	**Artikel 75 GG**
(1) Der Bund hat das Recht, unter den Voraussetzungen des Artikels 72 Rahmenvorschriften zu erlassen über:	(1) Der Bund hat das Recht, unter den Voraussetzungen des Artikels 72 Rahmenvorschriften **für die Gesetzgebung der Länder zu erlassen über:**
1. a) die allgemeinen Grundsätze des Hochschulwesens;	**1. a) die allgemeinen Grundsätze des Hochschulwesens, soweit sie die Zulassung zum Studium, die Studiengänge, die Prüfungen, die Hochschulgrade, das wissenschaftliche und künstlerische Personal betreffen;**

Geltendes Recht	Vorschlag der Gemeinsamen Verfassungskommission
2. die allgemeinen Rechtsverhältnisse der Presse und des Films;	**2. die allgemeinen Rechtsverhältnisse der Presse;**
	6. den Schutz deutschen Kulturgutes gegen Abwanderung in das Ausland.
	(2) Rahmenvorschriften dürfen nur in Ausnahmefällen in Einzelheiten gehende oder unmittelbar geltende Regelungen enthalten.
	(3) Erläßt der Bund Rahmenvorschriften, so sind die Länder verpflichtet, innerhalb einer durch das Gesetz bestimmten angemessenen Frist die erforderlichen Landesgesetze zu erlassen.
Artikel 76 GG (Einbringung von Gesetzesvorlagen)	**Artikel 76 GG**
(2) Vorlagen der Bundesregierung sind zunächst dem Bundesrate zuzuleiten. Der Bundesrat ist berechtigt, innerhalb von sechs Wochen zu diesen Vorlagen Stellung zu nehmen. Die Bundesregierung kann eine Vorlage, die sie bei der Zuleitung an den Bundesrat ausnahmsweise als besonders eilbedürftig bezeichnet hat, nach drei Wochen dem Bundestage zuleiten, auch wenn die Stellungnahme des Bundesrates noch nicht bei ihr eingegangen ist; sie hat die Stellungnahme des Bundesrates unverzüglich nach Eingang dem Bundestage nachzureichen.	(2) Vorlagen der Bundesregierung sind zunächst dem Bundesrate zuzuleiten. Der Bundesrat ist berechtigt, innerhalb von sechs Wochen zu diesen Vorlagen Stellung zu nehmen. **Verlangt er aus wichtigem Grunde, insbesondere mit Rücksicht auf den Umfang einer Vorlage, eine Fristverländerung, so beträgt die Frist neun Wochen.** Die Bundesregierung kann eine Vorlage, die sie bei der Zuleitung an den Bundesrat ausnahmsweise als besonders eilbedürftig bezeichnet hat, nach drei Wochen **oder, wenn der Bundesrat ein Verlangen nach Satz 3 geäußert hat, nach sechs Wochen dem Bundestage zuleiten, auch wenn die Stellungnahme des Bundesrates noch nicht bei ihr eingegangen ist; sie hat die Stellungnahme des Bundesrates unverzüglich nach Eingang dem Bundestage nachzureichen. Bei Vorlagen zur Änderung dieses Grundgesetzes und zur Übertragung von Hoheitsrechten nach Artikel 23 oder 24 beträgt die Frist zur Stellungnahme neun Wochen; Satz 4 findet keine Anwendung.**

Geltendes Recht	Vorschlag der Gemeinsamen Verfassungskommission
(3) Vorlagen des Bundesrates sind dem Bundestage durch die Bundesregierung innerhalb von drei Monaten zuzuleiten. Sie hat hierbei ihre Auffassung darzulegen.	(3) Vorlagen des Bundesrates sind dem Bundestage durch die Bundesregierung innerhalb von **sechs Wochen** zuzuleiten. **Sie soll hierbei ihre Auffassung darlegen. Verlangt sie aus wichtigem Grunde, insbesondere mit Rücksicht auf den Umfang einer Vorlage, eine Fristverlängerung, so beträgt die Frist neun Wochen. Wenn der Bundesrat eine Vorlage ausnahmsweise als besonders eilbedürftig bezeichnet hat, beträgt die Frist drei Wochen oder, wenn die Bundesregierung ein Verlangen nach Satz 3 geäußert hat, sechs Wochen. Bei Vorlagen zur Änderung dieses Grundgesetzes und zur Übertragung von Hoheitsrechten nach Artikel 23 oder 24 beträgt die Frist neun Wochen; Satz 4 findet keine Anwendung. Der Bundestag hat über die Vorlagen in angemessener Frist zu beraten und Beschluß zu fassen.**
Artikel 77 GG (Gesetzgebungsverfahren)	**Artikel 77 GG**
(1) Die Bundesgesetze werden vom Bundestage beschlossen. Sie sind nach ihrer Annahme durch den Präsidenten des Bundestages unverzüglich dem Bundesrate zuzuleiten. (2) Der Bundesrat kann binnen drei Wochen nach Eingang des Gesetzesbeschlusses verlangen, daß ein aus Mitgliedern des Bundestages und des Bundesrates für die gemeinsame Beratung von Vorlagen gebildeter Ausschuß einberufen wird. Die Zusammensetzung und das Verfahren dieses Ausschusses regelt eine Geschäftsordnung, die vom Bundestage beschlossen wird und der Zustimmung des Bundesrates bedarf. Die in diesen Ausschuß entsandten Mitglieder des Bundesrates sind nicht an Weisungen gebunden. Ist zu einem Gesetze die Zustimmung des Bundesrates erforderlich, so können auch der Bundestag und die Bundesregierung die Einberufung verlangen. Schlägt der Ausschuß eine Änderung des Gesetzesbeschlusses vor, so hat der Bundestag erneut Beschluß zu fassen.	

Geltendes Recht

Vorschlag der Gemeinsamen Verfassungskommission

(2a) Soweit zu einem Gesetze die Zustimmung des Bundesrates erforderlich ist, hat der Bundesrat, wenn ein Verlangen nach Abs. 2 Satz 1 nicht gestellt oder das Vermittlungsverfahren ohne einen Vorschlag zur Änderung des Gesetzesbeschlusses beendet ist, in angemessener Frist über die Zustimmung Beschluß zu fassen.

(3) Soweit zu einem Gesetze die Zustimmung des Bundesrates nicht erforderlich ist, kann der Bundesrat, wenn das Verfahren nach Abs. 2 beendigt ist, gegen ein vom Bundestage beschlossenes Gesetz binnen zwei Wochen Einspruch einlegen. Die Einspruchsfrist beginnt im Falle des Abs. 2 letzter Satz mit dem Eingange des vom Bundestage erneut gefaßten Beschlusses, in allen anderen Fällen mit dem Eingange der Mitteilung des Vorsitzenden des in Abs. 2 vorgesehenen Ausschusses, daß das Verfahren vor dem Ausschusse abgeschlossen ist.

(4) Wird der Einspruch mit der Mehrheit der Stimmen des Bundesrates beschlossen, so kann er durch Beschluß der Mehrheit der Mitglieder des Bundestages zurückgewiesen werden. Hat der Bundesrat den Einspruch mit einer Mehrheit von mindestens zwei Dritteln seiner Stimmen beschlossen, so bedarf die Zurückweisung durch den Bundestag einer Mehrheit von zwei Dritteln, mindestens der Mehrheit der Mitglieder des Bundestages.

Artikel 80 GG
(Erlaß von Rechtsverordnungen)

(1) Durch Gesetz können die Bundesregierung, ein Bundesminister oder die Landesregierungen ermächtigt werden, Rechtsverordnungen zu erlassen. Dabei müssen Inhalt, Zweck und Ausmaß der erteilten Ermächtigung im Gesetze bestimmt werden. Die Rechtsgrundlage ist in der Verordnung anzugeben. Ist durch Gesetz vorgesehen, daß eine Ermächtigung weiter übertragen werden kann, so bedarf es zur Übertragung der Ermächtigung einer Rechtsverordnung.

Artikel 80 GG

Geltendes Recht	Vorschlag der Gemeinsamen Verfassungskommission
(2) Der Zustimmung des Bundesrates bedürfen, vorbehaltlich anderweitiger bundesgesetzlicher Regelung, Rechtsverordnungen der Bundesregierung oder eines Bundesministers über Grundsätze und Gebühren für die Benutzung der Einrichtungen der Bundeseisenbahnen und des Post- und Fernmeldewesens, über den Bau und Betrieb der Eisenbahnen, sowie Rechtsverordnungen auf Grund von Bundesgesetzen, die der Zustimmung des Bundesrates bedürfen oder die von den Ländern im Auftrage des Bundes oder als eigene Angelegenheit ausgeführt werden.	
	(3) Der Bundesrat kann der Bundesregierung Vorlagen für den Erlaß von Rechtsverordnungen zuleiten, die seiner Zustimmung bedürfen.
	(4) Soweit durch Bundesgesetz oder auf Grund von Bundesgesetzen Landesregierungen ermächtigt werden, Rechtsverordnungen zu erlassen, sind die Länder zu einer Regelung auch durch Gesetz befugt.
Artikel 87 GG	**Artikel 87 GG**
(2) Als bundesunmittelbare Körperschaften des öffentlichen Rechtes werden diejenigen sozialen Versicherungsträger geführt, deren Zuständigkeitsbereich sich über das Gebiet eines Landes hinaus erstreckt.	(2) Als bundesunmittelbare Körperschaft des öffentlichen Rechtes werden diejenigen sozialen Versicherungsträger geführt, deren Zuständigkeitsbereich sich über das Gebiet eines Landes hinaus erstreckt. **Soziale Versicherungsträger, deren Zuständigkeitsbereich sich über das Gebiet eines Landes, aber nicht über mehr als drei Länder hinaus erstreckt, werden abweichend von Satz 1 als landesunmittelbare Körperschaften des öffentlichen Rechts geführt, wenn das aufsichtsführende Land durch die beteiligten Länder bestimmt ist.**
Artikel 87 d GG	**Artikel 87 d GG**
(1) Die Luftverkehrsverwaltung wird in bundeseigener Verwaltung geführt.	**(1) Die Luftverkehrsverwaltung wird in bundeseigener Verwaltung geführt. Über die öffentlich-rechtliche oder privat-rechtliche Organisationsform wird durch Bundesgesetz entschieden.**

Geltendes Recht	Vorschlag der Gemeinsamen Verfassungskommission
Artikel 88 GG	**Artikel 88 GG**
Der Bund errichtet eine Währungs- und Notenbank als Bundesbank.	Der Bund errichtet eine Währungs- und Notenbank als Bundesbank. **Ihre Aufgaben und Befugnisse können einer Europäischen Zentralbank übertragen werden.**
Artikel 93 GG	**Artikel 93 GG**
(1) Das Bundesverfassungsgericht entscheidet:	(1) Das Bundesverfassungsgericht entscheidet:
	2. a) bei Meinungsverschiedenheiten, ob ein Gesetz den Voraussetzungen des Artikels 72 Abs. 2 entspricht, auf Antrag des Bundesrates, einer Landesregierung oder der Volksvertretung eines Landes;
Artikel 115e GG	**Artikel 115e GG**
(2) Durch ein Gesetz des Gemeinsamen Ausschusses darf das Grundgesetz weder geändert noch ganz oder teilweise außer Kraft oder außer Anwendung gesetzt werden. Zum Erlaß von Gesetzen nach Artikel 24 Abs. 1 und Artikel 29 ist der Gemeinsame Ausschuß nicht befugt.	(2) Durch ein Gesetz des Gemeinsamen Ausschusses darf das Grundgesetz weder geändert noch ganz oder teilweise außer Kraft oder außer Anwendung gesetzt werden. Zum Erlaß von Gesetzen nach **Artikel 23 Abs. 1 Satz 2, Artikel 24 Abs. 1 oder Artikel 29 ist der Gemeinsame Ausschuß nicht befugt.**
	Artikel 118a GG
	Die Neugliederung in dem die Länder Berlin und Brandenburg umfassenden Gebiet kann abweichend von den Vorschriften des Artikels 29 unter Beteiligung ihrer Wahlberechtigten durch Vereinbarung beider Länder erfolgen.
	Artikel 125a GG
	Recht, das als Bundesrecht erlassen worden ist, aber wegen nachträglicher Änderung dieses Grundgesetzes nicht mehr als Bundesrecht erlassen werden könnte, gilt als Bundesrecht fort. Es kann durch Landesrecht aufgehoben und ergänzt werden.

Kommissionsdrucksachen

Nr.	Inhalt der Drucksache
1.	Formulierungsvorschlag zur Änderung von *Artikel 24 I, 32 GG* (Abg. Dr. Ullmann)
2.	Antrag zur Neufassung des *Artikels 118 GG* — Neugliederung der Länder Berlin und Brandenburg (Berlin und Brandenburg)
3.	Antrag zur Änderung des *Artikels 28 I GG* — Ausländerwahlrecht (Frau Senatorin Dr. Peschel-Gutzeit) **— ersetzt durch Nummer 65 —**
4. (neu)	Antrag zur Änderung des *Artikels 28 I GG* — Ausländerwahlrecht (SPD-Mitglieder) — **— ersetzt durch Nummer 65 —**
5.	Antrag zur Änderung des *Artikels 28 I GG* — Ausländerwahlrecht (Bremen) **— ersetzt durch Nummer 14 —**
6.	Antrag zur Änderung des *Artikels 116 GG* — Bürgerbegriff, Einbürgerung (Abg. Dr. Ullmann)
7. (neu)	Empfehlungen der Berichterstatter zum Thema *„Grundgesetz und Europa"*
8.	Antrag zu *„Einsatz der Bundeswehr out of area/Blauhelme"* (SPD-Mitglieder)
9.	Antrag zur Einführung eines Staatsziels „Umweltschutz" ins Grundgesetz (Hessen)
10.	Antrag zur Ergänzung des *Artikels 28 II GG* — „Kommunale Selbstverwaltung" (SPD-Mitglieder)
11.	Antrag zur Ergänzung des *Artikels 3 II GG* — (Sachsen-Anhalt)
12.	Antrag zur Ergänzung des *Artikels 79 GG um einen Abs. 2a* (SPD-Mitglieder)
13.	Antrag zur Ergänzung des *Artikels 3 GG* (SPD-Mitglieder)
14.	Antrag auf Einführung der sog. *Bremer Klausel bzgl. des Kommunalwahlrechts für EG-Bürger* (Bremen)
15.	Antrag zur Änderung des *Artikels 32 GG* (NRW)
16.	Antrag zur Ergänzung des *Artikels 74 I Nr. 26 (neu) GG* (CDU/CSU-Fraktion)

Nr.	Inhalt der Drucksache
17.	Antrag zur Änderung des *Artikel 23 III GG (neu)* — „Grundgesetz und Europa" (SPD-Mitglieder)
18.	Antrag zur Ergänzung des *Artikels 23 II u. III GG (neu)* „Grundgesetz und Europa" (SPD-Mitglieder)
19.	Antrag *„Datenschutz und Informationsfreiheit in der Verfassung"* (Abg. Dr. Ullmann)
20.	Antrag zur Neufassung des *Artikels 3 GG* (Abg. Prof. Dr. Heuer)
21.	Antrag zur Einfügung eines *Artikels 2a (neu), eines Artikels 5 Abs. 2a (neu) und eines Artikels 45d (neu) „Grundrechte/Datenschutz"* (Hessen)
22.	Antrag zur *Ergänzung der Präambel* (SPD-Mitglieder) **— ersetzt durch Nummer 68 —**
23.	Antrag im Umfeld zu *Artikel 20 GG — „Staatsziele" (hier: Wohnen)* — (SPD-Mitglieder)
24.	Antrag im Umfeld zu *Artikel 20 GG — „Staatsziele" (hier: Arbeit)* — (SPD-Mitglieder)
25.	Antrag zur Einfügung eines *Artikels 2a (neu), eines Artikels 5 Abs. 2a (neu) und eines Artikels 45d (neu) „Grundrechte/Datenschutz"* (SPD-Mitglieder)
26.	Antrag zur Einfügung eines *Artikels 116a GG* (Abg. Prof. Dr. Heuer)
27.	Antrag im Umfeld zu *Artikel 20 GG — „Staatsziele" (hier: Minderheitenschutz)* — (SPD-Mitglieder)
28.	Antrag im Umfeld zu *Artikel 20 GG — „Staatsziele" (hier: Soziale Sicherheit)* — (SPD-Mitglieder)
29.	Antrag im Umfeld zu *Artikel 20 GG — „Staatsziele" (hier: Tierschutz)* — (SPD-Mitglieder)
30.	Antrag zur Neufassung von *Bestimmungen des Parlaments- und Wahlrechts* (Abg. Prof. Dr. Heuer) **— am 17. Juni 1993 vom Antragsteller zurückgezogen —**
31.	Antrag zur Neufassung des *Artikels 6 GG* (Justizminister Baden-Württemberg) **— am 17. Juni 1993 vom Antragsteller zurückgezogen —**
32.	Antrag zur *Aufnahme von Volksinitiative, -begehren und -entscheid im Grundgesetz* (Abg. Dr. Ullmann)
33.	Antrag zur *Einfügung eines neuen Artikels 24 IIa GG Streitkräfteeinsatz* (Abg. Prof. Dr. von Stetten)

Nr.	Inhalt der Drucksache
34.	Antrag im Umfeld zu *Artikel 20 GG — „Staatsziele“ (hier: Bildung und Kultur)* — (SPD-Mitglieder)
35.	Antrag zur Einfügung eines *Artikels 20b und zur Änderung des Artikels 76 GG — „Bürgerbeteiligung“* (SPD-Mitglieder)
36.	Antrag zur *Ergänzung des Artikels 45c GG — „Massenpetition“* (SPD-Mitglieder)
37.	Antrag zur *Änderung staatskirchenrechtlicher Vorschriften im GG* (Abg. Dr. Ullmann)
38.	Antrag im Umfeld zu *Artikel 20 GG — „Staatsziele“ (hier: Umweltschutz)* — (SPD-Mitglieder)
39.	Antrag zur *Aufnahme des Staatszieles „Recht auf Wohnung“* im GG (Abg. Dr. Ullmann)
40.	Antrag zur *Aufnahme des Staatszieles „Recht auf Arbeit“* im GG (Abg. Dr. Ullmann)
41.	Antrag zur *Aufnahme des Staatszieles „Recht auf soziale Sicherung“* im GG (Abg. Dr. Ullmann)
42.	Antrag zur *Aufnahme des Staatszieles „Recht auf ethnische Minderheiten“* im GG (Abg. Dr. Ullmann)
43.	Antrag zum Bereich *„Staatsziele“* (Land Berlin)
44.	Antrag zur *Aufnahme des Grundrechts auf Bildung* im Grundgesetz (Abg. Dr. Ullmann)
45.	Antrag zur *Verankerung des Umweltschutzes* im Grundgesetz (Abg. Dr. Ullmann)
46.	Antrag zum Themenbereich *„Staatsziele und Grundrechte“* (Hessen)
47.	Antrag zum Staatsziel *„Umweltschutz“* (CDU/CSU-Fraktion)
48.	Antrag hinsichtlich der *Schaffung eines Ökologischen Rates* (Abg. Dr. Ullmann)
49.	Antrag zum Themenbereich *„Staatsziele“* (Staatsminister Dr. Stoiber)
50.	Antrag zur *Aufnahme eines Artikels 20a II im Grundgesetz (hier: Tierschutz)* — (Abg. Dr. Hirsch)
51.	*Antrag zur Ergänzung des Artikels 79 GG (hier: Verfassungsreferendum)* — (SPD-Mitglieder)
52.	Antrag zum Themenbereich *„Staatsangehörigkeit“* (Hessen)
53.	Antrag zur *Änderung des Artikels 29 GG* (Staatsminister Heitmann)

Nr.	Inhalt der Drucksache
54.	Antrag zur Ergänzung des Artikels 48 GG „Diätenkommission" — (SPD-Mitglieder)
55.	Antrag zur *Einfügung eines Artikels 49 (neu) GG „Fraktionen/Opposition"* — (SPD-Mitglieder)
56.	Antrag zur *Ergänzung des Artikels 43 GG „Parlamentarische Anfragen"* — (SPD-Mitglieder)
57.	Eckwerte für ein *Untersuchungsausschußgesetz* (SPD-Mitglieder)
58.	Antrag zur *Einfügung eines Artikels 44a GG „Enquete-Kommission"* — (SPD-Mitglieder)
59.	Antrag zur *Ergänzung des Artikels 39 GG „Selbstauflösungsrecht des Bundestages"* — (SPD-Mitglieder)
60.	Antrag zur *Änderung des Artikels 48 III GG* (Staatsminister Heitmann) **— am 17. Juni 1993 vom Antragsteller zurückgezogen —**
61.	Antrag zur *Ergänzung des Artikels 39 GG „Selbstauflösungsrecht des Bundestages"* — (Abg. Dr. Ullmann)
62.	Antrag zur *Neufassung des Artikels 116 GG* (Abg. Prof. Dr. Heuer)
63.	Antrag zur *Neufassung des Artikels 6 GG* (Abg. Prof. Dr. Heuer)
64.	Antrag zur *Neufassung von Bestimmungen des Friedensprinzips und der Wehrverfassung* (Abg. Prof. Dr. Heuer)
65.	Antrag zur *Ergänzung des Artikels 28 Abs. 1 GG „Kommunales Ausländerwahlrecht"* (SPD-Mitglieder)
66.	Antrag zur *Neufassung des Artikels 28 GG und Einfügung eines Artikel 28a GG* (Abg. Prof. Dr. Heuer)
67.	Antrag zur *Ergänzung des Artikels 3 III GG „Diskriminierungsverbot/Behinderte"* (SPD-Mitglieder)
68.	Antrag zur *Ergänzung der Präambel* (SPD-Mitglieder)
69.	Antrag zur *Neufassung des Artikels 87 III S. 1 GG* (Justizministerin Alm-Merk für das Land Niedersachsen und neun andere Bundesländer)
70.	Antrag zu *Artikel 140 GG — „Unmittelbare Aufnahme der Artikel 136, 137, 138, 139 und 141 Weimarer Verfassung ins Grundgesetz"* (Abg. Dr. Hirsch)
71.	Antrag zur *„Geschlechtergerechten Sprache des Grundgesetzes"* (SPD-Mitglieder)

Nr.	Inhalt der Drucksache
72.	Antrag zur *Änderung der Präambel des Grundgesetzes* (Abg. Dr. Ullmann)
73.	Antrag zur *Ergänzung des Artikels 7 Abs. 1 GG „Selbstbestimmung und Mitmenschlichkeit“* (SPD-Mitglieder)
74.	Antrag zur *Ergänzung des Artikels 6 GG „Familien und nichteheliche Lebensgemeinschaften“* (SPD-Mitglieder)
75.	Antrag zur *Ergänzung des Artikel 85 Abs. 3 GG „Recht der Länder, Weisungen oberster Bundesbehörden gerichtlich überprüfen zu lassen“* (Ministerpräsident Schröder für das Land Niedersachsen)
76.	Antrag zur *Änderung der kinderbezogenen Teile des Artikels 6 GG* (SPD-Mitglieder)
77.	Antrag zur *Ergänzung des Artikels 13 Abs. 3 GG (Bekämpfung der organisierten Kriminalität)* (Staatsminister Dr. Stoiber)
78.	Antrag zur *Änderung/Ergänzung der Artikel 16 und 18 GG* (Abg. Prof. Dr. Heuer)
79.	Antrag zur *Änderung des Artikels 3 Abs. 2 GG* (Justizministerin Alm-Merk für das Land Niedersachsen)
80.	Antrag zur *Änderung des Artikels 3 Abs. 2 GG* (Berichterstatterinnen und Berichterstatter)
81.	Antrag zur *Ergänzung des Artikels 36 GG — Dezentrale Verteilung der Bundesbehörden* (Sachsen, Hamburg, Mecklenburg-Vorpommern, Schleswig-Holstein, Thüringen)
82.	Antrag zur *Änderung des Artikels 87 Abs. 2 GG — Föderalisierung der Sozialversicherung* (Artikel 87 GG) (Berichterstatterinnen und Berichterstatter)
83.	Antrag zur *Änderung des Artikels 3 Abs. 3 GG — Sexuelle Identität* (SPD-Mitglieder)
84.	Antrag zur *Ergänzung des Artikels 28 Abs. 2 GG — Kommunale Selbstverwaltung* (Abg. Dr. Möller, Abg. Dr. Reinartz)
85.	a) *Rechte ethnischer Minderheiten* (Antrag) b) *Antrag zur Ergänzung des Artikels 28 Abs. 2 GG — Kommunale Selbstverwaltung* (Abg. Dr. Hirsch)
86.	Antrag zur *Ergänzung des Artikels 59 Abs. 2 GG „Kündigung völkerrechtlicher Verträge“* (SPD-Mitglieder)
87.	Antrag zur *Neufassung des Artikels 26 GG „Friedensstaatlichkeit“* (SPD-Mitglieder)

Nr.	Inhalt der Drucksache
88.	Antrag auf *Einfügung eines Artikel 116b in das Grundgesetz „Diskriminierung wegen Haltung zur DDR“* (Abg. Prof. Dr. Heuer)
89.	Antrag zur *Änderung staatskirchenrechtlicher Vorschriften im Grundgesetz — wörtliche Übernahme des Antrages von Abg. Dr. Ullmann (Kommissionsdrucksache Nr. 37)* — (Abg. Prof. Dr. Heuer)
90.	Antrag zur *Ergänzung des Artikel 87a GG — „Bündnisfall“* (SPD-Mitglieder)
91.	Antrag zur *Änderung und Ergänzung der Artikel 4 Abs. 3 und 12a Abs. 1 GG — „Kriegsdienstverweigerung“* (SPD-Mitglieder)
92.	Antrag zur *Ergänzung des Artikels 28 Abs. 2 GG — „Kommunale Selbstverwaltung“* (Abg. Dr. Jahn, Frau Abg. Dr. Wegner)
93.	Antrag zur *Aufnahme der Begriffe „Mitmenschlichkeit“ und „Gemeinsinn“ in das Grundgesetz* (Abg. Dr. Elmer, Frau Abg. Rahardt-Vahldieck)
94.	Antrag auf *Einfügung eines Artikel 20a GG „Umweltschutz“ (Abg. Dr. Jahn)*
95.	Antrag auf *Einfügung eines Artikel 20a GG „Umweltschutz“* (SPD-Mitglieder)

Kommissionsdrucksache Nr. 1

Antrag zu Artikel 24 Abs. 1 und Artikel 32 GG (Gruppe BÜNDNIS 90/DIE GRÜNEN)

Artikel 24 Abs. 1 des Grundgesetzes wird durch folgende neue Absätze 1 und 2 ersetzt (die folgenden Absätze verschieben sich entsprechend):

(1) Der Bund kann durch Gesetz Hoheitsrechte auf supranationale Einrichtungen übertragen. Soweit Hoheitsrechte der Länder berührt werden, bedarf das Gesetz der Zustimmung einer Mehrheit der gesetzlichen Mitgliederzahl von zwei Dritteln der Parlamente der Länder.

(2) Übertragungen von Hoheitsrechten nach Absatz 1 dürfen nur vorgenommen werden, wenn der nach innerstaatlichem Recht betehende Grundrechtsschutz sowie demokratische Mitwirkungs- und Kontrollrechte gewährleistet sind. Der Bund wirkt darauf hin, daß bestehende zwischenstaatliche Einrichtungen die Grundsätze der Artikel 20 und 26 wahren.

Artikel 32 des Grundgesetzes erhält folgende Fassung:

(1) Die Länder können im Rahmen ihrer Zuständigkeit zur Gesetzgebung völkerrechtliche Verträge abschließen. Zum Abschluß von Verträgen, welche die politischen Beziehungen des Bundes regeln, ist nur der Bund befugt. Zum Abschluß von völkerrechtlichen Verträgen über Gegenstände der konkurrierenden Gesetzgebung bedürfen die Länder der Zustimmung der Bundesregierung. Das gleiche gilt für Verwaltungsabkommen der Länder, soweit sie die Bundesgesetze ausführen.

(2) Beabsichtigt der Bund den Abschluß eines Vertrages, der die besonderen Verhältnisse eines Landes berührt, so ist das Land rechtzeitig zu hören.

(3) Die Zuständigkeit für die auswärtigen Beziehungen liegt beim Bund. Im Rahmen ihrer Aufgeben sind die Länder zur Zusammenarbeit mit auswärtigen Staaten, Regionen und Körperschaften befugt.

— Dieser Antrag kam nicht zur Abstimmung —

Kommissionsdrucksache Nr. 2

Antrag zur Neufassung des Artikels 118 GG — Neugliederung der Länder Berlin und Brandenburg (Berlin und Brandenburg)

Nach Artikel 118 wird folgender Artikel 118a eingefügt:

„Die Neugliederung in dem die Länder Berlin und Brandenburg umfassenden Gebiet kann abweichend von den Vorschriften des Artikels 29 unter Beteiligung ihrer Wahlberechtigten durch Vereinbarung beider Länder erfolgen."

Kommissionsdrucksache Nr. 3

Antrag zur Änderung des Artikels 28 Abs. 1 GG — Ausländerwahlrecht (Frau Senatorin Dr. Peschel-Gutzeit (Hamburg)

1. Es wird empfohlen, in Artikel 28 Abs. 1 folgende Sätze anzufügen:

   „Bei Wahlen in den Kreisen und Gemeinden sind Ausländer, die die dafür im Recht der Europäischen Gemeinschaft genannten Voraussetzungen erfüllen oder ihren ständigen Wohnsitz im Bundesgebiet haben, wie Deutsche wahlberechtigt und wählbar. Für Abstimmungen in den Kreisen und Gemeinden gilt Satz 4 entsprechend."

   Hilfsweise — für den Fall, daß der Antrag zu 1. abgelehnt wird — möge die Gemeinsame Verfassungskommission beschließen:

   Es wird empfohlen, in Artikel 28 Abs. 1 folgende Sätze anzufügen:

   „Bei Wahlen in den Kreisen und Gemeinden sind Ausländer, die die dafür im Recht der Europäischen Gemeinschaften genannten Voraussetzungen erfüllen oder denen das Landesrecht die Beteiligung im Hinblick auf ihren ständigen Wohnsitz im Bundesgebiet gestattet, wie Deutsche wahlberechtigt und wählbar. Für Abstimmungen in den Kreisen und Gemeinden gilt Satz 4 entsprechend."

   — Ersetzt durch Kommissionsdrucksache Nr. 65 —

Kommissionsdrucksache Nr. 4 (neu)

Antrag zur Änderung des Artikel 28 Abs. 1 GG — Ausländerwahlrecht (SPD-Mitglieder der Gemeinsamen Verfassungskommission)

1. Es wird empfohlen, in Artikel 28 Abs. 1 folgende Sätze anzufügen:

   „Bei Wahlen in den Gemeinden und Gemeindeverbänden sind Ausländer, die die dafür im Recht der Europäischen Gemeinschaft genannten Voraussetzungen erfüllen oder ihren ständigen Wohnsitz im Bundesgebiet haben, wie Deutsche wahlberechtigt und wählbar. Für Abstimmungen in den Gemeinden und Gemeindeverbänden gilt Satz 4 entsprechend."

2. Hilfsweise — für den Fall, daß der Antrag zu 1. abgelehnt wird — möge die Gemeinsame Verfassungskommission beschließen:

   Es wird empfohlen, in Artikel 28 Abs. 1 folgende Sätze anzufügen:

   „Bei Wahlen in den Gemeinden und Gemeindeverbänden sind Ausländer, die die dafür im Recht der Europäischen Gemeinschaften genannten Voraussetzungen erfüllen oder denen das Landesrecht die Beteiligung im Hinblick auf ihren ständigen Wohnsitz im Bundesgebiet gestattet, wie Deutsche wahlberechtigt und wählbar. Für Abstimmungen in den Gemeinden und Gemeindeverbänden gilt Satz 4 entsprechend."

   — Ersetzt durch Kommissionsdrucksache Nr. 65 —

Kommissionsdrucksache Nr. 5

Antrag zur Änderung des Artikels 28 Abs. 1 GG — Ausländerwahlrecht (Bremen)

Nach Artikel 28 Abs. 1 Satz 3 (neu) wird folgender Satz 4 eingefügt:

„In den Ländern Berlin, Bremen und Hamburg können die Landesverfassungen vorsehen, daß dies auch bei Wahlen zu den Landtagen gilt, wenn staatliche und gemeindliche Tätigkeit nicht getrennt sind oder eine Gemeindevertretung aus einem Teil des Landtags besteht."

— *Ersetzt durch Kommissionsdrucksache Nr. 14* —

Kommissionsdrucksache Nr. 6

Antrag zur Änderung des Artikels 116 GG — Bürgerbegriff, Einbürgerung (Gruppe BÜNDNIS 90/DIE GRÜNEN)

Artikel 116 des Grundgesetzes ist wie folgt neu zu fassen:

„Artikel 116 (Bürgerbegriff, Einbürgerung)

(1) Bürgerin oder Bürger im Sinne dieses Grundgesetzes ist, wer die deutsche Staatsangehörigkeit besitzt oder die Rechtsstellung eines Bürgers (Niederlassungsrecht) erlangt hat. Auf diese Rechtsstellung hat Anspruch, wer als Ausländerin oder Ausländer seit mindestens fünf Jahren rechtmäßig den ständigen Wohnsitz im Bundesgebiet genommen hat. Angehörige der Mitgliedsstaaten der Europäischen Gemeinschaft können deutschen Staatsangehörigen gleichgestellt werden. Das Nähere regelt ein Bundesgesetz.

(2) Die Gesamtheit aller Bürgerinnen und Bürger bildet das Volk im Sinne dieses Grundgesetzes.

(3) (Der bisherige Absatz 2 wird zu Absatz 3)."

— *Dieser Antrag kam nicht zur Abstimmung* —

Kommissionsdrucksache Nr. 7 (neu)

„Empfehlungen der Berichterstatter zum Thema Grundgesetz und Europa"

1. Fassung des neuen Artikels 23 GG (Europäische Integration) mit dem von den Berichterstattern am 24. Juni 1992 beschlossenen Inhalt

(1) Zur Verwirklichung eines vereinten Europas wirkt die Bundesrepublik Deutschland bei der Entwicklung der Europäischen Union mit, die demokratischen, rechtsstaatlichen, sozialen und föderativen Grundsätzen und dem Grundsatz der Subsidiarität verpflichtet ist und einen diesem Grundgesetz im wesentlichen vergleichbaren Grundrechtsschutz gewährleistet. Der Bund kann hierzu durch Gesetz mit Zustimmung des Bundesrates Hoheitsrechte übertragen. Für die Begründung der Europäischen Union und für Änderungen ihrer

vertraglichen Grundlagen, durch die dieses Grundgesetz seinem Inhalt nach geändert oder ergänzt wird oder solche Änderungen oder Ergänzungen ermöglicht werden, gilt Artikel 79 Abs. 2 und 3.

(2) In Angelegenheiten der Europäischen Union wirken der Bundestag und durch den Bundesrat die Länder mit.

(3) Der Bundesrat ist an der Willensbildung des Bundes zu beteiligen, soweit er an einer entsprechenden innerstaatlichen Maßnahme mitzuwirken hätte oder soweit die Länder innerstaatlich zuständig wären.

(4) Soweit in einem Bereich ausschließlicher Zuständigkeiten des Bundes Interessen der Länder berührt sind oder soweit im übrigen der Bund das Recht zur Gesetzgebung hat, berücksichtigt die Bundesregierung die Stellungnahme des Bundesrates. Wenn im Schwerpunkt Gesetzgebungsbefugnisse der Länder, die Einrichtung ihrer Behörden oder ihre Verwaltungsverfahren betroffen sind, ist bei der Willensbildung des Bundes insoweit die Auffassung des Bundesrates maßgeblich zu berücksichtigen; dabei ist die gesamtstaatliche Verantwortung des Bundes zu wahren. In Angelegenheiten, die zu Ausgabenerhöhungen oder Einnahmeminderungen für den Bund führen können, ist die Zustimmung der Bundesregierung erforderlich.

(5) Wenn im Schwerpunkt ausschließliche Gesetzgebungsbefugnisse der Länder betroffen sind, soll die Wahrnehmung der Rechte, die der Bundesrepublik Deutschland als Mitgliedstaat der Europäischen Union zustehen, vom Bund auf einen vom Bundesrat benannten Vertreter der Länder übertragen werden. Die Wahrnehmung der Rechte erfolgt unter Beteiligung und in Abstimmung mit der Bundesregierung; dabei ist die gesamtstaatliche Verantwortung des Bundes zu wahren.

(6) Das Nähere zu den Absätzen 3 bis 5 regelt ein Gesetz, das der Zustimmung des Bundesrates bedarf.

2. *Artikel 28 Abs. 1 GG*

(1) Die verfassungsmäßige Ordnung in den Ländern muß den Grundsätzen des republikanischen, demokratischen und sozialen Rechtsstaates im Sinne dieses Grundgesetzes entsprechen. In den Ländern, Kreisen und Gemeinden muß das Volk eine Vertretung haben, die aus allgemeinen, unmittelbaren, freien, gleichen und geheimen Wahlen hervorgegangen ist. In Gemeinden kann an die Stelle einer gewählten Körperschaft die Gemeindeversammlung treten. *„Bei Wahlen in Kreisen und Gemeinden sind auch Personen, die die Staatsangehörigkeit eines Mitgliedstaates der Europäischen Gemeinschaft besitzen, nach Maßgabe von Recht der Europäischen Gemeinschaft wahlberechtigt und wählbar."*

(Darüber hinaus hat die SPD in der Gemeinsamen Verfassungskommission den folgenden Antrag unterbreitet, es nicht bei dem im Unions-Vertrag von Maastricht vorgesehenen Wahlrecht für Unions-Bürger zu belassen, sondern das Kommunalwahlrecht auch auf die Ausländer zu erstrecken, die keine Unions-Bürger sind, aber seit längerer Zeit und auf Dauer gerichtet ihren Wohnsitz in der Bundesrepublik haben.)

„Bei Wahlen in den Kreisen und Gemeinden sind Ausländer, die die dafür im Recht der Europäischen Gemeinschaft genannten Voraussetzungen erfüllen oder ihren ständigen Wohnsitz im Bundesgebiet haben, wie Deutsche wahlberechtigt und wählbar. Für Abstimmungen in den Kreisen und Gemeinden gilt Satz 4 entsprechend."

(Hilfsweise schlägt die SPD eine entsprechende Ermächtigung an den jeweiligen Landesgesetzgeber vor.)

„Bei Wahlen in den Kreisen und Gemeinden sind Ausländer, die die dafür im Recht der Europäischen Gemeinschaften genannten Voraussetzungen erfüllen oder denen das Landesrecht die Beteiligung im Hinblick auf ihren ständigen Wohnsitz im Bundesgebiet gestattet, wie Deutsche wahlberechtigt und wählbar. Für Abstimmungen in den Kreisen und Gemeinden gilt Satz 4 entsprechend."

(Das Land Bremen hat den Antrag unterbreitet, folgende ergänzende Sonderregelung für die Länder Berlin, Bremen und Hamburg vorzusehen.)

„In den Ländern Berlin, Bremen und Hamburg können die Landesverfassungen vorsehen, daß dies auch bei Wahlen zu den Landtagen gilt, wenn staatliche und gemeindliche Tätigkeit nicht getrennt sind oder eine Gemeindevertretung aus einem Teil des Landtags besteht."

3. *Artikel 88 GG*

Der Bund errichtet eine Währungs- und Notenbank als Bundesbank. „Ihre Aufgaben und Befugnisse können einer europäischen Zentralbank übertragen werden."

Kommissionsdrucksache Nr. 8

Antrag zu „Einsatz der Bundeswehr out of area/Blauhelme" (SPD-Mitglieder der Gemeinsamen Verfassungskommission)

1. Artikel 24 wird wie folgt geändert:
   a) Nach Absatz 2 wird als Absatz 3 eingefügt:

      „(3) Der Bund kann den Vereinten Nationen Angehörige der Streitkräfte nur für friedenserhaltende Maßnahmen ohne Kampfauftrag unterstellen; den Vereinten Nationen oder betroffenen Staaten sollen auf Anforderung unbewaffnete Angehörige der Streitkräfte zur Bekämpfung von Umweltschäden, für humanitäre Hilfeleistungen und Maßnahmen der Katastrophenhilfe zur Verfügung gestellt werden."
   b) Der bisherige Satz 3 wird zu Absatz 4.

2. Artikel 87 a wird wie folgt geändert:

Absatz 2 wird wie folgt neu gefaßt:

„(2) Außer zur Landesverteidigung und zur Verteidigung im Rahmen vertraglich vereinbarter Beistandspflichten dürfen die Streitkräfte nur eingesetzt werden, soweit dieses Grundgesetz es ausdrücklich zuläßt. Für friedenserhaltende Maßnahmen nach Artikel 24 Abs. 3 kann der Bund dem Generalsekretär der Vereinten Nationen auf sein Ersuchen und bei Vorliegen eines Beschlusses des Sicherheitsrates sowie mit Zustimmung der am Konflikt beteiligten Staaten Angehörige der Streitkräfte unterstellen, die nur mit leichten Waffen zum Selbstschutz ausgerüstet sind und sich als Berufs- und Zeitsoldaten für solche Maßnahmen freiwillig gemeldet haben. Zur Beteiligung an derartigen Maßnahmen bedarf die Bundesregierung der Zustimmung des Bundestages."

Kommissionsdrucksache Nr. 9

Antrag zur Einführung eines Staatsziels „Umweltschutz" in das Grundgesetz (Hessen)

Es wird empfohlen, nach Artikel 20 einen Artikel 20 a in das Grundgesetz einzufügen:

„Artikel 20 a

Die natürlichen Grundlagen des Lebens stehen unter dem besonderen Schutz des Staates. *Die Lebensinteressen künftiger Generationen sind besonders zu achten."*

Kommissionsdrucksache Nr. 10

Antrag zur Ergänzung des Artikels 28 Abs. 2 GG — „Kommunale Selbstverwaltung" (SPD-Mitglieder der Gemeinsamen Verfassungskommission)

Artikel 28 Abs. 2 wird wie folgt ergänzt:

Nach den Sätzen 1 und 2 werden folgende Sätze 3 und 4 eingefügt:

„Die Gewährleistung der Selbstverwaltung umfaßt auch die dazu erforderliche Finanzausstattung. Zu Gesetzesvorlagen und Entwürfen von Rechtsverordnungen, die wesentliche Belange von Gemeinden und Gemeindeverbänden berühren, sind deren Zusammenschlüsse anzuhören."

— Dieser Antrag kam nicht zur Abstimmung —

Kommissionsdrucksache Nr. 11

Antrag zur Ergänzung des Artikels 3 Abs. 2 GG (Sachsen-Anhalt)

In Artikel 3 Abs. 2 des Grundgesetzes wird folgender Satz angefügt:

„Es ist Aufgabe des Staates, die Bedingungen für die tatsächliche Durchsetzung der Gleichberechtigung von Frauen und Männern zu schaffen."

— Dieser Antrag wurde zurückgezogen —

Kommissionsdrucksache Nr. 12

Antrag zur Ergänzung des Artikels 79 GG um einen Abs. 2a (SPD-Mitglieder der Gemeinsamen Verfassungskommission)

Artikel 79 wird wie folgt ergänzt:

Nach den Absätzen 1 und 2 wird folgender Absatz 2a eingefügt:

„Soweit das Gesetz Zuständigkeiten der Länder zur Gesetzgebung dem Bund überträgt, bedarf es auch der Zustimmung der Volksvertretungen der Mehrheit der Länder; die Volksvertretungen beschließen mit der Mehrheit der abgegebenen Stimmen. Die Zustimmung gilt als erteilt, wenn nicht die Volksvertretungen in mindestens der Hälfte der Länder einen nach Artikel 78 zustandegekommenen Gesetzesbeschluß innerhalb von drei Monaten ablehnen.

Kommissionsdrucksache Nr. 13

Antrag zur Ergänzung des Artikels 3 GG (SPD-Mitglieder der Gemeinsamen Verfassungskommission)

1. Artikel 3 Abs. 2 GG wird wie folgt gefaßt:

   „Frauen und Männer sind gleichberechtigt. Der Staat gewährleistet die Gleichstellung der Frauen in allen gesellschaftlichen Bereichen."

2. An Artikel 3 Abs. 3 GG wird als neuer Satz 2 angefügt:

   „Zum Ausgleich bestehender Ungleichheiten sind Maßnahmen zur Förderung von Frauen zulässig."

— Dieser Antrag kam nicht zur Abstimmung —

Kommissionsdrucksache Nr. 14

Antrag auf Einführung der sog. Bremer Klausel bezüglich des Kommunalwahlrechts für EG-Bürger (Bremen)

Der bisherige Wortlaut des Artikels 141 GG wird Absatz 1. Nach Absatz 1 wird folgender Absatz 2 eingefügt:

„(2) Artikel 28 Abs. 1 Satz 3 findet auch in einem Lande Anwendung, in dem am 7. Februar 1992 eine landesverfassungsrechtliche Regelung galt, nach der eine Gemeindevertretung aus einem Teil des Landtages besteht."

Kommissionsdrucksache Nr. 15

Antrag zur Änderung des Artikels 32 GG (Nordrhein-Westfalen)

1. Artikel 32 des Grundgesetzes wird wie folgt geändert:

„(1) Die Pflege der auswärtigen Beziehungen ist Sache des Bundes. Im Rahmen ihrer Zuständigkeiten sind die Länder zur Zusammenarbeit mit auswärtigen Staaten, Regionen und sonstigen Einrichtungen befugt.

(2) Vor dem Abschluß eines Vertrages, der die besonderen Verhältnisse eines Landes berührt, ist das Land rechtzeitig zu hören. Entsprechendes gilt, wenn wesentliche Interessen der Länder berührt werden.

(3) Soweit die Länder für die Gesetzgebung zuständig sind, können sie mit Zustimmung der Bundesregierung völkerrechtliche Verträge abschließen. Mit vorheriger Zustimmung der Länder kann auch der Bund Verträge abschließen, die im Schwerpunkt in die Gesetzgebungszuständigkeit der Länder fallen. Die Länder sind rechtzeitig über die Aufnahme von Vertragsverhandlungen und deren Fortgang zu unterrichten sowie auf Verlangen daran zu beteiligen. Sie treffen die zur Durchführung dieser Verträge erforderlichen Maßnahmen."

2. hilfsweise:

Artikel 32 Abs. 3 GG wird wie folgt geändert:

„(3) Soweit die Länder für die Gesetzgebung zuständig sind, können sie mit Zustimmung der Bundesregierung völkerrechtliche Verträge abschließen. Mit vorheriger Zustimmung der Länder kann auch der Bund Verträge abschließen, die im Schwerpunkt in die Gesetzgebungszuständigkeit der Länder fallen. Die Länder sind rechtzeitig über die Aufnahme von Vertragsverhandlungen und deren Fortgang zu unterrichten sowie auf Verlangen daran zu beteiligen. Sie treffen die zur Durchführung dieser Verträge erforderlichen Maßnahmen."

Kommissionsdrucksache Nr. 16

Antrag zur Ergänzung des Artikels 74 Abs. 1 Nr. 26 (neu) GG (CDU/CSU-Mitglieder der Gemeinsamen Verfassungskommission)

Artikel 74 Abs. 1 Nr. 26 (neu) wird wie folgt gefaßt:

„26. die künstliche Befruchtung beim Menschen, die Untersuchung und die künstliche Veränderung von Erbinformationen sowie Regelungen zur Transplantation von Organen und Geweben."

Kommissionsdrucksachen Nr. 17

Antrag zur Änderung des Artikels 23 Abs. 3 GG (neu) — „Grundgesetz und Europa" (SPD-Mitglieder der Gemeinsamen Verfassungskommission)

In Artikel 23 Abs. 3 GG (neu) wird der Satz 3 wie folgt gefaßt:

„Die Bundesregierung legt diese Stellungnahme ihren Verhandlungen zugrunde."

Kommissionsdrucksache Nr. 18

Antrag zur Ergänzung des Artikels 23 Abs. 2 und 3 GG (neu) — „Grundgesetz und Europa" (SPD-Mitglieder der Gemeinsamen Verfassungskommission)

Artikel 23 Abs. 2 (neu) wird durch folgenden Satz 2 ergänzt:

„Die Bundesregierung hat den Bundestag und den Bundesrat umfassend und zum frühestmöglichen Zeitpunkt zu unterrichten."

Kommissionsdrucksache Nr. 19

Antrag „Datenschutz und Informationsfreiheit in der Verfassung" (Gruppe BÜNDNIS 90/DIE GRÜNEN)

1. *Datenschutz als Grundrecht*

Artikel 2a

„(1) Jeder Mensch hat Anspruch auf Schutz seines privaten Lebensbereichs. Die Vertraulichkeit nichtöffentlicher Mitteilungen in Wort, Schrift und Bild ist unverletzlich.

(2) Jeder Mensch hat ein Recht an seinen persönlichen Daten und auf Einsicht in ihn betreffende Informationssammlungen. Ohne seine Zustimmung dürfen persönliche Daten nicht erhoben, verarbeitet und genutzt werden.

(3) Beschränkungen dieser Rechte dürfen nur durch ein Gesetz oder auf Grund eines Gesetzes erfolgen. Der Berechtigte hat Anspruch auf Auskunft und Benachrichtigung über die zu seiner Person aufbewahrten Daten und über deren weitere Übermittlung."

2. *Wahl des Datenschutzbeauftragten*

Artikel 45b

„(1) Zum Schutz der Menschen- und Bürgerrechte und als Hilfsorgan des Bundestages bei der Ausübung parlamentarischer Kontrolle werden Beauftragte für Bürgerfragen, Dienstpflichtige, Datenschutz und Ausländer bestellt. Der Bundestag kann für wichtige Sach- und Lebensbereiche durch Gesetz weitere Beauftragte bestellen. Die Beauftragten werden im Bundestag auf die Dauer von sechs Jahren gewählt. Einmalige Wiederwahl ist zulässig. Zur Erfüllung ihrer Aufgaben haben die Beauftragten Anspruch auf angemessene Ausstattung ihrer Behörde.

(2) Die Beauftragten sind in der Ausübung ihres Amtes unabhängig und nur dem Gesetz unterworfen. Regierung und Verwaltung sind verpflichtet, ihnen auf Verlangen Informationssammlungen vorzulegen, Zutritt zu öffentlichen Einrichtungen zu gewähren, alle erforderlichen Auskünfte zu erteilen und Amtshilfe zu leisten.

(3) Die Beauftragten erstatten dem Bundestag jährlich öffentlich Bericht. Der Bundestag und seine Ausschüsse können die Anwesenheit der Beauftragen verlangen; die Beauftragten können sich jederzeit direkt an den Bundestag und seine Ausschüsse wenden.

(4) Niemand darf wegen seiner Eingaben oder wegen Auskünften gegenüber den Beauftragten gemaßregelt oder benachteiligt werden.

(5) Das Nähere regelt ein Bundesgesetz."

3. *Informationsfreiheit*

Artikel 2a Abs. 2 S. 1

„Jeder Mensch hat ein Recht an seinen persönlichen Daten und auf Einsicht in ihn betreffende Informationssammlungen."

Artikel 5 Abs. 4

„Bürgerinnen und Bürger sind berechtigt, in amtliche Informationssammlungen Einsicht zu nehmen. Das Nähere regelt ein Bundesgesetz."

Kommissionsdrucksache Nr. 20

Antrag zur Neufassung des Artikels 3 GG (Abg. Dr. Heuer)

Artikel 3 GG wird wie folgt geändert:

(1) Alle Menschen sind vor dem Gesetz gleich.

(2) Frauen und Männer sind gleichberechtigt. Der Staat ist verpflichtet, die gleichberechtigte Teilhabe der Frauen in allen Bereichen des gesellschaftlichen Lebens herzustellen und zu sichern. Zum Ausgleich bestehender Ungleichheiten sind Maßnahmen zur Förderung von Frauen wie Quotierungen und Förderpläne zulässig.

(3) Niemand darf wegen seines/ihres Geschlechts, seiner/ihrer sexuellen Orientierung, Heimat und Herkunft, Rasse, Abstammung, Nationalität und Sprache sowie seiner/ihrer körperlichen und psychischen Eigenschaften und religiösen, weltanschaulichen oder politischen Überzeugung unmittelbar oder mittelbar benachteiligt oder bevorzugt werden.

(4) Jede Frau hat das Recht zu entscheiden, ob sie eine Schwangerschaft austrägt.

(5) Frauen und Männer erhalten gleichen Lohn für gleichwertige Arbeit.

Kommissionsdrucksache Nr. 21

Antrag zur Einfügung eines Artikel 2a (neu) GG, eines Artikel 5 Abs. 2a (neu) GG und eines Artikel 45d (neu) GG — „Grundrechte/Datenschutz" (Hessen)

1. *Artikel 2a*

„(1) Jeder Mensch hat das Recht, über die Verarbeitung der auf seine Person bezogenen Daten selbst zu bestimmen.

(2) Jeder Mensch hat das Recht auf Information über die Verarbeitung der auf seine Person bezogenen Daten und Einsicht in die Akten, die Daten zu seiner Person enthalten.

(3) Einschränkungen dieser Rechte dürfen nur durch Gesetz oder aufgrund eines Gesetzes erfolgen.

(4) Der Gesetzgeber ist verpflichtet, einen gleichwertigen Schutz des informationellen Selbstbestimmungsrechts im öffentlichen und nichtöffentlichen Bereich zu gewährleisten."

2. *Artikel 5*

„(2a) Jeder Mensch hat das Recht auf Zugang zu den Daten der vollziehenden Gewalt ohne den Nachweis eines Interesses, soweit nicht schutzwürdige öffentliche Interessen oder Rechte Dritter entgegenstehen. Das Nähere regelt ein Gesetz."

3. *Artikel 45d*

„(1) Der Bundestag wählt auf Vorschlag der Bundesregierung einen Bundesbeauftragten für Datenschutz und Informationsfreiheit mit mehr als der Hälfte der gesetzlichen Zahl seiner Mitglieder für eine Amtszeit von fünf Jahren. Einmalige Wiederwahl ist zulässig.

(2) Vor Ablauf der Amtszeit kann der Bundesbeauftragte für Datenschutz und Informationsfreiheit nur abberufen werden, wenn Tatsachen vorliegen, die bei einem Beamten die Entlassung aus dem Dienst rechtfertigen.

(3) Der Bundesbeauftragte ist unabhängig, frei von Weisungen und nur dem Gesetz unterworfen.

(4) Der Bundesbeauftragte kann sich jederzeit an den Bundestag wenden.

(5) Das Nähere regelt ein Gesetz."

Kommissionsdrucksache Nr. 22

Antrag zur Ergänzung der Präambel (SPD-Mitglieder der Gemeinsamen Verfassungskommission)

Die Präambel erhält folgende Fassung:

„Im Bewußtsein seiner Verantwortung vor Gott und den Menschen, von dem Willen beseelt, als gleichberechtigtes Glied in einem vereinten Europa dem Frieden, der

Gerechtigkeit und der Solidarität in der einen Welt zu dienen, hat sich das Deutsche Volk kraft seiner verfassungsgebenden Gewalt dieses Grundgesetz gegeben."

— *Ersetzt durch Kommissionsdrucksache Nr. 68* —

Kommissionsdrucksache Nr. 23

Antrag im Umfeld zu Artikel 20 GG — „Staatsziele" (hier: Wohnen) — (SPD-Mitglieder der Gemeinsamen Verfassungskommission)

Nach Artikel 20 wird folgende Ergänzung eingefügt:

„Der Staat fördert die Schaffung und Erhaltung von angemessenem Wohnraum. Er schützt das Wohnrecht von Mietern."

Kommissionsdrucksache Nr. 24

Antrag im Umfeld zu Artikel 20 GG — „Staatsziele" (hier: Arbeit) — (SPD-Mitglieder der Gemeinsamen Verfassungskommission)

Nach Artikel 20 wird folgende Ergänzung eingefügt:

„Der Staat trägt zur Schaffung und Erhaltung von Arbeitsplätzen bei. Er sichert im Rahmen des gesamtwirtschaftlichen Gleichgewichts einen hohen Beschäftigungsstand."

Kommissionsdrucksache Nr. 25

Antrag zur Einfügung eines Artikels 2a (neu), eines Artikels 5 Abs. 2a (neu) und eines Artikels 45d (neu) — „Grundrechte/Datenschutz" (SPD-Mitglieder der Gemeinsamen Verfassungskommission)

1. Artikel 2a (neu) in folgender Fassung:

   „(1) Jeder Mensch hat das Recht, über die Erhebung und Verarbeitung seiner persönlichen Daten selbst zu bestimmen. Jeder Mensch hat das Recht auf Auskunft über die Erhebung und Verarbeitung seiner persönlichen Daten und auf Einsicht in amtliche Unterlagen, soweit diese solche Daten enthalten.

   (2) Diese Rechte dürfen nur durch Gesetz oder aufgrund eines Gesetzes eingeschränkt werden, soweit überwiegende Interessen der Allgemeinheit es erfordern."

2. Artikel 5 Abs. 2a (neu) in folgender Fassung:

   „Jeder Mensch hat das Recht auf Zugang zu den Daten der vollziehenden Gewalt, soweit nicht schutzwürdige öffentliche Interessen oder Rechte Dritter verletzt werden. Das Nähere regelt ein Gesetz."

3. Artikel 45d (neu) in folgender Fassung:

   „Der Bundestag wählt einen Bundesbeauftragten für Datenschutz und Informationsfreiheit mit mehr als der Hälfte der gesetzlichen Zahl seiner Mitglieder für eine Amtszeit von fünf Jahren. Einmalige Wiederwahl ist zulässig. Der Bundesbeauftragte ist in der Ausübung seines Amtes unabhängig, frei von Weisungen und nur dem Gesetz unterworfen. Er kann sich jederzeit an den Bundestag wenden. Das Nähere regelt ein Gesetz."

Kommissionsdrucksachen Nr. 26

Antrag zur Einfügung eines Artikels 116a GG (Abg. Dr. Heuer)

Artikel 116 wird um folgenden Artikel 116a ergänzt:

„(1) Bund und Länder sind verpflichtet, die Einheit Deutschlands mittels der Herstellung gleichwertiger sozialer und wirtschaftlicher Lebensverhältnisse zwischen dem Beitrittsgebiet und den alten Bundesländern zu vollenden.

(2) Durch in allgemeinen, gleichen, unmittelbaren, geheimen und freien Wahlen gewählte Abgeordnete (Ostdeutsche Kammer) wirken die Bürgerinnen und Bürger im Beitrittsgebiet bei der Gesetzgebung des Bundes mit.

Das Nähere regelt ein Bundesgesetz.

(3) Beschlüsse des Bundestages, die die Wahrung der Rechte der Bürgerinnen und Bürger aus dem Beitrittsgebiet berühren oder weitere Angelegenheiten des Beitrittsgebietes als Ganzes betreffen, bedürfen der Zustimmung der Ostdeutschen Kammer. Ein Einspruch kann nur mit einer Zwei-Drittel-Mehrheit der Mitglieder des Bundestages zurückgewiesen werden.

(4) Hinsichtlich der Wahrung der Rechte der Bürgerinnen und Bürger aus dem Beitrittsgebiet und weiterer Angelegenheiten, die das Beitrittsgebiet als Ganzes betreffen, kann die Mehrheit der ostdeutschen Mitglieder des Bundesrates gegen Entscheidungen des Bundesrates Einspruch einlegen, die dieser nur mit einer Zwei-Drittel-Mehrheit seiner Mitglieder zurückweisen kann.

(5) Hinsichtlich der Wahrung der Rechte der Bürgerinnen und Bürger aus dem Beitrittsgebiet und weiterer Angelegenheiten, die das Beitrittsgebiet als Ganzes betreffen, haben die Bürgerinnen und Bürger Ostdeutschlands das Recht, Entscheidungen des Bundes durch Volksentscheid außer Kraft zu setzen. Ein dem vorausgehendes Volksbegehren ist zustande gekommen, wenn mindestens 300 000 Stimmberechtigte im Beitrittsgebiet dem Volksbegehren zugestimmt haben.

Das Nähere regelt ein Bundesgesetz.

(6) Dieser Artikel tritt mit Zustimmung der Ostdeutschen Kammer dann außer Kraft, wenn die Einheit Deutschlands mittels der Herstellung gleichwertiger sozialer und wirtschaftlicher Lebensverhältnisse zwischen dem Beitrittsgebiet und den alten Bundesländern vollendet ist. Die Entscheidung hierüber erfolgt nach Artikel 79 Abs. 2."

Kommissionsdrucksache Nr. 27

Antrag im Umfeld zu Artikel 20 GG — „Staatsziele" (hier: Minderheitenschutz) — (SPD-Mitglieder der Gemeinsamen Verfassungskommission)

Nach Artikel 20 wird folgende Ergänzung eingefügt:

„Der Staat achtet die Identität der ethnischen, kulturellen und sprachlichen Minderheiten. Er schützt und fördert Volksgruppen und nationale Minderheiten deutscher Staatsangehörigkeit."

Kommissionsdrucksache Nr. 28

Antrag im Umfeld zu Artikel 20 GG — „Staatsziele" (hier: Soziale Sicherheit) — (SPD-Mitglieder der Gemeinsamen Verfassungskommission)

Nach Artikel 20 wird folgende Ergänzung eingefügt:

„Der Staat gewährleistet ein System der sozialen Sicherheit."

Kommissionsdrucksache Nr. 29

Antrag im Umfeld zu Artikel 20 GG — „Staatsziele" (hier: Tierschutz) — (SPD-Mitglieder der Gemeinsamen Verfassungskommission)

Nach Artikel 20 wird folgende Ergänzung eingefügt:

„Tiere werden als Lebewesen geachtet. Sie werden vor nicht artgemäßer Haltung, vermeidbaren Leiden und Zerstörung ihrer Lebensräume geschützt."

Kommissionsdrucksache Nr. 30

Antrag zur Neufassung von Bestimmungen des Parlaments- und Wahlrechts (Abg. Dr. Heuer)

Artikel 17 (Petitionsrecht, Volksantrag)

(1) Jeder Mensch hat das Recht, sich einzeln oder in Gemeinschaft mit anderen schriftlich mit Bitten oder Beschwerden an die zuständigen Stellen und Volksvertretungen zu wenden. Er hat Anspruch auf Gehör und auf begründeten Bescheid in angemessener Frist.

(2) Die Bürgerinnen und Bürger haben das Recht, den Erlaß, die Änderung oder die Aufhebung eines Gesetzes oder einzelner Vorschriften dieses Grundgesetzes beim Bundestag zu beantragen (Volksantrag). Der Volksantrag kann von hunderttausend Stimmberechtigten in Form eines ausgearbeiteten Gesetzentwurfs oder als bestimmter Gesetzgebungsauftrag gestellt werden. Gibt der Bundestag dem Volksantrag nicht statt, können die Antragsteller nach sechs Monaten die Durchführung eines Volksbegehrens beantragen. Das Nähere regelt ein Bundesgesetz.

Artikel 21 (Parteien)

(1) Die Parteien wirken an der politischen Willensbildung des Volkes mit. Ihre innere Ordnung muß demokratischen Grundsätzen entsprechen. In ihre Wahlvorschlagslisten sollen Frauen und Männer zu gleichen Anteilen und chancengleich aufgenommen werden.

(2) Die Parteien müssen über die Herkunft und Verwendung ihrer Mittel sowie über ihr Vermögen öffentlich Rechenschaft geben. Die Erstattung von Wahlkampfkosten an Parteien, Bürgerbewegungen oder Einzelbewerberinnen und Einzelbewerber darf die Aufwendungen für eine angemessene Wahlwerbung nicht übersteigen und soll von einer gesonderten Entscheidung der Wahlberechtigten abhängig gemacht werden.

(3) Vereinigungen und Bürgerbewegungen, die an Wahlen teilnehmen, sind insoweit Parteien gleichgestellt.

(4) Das Nähere regeln Bundesgesetze.

Artikel 38 (Wahl)

(1) Die Abgeordneten des Bundestages werden in allgemeiner, unmittelbarer, freier, gleicher und geheimer Wahl nach den Grundsätzen der Verhältniswahl gewählt. Sperrklauseln sind unzulässig.

(2) Bei Listenwahl müssen die Wählerinnen und Wähler die Möglichkeit erhalten, die Listen mittels Vorzugsstimmen zu verändern.

(3) Ausländer, die seit mindestens fünf Jahren ihren rechtmäßigen Wohnsitz in der Bundesrepublik Deutschland haben, haben das aktive und passive Wahlrecht.

(4) Das Nähere regelt ein Bundesgesetz.

Artikel 38a (Stellung der Abgeordneten)

(1) Die Abgeordneten vertreten das gesamte Volk, sind an Aufträge und Weisungen nicht gebunden und nur ihrem Gewissen unterworfen.

(2) Die Abgeordneten haben das Recht, Gesetzesentwürfe einzubringen, im Bundestag und seinen Ausschüssen das Wort zu ergreifen, Fragen und Anträge zu stellen sowie bei Wahlen und Abstimmungen ihre Stimme abzugeben. Ihnen ist jederzeit Zugang zu den Behörden und Dienststellen des Bundes und Einsicht in die dort befindlichen Akten zu gewähren. Artikel 43b Abs. 3 gilt entsprechend.

Artikel 39 (Aufgaben des Bundestages, Opposition)

(1) Der Bundestag ist das unmittelbar vom Volk gewählte Organ demokratischer Willensbildung. Er hat insbesondere die Aufgabe der Gesetzgebung, der Kontrolle von Regierung und Verwaltung, der Verabschiedung des Bundeshaushaltes, der Wahl der Bundeskanzlerin oder des Bundeskanzlers und der Bundesrichterinnen und Bundesrichter sowie der Behandlung und Darstellung öffentlicher Angelegenheiten.

(2) Die Opposition ist ein wesentlicher Bestandteil der parlamentarischen Demokratie. Die Abgeordneten, Abgeordnetengruppen und Fraktionen der Opposition haben das Recht auf Chancengleichheit. Alle Fraktionen und Abgeordnetengruppen haben Anspruch auf stimmberechtigte Mitgliedschaft in allen Ausschüssen und anderen Gremien des Bundestages.

Artikel 43a (Informationspflicht der Bundesregierung)

(1) Die Bundesregierung ist verpflichtet, den Bundestag und seine Ausschüsse über die Vorbereitung von Gesetzen und Verordnungen, über Grundsatzfragen der Raumordnung, der Standortplanung und Durchführung von Großvorhaben sowie über die Zusammenarbeit mit den Ländern, anderen Staaten, der Europäischen Gemeinschaft und deren Organe frühzeitig und vollständig zu unterrichten.

(2) Das Nähere regelt ein Bundesgesetz.

Artikel 43b (Fragerecht, Akteneinsicht)

(1) Fragen einzelner Abgeordneter oder parlamentarische Anfragen haben die Bundesregierung oder ihre Mitglieder und Beauftragten gegenüber dem Bundestag und in seinen Ausschüssen nach bestem Wissen unverzüglich, vollständig und wahrheitsgemäß zu beantworten.

(2) Die Bundesregierung hat jeder und jedem Abgeordneten Auskünfte zu erteilen. Sie hat dem Bundestag und den von ihm eingesetzten Ausschüssen auf Verlangen eines Fünftels der jeweils vorgesehenen Mitglieder Akten vorzulegen. Die Auskunfterteilung und die Aktenvorlage müssen unverzüglich und vollständig erfolgen.

(3) Die Bundesregierung kann die Beantwortung von Fragen, die Erteilung von Auskünften oder die Vorlage von Akten ablehnen, wenn dem Bekanntwerden des Inhalts gesetzliche Vorschriften oder Staatsgeheimnisse oder schutzwürdige Interessen entgegenstehen werden. Die Entscheidung ist den Fragestellerinnen und Fragestellern oder den Antragstellerinnen und Antragstellern mitzuteilen und zu begründen.

Artikel 43c (Ausschüsse, Öffentlichkeit)

(1) Zur Vorbereitung seiner Beratung und Beschlüsse setzt der Bundestag Ausschüsse ein.

(2) Die Ausschüsse werden im Rahmen der ihnen vom Bundestag erteilten Aufträge tätig. Sie können sich auch unabhängig von Aufträgen mit Angelegenheiten aus ihrem Aufgabengebiet befassen und hierzu dem Bundestag Empfehlungen geben.

(3) Die Sitzungen der Ausschüsse sind öffentlich. Die Geschäftsordnung kann Ausnahmen zulassen.

Artikel 64 (Ernennung und Entlassung der Bundesministerinnen und Bundesminister)

(1) Die Bundesministerinnen und Bundesminister werden auf Vorschlag der Bundeskanzlerin oder des Bundeskanzlers nach Anhörung vor dem Bundestag und der Zustimmung der Mehrheit des Bundestages von der Bundespräsidentin oder vom Bundespräsidenten ernannt und entlassen.

(2) Die Bundeskanzlerin oder der Bundeskanzler und die Bundesministerinnen und Bundesminister leisten bei der Amtsübernahme vor dem Bundestage den in Artikel 56 vorgesehenen Eid.

(3) Jede Bundesministerin und jeder Bundesminister muß zurücktreten, wenn der Bundestag durch Beschluß, den die Mehrheit der Abgeordneten faßt, ihr oder ihm das Vertrauen entzieht.

Artikel 65 (Befugnisse der Bundesregierung)

(1) Die Bundeskanzlerin oder der Bundeskanzler bestimmen die Richtlinien der Politik im Rahmen des vom Bundestag bestätigten Regierungsprogrammes. Innerhalb dieser Richtlinien leitet jede Bundesministerin und jeder Bundesminister ihren und seinen Geschäftsbereich selbständig und in eigener Verantwortung.

(2) Über Meinungsverschiedenheiten zwischen ihren Mitgliedern entscheidet die Bundesregierung. Die Bundeskanzlerin oder der Bundeskanzler leitet ihre Geschäfte nach einer von der Bundesregierung beschlossenen und von der Bundespräsidentin oder vom Bundespräsidenten genehmigten Geschäftsordnung.

Artikel 81

Streichung des bisherigen Artikels.

— am 17. Juni 1993 vom Antragsteller zurückgezogen —

Kommissionsdrucksache Nr. 31

Antrag zur Neufassung des Artikels 6 GG (Der Minister für Justiz des Landes Baden-Württemberg, Dr. Thomas Schäuble)

Artikel 6 Abs. 2 Satz 2 GG ist wie folgt zu fassen:

„Über ihre Betätigung und Anerkennung, insbesondere in der sozialen Sicherung, wacht die staatliche Gemeinschaft."

— am 17. Juni 1993 vom Antragsteller zurückgezogen —

Kommissionsdrucksache Nr. 32

Antrag zur Aufnahme von Volksinitiative, -begehren und -entscheid im Grundgesetz (Gruppe BÜNDNIS 90/DIE GRÜNEN)

1. Artikel 59 Abs. 2 Satz 1 wird wie folgt geändert:
   a) Der Punkt wird durch ein Komma ersetzt.

b) Folgender neuer Halbsatz wird angefügt:

„oder der Annahme durch Volksentscheid, wenn mindestens eine Million Abstimmungsberechtigte oder ein Drittel der Mitglieder des Bundestages eine solche Abstimmung verlangen."

2. Artikel 77 Abs. 1 erhält folgende Fassung:

„(1) Die Bundesgesetze werden vom Deutschen Bundestag oder vom Volk (Volksentscheid) beschlossen. Vom Bundestag beschlossene Gesetze sind nach ihrer Annahme von der Präsidentin oder dem Präsidenten des Deutschen Bundestages unverzüglich dem Bundesrat zuzuleiten. Durch Volksentscheid beschlossene Gesetze sind von der Präsidentin oder vom Präsidenten des Deutschen Bundestages der Bundespräsidentin oder dem Bundespräsidenten zur Ausfertigung und Verkündung im Bundesgesetzblatt zuzuleiten."

3. Artikel 79 Abs. 2 wird wie folgt geändert:

a) Der Punkt wird durch ein Komma ersetzt.

b) Folgende Ergänzung wird angefügt:

„oder, aufgrund eines Volksbegehrens, der Zustimmung von zwei Dritteln der abgegebenen Stimmen in einem Volksentscheid."

4. Es wird im Rahmen eines neuen Abschnittes VII a (Volksbegehren, Volksentscheid) nach Artikel 82 folgender neuer Artikel 82 a eingefügt:

Artikel 82a (Volksinitiative, Volksbegehren, Volksentscheid)

„(1) Einhunderttausend Stimmberechtigte haben das Recht, den Deutschen Bundestag mit bestimmten Gegenständen der politischen Willensbildung zu befassen. Einer Volksinitiative kann auch ein mit Gründen versehener Gesetzentwurf zugrunde liegen, der den Erlaß, die Aufhebung oder die Änderung eines Bundesgesetzes zum Ziel hat. Die Vertreterinnen und Vertreter der Initiative haben das Recht auf Anhörung.

(2) Stimmt der Deutsche Bundestag einem Gesetzentwurf innerhalb einer Frist von sechs Monaten nicht zu, so sind die Vertreterinnen und Vertreter der Initiative berechtigt, beim Präsidium des Deutschen Bundestages die Durchführung eines Volksbegehrens zu beantragen. Ein Volksbegehren ist zustande gekommen, wenn mindestens eine Million Stimmberechtigte innerhalb eines halben Jahres dem Volksbegehren zugestimmt haben.

(3) Ist ein Volksbegehren zustande gekommen, so wird innerhalb einer Frist von frühestens sechs, spätestens neun Monaten über den Gesetzentwurf ein Volksentscheid herbeigeführt, es sei denn, daß zuvor das begehrte Gesetz zustande kommt. Ein Gesetzentwurf ist angenommen, wenn die Mehrheit der Abstimmenden zugestimmt haben. In der Abstimmung zählen nur die gültigen Ja- und Nein-Stimmen. Stimmberechtigt ist, wer das aktive Wahlrecht zum Deutschen Bundestag besitzt.

(4) Vor der Durchführung eines Volksbegehrens und vor der Durchführung eines Volksentscheides hat das Präsidium des Deutschen Bundestages den mit

Gründen versehenen Gesetzentwurf ohne eigene Stellungnahme in angemessener Form zu veröffentlichen und seine Verbreitung zu gewährleisten. Wenn eine Volksinitiative oder ein Volksbegehren zustande gekommen ist, haben deren Vertreterinnen und Vertreter Anspruch auf Erstattung der Kosten einer angemessenen Information der Öffentlichkeit über die Ziele des Volksbegehrens oder Volksentscheides.

(5) Das Nähere regelt ein Bundesabstimmungsgesetz, das der Zustimmung des Bundesrates bedarf."

5. *Artikel 93*

   In Artikel 93 wird in Absatz 1 Nr. 4a nach der Zahl „38" die Zahl „82 a" eingefügt.

Kommissionsdrucksache Nr. 33

Antrag zur Einfügung eines neuen Artikels 24 Abs. 2 a GG — Streitkräfteeinsatz — (Abg. Dr. von Stetten)

Artikel 24 Abs. 2 a — neu —

Streitkräfte des Bundes können unbeschadet des Artikels 87 a eingesetzt werden

1. bei friedenserhaltenden Maßnahmen gemäß einem Beschluß des Sicherheitsrates oder im Rahmen von regionalen Abmachungen im Sinne der Charta der Vereinten Nationen, soweit ihnen die Bundesrepublik Deutschland angehört,
2. bei friedensherstellenden Maßnahmen auf Grund der Kapitel VII und VIII der Charta der Vereinten Nationen gemäß einem Beschluß des Sicherheitsrates,
3. in Ausübung des Rechtes zur kollektiven Selbstverteidigung gemäß Artikel 51 der Charta der Vereinten Nationen gemeinsam mit anderen Staaten im Rahmen von Bündnissen und anderen regionalen Abmachungen, denen die Bundesrepublik Deutschland angehört.

Diese Einsätze bedürfen in den Fällen der Nummern 1 und 2 der Zustimmung der Mehrheit, im Fall der Nummer 3 der Zustimmung von zwei Dritteln der Mitglieder des Bundestages.

— Dieser Antrag kam nicht zur Abstimmung —

Kommissionsdrucksache Nr. 34

Antrag im Umfeld zu Artikel 20 GG — „Staatsziele" (hier: Bildung und Kultur) — (SPD-Mitglieder der Gemeinsamen Verfassungskommission)

Nach Artikel 20 werden folgende Ergänzungen eingefügt:

1. „Der Staat schützt und fördert den Zugang eines jeden Menschen zur Bildung. Dieser ist allen Menschen zu Schulen, Hochschulen, Aus- und Weiterbildungseinrichtungen in gleicher Weise zu eröffnen, unabhängig von ihrer wirtschaftlichen und sozialen Lage und politischen Überzeugung."
2. „Er schützt und fördert das kulturelle Leben seiner Bürger."

Kommissionsdrucksache Nr. 35

Antrag zur Einfügung eines Artikels 20b und zur Änderung des Artikels 76 GG — „Bürgerbeteiligung" (SPD-Mitglieder der Gemeinsamen Verfassungskommission)

1. Nach Artikel 20 wird folgender Artikel 20b eingefügt:

   „(1) Durch Volksinitiative kann der Deutsche Bundestag im Rahmen seiner Zuständigkeit mit bestimmten Gegenständen der politischen Willensbildung befaßt werden. Gegenstand kann auch ein mit Gründen versehener Gesetzentwurf sein, der den Erlaß, die Aufhebung oder die Änderung eines Bundesgesetzes zum Ziel hat. Anträge über den Haushalt und über öffentliche Abgaben sind unzulässig. Eine Volksinitiative ist zustandegekommen, wenn 0,5 % der Stimmberechtigten sie unterzeichnen. Ihre Vertreterinnen und Vertreter haben das Recht auf Anhörung im Deutschen Bundestag.

   (2) Wird ein dem Anliegen der Volksinitiative entsprechender Gesetzentwurf nicht innerhalb von sechs Monaten angenommen, findet auf Antrag der Vertreterinnen und Vertreter der Initiative ein Volksbegehren statt. Hält die Bundesregierung, eine Landesregierung oder ein Drittel der Mitglieder des Bundestages das Volksbegehren für verfassungswidrig, ist die Entscheidung des Bundesverfassungsgerichts einzuholen. Das Begehren ist erfolgreich, wenn ihm innerhalb eines halben Jahres fünf Prozent der Stimmberechtigten zustimmen.

   (3) Ist ein Volksbegehren zustandegekommen, findet auf Antrag der Vertreterinnen und Vertreter innerhalb von sechs Monaten ein Volksentscheid statt, es sei denn, das begehrte Gesetz wurde zuvor angenommen. Der Deutsche Bundestag kann einen eigenen Gesetzesbeschluß zum gleichen Gegenstand nach Abschluß des Verfahrens nach Artikel 77 oder nach Zustimmung des Bundesrates zur gleichzeitigen Abstimmung stellen. Ein Gesetzentwurf ist durch Volksentscheid angenommen, wenn die Mehrheit der Abstimmenden, jedoch mindestens ein Viertel der Stimmberechtigten, bei einem verfassungsändernden Gesetz, wenn zwei Drittel der Abstimmenden, jedoch mindestens die Hälfte der Stimmberechtigten zustimmen. Die Mehrheiten des Satzes 3 müssen bei Gesetzen, die der Zustimmung des Bundesrates bedürfen, und bei verfassungsändernden Gesetzen zugleich in der entsprechenden Zahl der Länder, gemessen an der jeweiligen Stimmenzahl im Bundesrat, erreicht werden.

   (4) Stimmberechtigt ist, wer für die Wahl zum Bundestag wahlberechtigt ist.

   (5) Das Nähere regelt ein Bundesgesetz, das der Zustimmung des Bundesrates bedarf."

2. Artikel 76 Absatz 1 wird wie folgt gefaßt:

   „Gesetzesvorlagen werden beim Bundestag durch die Bundesregierung, aus der Mitte des Bundestages, durch Volksinitiative nach Artikel 20b oder durch den Bundesrat eingebracht."

Kommissionsdrucksache Nr. 36

Antrag zur Ergänzung des Artikels 45 c GG — „Massenpetitionen" (SPD-Mitglieder der Gemeinsamen Verfassungskommission)

1. Nach Artikel 45 c Abs 1 wird folgender Abs. 2 (neu) eingefügt:

   „Der Petitionsausschuß hat [das Recht und] bei Masseneingaben, die von mindestens 50 000 Stimmberechtigten unterzeichnet sind, die Pflicht, Petenten oder ihre Vertreter anzuhören. Masseneingaben werden gemeinsam mit dem Bericht des Petitionsausschusses im Bundestag und in seinen Ausschüssen beraten."

2. Der bisherige Absatz 2 wird Absatz 3.

Kommissionsdrucksache Nr. 37

Antrag zur Änderung staatskirchenrechtlicher Vorschriften im Grundgesetz (Abg. Dr. Ullmann)

1. In der Präambel wird auf die Bezugnahme auf Gott verzichtet.
2. Artikel 7 Abs. 2 und 3 werden gestrichen.
3. Artikel 140 wird gestrichen.
4. Artikel 141 wird gestrichen.
5. Im Anschluß an Artikel 9 wird ein neuer Artikel 9 a eingefügt:

   Artikel 9 a

   (Kirchen und Religionsgesellschaften, Weltanschauungsgemeinschaften)

   (1) Staat und Kirche sind getrennt.

   (2) Die Freiheit der Kirchen und Religionsgesellschaften wird gewährleistet. Sie ordnen und verwalten ihre Angelegenheiten selbständig innerhalb der Schranken der Verfassung und der für alle geltenden Gesetze. Für Arbeitnehmerinnen und Arbeitnehmer in Kirchen und Religionsgesellschaften gilt das allgemeine Arbeits- und Sozialrecht.

   (3) Kirchen und Religionsgesellschaften sind gleichgestellt, ebenso Vereinigungen, die sich die gemeinschaftliche Pflege einer Weltanschauung zur Aufgabe machen.

   (4) Religionsgesellschaften erwerben die Rechtsfähigkeit nach den allgemeinen Vorschriften des bürgerlichen Rechts.

   — Dieser Antrag kam nicht zur Abstimmung —

Kommissionsdrucksache Nr. 38

Antrag im Umfeld zu Artikel 20 GG — „Staatsziele" (hier: Umweltschutz) — (SPD-Mitglieder der Gemeinsamen Verfassungskommission)

Nach Artikel 20 wird folgende Ergänzung eingefügt:

„Die natürlichen Lebensgrundlagen stehen im Rahmen der verfassungsmäßigen Ordnung unter dem Schutz des Staates."

Kommissionsdrucksache Nr. 39

Antrag zur Aufnahme des Staatszieles „Recht auf Wohnung" im Grundgesetz (Abg. Dr. Ullmann)

Nach Artikel 13 wird folgender Artikel 13a eingefügt:

„Der Staat schützt das Recht jedes Menschen auf eine angemessene Wohnung. Er fördert sozialen und ökologischen Wohnungsbau und Wohnungserhaltung. Er sorgt für einkommensgerechte Mieten und gewährleistet gesetzlichen Kündigungsschutz, wie er der besonderen Bedeutung der Wohnung für ein menschenwürdiges Leben entspricht."

Kommissionsdrucksache Nr. 40

Antrag zur Aufnahme des Staatszieles „Recht auf Arbeit" im Grundgesetz (Abg. Dr. Ullmann)

Nach Artikel 12 wird folgender Artikel 12a eingefügt:

„(1) Der Staat schützt das Recht jedes Menschen auf Arbeit, trägt zur Erhaltung und Schaffung von Arbeitsplätzen bei und sichert einen hohen Beschäftigungsstand, soweit dies sozial verantwortbar und ökologisch verträglich ist.

(2) Jede Bürgerin und jeder Bürger haben das Recht auf öffentliche Maßnahmen der Arbeitsförderung, der beruflichen Weiterbildung oder der Umschulung sowie im Falle der Arbeitslosigkeit das Recht auf angemessene Lohnersatzleistungen."

Kommissionsdrucksache Nr. 41

Antrag zur Aufnahme des Staatszieles „Recht auf soziale Sicherung" im Grundgesetz (Abg. Dr. Ullmann)

Nach Artikel 12a wird folgender Artikel 12b eingefügt:

„(1) Der Staat schützt das Recht jeder Bürgerin und jedes Bürgers auf soziale Sicherung. Er sorgt insbesondere für eine Grundsicherung im Alter und bei Krankheit, Pflegebedürftigkeit, Erwerbsunfähigkeit, Obdachlosigkeit und Mittellosigkeit."

Kommissionsdrucksache Nr. 42

Antrag zur Aufnahme des Staatszieles „Recht auf ethnische Minderheiten“ im Grundgesetz (Abg. Dr. Ullmann)

Nach Artikel 16 wird folgender Artikel 16a (Ethnische Minderheiten) eingefügt:

„Das Recht im Bundesgebiet lebender ethnischer Minderheiten auf Erhaltung und Pflege ihrer Kultur und ihrer Sprache wird gewährleistet.“

— Dieser Antrag kam nicht zur Abstimmung —

Kommissionsdrucksache Nr. 43

Antrag zum Bereich „Staatsziele“ (Berlin)

„Der Staat gewährleistet ein System der sozialen Sicherung.“

Kommissionsdrucksache Nr. 44

Antrag zur Aufnahme des Grundrechts auf Bildung im Grundgesetz (Abg. Dr. Ullmann)

Artikel 7 wird wie folgt geändert:

„(1) Jeder Mensch hat das Recht auf Bildung.

(2) Der Staat garantiert den unentgeltlichen Zugang und die freie Wahl der Schule durch die Genehmigung und gleichberechtigte Förderung allgemein zugänglicher Schulen in öffentlicher und freier Trägerschaft.

(3) Die Schule fördert die Schülerinnen und Schüler entsprechend ihren Neigungen im Geiste freier Selbstbestimmung und sozialer Verantwortung. Die Durchlässigkeit der Bildungswege, die pädagogische Freiheit der Lehrkräfte, das Recht der einzelnen Schule auf Selbstverwaltung nach Maßgabe der Gesetze sowie die Mitwirkung von Eltern und Schülerschaft in der Schule werden gewährleistet.

(4) Das gesamte Schulwesen steht unter Aufsicht des Staates. Vertreterinnen und Vertreter der Eltern-, Schüler- und Lehrerschaft sowie der Schulträger sind an den Aufsichtsgremien zu beteiligen.

(5) Das Recht zur Errichtung von Schulen in freier Trägerschaft wird gewährleistet. Diese bedürfen der Genehmigung des Staates und unterstehen den Landesgesetzen. Die Genehmigung ist zu erteilen, wenn Schulen in freier Trägerschaft in ihren Lehrzielen und Einrichtungen sowie in der wissenschaftlichen Ausbildung ihrer Lehrkräfte nicht hinter den öffentlichen Schulen zurückstehen und eine Sonderung der Schülerinnen und Schüler nach den Besitzverhältnissen der Eltern nicht gefördert wird. Die Genehmigung ist zu versagen, wenn die wirtschaftliche und rechtliche Stellung der Lehrkräfte nicht genügend gesichert ist.“

Kommissionsdrucksache Nr. 45

Antrag zur Verankerung des Umweltschutzes im Grundgesetz (Abg. Dr. Ullmann)

1. Artikel 14 Abs. 2 und 3 Satz 1 werden wie folgt neu gefaßt:

„(2) Eigentum ist sozialpflichtig. Der Gesetzgeber stellt sicher, daß sein Gebrauch zugleich dem Wohle der Allgemeinheit, insbesondere zur Erhaltung der natürlichen Lebensgrundlagen, dient.

(3) Eine Enteignung ist nur zum Wohle der Allgemeinheit, insbesondere zur Erhaltung der natürlichen Lebensgrundlagen, zulässig."

Artikel 19 wird durch folgenden Abs. 5 ergänzt:

„Umweltverbände haben das Recht, sich an Verwaltungsverfahren zu beteiligen, die Belange des Umweltschutzes, des Naturschutzes oder der Landschaftspflege betreffen. Insoweit sind sie klagebefugt."

Nach Artikel 20 wird ein neuer Artikel 20 a eingefügt:

„(1) Die natürlichen Lebensgrundlagen gegenwärtiger und künftiger Generationen stehen ebenso wie die Natur um ihrer selbst willen unter dem besonderen Schutz des Staates.

(2) Bund, Länder und Gemeinden sind verpflichtet, die ökologischen Belastungen zu dokumentieren und über alle wichtigen ökologischen Entscheidungen, Programme, Vorhaben und Maßnahmen zu informieren."

Kommissionsdrucksache Nr. 46

Antrag zum Themenbereich „Staatsziele und Grundrechte" (Hessen)

Nach Artikel 20 wird folgende Ergänzung eingefügt:

„Tiere werden als Lebewesen geachtet. Sie werden vor nicht artgemäßer Haltung, vermeidbaren Leiden und Zerstörung ihrer Lebensräume geschützt."

Kommissionsdrucksache Nr. 47

Antrag zum Staatsziel „Umweltschutz" (CDU/CSU-Mitglieder der Gemeinsamen Verfassungskommission)

„Die natürlichen Lebensgrundlagen des Lebens stehen unter dem Schutz des Staates. Das Nähere regeln die Gesetze."

Kommissionsdrucksache Nr. 48

Antrag hinsichtlich der Schaffung eines Ökologischen Rates (Abg. Dr. Ullmann)

Es wird als neuer Abschnitt IVb nach Artikel 53a ein neuer Artikel 53b (Ökologischer Rat) eingefügt:

„(1) Der Ökologische Rat wirkt bei der Gesetzgebung und Verwaltung des Bundes mit. Er erstattet von sich aus oder auf Ersuchen eines Fünftels der Mitglieder des Bundestages oder Bundesrates zu ökologischen Fragen Gutachten.

(2) Der Ökologische Rat besteht aus Mitgliedern, die je zur Hälfte von den Volksvertretungen der Länder und vom Bundestag gewählt werden. Sie dürfen keiner gesetzgebenden Körperschaft oder einer Regierung angehören. Die Mitglieder des Ökologischen Rates sind an Aufträge und Weisungen nicht gebunden. Sie werden auf die Dauer von neun Jahren gewählt; eine Wiederwahl ist unzulässig.

(3) Gesetzesvorlagen, die im Bundestag eingebracht werden, sind dem Ökologischen Rat vom Bundestag unverzüglich zuzuleiten. Der Ökologische Rat kann innerhalb von vier Wochen Stellung nehmen. Er kann insbesondere empfehlen, daß die Geltung des Bundesgesetzes zeitlich befristet wird, die vorgesehenen Regelungen nach einem Stufenplan eingeführt werden oder daß vor Inkrafttreten des Gesetzes Untersuchungen oder Testverfahren dazu durchgeführt werden. Artikel 76 Abs. 2 Satz 3 gilt entsprechend.

(4) Hat der Bundestag die Gesetzesvorlage beschlossen, so ist sie dem Ökologischen Rat unverzüglich zuzuleiten. Dieser kann innerhalb einer Woche Einwendungen erheben. Der Bundestag entscheidet darüber, ob und wie er den Einwendungen Rechnung tragen will und nimmt den Gesetzesbeschluß an. Das weitere Verfahren richtet sich nach Artikel 77.

(5) Der Ökologische Rat gibt sich eine Geschäftsordnung. Das Nähere regelt ein Bundesgesetz, das für die Erstbesetzung eine zeitlich gestaffelte Amtsdauer vorsehen kann."

— Dieser Antrag kam nicht zur Abstimmung —

Kommissionsdrucksache Nr. 49

Antrag zum Themenbereich „Staatsziele" (Bayern)

Nach Artikel 20 wird folgender neuer Artikel 20a eingefügt:

„Der Staat schützt die natürlichen Lebensgrundlagen durch seine gesetzliche Ordnung."

Kommissionsdrucksache Nr. 50

Antrag zur Aufnahme eines Artikels 20a Abs. 2 im Grundgesetz (hier: Tierschutz) — (Abg. Dr. Hirsch)

Es wird ein Artikel 20a Abs. 2 eingefügt:

„Tiere werden im Rahmen der geltenden Gesetze vor vermeidbaren Leiden und Schäden geschützt."

Kommissionsdrucksache Nr. 51

Antrag zur Ergänzung des Artikels 79 GG (hier: Verfassungsreferendum) — (SPD-Mitglieder der Gemeinsamen Verfassungskommission)

1. Nach Artikel 79 Abs. 2 wird folgender der Absatz 3 (neu) eingefügt:

   „Auf Verlangen von einem Viertel der Mitglieder des Bundestages findet über das Gesetz ein Volksentscheid statt. Es tritt in Kraft, wenn die Mehrheit der Abstimmenden sich für die von Bundestag und Bundesrat beschlossene Änderung ausspricht. Das Nähere regelt ein Bundesgesetz."

2. Der bisherige Absatz 3 wird Absatz 4.

Kommissionsdrucksache Nr. 52

Antrag zum Themenbereich „Staatsangehörigkeit" (Hessen)

In Artikel 16 wird vor Absatz 1 folgender neuer Absatz eingefügt:

„Die deutsche Staatsangehörigkeit wird erworben, wenn die Geburt im Geltungsbereich des Grundgesetzes erfolgt und ein Elternteil ein gesichertes Daueraufenthaltsrecht besitzt oder wenn ein Elternteil die deutsche Staatsangehörigkeit innehat. Das Nähere regelt ein Gesetz."

Kommissionsdrucksache Nr. 53

Antrag zur Änderung des Artikels 29 GG (Sächsischer Staatsminister der Justiz Heitmann)

Artikel 29 GG ist wie folgt neu zu fassen:

„(1) Das Bundesgebiet soll neu gegliedert werden, um zu gewährleisten, daß die Länder nach Größe und Leistungsfähigkeit die ihnen obliegenden Aufgaben wirksam erfüllen können. Dabei sind die wirtschaftliche Zweckmäßigkeit, die Erfordernisse der Raumordnung und der Landesplanung, die landsmannschaftliche Verbundenheit sowie die geschichtlichen und kulturellen Zusammenhänge zu berücksichtigen.

(2) Die Neugliederung erfolgt durch Vereinbarung aller Länder. Die betroffenen Kreise und Gemeinden sind zu hören. Die Vereinbarung bedarf der Zustimmung des Bundestages; lehnt der Bundestag die Zustimmung ab, bedarf die Vereinbarung der Annahme durch Volksentscheid im gesamten Bundesgebiet. In den Ländern, aus deren Gebieten oder Gebietsteilen ein neues oder neu umgrenztes Land gebildet werden soll (betroffene Länder) bedarf die Vereinbarung der Bestätigung durch Volksentscheid.

(3) Kommt innerhalb von fünf Jahren eine Neugliederung nach Absatz 2 nicht zustande, ist durch Bundesgesetz mit Zustimmung des Bundesrates innerhalb von fünf Jahren zu bestimmen, ob und welche Maßnahmen zur Neugliederung des Bundesgebietes erforderlich sind. Die betroffenen Länder sind zu hören. Nach

Annahme des Gesetzes ist in jedem Gebiet, dessen Landeszugehörigkeit geändert werden soll, der Teil des Gesetzes, der dieses Gebiet betrifft, zum Volksentscheid zu bringen. Soweit dabei das Gesetz mindestens in einem Gebietsteil abgelehnt wird, ist es erneut im Bundestag einzubringen. Nach erneuter Verabschiedung bedarf es insoweit der Annahme durch Volksentscheid im gesamten Bundesgebiet.

(4) Absatz 3 Sätze 3 bis 5 gelten nicht, wenn das Gebiet, dessen Landeszugehörigkeit geändert werden soll, nicht mehr als 100 000 Einwohner hat.

(5) Die Länder können eine Neugliederung für das jeweils von ihnen umfaßte Gebiet oder für Teilgebiete abweichend von den Vorschriften der Absätze 2 bis 4 durch Vereinbarung regeln. Die betroffenen Kreise und Gemeinden sind zu hören. Die Vereinbarung bedarf der Bestätigung durch Volksentscheid in den betroffenen Ländern. Verringert sich durch die Vereinbarung die Zahl der Länder um mehr als ein Land, bedarf die Vereinbarung der Zustimmung des Bundestages und des Bundesrates. Lehnt der Bundestag oder der Bundesrat die Zustimmung ab, bedarf die Vereinbarung der Bestätigung durch Volksentscheid im gesamten Bundesgebiet. Sätze 3 bis 5 gelten nicht, wenn das Gebiet, dessen Landeszugehörigkeit geändert werden soll, nicht mehr als 100 000 Einwohner umfaßt.

(6) Bei einem Volksentscheid entscheidet die Mehrheit der abgegebenen Stimmen; stimmberechtigt sind die zum Bundestag Wahlberechtigten."

Hilfsweise wird beantragt:

1. In Artikel 29 Absatz 7 Satz 1 ist die Zahl „10 000" durch die Zahl „100 000" ersetzt."

2. In Artikel 29 GG wird folgender Absatz 8 angefügt:

„Die Länder können eine Neugliederung für das jeweils von ihnen umfaßte Gebiet oder für Teilgebiete abweichend von den Vorschriften der Absätze 2 bis 7 durch Vereinbarung regeln. Die betroffenen Gemeinden und Kreise sind zu hören. Die Vereinbarung bedarf der Bestätigung durch Volksentscheid in den betroffenen Ländern. Verringert sich durch die Vereinbarung die Zahl der Länder um mehr als ein Land, bedarf die Vereinbarung der Zustimmung des Bundestages und des Bundesrates. Lehnt der Bundestag oder der Bundesrat die Zustimmung ab, bedarf die Vereinbarung der Bestätigung durch Volksentscheid im gesamten Bundesgebiet. Sätze 3 bis 5 gelten nicht, wenn das Gebiet, dessen Landeszugehörigkeit geändert werden soll, nicht mehr als 100 000 Einwohner umfaßt. Bei einem Volksentscheid entscheidet die Mehrheit der abgegebenen Stimmen; stimmberechtigt sind die zum Bundestag Wahlberechtigten."

— Dieser Antrag kam nicht zur Abstimmung —

Kommissionsdrucksache Nr. 54

Antrag zur Ergänzung des Artikels 48 GG „Diätenkommission" — (SPD-Mitglieder der Gemeinsamen Verfassungskommission)

Artikel 48 Abs. 3 erhält folgende Fassung:

„Die Abgeordneten haben Anspruch auf eine angemessene, ihre Unabhängigkeit sichernde Entschädigung und auf die zur Wahrnehmung ihrer Aufgaben erforderliche Ausstattung. Sie haben das Recht der freien Benutzung aller staatlichen Verkehrsmittel. Über die jeweilige Höhe der Entschädigung und der zur persönlichen Ausstattung gehörenden Geldleistungen entscheidet eine vom Bundespräsidenten eingesetzte unabhängige Kommission. Das Nähere regelt ein Bundesgesetz."

Kommissionsdrucksache Nr. 55

Antrag zur Einführung eines Artikels 49 (neu) GG
„Fraktionen/Opposition" — (SPD-Mitglieder der Gemeinsamen Verfassungskommission)

Es wird folgender Artikel 49 (neu) eingefügt:

„(1) Die Fraktionen sind freiwillige Zusammenschlüsse von Abgeordneten. Sie wirken an der parlamentarischen Willensbildung mit. Artikel 38 Abs. 1 bleibt unberührt. Das Nähere regelt ein Bundesgesetz.

(2) Das Recht auf Bildung und Ausübung parlamentarischer Opposition wird gewährleistet."

Kommissionsdrucksache Nr. 56

Antrag zur Ergänzung des Artikels 43 GG „Parlamentarische Anfragen" — (SPD-Mitglieder der Gemeinsamen Verfassungskommission)

In Artikel 43 Abs. 1 wird folgender Satz 2 eingefügt:

„Parlamentarische Anfragen und Fragen einzelner Bundestagsabgeordneter sind unverzüglich und vollständig zu beantworten."

Kommissionsdrucksache Nr. 57

Eckwerte für ein Untersuchungsausschußgesetz (SPD-Mitglieder der Gemeinsamen Verfassungskommission)

In einem noch zu verabschiedenden Untersuchungsausschußgesetz sollte folgende Regelung enthalten sein:

„Hält ein Gericht den Untersuchungsauftrag [des Untersuchungsausschusses] für verfassungswidrig, so ist das Verfahren auszusetzen und die Sache dem Bundesverfassungsgericht zur Entscheidung vorzulegen."

Kommissionsdrucksache Nr. 58

Antrag zur Einfügung eines Artikels 44 a „Enquete Kommission" — (SPD-Mitglieder der Gemeinsamen Verfassungskommission)

Es wird folgender Artikel 44 a eingefügt:

„Zur Vorbereitung von Entscheidungen über umfangreiche und bedeutsame Sachkomplexe kann der Bundestag eine Enquete-Kommission einsetzen. Auf Antrag eines Viertels seiner Mitglieder ist er dazu verpflichtet. Der Kommission können auch Sachverständige angehören, die nicht Mitglieder des Deutschen Bundestages sind. Das Nähere regelt die Geschäftsordnung."

Kommissionsdrucksache Nr. 59

Antrag zur Ergänzung des Artikels 39 GG „Selbstauflösungsrecht des Bundestages" — (SPD-Mitglieder der Gemeinsamen Verfassungskommission)

Artikel 39 wird durch folgenden Absatz 1 a (neu) ergänzt:

„Auf Antrag eines Drittels seiner Mitglieder kann der Bundestag mit einer Mehrheit von zwei Dritteln seiner Mitglieder beschließen, die Wahlperiode vorzeitig zu beenden. Zwischen dem Antrag und der Abstimmung müssen zweiundsiebzig Stunden liegen. Absatz 1 Satz 4 gilt entsprechend."

Kommissionsdrucksache Nr. 60

Antrag zur Änderung des Artikels 48 Abs. 3 GG (Sächsischer Staatsminister der Justiz Heitmann)

Artikel 48 Abs. 3 wird wie folgt neu gefaßt:

„Die Abgeordneten haben Anspruch auf eine angemessene, ihre Unabhängigkeit sichernde Entschädigung und auf die zur Wahrnehmung ihrer Aufgaben erforderliche Ausstattung. Sie haben das Recht der freien Benutzung aller staatlichen Verkehrsmittel. Über die jeweilige Höhe der Entschädigung und über die erforderliche Ausstattung entscheidet eine vom Bundespräsidenten eingesetzte unabhängige Kommission. Das Nähere regelt ein Bundesgesetz."

— am 17. Juni 1993 vom Antragsteller zurückgezogen —

Kommissionsdrucksache Nr. 61

Antrag zur Ergänzung des Artikels 39 GG „Selbstauflösungsrecht des Bundestages" — (Abg. Dr. Ullmann)

Artikel 39 GG wird durch folgenden neuen Absatz 1 a ergänzt:

„Auf Antrag eines Viertels seiner Mitglieder, die der parlamentarischen Opposition angehören müssen, kann der Bundestag mit seiner Mehrheit von drei Vierteln seiner Mitglieder beschließen, die Wahlperiode vorzeitig zu beenden. Zwischen dem Antrag und der Abstimmung müssen zweiundsiebzig Stunden liegen. Absatz 1 Satz 4 gilt entsprechend."

— Dieser Antrag kam nicht zur Abstimmung —

Kommissionsdrucksache Nr. 62

Antrag zur Neufassung des Artikels 116 GG (Abg. Dr. Heuer)

Artikel 116 wird wie folgt geändert:

„(1) Bürgerin und Bürger im Sinne dieser Verfassung ist vorbehaltlich anderweitiger gesetzlicher Regelungen, wer die deutsche Staatsbürgerschaft besitzt oder als Ausländerin oder Ausländer seit mindestens fünf Jahren rechtmäßig ihren oder seinen ständigen Wohnsitz im Bund Deutscher Länder genommen hat. Angehörige der Mitgliedstaaten der Europäischen Gemeinschaft können deutschen Staatsbürgern gleichgestellt werden.

(2) Die Gesamtheit aller Bürgerinnen und Bürger bildet das Volk im Sinne dieser Verfassung.

(3) Frühere deutsche Staatsangehörige, denen zwischen dem 30. Januar 1933 und dem 8. Mai 1945 die Staatsangehörigkeit aus politischen, rassischen oder religiösen Gründen entzogen worden ist, und ihre Abkömmlinge sind auf Antrag wieder einzubürgern. Sie gelten als nicht ausgebürgert, sofern sie nach dem 8. Mai 1945 ihren Wohnsitz in Deutschland genommen haben und nicht einen entgegengesetzten Willen zum Ausdruck gebracht haben."

Kommissionsdrucksache Nr. 63

Antrag zur Neufassung des Artikels 6 GG (Abg. Dr. Heuer)

Artikel 6 wird wie folgt geändert:

„(1) Jede Mutter hat Anspruch auf den Schutz und die Fürsorge der Gemeinschaft.

(2) Frauen und Männer, die Kinder aufziehen oder in familiärer Gemeinschaft Hilfsbedürftige betreuen, haben Anspruch auf Schutz und Förderung sowie auf gesellschaftliche Rücksichtnahme. Der Staat fördert die Vereinbarkeit von Beruf und Familie.

(3) Ehe, Familie und andere Lebensgemeinschaften genießen Schutz und Achtung durch den Staat.

(4) Eltern sind zuvörderst berechtigt und verpflichtet, für ihre Kinder zu sorgen. Sie haben bei der Erziehung ihrer Kinder auf deren wachsende Einsichtsfähigkeit und ihr Verantwortungsbewußtsein Rücksicht zu nehmen. Bei der Erziehung ist die Würde des Kindes zu achten.

(5) Gegen den Willen der Erziehungsberechtigten dürfen Kinder nur auf Grund eines Gesetzes von ihnen getrennt werden, wenn das Wohl des Kindes unmittelbar gefährdet ist und der Gefahr nicht auf andere Weise begegnet werden kann.

(6) Kinder sind Träger von Rechten, deren Ausgestaltung die kindliche Persönlichkeit fördern und ihren wachsenden Fähigkeiten und Bedürfnissen zu selbständigem Handeln entsprechen muß. Kinder und Jugendliche haben unabhängig von ihrer Herkunft und wirtschaftlichen Lage das Recht auf eine ihren Fähigkeiten entsprechende Erziehung, Bildung und Ausbildung. Es ist dafür Sorge zu tragen, daß Kinder mit Behinderung in das Leben der Gemeinschaft einbezogen werden."

— *Hinsichtlich der Absätze 4, 5 und 6 am 17. Juni 1993 zurückgezogen*

Kommissionsdrucksachen Nr. 64

Antrag zur Neufassung von Bestimmungen des Friedensprinzips und der Wehrverfassung (Abg. Dr. Heuer)

„Artikel 12a

(1) Es besteht keine allgemeine Dienstpflicht.

(2) Jeder Mensch ist bei Unglücksfällen, Katastrophen und besonderen Notständen nach Maßgabe der Gesetze zur Nothilfe verpflichtet."

„Artikel 24

(2) Der Bund kann sich zur Wahrung des Friedens in Systeme kollektiver Sicherheit und Zusammenarbeit einordnen, die eine friedliche und dauerhafte Ordnung der Sicherheit und Zusammenarbeit in Europa und zwischen den Völkern der Welt herbeiführen und gewährleisten. Zu diesem Zweck kann er der Beschränkung der Ausübung von Hoheitsrechten zustimmen. Die Übertragung von Hoheitsrechten über den militärischen und nichtmilitärischen Einsatz von Streitkräften des Bundes und der Einsatz der Streitkräfte des Bundes ist außer im Verteidigungsfall nach Artikel 115a Abs. 1 ausgeschlossen."

„Artikel 26

(1) Der Bund hat dem Frieden in der Welt zu dienen, Kriege zu verhüten und auf ein friedliches Zusammenleben der Völker hinzuwirken. Sein Ziel ist die Beseitigung der Streitkräfte. Er ist zur Abrüstung verpflichtet und beteiligt sich an darauf gerichteten völkerrechtlichen Vereinbarungen.

(2) Handlungen, die geeignet sind und in der Absicht vorgenommen werden, das friedliche Zusammenleben der Völker zu stören, insbesondere die Führung eines Angriffskrieges vorzubereiten, sind verfassungswidrig. Sie sind unter Strafe zu stellen.

(3) Zur Kriegsführung bestimmte Waffen dürfen nur mit Genehmigung der Bundesregierung hergestellt, befördert und in Verkehr gebracht werden. Die

Herstellung, Lagerung, Beförderung, Aufstellung oder Anwendung von atomaren, bakteriologischen, chemischen oder anderen Massenvernichtungsmitteln ist verboten. Ihre Planung und Entwicklung sowie darauf gerichtete Forschungen sind verfassungswidrig. Absatz 2 Satz 2 gilt entsprechend.

(4) Der Export von und der Handel mit Kriegswaffen sowie mit zur Kriegsführung bestimmten Gegenständen, Stoffen, Organismen und Verfahren sind verboten. Das Nähere regelt ein Bundesgesetz.

(5) Der Bund beginnt mit der Abschaffung der Rüstungsproduktion. Bis zur Erreichung dieses Zieles wird die Rüstungsproduktion unter Berücksichtigung sozialer Aspekte ständig reduziert und mit Konversion verbunden.

(6) Unternehmen, die gegen Absatz 4 verstoßen, werden enteignet. Das Nähere regelt ein Bundesgesetz."

„Artikel 87a

(1) Der Bund strebt die Abschaffung der Streitkräfte an. Solange dieses Ziel nicht erreicht ist, kann er Streitkräfte zur Verteidigung aufstellen. Ihre zahlenmäßige Stärke, ihre Ausrüstung und die Grundzüge ihrer Organisation müssen dem Grundsatz der Angriffsunfähigkeit entsprechen, sich aus dem Haushaltsplan ergeben und demokratischer Kontrolle unterliegen.

(2) Außer zur Verteidigung des Bundesgebietes dürfen die Streitkräfte nicht eingesetzt werden. Die Streitkräfte dürfen nicht bei inneren Konflikten eingesetzt werden."

Kommissionsdrucksache Nr. 65

Antrag zur Ergänzung des Artikels 28 Abs. 1 GG „Kommunales Ausländerwahlrecht" (SPD-Mitglieder der Gemeinsamen Verfassungskommission)

Artikel 28 Abs. 1 Satz 3 wird wie folgt neu gefaßt:

„Bei Wahlen in Gemeinden und Gemeindeverbänden sind auch Personen, die die Staatsangehörigkeit eines Mitgliedstaates der Europäischen Gemeinschaft besitzen, nach Maßgabe von Recht der Europäischen Gemeinschaft, andere Ausländer mit ständigem Wohnsitz im Bundesgebiet nach Maßgabe des Landesrechts wahlberechtigt und wählbar."

Kommissionsdrucksache Nr. 66

Antrag zur Neufassung des Artikels 28 GG und Einfügung eines Artikels 28a GG (Abg. Dr. Heuer)

Artikel 28 wird wie folgt geändert:

„(1) Die verfassungsmäßige Ordnung in den Ländern muß den Grundsätzen des republikanischen, demokratischen und sozialen Rechtsstaates im Sinne dieses Grundgesetzes entsprechen. In den Ländern, Kreisen und Gemeinden muß das

Volk eine Vertretung haben, die aus allgemeinen, unmittelbaren, freien, gleichen und geheimen Wahlen hervorgegangen ist. In Gemeinden kann an die Stelle einer gewählten Körperschaft die Gemeindeversammlung treten.

(2) Der Bund gewährleistet, daß die verfassungsmäßige Ordnung der Länder den Grundrechten und den Bestimmungen des Absatz 1 entspricht."

Nach Artikel 28 wird folgender Artikel 28 a eingefügt:

„(1) Gemeinden und Gemeindeverbände haben das Recht, die Angelegenheiten der örtlichen Gemeinschaft in eigener Verantwortung zu regeln, soweit die Gesetze nicht etwas anderes bestimmen.

(2) Den Gemeinden und Gemeindeverbänden kann durch Gesetz die Erledigung bestimmter Aufgaben übertragen werden. Führt die Übertragung zu einer Mehrbelastung der Gemeinden und Gemeindeverbände, sind die erforderlichen Mittel zur Verfügung zu stellen.

(3) Zu Gesetzentwürfen und Entwürfen von Rechtsverordnungen, die wesentliche Belange von Gemeinden und Gemeindeverbänden berühren, sind deren Zusammenschlüsse rechtzeitig zu hören. Das gleiche gilt im Hinblick auf Stellungnahmen des Bundes und der Länder zu Entwürfen von EG-Verordnungen und EG-Richtlinien.

(4) Die Gewährleistung kommunaler Selbstverwaltung umfaßt besonders die dazu erforderliche Finanzausstattung."

Kommissionsdrucksache Nr. 67

Antrag zur Ergänzung des Artikels 3 Abs. 3 GG „Diskriminierungsverbot/ Behinderte" (SPD-Mitglieder der Gemeinsamen Verfassungskommission)

In Artikel 3 Abs. 3 wird folgender Satz 2 (neu) an den bisherigen Satz 1 angefügt:

„Niemand darf wegen seiner Behinderung benachteiligt werden."

Kommissionsdrucksache Nr. 68

Antrag zur Ergänzung der Präambel (SPD-Mitglieder der Gemeinsamen Verfassungskommission)

Die Präambel erhält folgende Fassung:

„Im Bewußtsein seiner Verantwortung vor Gott und den Menschen, von dem Willen beseelt, als gleichberechtigtes Glied in einem vereinten Europa dem Frieden, *der Gerechtigkeit und der Solidarität in der einen* Welt zu dienen *und in dem Bestreben, die innere Einheit Deutschlands zu vollenden,* hat sich das Deutsche Volk kraft seiner verfassungsgebenden Gewalt dieses Grundgesetz gegeben."

Kommissionsdrucksache Nr. 69

Antrag des Landes Niedersachsen sowie namens und im Auftrag des Freistaates Bayern, des Landes Brandenburg, der Freien und Hansestadt Hamburg, der Länder Hessen, Nordrhein-Westfalen, Rheinland-Pfalz und des Saarlandes, des Freistaates Sachsen sowie des Landes Schleswig-Holstein

Artikel 87 Abs 3 Satz 1 ist wie folgt zu fassen:

„Für Angelegenheiten, für die dem Bund die Gesetzgebung zusteht, können selbständige Bundesoberbehörden und neue bundesunmittelbare Körperschaften und Anstalten des öffentlichen Rechts durch Bundesgesetz mit Zustimmung des Bundesrates errichtet werden."

Kommissionsdrucksache Nr. 70

Antrag zu Artikel 140 GG — „Unmittelbare Aufnahme der Artikel 136, 137, 138, 139 und 141 der Weimarer Reichsverfassung in das Grundgesetz (Abg. Dr. Hirsch)

In Artikel 138 Absatz 1 Satz 2 werden die Worte „das Reich" durch die Worte „der Bund" ersetzt.

In Artikel 141 werden die Worte „im Heer" durch die Worte „in der Bundeswehr" ersetzt.

Kommissionsdrucksache Nr. 71

Antrag zur „Geschlechtergerechten Sprache des Grundgesetzes" (SPD-Mitglieder der Gemeinsamen Verfassungskommission)

Die Gemeinsame Verfassungskommission möge folgende Empfehlung beschließen:

Die Bundesregierung wird gebeten, dem Bundestag unter Berücksichtigung der anliegenden Synopse bis zum 31. Dezember 1993 einen Vorschlag zur Umformulierung des Grundgesetzes vorzulegen, in dem

— die Verwendung maskuliner Bezeichnungen für Frauen grundsätzlich vermieden wird,

— so weit wie möglich geschlechtsneutrale Personen- und Funktionsbezeichnungen verwendet und

— im übrigen feminine und maskuline Bezeichnungen in voll ausgeschriebener Form benutzt werden.

Kommissionsdrucksache Nr. 72

Antrag zur Änderung der Präambel des Grundgesetzes (Abg. Dr. Ullmann)

Präambel

Im Bewußtsein seiner Verantwortung vor der deutschen Geschichte und gegenüber künftigen Generationen,

eingedenk der besonderen Verpflichtung, die sich gegenüber den Opfern deutscher Gewaltherrschaft ergibt,

ausgehend von den Erfahrungen freiheitlicher Demokratie und dank der durch eine demokratische Revolution vollendeten deutschen Einheit,

von dem Willen beseelt, als gleichberechtigtes Glied in einem vereinten Europa und Teil der einen Welt dem Frieden, den Rechten aller Menschen und der Zusammenarbeit der Völker zu dienen sowie die Grundlagen allen Lebens zu wahren,

entschlossen, ein demokratisches und solidarisches Gemeinwesen zu erneuern, in dem das Wohl und die Stärke aller aus dem Schutz der Schwachen erwächst,

hat sich das Volk der Bundesrepublik Deutschland kraft seiner verfassungsgebenden Gewalt diese Verfassung gegeben.

— *Dieser Antrag kam nicht zur Abstimmung* —

Kommissionsdrucksache Nr. 73

Antrag zur Ergänzung des Artikels 7 Abs. 1 GG „Selbstbestimmung und Mitmenschlichkeit" (SPD-Mitglieder der Gemeinsamen Verfassungskommission)

In Artikel 7 Abs. 1 GG wird an den bisherigen unverändert geltenden Satz 1 „Das gesamte Schulwesen steht unter der Aufsicht des Staates" folgender Satz 2 (neu) angefügt:

„Grundlegendes Bildungsziel ist Persönlichkeitsbildung zu Selbstbestimmung und Mitmenschlichkeit."

— *Dieser Antrag kam nicht zur Abstimmung* —

Kommissionsdrucksache Nr. 74

Antrag zur Ergänzung des Artikels 6 GG „Familien und nichteheliche Lebensgemeinschaften" (SPD-Mitglieder der Gemeinsamen Verfassungskommission)

Artikel 6 Absätze 1 bis 3 werden wie folgt neu gefaßt:

(1) Ehe und Familie stehen unter dem besonderen Schutz der staatlichen Ordnung. Dieser Schutz umfaßt auch andere auf Dauer angelegte Lebensgemeinschaften.

(2) Frauen haben bei Schwangerschaft und Geburt Anspruch auf den Schutz und die Fürsorge der Gemeinschaft.

(3) Wer in familiärer Gemeinschaft Kinder erzieht oder für Hilfebedürftige sorgt, ist durch den Staat zu fördern. Der Staat fördert ebenso die Möglichkeit für Frauen

und Männer, die Erfüllung ihrer Familienpflichten mit der Erwerbstätigkeit und der Teilnahme am öffentlichen Leben zu vereinbaren.

Kommissionsdrucksache Nr. 75

Antrag zur Ergänzung des Artikels 85 Abs. 3 GG (Niedersachsen)

An Artikel 85 Abs. 3 wird folgender Satz 4 angefügt:

„Die Länder haben das Recht, Weisungen der obersten Bundesbehörden durch die zuständigen Gerichte auf ihre Gesetzmäßigkeit überprüfen zu lassen."

Kommissionsdrucksache Nr. 76

Antrag zur Änderung der kinderbezogenen Teile des Artikels 6 GG (SPD-Mitglieder der Gemeinsamen Verfassungskommission)

Artikel 6 Absätze 4 bis 6 werden wie folgt neu gefaßt:

„(4) Kinder haben ein Recht auf Wahrung und Entfaltung ihrer Grundrechte sowie auf Entwicklung zu selbstbestimmungs- und verantwortungsfähigen Persönlichkeiten.

(5) Pflege und Erziehung der Kinder sind das natürliche Recht der Eltern und die zuvörderst ihnen obliegende Pflicht. Über ihre Betätigung wacht die staatliche Gemeinschaft. Die wachsende Fähigkeit der Kinder zu selbständigem, verantwortlichem Handeln ist zu berücksichtigen. Kinder sind gewaltfrei zu erziehen.

(6) Die staatliche Gemeinschaft trägt für kindgerechte Lebensverhältnisse Sorge. Sie hat gleiche Bedingungen für die leibliche und seelische Entwicklung der Kinder zu schaffen und Benachteiligungen aufgrund ihrer familiären, wirtschaftlichen oder sozialen Lage entgegenzuwirken. Arbeit von Kindern, die deren Wohl widerspricht, ist verboten. Gegen den Willen der Erziehungsberechtigten dürfen Kinder nur auf Grund eines Gesetzes von der Familie getrennt werden, wenn die Erziehungsberechtigten versagen oder wenn die Kinder aus anderen Gründen zu verwahrlosen drohen."

Kommissionsdrucksache Nr. 77

Antrag zur Ergänzung des Artikels 13 Abs. 3 GG zur Bekämpfung der Organisierten Kriminalität (Staatsminister Dr. Stoiber)

Artikel 13 Abs. 3 GG erhält folgende Fassung:

„(3) Eingriffe und Beschränkungen dürfen im übrigen nur zur Abwehr einer gemeinen Gefahr oder einer Lebensgefahr für einzelne Personen, aufgrund eines Gesetzes auch zur Strafverfolgung oder zur Verhütung dringender Gefahren für die öffentliche Sicherheit und Ordnung, insbesondere zur Behebung der Raumnot, zur

Bekämpfung von Seuchengefahr oder zum Schutze gefährdeter Jugendlicher vorgenommen werden."

— Dieser Antrag kam nicht zur Abstimmung —

Kommissionsdrucksache Nr. 78

Antrag zur Änderung/Ergänzung der Artikel 16 und 18 GG (Abg. Dr. Heuer)

1. Artikel 16 Abs. 2 Satz 2 wird aufgehoben.
2. Nach Artikel 16 wird folgender Artikel 16a eingefügt:

„Artikel 16a

(1) Politisch Verfolgte genießen Asylrecht.

(2) Auf Absatz 1 kann sich nicht berufen, wer aus einem Mitgliedstaat der Europäischen Gemeinschaften oder aus einem anderen Drittstaat einreist, in dem die Anwendung des Abkommens über die Rechtsstellung der Flüchtlinge und der Konvention zum Schutze der Menschenrechte und Grundfreiheiten sichergestellt ist. Die Staaten außerhalb der Europäischen Gemeinschaften, auf die die Voraussetzungen des Satzes 1 zutreffen, werden durch Gesetz, das der Zustimmung des Bundesrates bedarf, bestimmt. In den Fällen des Satzes 1 können aufenthaltsbeendende Maßnahmen unabhängig von einem hiergegen eingelegten Rechtsbehelf vollzogen werden.

(3) Durch Gesetz, das der Zustimmung des Bundesrates bedarf, können Staaten bestimmt werden, bei denen auf Grund der Rechtslage, der Rechtsanwendung und der allgemeinen politischen Verhältnisse gewährleistet erscheint, daß dort weder politische Verfolgung noch unmenschliche oder erniedrigende Bestrafung oder Behandlung stattfindet. Es wird vermutet, daß ein Ausländer aus einem solchen Staat nicht verfolgt wird, solange er nicht Tatsachen vorträgt, die die Annahme begründen, daß er entgegen dieser Vermutung politisch verfolgt wird.

(4) Die Vollziehung aufenthaltsbeendender Maßnahmen wird in den Fällen, die offensichtlich unbegründet sind oder als offensichtlich unbegründet gelten, durch das Gericht nur ausgesetzt, wenn ernstliche Zweifel an der Rechtmäßigkeit der Maßnahmen bestehen; der Prüfungsumfang kann eingeschränkt werden und verspätetes Vorbringen unberücksichtigt bleiben. Das Nähere ist durch Gesetz zu bestimmen.

(5) Die Absätze 1 bis 4 stehen völkerrechtlichen Verträgen von Mitgliedstaaten der Europäischen Gemeinschaften untereinander und mit dritten Staaten nicht entgegen, die unter Beachtung der Verpflichtungen aus dem Abkommen über die Rechtsstellung der Flüchtlinge und der Konvention zum Schutze der Menschenrechte und Grundfreiheiten, deren Anwendung in den Vertragsstaaten sichergestellt werden muß, Zuständigkeitsregelungen für die Prüfung von Asylbegehren einschließlich der gegenseitigen Anerkennung von Asylentscheidungen treffen."

3. In Artikel 18 Satz 1 werden die Worte „(Artikel 16 Abs. 2)“ durch die Worte „(Artikel 16a)“ ersetzt.

— Dieser Antrag kam nicht zur Abstimmung —

Kommissionsdrucksache Nr. 79

Antrag zur Änderung des Artikels 3 Abs. 2 GG (Niedersachsen)

Artikel 3 Abs. 2 wird wie folgt gefaßt:

„Frauen und Männer sind gleichberechtigt. Der Staat gewährleistet die Gleichstellung der Frauen in allen gesellschaftlichen Bereichen.“

An Artikel 3 Abs. 3 wird als neuer Satz 2 angefügt:

„Zum Ausgleich bestehender Ungleichheiten sind Maßnahmen zur Förderung von Frauen zulässig.“

— Dieser Antrag kam nicht zur Abstimmung —

Kommissionsdrucksache Nr. 80

Antrag zur Änderung des Artikels 3 Abs. 2 GG (Berichterstatterinnen und Berichterstatter)

In Artikel 3 Absatz 2 wird nach Satz 1 folgender Satz 2 angefügt:

„Der Staat fördert die tatsächliche Durchsetzung der Gleichberechtigung von Frauen und Männern und wirkt auf die Beseitigung bestehender Nachteile hin.“

Kommissionsdrucksache Nr. 81

Antrag zur Ergänzung des Artikels 36 GG — Dezentrale Verteilung der Bundesbehörden (Sachsen, Hamburg, Mecklenburg-Vorpommern, Schleswig-Holstein, Thüringen)

An Artikel 36 Absatz 1 sind folgende Sätze anzufügen:

„Auf eine dezentrale Verteilung der Bundesbehörden und -institutionen sowie der europäischen und internationalen Behörden und Institutionen ist zu achten. Alle Länder sind angemessen zu berücksichtigen.“

Kommissionsdrucksache Nr. 82

Antrag zur Änderung des Artikels 87 Abs. 2 GG — Föderalisierung der Sozialversicherung (Abg. Frau Mascher, Abg. Frau Dr. Meseke, Abg. Otto, Frau Ministerin Alm-Merk, Staatsminister Heitmann)

Artikel 87 Abs. 2 wird wie folgt geändert:

Der bisherige Satz 1 bleibt bestehen. Als Satz 2 wird angefügt:

„Soziale Versicherungsträger, deren Zuständigkeitsbereich sich über das Gebiet eines Landes, aber nicht über mehr als 3 Länder hinaus erstreckt, werden abweichend von Satz 1 als landesunmittelbare Körperschaften des öffentlichen Rechts geführt, wenn das aufsichtsführende Land durch die beteiligten Länder bestimmt ist."

Kommissionsdrucksache Nr. 83

Antrag zur Änderung des Artikels 3 Abs. 3 GG „Sexuelle Identität" (SPD-Mitglieder der Gemeinsamen Verfassungskommission)

Artikel 3 Abs. 3 wird wie folgt neu gefaßt:

„Niemand darf wegen seines Geschlechtes, seiner sexuellen Identität, seiner Abstammung, seiner Rasse, seiner Sprache, seiner Heimat und Herkunft, seines Glaubens, seiner religiösen oder politischen Anschauungen benachteiligt oder bevorzugt werden."

Kommissionsdrucksache Nr. 84

Antrag zur Ergänzung des Artikels 28 Abs. 2 GG „Kommunale Selbstverwaltung" (Abg. Dr. Möller, Abg. Dr. Reinartz)

„Die Grundlagen der finanziellen Eigenverantwortung der Gemeinden und Gemeindeverbände werden im Rahmen der Bestimmungen über das Finanzwesen gewahrt."

— *Dieser Antrag kam nicht zur Abstimmung* —

Kommissionsdrucksache Nr. 85

a) Antrag Rechte ethnischer Minderheiten

b) Antrag zur Ergänzung des Artikels 28 Abs. 2 GG „Kommunale Selbstverwaltung" (Abg. Dr. Hirsch)

1. Staatsziel: Rechte ethnischer Minderheiten

   Es soll an gegebener Stelle der folgende Satz in das Grundgesetz aufgenommen werden:

   „Der Staat achtet die Identität der ethnischen, kulturellen und sprachlichen Minderheiten."

2. Zu Artikel 28 „Kommunale Selbstverwaltung":

   Artikel 28 Abs. 2 soll um folgenden Satz ergänzt werden:

   „Der Staat wahrt die Selbstverwaltung der Gemeinden und Gemeindeverbände und die Grundlagen ihrer finanziellen Eigenverantwortung."

   — *Dieser Antrag kam hinsichtlich der Ziffer 2. zu Artikel 28 „Kommunale Selbstverwaltung" nicht zur Abstimmung* —

Kommissionsdrucksache Nr. 86

Antrag zur Ergänzung des Artikels 59 Abs. 2 GG „Kündigung völkerrechtlicher Verträge" (SPD-Mitglieder der Gemeinsamen Verfassungskommission)

Artikel 59 Abs. 2 Satz 1 erhält folgende Fassung:

„Der Abschluß und die Kündigung von Verträgen, welche die politischen Beziehungen des Bundes regeln oder sich auf Gegenstände der Bundesgesetzgebung beziehen, bedürfen der Zustimmung oder der Mitwirkung der jeweils für die Bundesgesetzgebung zuständigen Körperschaften in der Form eines Buncesgesetzes."

Satz 2 bleibt unverändert

Kommissionsdrucksache Nr. 87

Antrag zur Neufassung des Artikels 26 GG „Friedensstaatlichkeit" (SPD-Mitglieder der Gemeinsamen Verfassungskommission)

Artikel 26 wird wie folgt neu gefaßt:

„(1) Die Bundesrepublik Deutschland verpflichtet sich, dem Frieden in der Welt zu dienen. Sie trägt zur Abrüstung und zur Verhütung von Kriegen bei.

(2) Handlungen, die geeignet sind und in der Absicht vorgenommen werden, das friedliche Zusammenleben der Völker zu stören, insbesondere die Führung eines Angriffskrieges vorzubereiten, sind verfassungswidrig. Sie sind unter Strafe zu stellen."

(Anmerkung: Dieser Absatz entspricht dem geltenden Artikel 26 Absatz 1)

„(3) Zur Kriegführung geeignete Waffen und sonstige Rüstungsgüter dürfen nur mit Genehmigung der Bundesregierung entwickelt, hergestellt, befördert und in Verkehr gebracht werden. Dies gilt auch für die hierauf gerichtete Forschung und die Weitergabe entsprechender Kenntnisse. Die Ausfuhr der in Satz 1 genannten Waffen und Güter und die Weitergabe entsprechender Kenntnisse bedarf der Genehmigung der Bundesregierung; sie ist nur in Staaten erlaubt, mit denen die Bundesrepublik Deutschland ein Bündnis zur kollektiven Selbstverteidigung geschlossen hat. Der Endverbleib muß gesichert sein. Über erteilte Genehmigungen ist der Bundestag zu unterrichten. Bei der Ausfuhr in andere als die in Satz 3 genannten Staaten kann die Bundesregierung die Genehmigung nur mit Zustimmung von zwei Dritteln der Mitglieder des Bundestages erteilen. Das Nähere regelt ein Bundesgesetz, das weitere Einschränkungen vorsehen kann.

(4) Die Entwicklung, Herstellung, Lagerung, Beförderung, das in Verkehr bringen, die Aufstellung und Anwendung von atomaren, bakteriologischen, chemischen und anderen Massenvernichtungswaffen sowie die Drohung mit ihrer Anwendung sind verfassungswidrig. Sie sind unter Strafe zu stellen. Bestehende Bündnisverpflichtungen bleiben unberührt."

Kommissionsdrucksache Nr. 88

Antrag auf Einfügung eines Artikels 116b in das Grundgesetz „Diskriminierung wegen Haltung zur DDR“ (Abg. Dr. Heuer)

Artikel 116b (Diskriminierung wegen Haltung zur DDR)

„(1) Keine natürliche oder juristische Person darf ungeachtet ihrer Staatsangehörigkeit und ihres Aufenthalts, wegen ihrer politischen Haltung, die sie bis zum 3. Oktober 1990 zur Deutschen Demokratischen Republik bekundet hat, durch irgendwelche allgemeinen oder besonderen Maßnahmen der öffentlichen Gewalt in ihren Rechten beeinträchtigt werden.

(2) Keine strafrechtliche, disziplinarische oder sozialrechtliche Maßnahme kann allein wegen der politischen Haltung der in Absatz 1 genannten Personen, die sie zur Deutschen Demokratischen Republik bekundet hat, getroffen werden.“

Kommissionsdrucksache Nr. 89

Antrag zur Änderung staatskirchenrechtlicher Vorschriften im Grundgesetz — wörtliche Übernahme des Antrages von Abg. Dr. Ullmann (Kommissionsdrucksache Nr. 37) — (Abg. Dr. Heuer)

1. In der Präambel wird auf die Bezugnahme auf Gott verzichtet.
2. Artikel 7 Abs. 2 und 3 werden gestrichen.
3. Artikel 140 wird gestrichen.
4. Artikel 141 wird gestrichen.
5. Im Anschluß an Artikel 9 wird ein neuer Artikel 9a eingefügt:

„Artikel 9a

(Kirchen und Religionsgesellschaften, Weltanschauungsgesellschaften)

(1) Staat und Kirche sind getrennt.

(2) Die Freiheit der Kirchen und Religionsgesellschaften wird gewährleistet. Sie ordnen und verwalten ihre Angelegenheiten selbständig innerhalb der Schranken der Verfassung und der für alle geltenden Gesetze. Für Arbeitnehmerinnen und Arbeitnehmer in Kirchen und Religionsgesellschaften gilt das allgemeine Arbeits- und Sozialrecht.

(3) Kirchen und Religionsgesellschaften sind gleichgestellt, ebenso Vereinigungen, die sich die gemeinschaftliche Pflege einer Weltanschauung zur Aufgabe machen.

(4) Religionsgesellschaften erwerben die Rechtsfähigkeit nach den allgemeinen Vorschriften des bürgerlichen Rechts.“

Kommissionsdrucksache Nr. 90

Antrag zur Ergänzung des Artikels 87a GG „Bündnisfall“ (SPD-Mitglieder der Gemeinsamen Verfassungskommission)

In Artikel 87a wird folgender Absatz 3 — neu — eingefügt:

„(3) Die Entscheidung über den Einsatz der Streitkräfte zur Verteidigung im Rahmen vertraglich vereinbarter Beistandspflichten trifft auf Antrag der Bundesregierung der Bundestag mit Zustimmung des Bundesrates. Die Entscheidung bedarf einer Mehrheit von zwei Dritteln der abgegebenen Stimmen, mindestens der Mehrheit der Mitglieder des Bundestages."

Die bisherigen Absätze 3 und 4 werden Absätze 4 und 5.

Kommissionsdrucksache Nr. 91

Antrag zur Änderung und Ergänzung der Artikel 4 Abs. 3 und 12a Absätze 1 und 2 GG „Kriegsdienstverweigerung" (SPD-Mitglieder der Gemeinsamen Verfassungskommission)

1. Artikel 4 Abs. 3 erhält folgende Fassung:

   „Jeder hat das Recht, unter Berufung auf sein Gewissen den Kriegsdienst mit der Waffe zu verweigern. Das Nähere regelt ein Bundesgesetz."

2. Artikel 12a Absätze 1 und 2 erhalten folgende Fassung:

   „(1) Männer können vom vollendeten achtzehnten Lebensjahr an zum Dienst in den Streitkräften verpflichtet werden.

   (2) Wer aus Gewissensgründen den Kriegsdienst mit der Waffe verweigert, kann zu einem *zivilen* Ersatzdienst verpflichtet werden. Die Dauer des Ersatzdienstes darf die *tatsächliche durchschnittliche* Dauer des Dienstes nach Absatz 1 nicht übersteigen."

   Satz 3 bleibt unverändert.

Kommissionsdrucksache Nr. 92

Antrag zur Ergänzung des Artikels 28 Abs. 2 GG „Kommunale Selbstverwaltung" (Abg. Dr. Jahn, Abg. Frau Dr. Wegner)

Artikel 28 Abs. 2 wird wie folgt ergänzt:

„Die Gewährleistung der Selbstverwaltung umfaßt auch die Grundlagen der finanziellen Eigenverantwortung."

Kommissionsdrucksache Nr. 93

Antrag zur Aufnahme der Begriffe „Mitmenschlichkeit" und „Gemeinsinn" in die Verfassung (Abg. Dr. Elmer, Abg. Frau Rahardt-Vahldieck)

Es wird folgender Artikel 2a eingefügt:

„Jeder ist zu Mitmenschlichkeit und Gemeinsinn aufgerufen."

Kommissionsdrucksache Nr. 94

Antrag auf Einfügung eines Artikels 20a GG „Umweltschutz" (Abg. Dr. Jahn)

Nach Artikel 20 GG wird folgender Artikel 20 a eingefügt:

„Die natürlichen Lebensgrundlagen werden auch in Verantwortung für die künftigen Generationen im Rahmen der verfassungsmäßigen Ordnung durch die Gesetzgebung sowie nach Maßgabe der Gesetze durch die vollziehende Gewalt und die Rechtsprechung geschützt."

Kommissionsdrucksache Nr. 95

Antrag auf Einfügung eines Artikels 20 a GG „Umweltschutz" (SPD-Mitglieder der Gemeinsamen Verfassungskommission)

Nach Artikel 20 GG wird folgende Ergänzung als Artikel 20 a eingefügt:

„Der Staat schützt auch in Verantwortung für die künftigen Generationen die natürlichen Lebensgrundlagen im Rahmen der verfassungsmäßigen Ordnung durch die Gesetzgebung und nach Maßgabe von Gesetz und Recht durch die vollziehende Gewalt und die Rechtsprechung."

Arbeitsunterlagen

[Alle Dokumente werden gesondert der Öffentlichkeit zugänglich gemacht.]

Nr.	Inhalt der Arbeitsunterlage
1	Grundgesetz und Europa (Stellungnahme der Bundesregierung) — vgl. Stenographisches Protokoll der 3. Sitzung, S. 3ff.
2	Grundgesetz und Europa (vorläufiges Ergebnisprotokoll der Ministerpräsidentenkonferenz vom 12. März 1992)
3	Finanzen/Bundesrat/Grundgesetz und Europa/Gesetzgebungskompetenzen (Beschluß der Präsidentinnen und Präsidenten der deutschen Länderparlamente für eine Reform der Finanzverfassung vom 24. September 1991)
4	Gesetzgebungskompetenzen (Bericht des Landes Hessen)
5	Gesetzgebungskompetenzen und -verfahren im Bundesstaat — Artikel 72ff. GG (Frau Staatsministerin Dr. Berghofer-Weichner)
6	Gesetzgebungskompetenzen und Gesetzgebungsverfahren (Tischvorlage Abg. Prof. Dr. von Stetten)
7	Gesetzgebungskompetenzen und Gesetzgebungsverfahren (Bericht Abg. Prof. Dr. von Stetten)
8	Gesetzgebungsverfahren (Bericht der Kommission Verfassungsreform des Bundesrates)
9	Gesetzgebungskompetenzen (Bericht der Kommission Verfassungsreform des Bundesrates)
10	Gesetzgebungskompetenzen (Antrag des Landes Nordrhein-Westfalen in der Kommission Verfassungsreform des Bundesrates)
11	Gesetzgebungsverfahren (Redebeitrag Frau Senatorin Dr. Peschel-Gutzeit)
12	Gesetzgebungskompetenzen und -verfahren (Beitrag der Bundesregierung zur Synopse)
13	Gesetzgebungskompetenzen und -verfahren im Bundesstaat (Synopse)
14	Gesetzgebungskompetenzen (Beitrag der Bundesregierung zur Synopse — Bereich Staatshaftung)
15	Gesetzgebungskompetenzen und -verfahren („Eckwerte“ der Bundesregierung)
16	Bürgerbeteiligung/plebiszitäre Elemente (Kommission Verfassungsreform des Bundesrates)

Nr.	Inhalt der Arbeitsunterlage
17	Staatsziele und soziale Grundrechte (Kommission Verfassungsreform des Bundesrates)
18	Staatsziele und soziale Grundrechte (Kommission Verfassungsreform des Bundesrates)
19	Staatsziele und soziale Grundrechte (Kommission Verfassungsreform des Bundesrates)
20	Staatsziel „Schutz und Förderung von nationalen und kulturellen Minderheiten" (Kommission Verfassungsreform des Bundesrates)
21	Einführung plebiszitärer Elemente in das Grundgesetz (Abg. Geis)
22	Grundrechte: Datenschutz; Recht auf Akteneinsicht; Recht auf informationelle Selbstbestimmung (Kommission Verfassungsreform des Bundesrates)
23	Staatsziele und soziale Grundrechte (Kommission Verfassungsreform des Bundesrates: Antrag von Baden-Württemberg und vier anderen Ländern)
24	Grundgesetz und Europa (Prof. Dr. Lerche)
25	Grundgesetz und Europa (Prof. Dr. Hölzer)
26	Grundgesetz und Europa/Internationale Beziehungen (Kommission Verfassungsreform des Bundesrates)
27	Grundgesetz und Europa/Internationale Beziehungen (Kommission Verfassungsreform des Bundesrates)
28	Grundgesetz und Europa (Prof. Dr. Stern)
29	Grundgesetz und Europa (Prof. Dr. Tomuschat)
30	Grundrecht auf Datenschutz (Die Landesbeauftragte für den Datenschutz Baden-Württemberg)
31	Grundgesetz und Europa (Prof. Dr. Scharpf)
32	Grundgesetz und Europa (Prof. Dr. Bieber)
33	Grundgesetz und Europa (Prof. Dr. Randelzhofer)
34	Grundgesetz und Europa (Prof. Dr. Randelzhofer)

Nr.	Inhalt der Arbeitsunterlage
35	Grundgesetz und Europa (Prof. Dr. Lepsius)
35 neu	Grundgesetz und Europa (Prof. Dr. Lepsius)
36	Staatsziel Umweltschutz (Bericht Senator Dr. Scherf)
37	Staatsziele (Bericht Minister Dr. Jentsch)
38	Staatsziele (Ausarbeitung Abg. Dr. Reinartz)
39	Gesetzgebung/Föderalismus (Stellungnahme des Landtagspräsidenten Dr. Grimm)
40	Grundrecht auf Datenschutz (Bundesbeauftragter für den Datenschutz)
41	Grundgesetz und Europa (Bericht Abg. Dr. Möller)
42	Gesetzgebung/Föderalismus (Stellungnahme Frau Landtagspräsidentin Friebe)
43	Finanzverfassung (Arbeitsgruppe der Landesfinanzminister „Finanzreform 1995“, Ergebnisniederschrift)
44	Bürgerbeteiligung/plebiszitäre Elemente (Prof. Dr. Schmid)
45	Staatsziele und soziale Grundrechte (Prof. Dr. Badura)
46	Bürgerbeteiligung/plebiszitäre Elemente (Prof. Dr. Badura)
47	Staatsziele und soziale Grundrechte (Prof. Dr. Denninger)
48	Bürgerbeteiligung/plebiszitäre Elemente (Prof. Dr. Klein)
49	Staatsziele und soziale Grundrechte (Prof. Dr. Sterzel)
50	Staatsziele und soziale Grundrechte (Prof. Dr. Schmidt-Jortzig)
51	Bürgerbeteiligung/plebiszitäre Elemente (Prof. Dr. Schmidt-Jortzig)
52	Staatsziele und soziale Grundrechte (Prof. Dr. Graf Vitzthum)
53	Bürgerbeteiligung/plebiszitäre Elemente (Prof. Dr. Preuß)
54	Staatsziele und soziale Grundrechte (Prof. Dr. Müller)
55	Staatsziele und soziale Grundrechte (Prof. Dr. Paech) **— wurde ersetzt durch Arbeitsunterlage Nr. 55 a**
55a	Staatsziele und soziale Grundrechte (Prof. Dr. Paech)
56	Staatsziele und soziale Grundrechte (Frau Prof. Dr. Lübbe Wolff)
57	Bürgerbeteiligung/plebiszitäre Elemente (Priv.Doz. Dr. Evers) **— wurde ersetzt durch Arbeitsunterlage Nr. 57 a**
57a	Bürgerbeteiligung/plebiszitäre Elemente (Priv.Doz. Dr. Evers)
58	Bürgerbeteiligung/plebiszitäre Elemente (Kaufmann)

Nr.	Inhalt der Arbeitsunterlage
59	Bürgerbeteiligung/plebiszitäre Elemente (Prof. Dr. Thaysen)
59a	Bürgerbeteiligung/plebiszitäre Elemente (Prof. Dr. Thaysen)
60	Gesetzgebungskompetenzen (gemeinsame Kompromißvorschläge der Berichterstatterinnen und Berichterstatter)
61	Gesetzgebungsverfahren (Empfehlungen der Berichterstatterinnen und Berichterstatter)
62	Kommunalwahlrecht für Angehörige von EG-Mitgliedstaaten (Protokollnotiz Bayern)
63	Grundgesetz und Europa (Protokollnotizen der Berichterstatter)
64	Grundgesetz und Europa (Bericht Abg. Dr. Möller)
65	Gesetzgebungskompetenzen und -verfahren im Bundesstaat (Synopse)
66	Selbstauflösungsrecht der Länderparlamente und Dauer der Wahlperiode in den Bundesländern (Synopse)
67	Parlamentsrecht: (Europa-)Unionsausschuß des Deutschen Bundestages (Bericht Abg. Dr. Möller)
68	Bürgerbeteiligung/Plebiszite (Prof. Offe)
69	Synopse der Regelungen zur Bildung von Enquete-Kommissionen in den Landesverfassungen und in den Entwürfen zu Landesverfassungen
70	Synopse der Regelungen zur Stärkung der Opposition im Plenum und in den Ausschüssen
71	Eckwerte der Bundesregierung zu den Themenkomplexen „Staatsziele" und „plebiszitäre Elemente"
72	Gesetzgebungskompetenzen (Vorschläge der Konferenz der Präsidentinnen und Präsidenten der deutschen Länderparlamente)
73	Parlamentsrecht (Prof. Dr. Degenhart)
74 neu	Parlamentsrecht (Dr. Günther)
75	Parlamentsrecht (Prof. Dr. Schneider)
76	Parlamentsrecht (Prof. Dr. Thaysen)
77	Staatsziel „Minderheitenschutz" (Positionspapier von Minister Dr. Bräutigam)
78	Gesetzgebungskompetenzen und -verfahren im Bundesstaat (Vorschläge der Berichterstatter)

Nr.	Inhalt der Arbeitsunterlage
79	Artikel 79 Abs. 2a (neu) GG — Mitentscheidungsrecht der Landesparlamente bei Verlagerungen von Gesetzgebungskompetenzen zu ihren Lasten (Landtag Nordrhein-Westfalen)
80	Grundgesetz und Europa (Vorschläge der Berichterstatter)
81	Gesetzgebungskompetenzen (Protokollnotiz der SPD-Mitglieder der Gemeinsamen Verfassungskommission zu Artikel 74 Ziff. 26 (neu) GG)
82	Gesetzgebungskompetenzen (Stellungnahme der Konferenz der Präsidentinnen und Präsidenten der deutschen Länderparlamente)
83	Gesetzgebungskompetenzen (Stellungnahme des Landtags von Baden-Württemberg)
84	Grundgesetz und Europa — Artikel 45, 45a, 23 GG (Bericht Abg. Dr. Möller)
85	Gesetzgebungskompetenzen (Protokollerklärung Bayerns)
86	Grundgesetz und Europa (Eckwerte der Berichterstatter für ein Ausführungsgesetz zu Artikel 23 Abs. 3 GG)
87	Gleichstellung und Gleichberechtigung von Frauen und Männern (Prof. Dr. Benda)
88	Gleichstellung und Gleichberechtigung von Frauen und Männern (Frau Heide Hering)
89	Gleichstellung und Gleichberechtigung von Frauen und Männern (Frau Dr. Maihofer)
90	Gleichstellung und Gleichberechtigung von Frauen und Männern (Frau Dr. Sacksofsky)
91	Gleichstellung und Gleichberechtigung von Frauen und Männern (Prof. Dr. Schmidt-Jortzig)
92	Gleichstellung und Gleichberechtigung von Frauen und Männern (Prof. Dr. Schmitt Glaeser)
93	Gleichstellung und Gleichberechtigung von Frauen und Männern (Dr. Simon)
94	Ehe und Familie, nichteheliche Kinder (Prof. Dr. Frhr. von Campenhausen)
95	Ehe und Familie, nichteheliche Kinder (Prof. Dr. Coester)
96	Ehe und Familie, nichteheliche Kinder (Frau Barbara Degen)
97	Ehe und Familie, nichteheliche Kinder (Frau Prof. Dr. Gerhard)

Nr.	Inhalt der Arbeitsunterlage
98	Ehe und Familie, nichteheliche Kinder (Frau Dr. von Münch)
99	Ehe und Familie, nichteheliche Kinder (Prof. Dr. Steiger)
100	Formulierungsvorschläge zur Ergänzung von Artikel 3 II und III GG
101	Grundrecht auf informationelle Selbstbestimmung/Datenschutz (Synopse)
102	Ausgewählte Formulierungsvorschläge zu Artikel 6 GG sowie entsprechende Regelungen in den Landesverfassungen (Synopse)
103	Zur Verdeutlichung von Kinderrechten in Artikel 6 GG (Redebeitrag Frau Senatorin Dr. Peschel-Gutzeit)
104	Bericht der Berichterstatter zum Themenkomplex „Grundgesetz und Europa" (Minister Dr. Schnoor)
105	Staatliche Souveränität und militärische Verteidigung — geplanter Redebeitrag zur 15. Kommissionssitzung am 21. Januar 1993 (Minister Trittin)
106	Protokollerklärung zum Staatsziel „Bildung und Kultur" (SPD-Mitglieder der Gemeinsamen Verfassungskommission)
107	Entwurf eines Gesetzes zur Änderung des Grundgesetzes — (Artikel 16 u. 18) — (Fraktionen der CDU/CSU, SPD und F.D.P. im Deutschen Bundestag, BT-Drucksache 12/4152)
108	Protokollerklärung zu Artikel 140 GG (SPD-Mitglieder der Gemeinsamen Verfassungskommission)
109	Protokollerklärung zum Thema „Sozialstaatlichkeit, Mitbestimmung, Streik und Aussperrung" (SPD-Mitglieder der Gemeinsamen Verfassungskommission)
110	Bericht der Berichterstatter zum Themenkomplex „Gesetzgebungskompetenzen und -verfahren im Bundesstaat" (Frau Senatorin Dr. Peschel-Gutzeit)
111	Gesetzentwurf zur Änderung des Artikel 73 GG „Bundeseisenbahnen" (Bundesregierung)
112	Antrag des Landes Schleswig-Holstein zur Entschließung des Bundesrates zur Verfassungsreform
113	Rechte ethnischer Minderheiten (Südschleswigscher Wählerverband, Klüver)
114	Rechte ethnischer Minderheiten (Zentralrat Deutscher Sinti und Roma, Rose)

Nr.	Inhalt der Arbeitsunterlage
115	Rechte ethnischer Minderheiten (Friesen, Tholund)
116	Rechte ethnischer Minderheiten (Domowina — Bund Lausitzer Sorben, Ziesch)
117	Stellungnahme des Bundesrates zur Änderung des Artikel 73 GG „Bundesbahnen“ (Bundesrat: Beschluß 130/93)
118	Artikel 6 GG — Zwischenbericht zum Stand der Diskussion in der Gemeinsamen Verfassungskommission (SPD-Berichterstatterinnen)
119	Erwägungen zur Ergänzung des Artikels 59 Abs. 2 GG — Kündigung völkerrechtlicher Verträge — (Bundesregierung)

Sitzungsprotokolle

Sitzung/Datum	Inhalt der Sitzungsprotokolle
1. Sitzung vom 16. Januar 1992	1) Konstituierung 2) Beginn der Generalaussprache
2. Sitzung vom 13. Februar 1992	1) Verfahrensfragen 2) Fortsetzung der Generalaussprache
3. Sitzung vom 12. März 1992	1) Privatisierung der Luftverkehrsverwaltung (Artikel 87d GG) 2) Grundgesetz und Europa
4. Sitzung vom 2. April 1992	1) Grundgesetz und Europa — insbesondere Artikel 24, 28, 32, 88 GG 2) Gesetzgebungskompetenzen und Gesetzgebungsverfahren im Bundesstaat (Artikel 72ff. GG)
5. Sitzung vom 7. Mai 1992	1) Anhörung der Präsidentinnen und Präsidenten der Deutschen Länderparlamente 2) Gesetzgebungskompetenzen und Gesetzgebungsverfahren im Bundesstaat (Artikel 72ff. GG)
6. Sitzung vom 14. Mai 1992	1) Bürgerbeteiligung/Plebiszite 2) Staatsziele und Grundrechte — ohne Artikel 3 und 6 GG
7. Sitzung vom 4. Juni 1992	1) Grundgesetz und Europa 2) Föderalismus, Gesetzgebungskompetenzen 3) Kommunale Selbstverwaltung — Artikel 28 GG
8. Sitzung vom 26. Juni 1992	1) Grundgesetz und Europa — Abstimmung

Sitzung/Datum	Inhalt der Sitzungsprotokolle
9. Sitzung vom 9. Juli 1992	1) Parlamentsrecht, insbesondere — Stärkung der Opposition im Plenum und den Ausschüssen, — (Europa-)Unionsausschuß des Deutschen Bundestages, — Verlängerung der Wahlperiode, — Selbstauflösungsrecht des Deutschen Bundestages, — Amtszeit des Bundespräsidenten, — Festsetzung der Abgeordnetendiäten, — Finanzierung der Parteien und Fraktionen
10. Sitzung vom 24. September 1992	1) Artikel 3 GG, insbesondere — Gleichstellung und Gleichberechtigung, Minderheitenrechte
11. Sitzung vom 15. Oktober 1992	1) Grundgesetz und Europa — Artikel 24 Abs. 1 a GG (neu) — Artikel 28 Abs. 1 Satz 2 GG hinsichtlich des Passivwahlrechts — Artikel 32 GG — Artikel 45/54 a/23 GG — Artikel 59 GG — Artikel 52 GG — Artikel 115 e GG — Bremer Klausel im Hinblick auf das Kommunalwahlrecht für Bürger der Europäischen Union 2) Gesetzgebungskompetenzen und -verfahren im Bundesstaat
12. Sitzung vom 12. November 1992	1) Staatsziele und Grundrechte (außer Artikel 3 und 6 GG)
13. Sitzung vom 26. November 1992	1) Parlamentsrecht
14. Sitzung vom 14. Januar 1993	1) Artikel 6 GG — Schutz der Familie und der nichtehelichen Lebensgemeinschaften
15. Sitzung vom 21. Januar 1993	1) Staatliche Souveränität und militärische Verteidigung

Sitzung/Datum	Inhalt der Sitzungsprotokolle
16. Sitzung vom 4. Februar 1993	1) Artikel 16 Abs. 2, Artikel 16 a GG (Asylrecht)
17. Sitzung vom 11. Februar 1993	1) Staatsziele und Grundrechte (außer Artikel 3 und 6 GG) — Abstimmung 2) Bürgerbeteiligung/Plebiszite — Abstimmung
18. Sitzung vom 4. März 1993	1) Artikel 140 GG 2) Artikel 116 GG, 28 Abs. 1 GG (allgemeines kommunales Ausländerwahlrecht) 3) Staatliche Souveränität und militärische Verteidigung
19. Sitzung vom 25. März 1993	1) Gleichstellung und Gleichberechtigung von Frauen und Männern 2) Artikel 28 Abs. 2 GG 3) Territoriale Neugliederung 4) Artikel 87 GG
20. Sitzung vom 22. April 1993	1) Bericht des Sekretariates über die Eingaben 2) Präambel 3) Artikel 146 GG
21. Sitzung vom 6. Mai 1993	1) Artikel 7 GG 2) Artikel 34 GG (Staatshaftungsrecht)
22. Sitzung vom 13. Mai 1993	1) Artikel 16 Abs. 2/Artikel 16a GG (Asylrecht) 2) Privatisierung der Bundesbahn
23. Sitzung vom 27. Mai 1993	1) Artikel 3 GG — Abstimmung 2) Artikel 6 GG — abgesetzt 3) Finanzverfassung — abgesetzt

Sitzung/Datum	Inhalt der Sitzungsprotokolle
24. Sitzung vom 17. Juni 1993	1) Diskriminierungverbote — Abstimmung 2) Rechte ethnischer Minderheiten 3) Artikel 7 GG — Abstimmung 4) Artikel 6 GG — Schutz der Familie und nichtehelicher Lebensgemeinschaften — Abstimmung 5) Artikel 16/116 GG (Deutsche Staatsbürgerschaft) — Abstimmung Artikel 28 Abs. 1 GG (Allgemeines kommunales Ausländerwahlrecht) — Abstimmung 6) Artikel 28 Abs. 2 GG — Abstimmung 7) Parlamentsrecht — Abstimmung 8) Artikel 13 GG
25. Sitzung vom 1. Juli 1993	1) Staatliche Souveränität und militärische Verteidigung — Einsatz der Bundeswehr out of area — Spannungsfall — Bündnisfall — Verteidigungsfall — Friedensfähigkeit des Staates — Verzicht auf ABC-Waffen einschließlich ihrer Herstellung und entsprechender Forschungsvorhaben — Verbot von Waffenexporten — Kündigung völkerrechtlicher Verträge — gleiche Dauer von Wehrdienst und Zivildienst Abstimmung 2) Artikel 28 Abs. 2 GG (Stärkung der kommunalen Selbstverwaltung) — Abstimmung 3) Artikel 36 GG — Abstimmung 4) Artikel 85 GG — Abstimmung 5) Artikel 87 Abs. 2 GG — Abstimmung

Sitzung/Datum	Inhalt der Sitzungsprotokolle
	6) Artikel 87 Abs. 3 GG — Abstimmung 7) Territoriale Neugliederung des Bundesgebietes — Artikel 29 GG — Artikel 118 a GG — Abstimmung 8) Artikel 116 b GG — Abstimmung 9) Rechte ethnischer Minderheiten — Abstimmung 10) Artikel 2 Abs. 3 GG (Mitmenschlichkeit) — Abstimmung 11) Artikel 140 GG (Staatskirchenrecht) — Abstimmung 12) Präambel — Abstimmung 13) Geschlechtsspezifische/geschlechtsneutrale Sprache des Grundgesetzes — Abstimmung 14) Staatsziel Umweltschutz — Abstimmung
26. Sitzung vom 28. Oktober 1993	1) Billigung des Berichts

Anhörungsprotokolle

Anhörung/Datum	Inhalt der Anhörungsprotokolle
1. Anhörung vom 22. Mai 1992	Grundgesetz und Europa, insbesondere Artikel 24, 28, 32, 88, 109 GG
2. Anhörung vom 16. Juni 1992	Staatsziele und Grundrechte (außer Artikel 3 und 6 GG)
3. Anhörung vom 17. Juni 1992	Bürgerbeteiligung/Plebiszite
4. Anhörung vom 10. September 1992	Parlamentsrecht, insbesondere — Stärkung der Opposition — Stellung der Opposition in Ausschüssen — (Europa-) Unionsausschuß des Deutschen Bundestages — Verlängerung der Wahlperiode — Selbstauflösungsrecht des Deutschen Bundestages — Festsetzung der Abgeordnetendiäten — Finanzierung der Parteien und Fraktionen sowie auch: — Amtszeit des Bundespräsidenten
5. Anhörung vom 5. November 1992	Gleichstellung und Gleichberechtigung von Frauen und Männern
6. Anhörung vom 10. Dezember 1992	Artikel 6 GG
7. Anhörung vom 11. Februar 1993	Staatliche Souveränität und militärische Verteidigung (mit Rechtsausschuß)
8. Anhörung vom 11. März 1993	Anhörung zu Artikel 16 GG (mit Rechts- und Innenausschuß)
9. Anhörung vom 6. Mai 1993	Rechte ethnischer Minderheiten

Deutscher Bundestag
12. Wahlperiode

Drucksache 12/1590

14. 11. 91

Sachgebiet 1101

Beschlußempfehlung
des Ältestenrates

a) zu dem Antrag der Fraktion der SPD
— Drucksache 12/415 —

Weiterentwicklung des Grundgesetzes zur Verfassung
für das geeinte Deutschland
— Einsetzung eines Verfassungsrates —

b) zu dem Antrag der Gruppe BÜNDNIS 90/DIE GRÜNEN
— Drucksache 12/563 —

Vom Grundgesetz zur gesamtdeutschen Verfassung
— Einrichtung und Aufgaben eines Verfassungsrates —

c) zu dem Antrag der Fraktionen der CDU/CSU und FDP
— Drucksache 12/567 —

Einsetzung eines Gemeinsamen Verfassungsausschusses

Der Bundestag wolle beschließen,

I. den Antrag der Fraktionen der CDU/CSU und FDP – Drucksache 12/567 – in folgender Fassung anzunehmen:

„Der Bundestag hat mit Zustimmung des Bundesrates folgendes beschlossen:

1. Einsetzung der Gemeinsamen Verfassungskommission

Deutscher Bundestag und Bundesrat setzen eine Gemeinsame Verfassungskommission ein, in die sie je 32 ihrer Mitglieder sowie 32 Stellvertreter entsenden.

2. Bestimmung der Mitglieder des Bundestages

Die der Gemeinsamen Verfassungskommission angehörenden Abgeordneten und ihre Stellvertreter werden vom Deutschen Bundestag durch Beschluß bestimmt. Die Fraktion der CDU/CSU schlägt 15, die Fraktion der SPD 11, die Fraktion der FDP 4 Mitglieder und Stellvertreter, die Gruppe der PDS/Linke Liste und die Gruppe BÜNDNIS 90/DIE GRÜNEN je ein Mitglied und einen Stellvertreter vor.

3. Bestimmung der Mitglieder des Bundesrates

Jede Landesregierung bestimmt aus ihren Mitgliedern und stellvertretenden Mitgliedern des Bundesrates zwei zu Mitgliedern der Gemeinsamen Verfassungskommission. Sie bestimmt darüber hinaus zwei Mitglieder oder stellvertretende Mitglieder des Bundesrates oder die Bevollmächtigte bzw. den Bevollmächtigten beim Bund zum Stellvertreter.

4. Stellvertretung in den Sitzungen

Die Stellvertreter dürfen an den Sitzungen nur teilnehmen, soweit eine Vertretung notwendig ist.

5. Aufgaben der Gemeinsamen Verfassungskommission

(1) Die Kommission berät über Verfassungsänderungen und -ergänzungen, die den gesetzgebenden Körperschaften vorgeschlagen werden sollen. Sie soll sich insbesondere mit den in Artikel 5 des Einigungsvertrages genannten Grundgesetzänderungen befassen sowie mit Änderungen, die mit der Verwirklichung der Europäischen Union erforderlich werden.

Alternative 1

(2) Um es den gesetzgebenden Körperschaften des vereinten Deutschlands zu ermöglichen, innerhalb von zwei Jahren nach Konstituierung der Gemeinsamen Verfassungskommission die Vorschläge der Kommission zu beraten, soll die Kommission ihre Arbeit bis zum Ende der parlamentarischen Sommerpause des Jahres 1993 abgeschlossen haben.

Alternative 2

11. Bericht

Der Bericht der Kommission soll bis zum 31. Dezember 1992 vorgelegt werden. Der Bericht ist Grundlage für Initiativen zur Änderung des Grundgesetzes aus der Mitte des Deutschen Bundestages, durch die Bundesregierung oder durch den Bundesrat.

6. Vorsitz

Die Kommission wählt je ein Mitglied des Bundestages und des Bundesrates, die den Vorsitz gemeinsam ausüben. Das Nähere regelt die Kommission.

7. Wechsel der Mitglieder und Stellvertreter

Die Mitglieder und ihre Stellvertreter können abberufen werden.

8. Bundesregierung

Die Mitglieder der Bundesregierung haben das Recht und auf Beschluß der Kommission die Pflicht, an den Sitzungen teilzunehmen.

9. Teilnahme anderer Personen

Anderen Personen kann die Teilnahme an den Sitzungen nur durch Beschluß der Kommission gestattet werden.

10. Verfahren

Für das Verfahren gilt die Geschäftsordnung des Deutschen Bundestages. Die Kommission entscheidet mit Zweidrittelmehrheit.“;

II. den Antrag der Fraktion der SPD — Drucksache 12/415 — für erledigt zu erklären;

III. den Antrag der Gruppe BÜNDNIS 90/DIE GRÜNEN — Drucksache 12/563 — abzulehnen;

IV. die Beschlußempfehlung des Ältestenrates — Drucksache 12/787 — für erledigt zu erklären.

Bonn, den 14. November 1991

Der Ältestenrat

Helmuth Becker (Nienberge)
Amtierender Präsident

Deutscher Bundestag
12. Wahlperiode

Drucksache 12/1670

23. 11. 91

Sachgebiet 1101

Änderungsantrag

der Fraktionen der CDU/CSU, SPD und FDP

zu der Beschlußempfehlung des Ältestenrates
— Drucksache 12/1590 —

a) zu dem Antrag der Fraktion der SPD
— Drucksache 12/415 —

Weiterentwicklung des Grundgesetzes zur Verfassung für das geeinte Deutschland
— Einsetzung eines Verfassungsrates —

b) zu dem Antrag der Gruppe BÜNDNIS 90/DIE GRÜNEN
— Drucksache 12/563 —

Vom Grundgesetz zur gesamtdeutschen Verfassung
— Einrichtung und Aufgaben eines Verfassungsrates —

c) zu dem Antrag der Fraktionen der CDU/CSU und FDP
— Drucksache 12/567 —
Einsetzung eines Gemeinsamen Verfassungsausschusses

Der Bundestag wolle beschließen:

Die Beschlußempfehlung wird wie folgt geändert:

1. Nummer 5 Abs. 2 (Alternative 1) wird gestrichen.
2. Nummer 11 (Alternative 2) erhält folgende Fassung:

   „11. Bericht

   Der Bericht der Kommission soll bis zum 31. März 1993 vorgelegt werden. Der Bericht ist Grundlage für Initiativen zur Änderung des Grundgesetzes aus der Mitte des Deutschen Bundestages, durch die Bundesregierung oder durch den Bundesrat."

Bonn, den 28. November 1991

Dr. Wolfgang Schäuble, Dr. Wolfgang Bötsch und Fraktion

Hans-Ulrich Klose und Fraktion

Dr. Hermann Otto Solms und Fraktion

Bundesrat

Drucksache **741/91** (Beschluß)

(Grunddrs. 740/91 u. 741/91)
29.11.91

Beschluß

des Bundesrates

zur

Einsetzung einer Gemeinsamen Verfassungskommission von Bundesrat und Deutschem Bundestag

Der Bundesrat hat in seiner 637. Sitzung am 29. November 1991 dem Beschluß des Deutschen Bundestages vom 28. November 1991 zur Einsetzung einer Gemeinsamen Verfassungskommission (BR-Drucksache 740/91) zugestimmt und folgenden Beschluß gefaßt:

1. Einsetzung der Gemeinsamen Verfassungskommission
   Deutscher Bundestag und Bundesrat setzen eine Gemeinsame Verfassungskommission ein, in die sie je 32 ihrer Mitglieder sowie 32 Stellvertreter entsenden.

2. Bestimmung der Mitglieder des Bundestages
   Die der Gemeinsamen Verfassungskommission angehörenden Abgeordneten und ihre Stellvertreter werden vom Deutschen Bundestag durch Beschluß bestimmt.

3. Bestimmung der Mitglieder des Bundesrates
   Jede Landesregierung bestimmt aus ihren Mitgliedern und stellvertretenden Mitgliedern des Bundesrates zwei zu Mitgliedern der Gemeinsamen Verfassungskommission. Sie bestimmt darüber hinaus zwei Mitglieder oder stellvertretende Mitglieder des Bundesrates oder die Bevollmächtigte bzw. den Bevollmächtigten beim Bund zum Stellvertreter.

4. **Stellvertretung in den Sitzungen**
   Die Stellvertreter dürfen an den Sitzungen nur teilnehmen, soweit eine Vertretung notwendig ist.

5. **Aufgaben der Gemeinsamen Verfassungskommission**
   Die Kommission berät über Verfassungsänderungen und -ergänzungen, die den gesetzgebenden Körperschaften vorgeschlagen werden sollen. Sie soll sich insbesondere mit den in Artikel 5 des Einigungsvertrages genannten Grundgesetzänderungen befassen sowie mit Änderungen, die mit der Verwirklichung der Europäischen Union erforderlich werden.

6. Vorsitz

Die Kommission wählt je ein Mitglied des Bundestages und des Bundesrates, die den Vorsitz gemeinsam ausüben. Das Nähere regelt die Kommission.

7. Wechsel der Mitglieder und Stellvertreter

Die Mitglieder und ihre Stellvertreter können abberufen werden.

8. Bundesregierung

Die Mitglieder der Bundesregierung haben das Recht und auf Beschluß der Kommission die Pflicht, an den Sitzungen teilzunehmen.

9. Teilnahme anderer Personen

Anderen Personen kann die Teilnahme an den Sitzungen nur durch Beschluß der Kommission gestattet werden.

10. Verfahren

Für das Verfahren gilt die Geschäftsordnung des Deutschen Bundestages. Die Kommission entscheidet mit Zweidrittelmehrheit.

11. Bericht

Der Bericht der Kommission soll bis zum 31. März 1993 vorgelegt werden. Der Bericht ist Grundlage für Initiativen zur Änderung des Grundgesetzes aus der Mitte des Deutschen Bundestages, durch die Bundesregierung oder durch den Bundesrat."